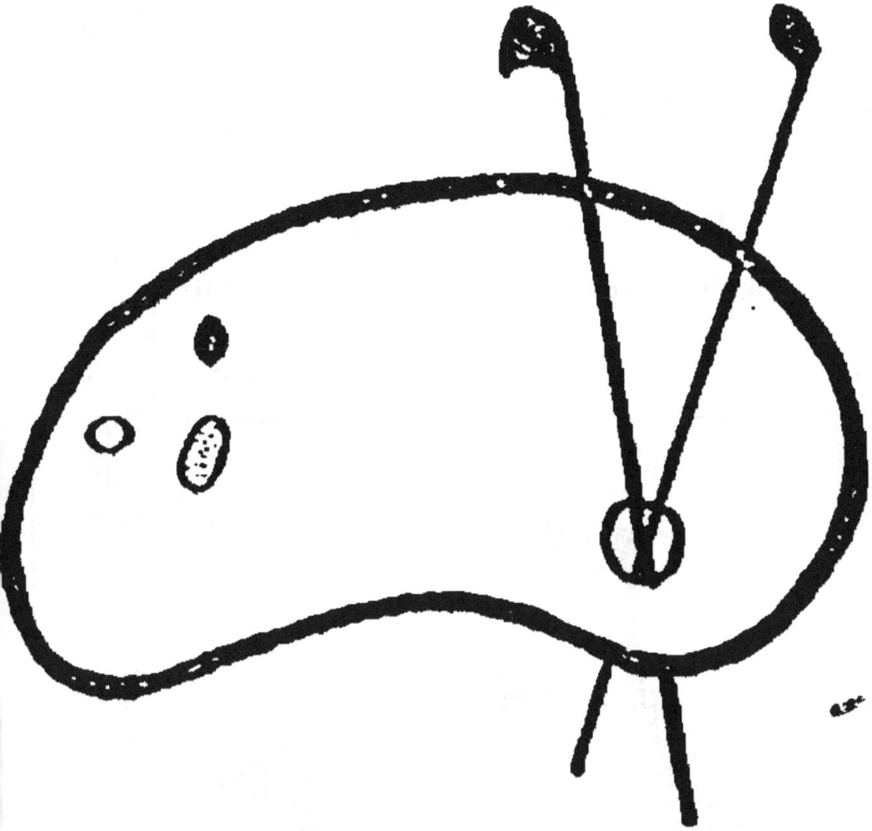

DEBUT D'UNE SERIE DE DOCUMENTS
EN COULEUR

SINAÏ ET SYRIE

SOUVENIRS BIBLIQUES ET CHRÉTIENS

PAR

le R. P. M. JULLIEN,

de la Compagnie de Jésus, missionnaire à Beyrouth.

OUVRAGE ILLUSTRÉ DE 70 GRAVURES DANS LE TEXTE.

Société de Saint-Augustin,

DESCLÉE, DE BROUWER ET Cie,

LILLE. — MDCCCXCIII.

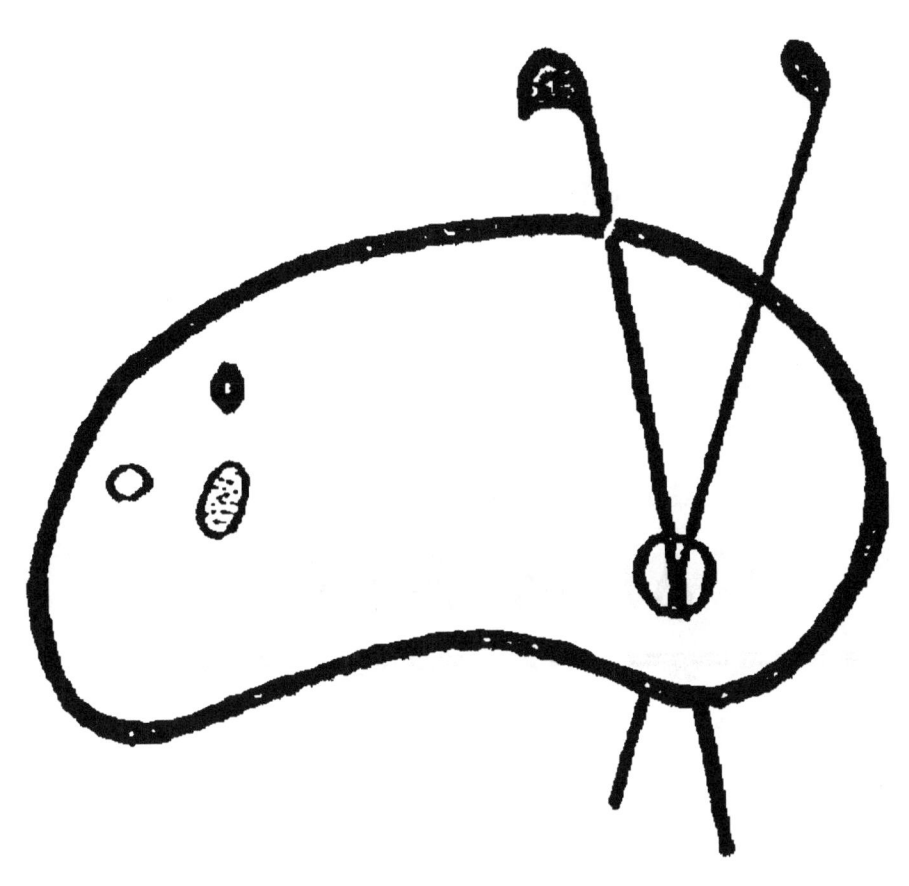

FIN D'UNE SERIE DE DOCUMENTS EN COULEUR

SINAÏ ET SYRIE.

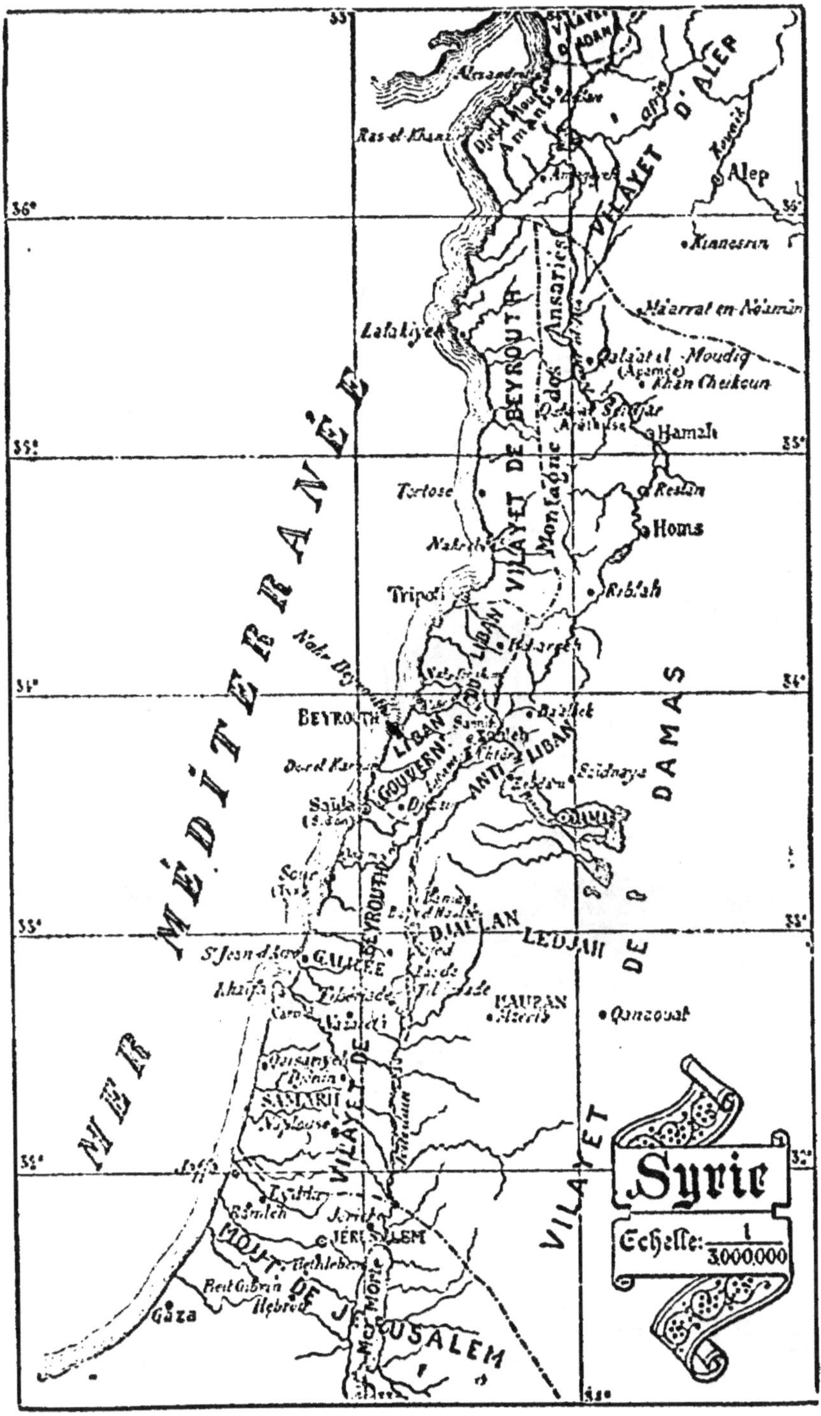

Syrie
Echelle: 1/3.000.000
MER MÉDITERRANÉE
VILAYET D'ALEP
Alep
VILAYET DE BEYROUTH
Montagne des Ansaries
Qalaat el Moudiq
(Apamée)
Khan Cheikoun
Hamah
Restan
Homs
Riblah
Tortose
Tripoli
BEYROUTH
Baalbek
LIBAN
ANTI LIBAN
DAMAS
VILAYET DE DAMAS
Saïda
DJAULAN
LEDJAH
HAURAN
Qanaouat
GALILÉE
Tibériade
SAMARIE
Naplouse
Jaffa
Ramleh
JÉRUSALEM
Hébron
Gaza
36°
35°
34°
33°
32°

SINAÏ ET SYRIE

SOUVENIRS BIBLIQUES ET CHRÉTIENS

PAR

le R. P. M. JULLIEN,

de la Compagnie de Jésus, missionnaire à Beyrouth.

OUVRAGE ILLUSTRÉ DE 70 GRAVURES DANS LE TEXTE.

Société de Saint-Augustin,

DESCLÉE, DE BROUWER ET Cⁱᵉ,

LILLE. — MDCCCXCIII.

INTRODUCTION.

COUP D'ŒIL SUR LA SYRIE.

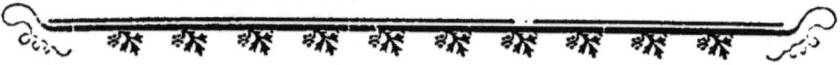a zone du pays qui longe la rive orientale de la Méditerranée, du golfe d'Alexandrette aux plages égyptiennes, et se termine par la presqu'île triangulaire située entre les deux pointes de la mer Rouge, forme, au couchant du continent asiatique, une région naturelle bien délimitée. Le vaste méandre occidental de l'Euphrate, les sables et les laves du désert syrien, les arides montagnes qui s'étendent des rives orientales de la mer Morte à celles de la mer Rouge, la ferment à l'orient.

Elle est la région des manifestations divines qui ont changé la société humaine. Au Sinaï DIEU fit entendre à l'humanité sa voix de souverain législateur. Dans les déserts qui entourent l'illustre montagne il forma un peuple complètement isolé, comme institutions et comme influence politique, de tous les autres peuples du monde ancien, lui confia le dépôt de la révélation et des divines promesses, et l'établit dans la plus belle terre de Syrie. Quand les temps furent venus, le Verbe de DIEU fait homme pour sauver le monde apparut sur les hauteurs de la Judée. Il y vécut, y versa son sang, et là toute la terre « a vu sa gloire, comme la gloire du Fils unique du Père, plein de grâce et de vérité (1). »

Celui qui est la vraie lumière illuminant tout homme en ce monde devait dire un jour à ses disciples que la lumière ne se place pas sous le boisseau, mais sur le candélabre, afin qu'elle éclaire toute la maison (2). Ainsi a-t-il fait lui-même, choisissant les hauteurs de la Syrie centrale pour son séjour parmi les hommes.

Dans l'ordre naturel des choses, la Syrie, plus que toute autre contrée, attira les regards du monde ancien, sollicita ses intérêts, influa sur son histoire. Placée à la jonction des vieux continents, l'Asie et l'Afrique, elle fut pour les armées des premiers empires l'unique route de Babylone à Memphis, de Ninive à Thèbes. Les conquérants, pour aller du Nil aux grands fleuves asiatiques, suivaient la côte syrienne jusqu'au-delà de Tripoli, et par quelque coupure des montagnes gagnaient l'Euphrate sur sa courbe la plus rapprochée de la mer, à la hauteur d'Alep. Ramsès II ou Sésostris, Sennachérib, Nabuchodonosor ont inscrit leurs noms sur les rochers à l'embouchure du Lycus près de Beyrouth; plusieurs autres rois assyriens y ont gravé leurs portraits.

A l'importance de la côte syrienne comme route de terre entre l'Asie et l'Afrique

---

1. Jean., I.
2. Mat., V, 15.

s'ajouta, dès la plus haute antiquité, la supériorité de son commerce maritime avec l'Europe et toutes les plages du monde ancien. Les habitants du littoral, les Phéniciens, furent les plus hardis navigateurs de l'antiquité et, pendant de longs siècles. les maîtres de la mer. Ils se firent les commissionnaires de tous les peuples méditerranéens, eurent leurs entrepôts de commerce sur toutes les plages, et avec leurs marchandises ils propagèrent leur alphabet, leurs idées ; Tyr et Sidon exercèrent une sorte d'empire colonial sur tous les rivages du monde antique.

Telle est la contrée dont nous allons parcourir quelques parties moins connues, moins souvent visitées que la Palestine, et cependant pleines d'intérêt par leurs souvenirs bibliques et chrétiens.

La péninsule sinaïtique n'a pour ainsi dire pas d'évolution historique, son état social est rudimentaire, son relief, son climat, sa dépendance politique de l'Égypte, la séparent du reste de la Syrie proprement dite ; nous n'en parlerons pas davantage dans cette introduction.

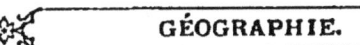

GÉOGRAPHIE.

LA côte de la Méditerranée, de l'Asie Mineure à l'Égypte, dans la profondeur habitée jusqu'au désert de l'orient, forme la Syrie actuelle. Son nom vient d'Assyrie ; il en est une abréviation dont les Grecs se servirent pour désigner les provinces méditerranéennes autrefois soumises au vaste empire des Assyriens. Le nom d'Assyrie fut dès lors réservé aux provinces de l'intérieur, où se trouvait la capitale de l'empire.

Montagnes et rivières. — Le relief du sol syrien, dans son ensemble, présente une chaîne de montagnes parallèle à la côte sur toute la longueur, séparant à l'occident de fertiles plages, à l'orient le plateau indéfini du désert de Syrie. La chaîne est divisée transversalement par quelques rivières de médiocre importance ; chacun des tronçons a un nom particulier.

Au nord de l'Oronte, en arabe Nahr el-'Aci, qui passe à Antioche, la montagne se nommait autrefois Amanus ; les Turcs la nomment Akma-Dagh (montagne d'Akma). Ce massif du nord peut se considérer comme un prolongement côtier du système orographique de l'Asie-Mineure ; il se rattache au Taurus par le Giaour-Dagh. Entre l'Oronte et le Nahr el-Kébir, l'Eleutherus des Machabées (1) situé à quelques lieues au nord de Tripoli, la chaîne se nomme montagne des Ansariés, du nom de la nation qui l'habite. Entre le Nahr el-Kébir et le Nahr Qasimiyeh, l'ancien Léontès, proche de Tyr, s'élève le Liban. Au midi sont les montagnes palestiniennes de la Galilée, de la Samarie et de la Judée.

Du côté du désert, un soulèvement du sol court tout le long de la chaîne principale et forme une seconde chaîne moindre, séparée de la première par des vallées. Dans ce second pli, des collines bordières du désert font face à l'Amanus, dont elles sont

---

1. I Mac., XI, 7 ; XII, 30.

séparées par la plaine de l'Afrin ; les massifs rocheux du djébel er-Riha se trouvent en face de la montagne des Ansariés de l'autre côté de l'Oronte ; l'Anti-Liban répond au Liban, dont il est séparé par la belle plaine de Ba'albek, l'ancienne Cœlésyrie ou Syrie creuse ; enfin les montagnes de Moab s'élèvent au-delà du Jourdain et de la mer Morte en vue des hauteurs de la Palestine.

Plusieurs branches de la chaîne principale s'avancent sur la côte en promontoires élevés. Telle est, à l'extrémité méridionale de l'Amanus, la montagne Noire ou djébel Mouça (1656 m.), terminée par le cap formidable de Ras el-Khanzir, la hure de sanglier. Tel le mont Casius, sacré chez les anciens (1900 m.), dont le cône arrondi domine au loin la mer d'Antioche. Tel encore le Carmel, prolongement septentrional des montagnes de Samarie, auquel se rattachent d'illustres et pieux souvenirs. Son nom signifie jardin ou verger ; les indigènes le nomment djébel Mâr-Elyas, la montagne de saint Élie.

La région des plus hautes montagnes est dans le Liban, en face de Tripoli. Trois ou quatre sommets, assez rapprochés les uns des autres, dépassent l'altitude de trois mille mètres ; le Tizmaroun (3210 m.), le Dahr el-Khodib (3060 m.), le djébel Machmal (3052 m.). Un autre sommet du Liban, non loin de Beyrouth, le Sannin, s'élève à 2600 mètres, et à l'extrémité méridionale de l'Anti-Liban, le grand Hermon ou djébel ech-Cheik atteint 2860 mètres.

Le fait le plus singulier du relief syrien est la profonde dépression de la vallée du Jourdain au-dessous du niveau de la mer. Le fleuve sort au pied du grand Hermon à 520 mètres d'altitude, traverse le petit lac de Bahr el-Houleh, les eaux de Mérom (1) à 83 mètres au-dessus de la Méditerranée, puis s'enfonce dans un profond sillon, rencontre le lac de Tibériade à 191 mètres au-dessous des mers et se perd dans la mer Morte à 394 mètres de profondeur. Les Arabes nomment la vallée du Jourdain el-Ghôr, le Creux.

Nous avons déjà nommé les principaux cours d'eau. On peut dire qu'ils sortent tous de la haute vallée de Cœlésyrie. L'Oronte et le Nahr el-Qasimiyeh, nommé Litani dans son cours supérieur, naissent à côté l'un de l'autre non loin de Ba'albek, sur le seuil culminant de la vallée, à environ mille mètres d'altitude, et se dirigent l'un au nord, l'autre au sud. Le Nahr el-Kébir prend également sa source dans un repli des pentes orientales du Liban.

De nombreux ruisseaux naissent sur le versant occidental du Liban. Ils sortent généralement tout faits dans de vastes cavernes, au bas de profonds et étroits ravins, et vont se perdre à la mer sans avoir pu verdir les croupes de la montagne. Plusieurs de ces petits cours d'eau ont des noms connus dans l'histoire ; le fleuve Adonis ou Nahr Ibrahim et le Lycus ou Nahr el-Kelb, entre Tripoli et Beyrouth ; le Magoras ou Nahr Beyrouth près de cette ville ; le Tamyras ou Nahr ed-Damour et le Bostrenus ou Nahr el-'Aouélêh, de Beyrouth à Sidon ; le Belus ou Nahr en-Na'aman près de Khaïfa, où les Phéniciens prirent le sable dont ils firent les premiers du verre. Viennent ensuite les torrents de la Palestine, célèbres dans l'histoire sacrée.

---

1. Josué, XI, 5, 7.

Le versant oriental de l'Anti-Liban ne donne que deux ruisseaux, le Barada et le Nahr el-'Aouadj, desquels Naaman le lépreux disait avec humeur au prophète Elisée : « Est-ce que les fleuves de Damas, l'Abana et le Pharphar, ne sont pas meilleurs que toutes les eaux d'Israël pour me laver et me guérir ? » (1) Ils arrosent la campagne de Damas et se perdent dans de petits lacs à la limite du désert.

Climat. — Les Syriens ne connaissent que deux saisons, celle des pluies, de novembre en avril, et la saison sèche, qui comprend les autres mois. Les pluies sont souvent torrentielles et versent annuellement une quantité d'eau supérieure à celle qui tombe en France. A Beyrouth le total des pluies de l'année monte à 120 centimètres et ne descend jamais au-dessous de quatre-vingts.

L'air est d'une grande salubrité sur les hauteurs et au désert. L'humidité engendre des fièvres dans les bas-fonds de la côte et des vallées.

Sous le rapport de la température, les différences sont grandes d'une région à l'autre, comme les altitudes. Sur la côte c'est la douce température des plus délicieux rivages de la Méditerranée ; la végétation ne s'arrête pas durant l'hiver et la brise de mer tempère la chaleur de l'été. Sur le versant des montagnes et aux altitudes moyennes, à Jérusalem (760 m.), à Damas (690 m.), à Alep (384 m.), la neige se montre chaque hiver et fond dans un ou deux jours. Sur les crêtes du Liban elle persiste durant la majeure partie de l'année, et même ne fond jamais entièrement dans les creux abrités du soleil. De là le nom de Liban, qui, en hébreu, signifie blanc. A l'orient des montagnes et dans le désert syrien, élevé d'environ 600 mètres, la température, non régularisée par les vents de mer, est sujette à d'amples et brusques variations ; les nuits y sont généralement froides, et le milieu du jour très chaud en été

Histoire naturelle. — Les sables accumulés par la mer, les grès marins de formation récente, les alluvions des rivières forment toutes les plages syriennes. Le calcaire crétacé de la période secondaire constitue en très grande partie les monts de la Syrie septentrionale, le Liban, l'Anti-Liban et les massifs des montagnes des deux côtés du Jourdain. Les terrains tertiaires ne sont représentés que par des gisements de calcaire nummulitique en Samarie, aux environs de Saïda et dans le nord de l'Anti-Liban. De prodigieuses coulées de basalte, sorties de volcans depuis longtemps éteints, ont couvert d'immenses étendues à l'orient et au sud de Damas, le Hauran, le Ledjah, le Djaoulân, et se sont prolongées quelque peu sur la rive occidentale du lac de Tibériade. La couche paraît avoir plus de cent mètres d'épaisseur moyenne. Une seconde coulée de basalte s'étend au couchant de Homs, entre le Liban et la montagne des Ansariés. Enfin les grès nubiens formés par la décomposition des roches volcaniques se sont déposés sur les rives orientales de la mer Morte et à la base du massif calcaire du Liban.

Le fer abonde dans les grès nubiens du Liban. De nombreux amas de scories dispersés sur les croupes occidentales de la montagne montrent qu'il fut autrefois largement

---

1. IV. Rois, V, 12.

exploité ; mais aujourd'hui on ne peut en retirer aucune utilité, le combustible et les bonnes voies de communication faisant presque entièrement défaut.

Le chrome était exploité, il y a peu d'années, entre Latakiyeh et le mont Casius.

De nombreuses couches de lignite se rencontrent dans les grès du Liban. Ce combustible de médiocre qualité est utilisé sur place dans les filatures de soie de la montagne. Les roches imprégnées de schiste sont également nombreuses dans la même région. Quelques paysans des environs de Zahleh en alimentent leurs foyers.

Le bitume de Judée donne lieu à une exploitation plus importante, dont le centre principal est à Hasbeya, sur la pente occidentale du grand Hermon. Il suinte au travers de marnes crayeuses.

Les plantes de la côte sont généralement celles des rivages méditerranéens en Algérie, en Espagne, en Sicile. La végétation subtropicale du désert égyptien, de la Nubie, de l'Abyssinie, se retrouve dans la profonde vallée du Jourdain. Les montagnes et les déserts ont une flore spéciale, riche en belles espèces, qui est proprement la flore syrienne ou orientale.

Toutes les essences d'arbres dont il est parlé dans les Livres saints sont encore représentées en Syrie ; le tamarix, le sycomore, le platane, le térébinthe, le pin, le genévrier, le cyprès et même le cèdre, ce roi des forêts antiques du Liban, qui fournit aux Phéniciens le meilleur bois du monde pour les constructions maritimes, et joua dans les Ecritures un rôle si extraordinaire. Cependant, depuis l'invasion musulmane, la Syrie tout entière est déboisée, on n'y rencontre pas une seule forêt considérable ; le cèdre ne se trouve plus que dans un bouquet près de Bcharreh connu des touristes et dans deux autres localités du Liban, Tannourin et Barouk, où il forme des bois assez étendus.

Nul doute que la Palestine et la Syrie entière ne fussent dans les temps anciens une riche contrée. Le Seigneur avait dit à Moïse au Sinaï : « Je tirerai mon peuple de l'Egypte, et le conduirai dans une terre bonne et spacieuse, dans une terre où coulent le lait et le miel (1). » La Terre promise fut donc, pour le peuple de DIEU, une terre bonne et fertile, même au regard de l'Egypte. L'histoire sacrée et profane l'affirme ; les restes de nombreuses terrasses soutenues par des murs d'appui dans les environs de Jérusalem, de Samarie, de Sidon et en bien d'autres lieux, disent que la vigne, l'olivier et d'autres cultures garnissaient les coteaux les plus déclives des hauteurs. Aujourd'hui ces montagnes sont un frappant exemple des irréparables dommages que peut subir le sol d'une belle et fertile contrée par les guerres incessantes, le décroissement de la population et l'incurie des habitants.

Quand on eut impitoyablement déboisé les montagnes et cessé d'entretenir les murs de soutènement des pentes cultivées, les pluies torrentielles entraînèrent en grande partie la terre végétale dans les vallées et sur les plages du littoral ; les hauteurs ne présentèrent plus que des roches dénudées avec quelques petites étendues de terre dans les intervalles des rochers ; le sol vraiment fertile et profond ne se trouva plus que dans les plaines et les bas-fonds des vallées.

---

1. Ex., III, 8.

Néanmoins, le sol de Syrie, tel qu'il est, s'il se peuplait de cultivateurs intelligents et laborieux, redeviendrait, dans son ensemble, l'un des plus productifs du bassin de la Méditerranée. Les roches calcaires des montagnes sont pleines de fissures où pénètrent aisément les racines des arbres avec l'humidité des pluies. Déjà les industrieuses populations du Liban ont couvert de mûriers, d'oliviers et de vignes une grande partie de leurs âpres montagnes.

HISTOIRE.

La situation géographique de la contrée, son doux climat, la richesse de sa terre, y fixèrent des nations bien différentes d'origine ; les races de Sem, de Cham, et de Japhet l'habitèrent à la fois, dès la plus haute antiquité.

La division du sol en zone littorale et plaine intérieure, séparées par une large chaîne de montagnes aux coupures profondes, y maintint la séparation des races. La grande longueur du territoire relativement à sa faible largeur, 650 kilomètres sur 150, fit obstacle à la cohésion des peuples vis-à-vis d'un ennemi commun ; enfin les fréquentes infidélités du peuple juif à la défense portée par le Seigneur, de se mêler aux nations, multiplièrent les invasions étrangères, les divisions intestines et les bouleversements des peuples sur la terre de Syrie. Ses habitants ne connurent l'union et la paix que dans une commune servitude.

Période chananéenne. — Les Chananéens de la race de Cham (1), venus des plaines de Senaar en Mésopotamie (2), subjuguèrent les peuplades aborigènes de la Syrie, les Enacim, les Horéens, les Hévæens et d'autres, et se fixèrent dans le pays.

Vers le même temps une peuplade sémite, les Araméens, fils d'Aram (3), s'établirent dans la Syrie du nord et formèrent deux grands centres de population, l'Aramée du nord entre l'Euphrate et le mont Amanus, l'Aram Dammések ou Syrie Damascène autour de Damas.

Ce fut également sous la domination chananéenne que les Philistins de race japhétique, venus probablement de l'île de Crète, refoulèrent les Hévæens et peuplèrent la plaine méridionale, du Carmel à Gaza.

Les fils de Chanaan, maîtres de la majeure partie du pays, se divisèrent en plusieurs tribus. Les plus célèbres furent les Phéniciens fixés sur le littoral, les Amorrhéens établis sur les plateaux à l'est du Jourdain et les Héthéens ou Hittites qui occupèrent surtout la Syrie du nord et s'étendirent de Hamah à Smyrne et à la Cappadoce. La langue, les hiéroglyphes en relief, l'histoire des Hittites sont actuellement l'un des problèmes favoris de la science moderne. On a prouvé leur identité avec les Pasteurs ou Hyksos qui envahirent l'Égypte et y régnèrent durant trois dynasties

---

1. Gen., X, 6, 15, 19.
2. Gen., X, 10.
3. Gen., X, 22.

aux temps d'Abraham, de Jacob et de Joseph ; et l'on se demande aujourd'hui s'il ne faut pas également les identifier avec les Pélasges de la tradition grecque (1).

La première des invasions égyptiennes dont les monuments de l'antique Egypte ont conservé la trace, eut lieu sous Toutmès I, pharaon de la XVIII° dynastie, environ 1630 ans avant notre ère. Les envahisseurs ne purent conserver leur conquête qu'au prix de sanglantes luttes ; mais nous ne connaissons guère que les victoires des Égyptiens, seules enregistrées dans leurs papyrus ou représentées sur leurs monuments. Toutmès III remporta une victoire à Mageddo, non loin du Thabor ; Seti I défit les Hittites à Kadech sur les bords du lac de Homs ; Ramsès II les rencontra près de la même ville et finit par signer avec le prince des Hittites un traité de paix, le premier peut-être dont l'histoire ait enregistré les conditions ; il est du quatorzième siècle avant Jésus-Christ. Alors seulement les Syriens recouvrèrent leur indépendance.

Deux siècles avant l'invasion égyptienne, les Chananéens virent arriver sur leurs terres une famille étrangère, Abram et les siens, qui sur l'ordre de Dieu avaient quitté leur pays de Haram dans la région du haut Tigre et étaient venus à Sichem. Ils appelèrent ces étrangers Hébreux, de éber ou ibr qui signifie : de l'autre côté. Le Seigneur apparaissant à Abram lui promit de donner tout le pays à ses descendants.

Cependant les Hébreux n'étaient encore qu'une famille de pasteurs, sans un pied de terre qui lui appartînt (2), quand le petit-fils d'Abraham les mena en Égypte. Sur cette terre étrangère ils se multiplient durant 430 ans, sans se mêler aux Égyptiens. Le Seigneur les conduit miraculeusement au Sinaï, en fait son peuple. Enfin ils entrent en Chanaan, au nombre de plus de deux millions, pour prendre possession de la terre que Dieu leur a promise.

A partir de cette époque, environ 1250 ans avant Jésus-Christ, le peuple Hébreu domine de haut toute l'histoire de Syrie. Par le choix de Dieu il est le centre autour duquel gravite le monde entier sous l'action d'une force divine et latente ; de la race royale d'Israël doit naître le Désiré des nations.

Période juive. — L'histoire de la Palestine jusqu'à la venue du Sauveur se trouve tout entière dans les Livres Saints ; elle est la mieux connue des histoires antémessianiques. Les autres contrées de la Syrie étaient partagées en petits États qui avaient chacun leur roi. Le plus puissant de tous, celui que l'Ecriture appelle plusieurs fois le roi de Syrie, résidait à Damas : « La tête de Syrie, Damas, dit Isaïe (3) ; la tête de Damas, Rasin, » son roi.

Toutes les armées qui de Babylone et de Ninive firent irruption en Palestine, trouvèrent sur leur passage les rois de la Syrie septentrionale, les subjuguèrent sans peine et les mirent à diverses époques sous la dépendance des rois chaldéens ou assyriens.

La prise de Babylone par Cyrus fit passer tout le pays sous la domina'on per-

---

1. P. Caes. de Cara ; Della Identità degli Hethei e de' Pelasgi dimonstrata per la ceramica pre-fenicia e pre-ellenica. Dans la Civiltà, Sér. XV, vol I, (février 1892).
2. Act., VII, 5.
3. VII, 8.

sane (538), où il trouva pendant près de deux siècles quelque chose de son ancienne prospérité.

Quand Alexandre le Grand eut défait Darius à Issus, sur le golfe d'Alexandrette, la Syrie tout entière se soumit au héros macédonien (333). Il fut bon pour ses nouveaux sujets. Sa mort prématurée livra le pays à deux de ses généraux : Seleucus I Nicanor fonda dans la Syrie septentrionale la dynastie des Séleucides (312), qui dura jusqu'à la conquête romaine ; Ptolémée Soter ou Lagus, fondateur de la dynastie des Lagides à Alexandrie, s'empara de la Judée (320).

Un siècle plus tard le roi séleucide Antiochus le Grand bat à Paneas (Banias) les troupes de Ptolémée Épiphane et réunit la Judée à son empire (199). Son second successeur, Antiochus Epiphane, perd cette conquête par son impiété.

Les fidèles d'Israël, qu'il veut contraindre à adorer les dieux des Grecs, s'assemblent à la voix d'un vénérable prêtre, Mathathias, descendant d'Asmon. Ses fils, qu'on a surnommés Machabées, c'est-à-dire marteaux, se mettent à la tête du peuple, chassent les Syriens de la Judée et donnent à leur patrie une nouvelle ère d'indépendance sous les princes de leur famille ; ce fut la dynastie des Asmonéens (143). Elle se fondit dans une sorte de protectorat romain (69), puis disparut quand le Sénat de Rome reconnut l'Iduméen Hérode le Grand comme roi de Judée (37).

Déjà Pompée s'était emparé de la Syrie du nord sur les Séleucides et en avait fait une province romaine (64). L'autorité de Rome sur la Judée s'affirmait et grandissait de jour en jour. Quatre ans après la venue du Sauveur, le royaume d'Hérode était divisé ; la Judée recevait un gouverneur romain.

Période romaine et byzantine. — La prise de Jérusalem par Titus (70) enlève aux Juifs les derniers lambeaux de puissance territoriale. Jérusalem devient une colonie payenne sous le nom d'Ælia Capitolina ; la Syrie tout entière n'est plus qu'une province de l'empire romain ; elle lui donne même des empereurs, Héliogabale, prêtre d'Emèse ou Homs, et Philippe l'Arabe, de Bosra.

Cependant la foi chrétienne se répand à Antioche, à Rome et partout ; l'empereur Constantin reconnaît officiellement la religion nouvelle (313) et transporte à Constantinople l'empire chrétien (330), qui compte la Syrie parmi ses provinces. Les églises chrétiennes s'élèvent sur toute la surface du pays, les pèlerinages aux Saints-Lieux se multiplient, tout fait présager que la Syrie va devenir pour toujours une terre chrétienne, quand, après deux siècles, des événements inattendus changent la face des choses.

L'invasion barbare de Chosroès II, roi des Perses (611), vengée bientôt par l'empereur Héraclius, couvre le pays de ruines : elle est le prélude de l'invasion musulmane.

Période musulmane. — Les généraux du calife Omar défont l'armée byzantine au-delà du Jourdain sur les bords du Yarmouk et se rendent maîtres de toute la Syrie (634-638). Un grand nombre des habitants, n'espérant plus la protection des empereurs de Constantinople, embrassent la religion des vainqueurs. La Syrie, désormais associée aux destinées du grand empire musulman, après avoir eu quelque grandeur dans la guerre, ne fera que déchoir dans la paix.

Aux califes Ommiades régnant à Damas, succèdent les califes Abbassides qui transportent la capitale à Bagdad. Les sultans d'Égypte leur disputent la Syrie et s'emparent à plusieurs reprises de Jérusalem. Enfin le pouvoir tombe entre les mains des sultans Seldjoucides, venus du Turkestan avec des hordes de Tartares (1070).

Les califes avaient d'abord traité les chrétiens avec une certaine modération ; ils leur avaient assigné un quartier particulier dans Jérusalem et leur permettaient l'exercice du culte, moyennant un tribut. Sous la domination des sultans d'Égypte et des Turcs Seldjoucides, les chrétiens de Syrie et les pèlerins d'occident eurent à souffrir des vexations et des cruautés incroyables, ils furent indignement outragés dans leur foi. « Pendant le service divin, dit Guillaume, archevêque de Tyr, les Musulmans entraient dans les églises en poussant des cris de fureur ; ils venaient s'asseoir jusque sur les autels, renversaient les vases sacrés, les foulaient aux pieds, accablaient le clergé d'insultes et de coups, sans épargner même le patriarche. »

Les Croisades. — À la voix du pape Urbain II, aux prédications de Pierre l'Ermite, l'Europe chrétienne s'ébranle, ses princes et ses chevaliers partent arracher le tombeau du CHRIST aux mains des infidèles et délivrer les chrétiens de l'oppression (1096). Godefroy de Bouillon s'empare de Jérusalem, en fait la capitale d'un royaume latin embrassant à peu près toute la Syrie (1099). Le nouveau royaume est partagé en cinq grands fiefs, Jérusalem, Édesse, Antioche, Tibériade et Tripoli. Ces grands fiefs, qui relèvent directement de la couronne, sont divisés en une multitude d'autres fiefs dont les possesseurs rendent hommage aux grands feudataires. À côté de la chevalerie féodale se forme la chevalerie religieuse, dont les membres sont à la fois moines et soldats.

Au milieu de luttes acharnées et sans répit, les Croisés surent bâtir un nombre infini de belles églises, quantité de remarquables forteresses, et exécuter d'importants travaux d'utilité publique, dont les ruines étonnent encore le voyageur.

Période ottomane. — Le royaume latin des Croisés prit fin à la prise d'Acre par les Musulmans (1291), après deux cents ans de luttes incessantes et terribles. La Syrie passa tout entière sous la domination des sultans Mamelouks du Caire.

À la même époque, le Turc Othman I fondait par ses conquêtes en Orient le nouvel empire qui devait renverser l'empire grec de Constantinople et lui prendre sa capitale (1453). L'un de ses successeurs, Sélim I, conquit la Syrie et la Palestine sur l'avant-dernier sultan Mamelouk el-Ghouri ; dès lors la Syrie fut une province de l'empire ottoman (1517).

L'histoire du pays après la conquête de Sélim, et même depuis le départ des Croisés, se résume pendant de longs siècles en une série de troubles et de meurtres, causés par les ambitions personnelles des pachas avides de se supplanter les uns les autres.

Depuis bien des siècles les armées de l'Europe n'avaient pas foulé le sol syrien, quand le général Bonaparte, maître de l'Égypte, apprenant qu'une armée turque réunie à Damas se préparait à marcher contre lui, vint mettre le siège devant Acre. La place, vigoureusement défendue par le cruel pacha Djezzar, soutenue par l'amiral anglais Sidney Smith, résista à quatorze assauts, et Bonaparte, malgré une victoire remportée dans la plaine d'Esdrelon au pied du Thabor, fut forcé de battre en retraite sur le Caire (1799).

Une nouvelle guerre vint troubler la Syrie en 1831. Le pacha d'Égypte Méhémet-'Ali, sous prétexte de venger l'injure que lui faisait la Porte en refusant de livrer des paysans réfugiés dans la ville d'Acre pour se soustraire à la tyrannie égyptienne, envoya son fils Ibrahim-Pacha s'emparer de la Syrie. L'armée victorieuse d'Ibrahim s'avança jusqu'à Konieh en Caramanie, l'ancienne Iconium, et menaça Constantinople. Les puissances intervinrent de peur que la Porte ne se jetât dans les bras de la Russie. Elles engagèrent le sultan à satisfaire Méhémet-'Ali par l'investiture des pachalicks de Syrie. Non content de cette concession, Méhémet-'Ali réclama l'hérédité pour le gouvernement de l'Égypte et de la Syrie. Le refus de la Porte ralluma la guerre. Mal soutenu par la France, sur laquelle il comptait, le pacha d'Égypte vit les ports de Syrie bombardés par les escadres de l'Angleterre, de l'Autriche et de la Turquie ; il dut signer la convention d'Alexandrie, qui lui enlevait toutes ses conquêtes en Asie et lui donnait le titre de vice-roi d'Égypte (1840).

Avant l'occupation d'Ibrahim-Pacha et même durant la présence des Égyptiens, les habitants des montagnes du Liban, la plupart catholiques du rite maronite, vivaient sous le gouvernement de leurs émirs dans une demi-indépendance vis-à-vis de la Porte ; les pachas de Beyrouth et de Damas n'exigeaient d'eux qu'un tribut plus ou moins arbitraire. Au départ des Égyptiens, le gouvernement de Constantinople remplaça l'émir, qui gouvernait sans distinction de chrétiens et de druses, par deux caïmacans ou sous-préfets soumis au moutessarref turc de Beyrouth, l'un chrétien pour les districts du nord exclusivement chrétiens, l'autre druse pour les districts du sud où druses et chrétiens étaient mêlés. C'était conforme à l'adage : Divide et impera. Voici que, tout d'un coup, sans aucune provocation, les druses se jettent sur les chrétiens, promènent dans le Liban l'incendie et le carnage avec la connivence manifeste de quelques fonctionnaires turcs, massacrent les chrétiens de Damas, menacent Beyrouth. L'Europe s'émeut en apprenant que vingt mille chrétiens sont tués lâchement ; la France, d'accord avec les puissances, envoie une petite armée à Beyrouth (1860), rétablit la sécurité, fait punir de mort le pacha de Damas, obtient quinze millions d'indemnité pour les chrétiens et une nouvelle organisation du gouvernement du Liban, garantie par l'Autriche, la France, l'Angleterre, la Prusse et la Russie.

Lacordaire, parlant de la Syrie, en 1846, du haut de la chaire de Notre-Dame, résumait ainsi son histoire :

« En Syrie, comme à un rendez-vous inévitable indiqué par la nature et par DIEU, tous les conquérants ont paru. Les primitives monarchies d'Assur et de la Chaldée y ont envoyé sans relâche leurs généraux ; Alexandre y fut arrêté devant Tyr, et vint lire à Jérusalem l'histoire de ses triomphes, écrits d'avance, comme ceux de Cyrus ; ses successeurs se disputèrent avec acharnement ce débris de sa couronne ; les Romains en prirent possession ; le moyen âge y poussa toute sa chevalerie durant deux cents ans ; Napoléon y fit luire sur le sable un éclair de son épée ; enfin tout à l'heure, les derniers coups de canon de l'Europe ont réveillé les vieux échos de cette terre fantastique, et le doigt scrutateur de ceux qui observent l'avenir, l'a marquée comme le champ futur des combats réservés à nos neveux (1). »

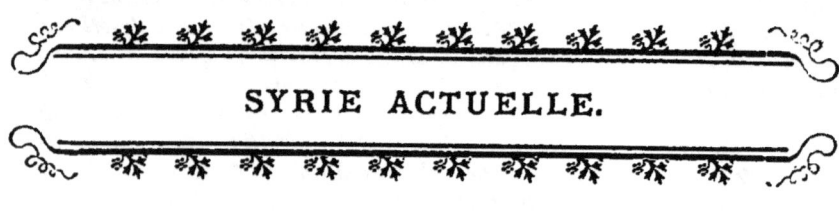

SYRIE ACTUELLE.

POPULATION et RELIGIONS.

AUSSI loin que remonte l'histoire, on trouve des tribus nomades dans le désert syrien ; les Amalécites, dont il est si souvent question dans la Bible, sont de ce nombre ; les premiers patriarches eux-mêmes ont mené la vie errante des pasteurs dans les solitudes du désert ; le voyageur rencontre à l'orient de la Syrie habitée toute une ligne de postes militaires établis par les Romains, au temps de leur domination, pour protéger les populations agricoles contre les tribus nomades et insaisissables de ces immenses solitudes. Il y a eu toujours des Bédouins ; le nom seul est moderne. Au reste, la vie du pasteur nomade est en harmonie avec les conditions du désert, comme avec le goût de liberté inhérent à la nature humaine.

Personne ne peut savoir le nombre des Bédouins répandus dans le désert syrien, ni l'histoire de leurs nombreuses tribus. Le gouvernement turc n'a rien à faire avec eux, si ce n'est d'arrêter leurs rapines sur les terres qui payent la dîme. Il est désireux, sans doute, de gagner sur eux du sol imposable ; mais, depuis bien des siècles, c'est le contraire qui a généralement lieu ; le désert gagne, les populations sédentaires se retirent, faute de sécurité ; un grand nombre de Libanais émigrent en Amérique ou en Australie, plutôt que de s'établir dans les fertiles plaines qui sont à la disposition du premier occupant, tout proche de leurs montagnes.

Le chiffre de la population sédentaire de Syrie ne se trouve dans aucun document officiel ; recensement et registres d'état-civil sont choses à peu près inconnues dans le pays. On ne peut donc donner à cet égard que des nombres largement approximatifs. Il est hors de doute cependant que le nombre des habitants n'atteint pas deux millions, et a beaucoup diminué depuis les temps anciens.

Pour la Palestine en particulier, au temps où le roi David fit le dénombrement de

---

1. 4e Conf.

son peuple, il s'y trouva 1,300.000 hommes capables de porter les armes, c'est-à-dire entre vingt et soixante ans, ce qui suppose une population totale d'environ cinq millions ; tandis qu'aujourd'hui, d'après l'estimation la plus favorable, la même contrée n'a que 650.000 habitants. La superficie de la Palestine étant de 28 373 kilomètres carrés, elle avait en moyenne 177 habitants par kilomètre du temps de David ; elle n'en a plus que 22, la huitième partie.

La religion juive, la religion chrétienne et l'Islamisme ont pris naissance non loin de la terre de Syrie ; leurs différentes sectes, leurs rites divers y sont nés ou s'y sont implantés à la faveur d'innombrables révolutions, et y ont vécu séparées sans jamais mêler leur sang. Jamais le chrétien ne s'est uni avec le musulman dans un même amour patriotique ; son lien national est sa religion ; sa patrie est le rite dans lequel il fut baptisé. Religion et nationalité sont des idées si intimement liées en Orient que, dans le langage commun, l'ensemble des personnes qui professent la même religion ou suivent le même rite s'appelle nation et dans le langage officiel, communauté, du moins quand il s'agit de chrétiens ou de juifs. Pour un Oriental, changer de religion ou de rite est abandonner sa nation, se donner à une autre.

Musulmans. — La plus grande partie des musulmans de Syrie appartiennent, comme le sultan, à la secte sunnite, ainsi nommée, parce qu'elle admet la Sunna, ou loi orale et traditionnelle du Prophète. Ils reconnaissent la légitimité des trois premiers califes successeurs de Mahomet, contestée par les autres sectes, et se disent musulmans orthodoxes. Les Sunnites sont environ 700.000 dans toute la Syrie.

A la secte opposée des Chiytes (de chia'a bande, troupe) appartiennent :

1° Les Métoualis, répandus dans les montagnes de la haute Galilée, du Liban. Ils y vivent isolés des autres populations et se montrent particulièrement hostiles aux chrétiens. On estime leur nombre à trente ou quarante mille.

2° Les Persans, au nombre d'environ cinq mille.

3° Les Kurdes, originaires des contrées limitrophes de la Perse. Le plus grand nombre des Kurdes de Syrie habitent sous la tente et se déplacent dans l'intérieur du pays selon les besoins de leurs troupeaux. Cependant, le gouvernement ottoman a réussi, ces dernières années, à en fixer un certain nombre dans le vilayet d'Alep. Ils s'y montrent de laborieux et intelligents cultivateurs. Leur nombre total s'élève, dit-on, à quinze mille.

4° Les Circassiens, dans leur langue Tcherkesses, qui, après l'occupation du Caucase par les Russes (1864), ont préféré l'exil à la domination du vainqueur. Le sultan les a accueillis parmi ses sujets et leur a distribué des terres dans plusieurs parties de son empire. Dix mille environ se sont établis dans l'intérieur de la Syrie. On rencontre rarement des Circassiens dans la zone littorale.

Sectes dérivées de l'Islam, assimilées aux Musulmans. — Dans les premiers siècles de l'Islamisme, la nouvelle doctrine, les anciennes superstitions payennes, le manichéisme ou dualisme persan, la doctrine indienne de la métempsycose, fermentèrent ensemble dans quelques peuplades orientales et y produisirent des religions extravagantes, compliquées à l'excès, entourées de mystère, au fond desquelles on ne trouve que des rêveries insensées, incohérentes, dont l'étude ne peut présenter aucune utilité. Telles sont les religions des Druses, des Ansariés, des Ismaéliens et des Yésidés. Du reste les pratiques religieuses tiennent aujourd'hui une fort petite place dans la vie du plus grand nombre de ces sectaires.

Ceux qui habitent la Syrie tiennent à passer pour Musulmans aux yeux du pouvoir et, dans ce but, prennent à l'Islam quelques pratiques extérieures qui ne les gênent pas ; le gouvernement de son côté affecte de les considérer comme Musulmans, les admet au service militaire, leur bâtit des mosquées. Mais en réalité ces sectes sont ennemies des Musulmans, ennemies les unes des autres, et n'ont d'unité que dans leur commune haine contre les chrétiens.

La doctrine des **Druses** est consignée dans plusieurs livres manuscrits, mais le dépôt complet de la tradition religieuse n'est confié qu'à une classe de sages, 'aqqals, qui se distinguent par certaines observances extérieures ; ainsi les 'aqqals ne doivent jamais fumer le tabac. Le calife d'Égypte Hakem (996-1020), un monstre de cruauté, passe pour leur fondateur. Ils le regardent comme une divinité et disent qu'il reviendra à la fin des temps. Ils croient à la métempsycose. Pour eux, ce qui reste secret n'est pas péché. Le nombre des Druses est immuable, disent-ils ; quand l'un d'eux passe à une autre religion, il ne prend qu'une nouvelle forme apparente d'existence, en réalité il reste Druse. Du reste leurs dogmes et leur morale sont loin d'être uniformes.

Les Druses sont généralement de laborieux cultivateurs. Ils habitent le Liban méridional et le Hauran au nombre d'environ 135.000.

Les **Ansariés**, nommés plus correctement Nosariés, du nom de l'un de leurs principaux chefs, Nosair, sont de sauvages montagnards, cantonnés entre le Liban et l'Amanus, dans les montagnes qui portent leur nom. Leur religion est peu connue et paraît être peu de chose pour eux-mêmes. On y remarque certaines fêtes et pratiques religieuses d'origine chrétienne. Ils forment une population compacte, estimée à 140.000 âmes.

Peu différents des Ansariés, leurs voisins sont les **Ismaéliens**, qui habitent les montagnes du couchant de Hamah au nombre d'environ 15.000. On les considère comme les descendants des Assassins, c'est-à-dire fumeurs de hachich, si redoutables par leurs crimes durant le moyen âge. Le nom actuel vient de leur iman Ismail. Ils ont gardé en partie les croyances de l'Islam, et se sont affranchis de la plupart des pratiques musulmanes.

Les **Yésidés** sont venus de Mésopotamie. On sait seulement de leur doctrine qu'ils admettent, comme l'hérésiarque Manès, deux principes éternels et indépendants, l'un bon, l'autre mauvais, qui ont créé le monde et le gouvernement. Ils vivent assez misérablement de la culture des terres et de l'élevage des troupeaux. On dit qu'ils sont de dix à quinze mille dans le nord de la Syrie et aux environs d'Alep.

Chrétiens. — La population chrétienne de Syrie se partage en cinq rites orientaux catholiques, grec, syrien, chaldéen, arménien et maronite, et en quatre rites schismatiques correspondants aux quatre premiers ; les maronites seuls n'ont jamais été divisés par le schisme. Par opposition aux rites orientaux, les catholiques qui suivent la liturgie romaine sont appelés latins. Ils sont environ 15.000, presque tous d'origine européenne. Enfin on compte un égal nombre de protestants de diverses sectes, venus de l'étranger ou entretenus par les prédicants américains.

Chacun des rites orientaux constitue une église et comme une nation distincte sous l'autorité de son patriarche et de ses évêques avec sa liturgie particulière, ses usages et ses privilèges civils. Les différents rites vivent à côté les uns des autres dans les mêmes villes et souvent dans les mêmes villages ; chacun y a son église, son curé, obéit à un évêque particulier. C'est ainsi qu'en Orient une même ville peut avoir autant d'évêques qu'elle compte de rites chrétiens parmi ses habitants.

L'ensemble des rites orientaux forme dans l'Église catholique un groupe à part et comme fermé. Un Occidental ne peut y entrer ; l'Oriental ne peut en sortir. Le schismatique qui revient à l'unité appartient naturellement à celle des Églises orientales dont son schisme s'est séparé ; le Grec schismatique revenu à l'union se trouve Grec catholique ; le Syrien jacobite devient Syrien catholique, etc. Néanmoins on permet aujourd'hui au schismatique converti de se choisir un autre rite oriental pour des raisons personnelles. Le père de famille entraîne dans son rite la famille entière.

On ne saurait s'étonner que, dès les temps apostoliques, les premiers prédicateurs de l'Évangile, chargés d'organiser l'Église chrétienne dans des pays de langues, de coutumes différentes et éloignés les uns des autres, aient introduit dans la célébration du culte nouveau, dans l'administration des sacrements, des usages variant d'un pays à l'autre sans sortir des limites de la divine institution. Ces usages différents, retenus avec un soin jaloux par les différentes Églises, ou introduits plus tard et approuvés par le pontife romain, constituent la diversité des rites orientaux.

Les papes ont toujours entouré d'une protection particulière ces Églises et se sont appliqués à leur conserver leurs antiques usages. Dans ce but, ils leur ont donné une autonomie partielle, mettant à la tête de chacune d'elles un patriarche revêtu d'une autorité métropolitaine supérieure sur tous les évêques du rite.

Quand saint Pierre eut établi à Rome le gouvernement général de l'Église, se réservant la direction personnelle de l'Occident, il choisit en Orient deux centres d'action pour rayonner de là sur le reste du monde connu : Alexandrie où il avait envoyé son disciple saint Marc, Antioche où il avait siégé lui-même pendant sept ans. Par l'intermédiaire de l'évêque d'Alexandrie, Pierre gouvernait l'Afrique orientale ; par l'évêque d'Antioche il administrait l'Asie. Dès les premiers siècles, les évêques d'Alexandrie et d'Antioche, en vertu de l'autorité reçue par délégation du pontife romain, purent choisir les évêques et les métropolitains des régions qui leur étaient confiées, créer même de nouveaux sièges dans les pays nouvellement convertis, assembler en concile les évêques de leur juridiction. Ce ne fut cependant qu'au Ve siècle qu'on leur donna le nom de patriarches.

Au concile de Chalcédoine (451) fut érigé le patriarcat de Jérusalem avec autorité sur la Palestine en deçà et au delà du Jourdain. Vers le même temps, l'évêque de Constantinople, métropolitain de nombreuses Églises, commença à prendre le titre de patriarche. Jean VIII lui conféra cette dignité (879) ; et au quatrième concile de

Latran (1215), Innocent III lui accorda sur les autres patriarches orientaux la préséance, qui jusqu'alors avait appartenu au patriarche d'Alexandrie.

Telle est l'origine des quatre grands patriarcats d'Orient, Constantinople, Alexandrie, Antioche et Jérusalem. Le premier et le dernier sont d'institution ecclésiastique, les deux autres d'institution apostolique.

En faveur des Églises de rites différents établies dans le patriarcat d'Antioche, les papes accordèrent dans la suite que chacun eût son patriarche particulier du même siège. C'est ainsi qu'il y a aujourd'hui un patriarche d'Antioche pour les Grecs, un autre pour les Syriens, un troisième pour les Maronites. Pour les deux autres rites, les souverains pontifes créèrent des sièges patriarcaux secondaires, celui de Babylone pour les Chaldéens, celui de Cilicie pour les Arméniens.

Grecs. — Le rite grec représente l'Église illustrée par saint Jean Chrysostome et saint Basile. Bien que la majeure partie de cette Église ait été séparée de Rome aux IXe et Xe siècles, beaucoup d'évêques des patriarcats d'Antioche, d'Alexandrie et de Jérusalem restèrent unis au siège apostolique et plusieurs patriarches d'Antioche reconnurent la suprématie du pontife romain. Cyrille IV, qui occupait le siège en 1724, était de ce nombre. Les menées d'un diacre intrigant obtinrent de la Porte que Cyrille fût exilé, les évêques fidèles chassés de leurs sièges, les biens-fonds des Églises donnés aux schismatiques ; on put croire que c'en était fait de l'Église grecque catholique en Orient. Mais Cyrille et ses successeurs, puissamment aidés par les missionnaires latins, avaient soutenu dans l'ombre l'Église désolée. En 1834 les évêques assemblés renouèrent la chaîne interrompue des patriarches, par l'élection de Mgr Maximos Mazlum, homme plein de talent, d'énergie et de vertu. Avec l'aide de la France il obtint d'être reconnu à Constantinople comme chef de la communauté grecque catholique, déclarée indépendante de toute autre communauté religieuse (1848,

Les Grecs, comme les Syriens et les Chaldéens, consacrent du pain fermenté et donnent la communion sous les deux espèces. Nul doute que leur liturgie, dans son ensemble, ne remonte aux temps apostoliques, sauf quelques additions dues aux patriarches de Constantinople. Depuis que la langue grecque n'est plus comprise dans le pays, les Grecs de Syrie dans la liturgie lui ont substitué l'arabe, dont ils se servent actuellement même pour les paroles de la consécration.

Ils forment en Syrie une puissante nation de cent mille âmes. Le patriarche réside à Damas.

On donne souvent aux Grecs catholiques l'ancien surnom de Melchites ou royaux qui rappelle la protection dont l'empereur Marcien les couvrit contre les hérétiques opposés au concile de Chalcédoine (451).

Les Grecs schismatiques sont plus nombreux. On en compte environ 140.000 dans toute la Syrie. Séparés de l'unité catholique, ils ont naturellement contracté une plus étroite dépendance des pouvoirs civils. La Porte, qui les soupçonne de rechercher le protectorat de la Russie, leur a imposé jusqu'ici des patriarches et plusieurs évêques hellènes, c'est-à-dire de la Grèce ou de l'Archipel, parlant grec, officiant en grec, tandis que tout le clergé indigène fait les offices en arabe. A l'imitation des Russes, ils se donnent le nom d'Orthodoxes et ont réussi à faire passer cette politesse trompeuse dans le langage commun (1).

Syriens. — L'Église syrienne célèbre la messe dans l'ancienne langue syriaque, aujourd'hui parlée seulement dans deux ou trois villages au nord de Damas. L'évangile et quelques prières accessoires se disent pourtant en arabe, afin d'être entendus des fidèles. Il est à croire que, dès l'origine du christianisme, la langue syriaque ou syro-chaldaïque, que parlait JÉSUS-CHRIST, servit à la célébration des saints mystères, ainsi que la langue grecque alors usitée dans les villes du littoral. Il existe une messe très ancienne, dite de saint Jacques, premier évêque de Jérusalem, écrite en syriaque et aussi écrite en grec, qui est dite à certains jours chez les Syriens et chez les Grecs. Saint Jean Chrysostome, on le sait, prêchait en grec à Antioche et se plaignait de ne pouvoir parler leur langue aux gens des campagnes.

Cependant les populations chrétiennes de langue syriaque ne formaient pas une Église distincte, elles étaient directement soumises au patriarche grec d'Antioche. Au Ve siècle elles tombèrent dans l'hérésie des monophysites inaugurée par Eutychès, et furent organisées en Église schismatique par Jacob Zanzale (541), évêque d'Édesse, d'où leur est venu le nom de Jacobites. Ceux-ci ne tardèrent pas à se donner un patriarche de leur secte.

L'Église syrienne catholique, dans sa forme actuelle, gouvernée par un patriarche spécial, a pris naissance en 1662 par le retour à l'union d'une partie des Jacobites. A cette époque, le patriarche schismatique, Ignace Siméon, se convertit à la foi catholique ; Rome lui reconnut la dignité patriarcale, établit la hiérarchie dans son Église, expurgea la liturgie des dogmes hérétiques ; il y eut une Église syrienne catholique. La persécution interrompit en 1701 la série des légitimes patriarches et la nation se trouva réduite à quelques milliers de fidèles. Une nouvelle ère de prospérité, commencée en 1783 par la conversion du patriarche jacobite Ignace George, se continue de nos jours. La Porte a reconnu officiellement, en 1866, le patriarche des Syriens catholiques avec tous les privilèges dont jouissent les autres chefs de communautés autorisées dans l'empire.

Il y a aujourd'hui en Syrie quarante ou cinquante mille Syriens catholiques. Leur patriarche réside à Mardin en Mésopotamie.

Les Syriens jacobites répandus dans le pays atteignent à peine le chiffre de quinze mille.

Chaldéens. — L'Église chaldéenne, fondée par l'apôtre saint Thomas, fut gouvernée jusqu'au Ve siècle par un délégué du patriarche grec d'Antioche portant le titre de Catholique, c'est-à-dire de délégué pour l'universalité des causes. A cette époque elle fut entraînée tout entière dans le schisme de Nestorius et se donna un faux patriarche du titre de Séleucie et Ctésiphon. Une partie des Nestoriens étant revenus à la vraie foi, ils se choisirent un évêque, Jean Zulaca, qui vint à Rome en

---

1. L'appellation n'est pas ancienne. Elle date de l'ordre suprême rendu en 1839 par l'empereur Nicolas. L'Église russe se donnait auparavant le nom de catholico-orientale.

1552 recevoir la consécration épiscopale, le pallium, et fut bientôt créé patriarche du titre de Babylone.

Ainsi fut constituée dans son autonomie l'Église chaldéenne catholique, sortie de l'hérésie. Les persécutions s'appesantirent sur cette lointaine Église, au point que le nombre des fidèles, en 1840, se trouvait réduit à une quinzaine de mille. La nation reprend une nouvelle vie depuis 1878 sous la direction du patriarche actuel, qui a su obtenir la reconnaissance officielle de sa dignité et de son Église. Il réside à Mardin.

Toute la liturgie est en langue chaldéenne, ne différant guère du syriaque que par la prononciation. Ils sont environ cinq mille en Syrie. Les Chaldéens nestoriens n'habitent pas ce pays.

Arméniens. — La nation arménienne, retombée dans le paganisme après les prédications de saint Barthélemy, fut de nouveau convertie à la foi au IVe siècle par saint Grégoire l'Illuminateur. Sacré évêque par saint Léonce, de Césarée en Cappadoce, il établit son siège dans la capitale, Vagharchabad, aujourd'hui Etchmiadzin, près d'Erivan, et fut élevé à la dignité de patriarche par le pape Sylvestre.

Au milieu du VIe siècle, l'hérésie d'Eutychès divisa profondément la nation arménienne ; la chaîne des patriarches catholiques, plusieurs fois brisée, ne fut définitivement renouée qu'en 1742. L'élu, Abraham Arzivian, reçut le pallium des mains de Benoît XIV et le titre de patriarche de Cilicie. C'était dans cette province, à Sis, que s'étaient retirés les patriarches catholiques après la chute du royaume d'Arménie en 1293. Il prit le nom de Pierre en signe de son attachement au siège apostolique, et tous ses successeurs ont suivi cet exemple. Par les bons offices de l'ambassade de France, les Arméniens catholiques obtinrent en 1830 d'être reconnus de la Porte comme nation distincte des schismatiques ; aujourd'hui leur patriarche, résidant à Constantinople, jouit auprès du gouvernement de la même autorité que les chefs des autres Églises chrétiennes.

La liturgie des Arméniens est tout entière dans leur langue nationale. Ils consacrent le pain azyme ; les catholiques donnent la communion sous une seule espèce.

On compte en Syrie 20.000 Arméniens catholiques, 25 000 Arméniens grégoriens, c'est-à-dire schismatiques.

Maronites. — Au temps de l'invasion de Chosroès II (611), les moines syriens d'un célèbre couvent dédié à saint Maron, et situé sur l'Oronte, non loin de Homs, se réfugièrent au Liban, cultivèrent dans la foi les habitants de ces sauvages montagnes, organisèrent leur Église : ceux-ci prirent le nom de leurs bienfaiteurs. Les Maronites reconnaissent comme premier patriarche de la nation Jean Maron, évêque de Batroun, mort en 707. Cependant le nom de patriarche ne fut probablement, durant de longs siècles, qu'un titre d'honneur donné au primat de la nation ; Benoît XIV (1740-1758) est le premier pape qui dans des pièces officielles ait donné au chef de la nation le titre de patriarche d'Antioche (1). Seul de tous les patriarches, il jouit des

---

1. Voir Mgr Joseph David, archevêque de Mossoul ; Antiqua Ecclesiæ syro-chaldaicæ traditio, append. 3. Rome, 1870. — Joseph Debs : Summa confabulationum contra assertiones J. David. Beyrouth, 1871.

privilèges attachés à sa dignité sans demander le bérat ou approbation du sultan. On raconte qu'à la conquête de la Syrie par Sélim I, le patriarche maronite alla trouver le vainqueur à Alep et en reçut pour toujours l'exemption du bérat.

La liturgie maronite actuelle n'est autre que la liturgie syrienne, modifiée peu à peu dans le sens latin et approuvée dans sa nouvelle forme par les souverains pontifes ; aussi dans les documents officiels le rite maronite est-il appelé syro-maronite. Ils consacrent aujourd'hui le pain azyme et donnent la communion comme les latins. Le patriarche réside dans la montagne, l'hiver à Bkerké près de Djouni, l'été à Bdiman non loin d'Ehden.

Entre toutes les nations catholiques de l'Orient, celle des Maronites se distingue par la ferveur de sa foi, son inviolable attachement à Rome et à la France. De toutes elle est la plus nombreuse. Il y a en Syrie 275.000 Maronites.

Les Églises schismatiques dont nous avons parlé ont des patriarches reconnus par la Porte, sur les sièges suivants :

Église Grecque schismatique : Constantinople, Antioche avec résidence à Damas, Alexandrie et Jérusalem.

Église Syrienne jacobite : Antioche avec résidence à Deïr es-Zore près Mardin.

Église Chaldéenne nestorienne : Antioche avec résidence à Kotchannès dans le Kurdistan turc, Babylone avec résidence à el-Koch près Mossoul.

Église Arménienne grégorienne : Constantinople, Sis, Etchmiadzin et Jérusalem.

Protestants. — L'Angleterre, préoccupée de l'importance que le protectorat religieux donnait à la France et à d'autres puissances européennes dans les affaires du Levant, conçut le projet de se ménager à elle aussi un protectorat spécial en suscitant dans l'empire une nation protestante. Secondé par le cabinet de Berlin, le Foreing Office demanda l'autorisation d'élever un temple à Jérusalem. C'était en 1840. Le Divan refusa d'abord, puis se relâcha de ses premières rigueurs ; en 1842, un évêque anglican vint à Jérusalem muni d'un simple firman de voyageur, et inaugura une chapelle protestante.

Le nouveau culte, bien que fort opposé à l'antique foi des populations orientales, à leur attachement au culte de la Sainte Vierge, à toutes les démonstrations du culte extérieur, s'étendit peu à peu par les séductions d'une protection assurée, par les libéralités de ses apôtres et surtout par les efforts constants des prédicants américains ; un certain nombre de protégés protestants ne tardèrent pas à se grouper à l'ombre du pavillon britannique. C'est principalement parmi les schismatiques grecs et arméniens que s'exerce la propagande protestante. Elle fait peu d'adeptes, il est vrai, elle ne crée presque aucune conviction ; mais elle diminue la foi et propage l'indifférentisme.

Pour achever l'énumération de la population sédentaire de Syrie, il faut ajouter environ 150.000 Israélites. Bien que les lois ne permettent pas aux Juifs étrangers de s'établir en Palestine, un grand nombre d'entr'eux, expulsés de Russie et des provinces danubiennes, sont arrivés ces dernières années à Jérusalem et ont fondé de nombreuses colonies autour de la ville et dans les environs.

Résumant les chiffres, on trouve que la population sédentaire en Syrie se compose de 760 mille mahométans, 305 mille sectaires de religions dérivées de l'Islam, 460 mille catholiques, 185 mille chrétiens schismatiques, 150 mille israélites, et au total de un million huit cent mille habitants.

GOUVERNEMENT.

La forme du gouvernement est une monarchie absolue, dont le chef est à la fois Sultan et Calife, c'est-à-dire empereur et successeur de Mahomet dans le pontificat suprême de l'islamisme (1). Le trône vacant appartient au membre le plus âgé de la famille impériale, fils ou frère du sultan défunt (2).

Le pouvoir administratif est dans les mains du grand-vizir, président du conseil des ministres ou Divan. L'autorité religieuse et judiciaire s'exerce par le chef des Ulémas, appelé Cheik-ul-Islam et membre du conseil des ministres.

Comme dans toute société musulmane, le Coran passe pour la règle absolue des devoirs civils et religieux, pour le résumé de toute science, pour le code complet. Sa morale, on le sait, trace entre les populations mahométanes et les sociétés chrétiennes une ligne de séparation que ni la communauté de vie politique, ni l'éducation n'ont fait disparaître en aucun pays. La Turquie moderne, qui compte parmi ses habitants près d'un tiers de chrétiens et dont les intérêts se rattachent de plus en plus aux puissances européennes, souffre particulièrement de cette opposition. Les incessantes modifications dans son gouvernement et dans son administration ne sont pour la plupart que des tentatives de conciliation entre deux sociétés politiquement inconciliables.

Jusqu'au milieu de ce siècle, les sultans considéraient les chrétiens de leur empire comme une caste inférieure en droits aux fidèles de l'Islam ; ils leur donnaient dans les pièces officielles le nom de rayas, qui signifie troupeau ; et les chrétiens étrangers, quand des raisons politiques ne s'y opposaient pas, étaient traités encore moins favorablement.

Capitulations. — En présence d'un tel état de choses, les puissances chrétiennes de l'Europe se préoccupèrent d'assurer par des conventions spéciales la sécurité de leurs nationaux sur les terres du sultan.

L'initiative fut à la France ; les conventions obtenues par François I, en 1535, inaugurèrent le régime des capitulations. En vertu de ces capitulations, les consuls de France furent les protecteurs officiels des Saints-Lieux et de tous les chrétiens que leur piété ou leurs intérêts commerciaux poussaient chez les Turcs ; l'Europe entière profita de ce protectorat, dont la France fit le patrimoine commun de la chrétienté.

1. Le dernier calife d'Égypte, Motawakkel, céda au sultan ottoman Sélim I le reste de prestige attaché à son titre (1516).
2. Cette singulière loi de succession, qui écarte le plus souvent le fils du sultan du trône paternel, fut introduite à la mort d'Achmet I (1617), dans le but évident de ne pas laisser tomber la suprême autorité religieuse de calife dans les mains d'un enfant. En Égypte la succession khédiviale, à laquelle n'est point attachée l'autorité religieuse, suit l'ordre commun de progéniture masculine.

Cependant la Porte affectait de ne voir dans les capitulations que de simples concessions qu'il lui avait plu de faire à des alliés chrétiens, sans prétendre se lier indéfiniment ; aussi fut-il nécessaire de reviser plusieurs fois les capitulations, de les développer, de les confirmer. Leur dernière rédaction est de 1740, elle porte tous les caractères d'une convention définitive. Le traité de 1802, conclu avec Napoléon, leur donna toute la valeur d'une convention internationale, stipulant que « les traités ou capitulations qui, avant l'époque de la guerre, déterminaient respectivement les rapports de toute espèce entre les deux puissances, sont entièrement renouvelés (art. 2). »

Outre de nombreuses stipulations concernant le commerce, la navigation, la sécurité des pèlerins aux Saints-Lieux, aujourd'hui remplacées par le droit commun, les capitulations contiennent l'extension à tous les Français et protégés français de la fiction d'extraterritorialité, réservée dans les nations européennes aux seuls agents des cours étrangères.

« Les contestations entre Français doivent être jugées par leurs consuls selon leurs us et coutumes (art. 26). Les différends entre Français et sujets d'une autre nation chrétienne sont portés aux ambassadeurs du consentement des parties. Tant que le demandeur et le défenseur ne consentent pas à porter le procès devant les autorités turques, celles-ci ne peuvent les y forcer, ni prendre connaissance de l'affaire (52). En cas de crime commis par un Français ou protégé de la France, les juges et les officiers de justice ne peuvent en prendre connaissance qu'en présence du consul ou de son substitut (65). Les gens de justice et d'épée ne peuvent sans nécessité entrer par la force dans la maison occupée par un Français ; et, lorsque le cas requerra d'y entrer, on ne le fera qu'après avoir averti le consul et avec les personnes qu'il aura commises (70). »

Elles accordent aux consuls des privilèges spéciaux. « Les consuls ont le droit d'arborer leur pavillon suivant l'étiquette (49). Ils ont pour la sûreté de leur maison des janissaires de leur choix qui jouissent de la protection accordée aux nationaux (50). L'ambassadeur et les consuls de France ont la préséance sur les agents des autres puissances chrétiennes (17, 18). — La France jouit de la parité des privilèges qui seraient accordés à d'autres nations (83). »

Enfin les capitulations garantissent les évêques et les religieux francs contre toute vexation dans l'exercice de leur ministère. « Les évêques dépendants de la France et les autres religieux qui professent la religion franque, de quelque nation ou espèce qu'ils soient, lorsqu'ils se tiendront dans les bornes de leur état, ne seront point troublés dans l'exercice de leurs fonctions, dans les endroits de notre empire où ils sont depuis longtemps (32). Les religieux francs qui, suivant l'ancienne coutume, sont établis dedans et dehors de la ville de Jérusalem, dans l'église du Saint-Sépulcre, appelée Kamama, ne seront point inquiétés pour les lieux de visitation qu'ils habitent et qui seront entre leurs mains, lesquels resteront entre leurs mains comme par ci-devant, sans qu'ils puissent être inquiétés à cet égard, non plus que par des prétentions d'impositions (33). »

Le protectorat de la France, fondé sur les capitulations et reconnu officiellement par la Porte, est limité aux catholiques francs, aux Lieux-Saints et aux églises ou monastères dépendants de la France ; il ne s'étend pas aux sujets catholiques du sultan. Pourtant ce droit strict et officiel a reçu de l'usage et par la force des choses une extension qui fait regarder communément la France comme la protectrice naturelle de tous les catholiques de l'empire ottoman ; c'est le sentiment populaire que la France protège tous les rayas. La Porte, en effet, toutes les fois qu'il était de son intérêt de plaire à la France, ou que des relations amicales existaient entre ses ministres et nos ambassadeurs, accueillait favorablement les recommandations des agents français; sans y reconnaître l'exercice d'un droit absolu, elle y voyait une intervention naturelle et autorisée, tandis qu'elle repoussait énergiquement la protection que d'autres puissances voulaient exercer sur ses sujets. Son refus d'accorder à la Russie la protection des Grecs schismatiques de l'empire fut l'occasion, sinon la cause unique, de la guerre de Crimée (1854).

Réformes. — Après la séparation définitive de la Grèce, opérée par le concours des puissances (1830), après l'occupation égyptienne de la Syrie, que les flottes européennes furent seules repousser (1839), le sultan comprit que, désormais, pour conserver l'intégrité de son empire, il lui importait de concilier à son gouvernement l'estime des nations chrétiennes, et il prit l'initiative de réformes importantes, promulguées solennellement en présence des ambassadeurs et du prince de Joinville, le 3 novembre 1839, dans le palais de Gul-Hané.

Le Hatti-Chérif de Gul-Hané ou Tanzimat (organisation) proclame l'égalité absolue de tous les sujets du sultan, sans distinction de race et de religion, le renoncement à toute sentence arbitraire, même de la part du sultan, qui porterait atteinte à la liberté ou à la propriété de ses sujets. Il promet un mode régulier d'asseoir et de prélever l'impôt, un mode également régulier pour la levée des soldats et la durée du service, un code pénal, une loi rigoureuse contre le trafic de la faveur et des charges. C'était plus que le sultan ne pouvait tenir.

La guerre de Crimée amena une autre réforme également solennelle, le Hatti-Humayoun ou Écriture Sublime (18 février 1856), édictant les lois promises par le Tanzimat. Le sultan y déclare que toute appellation tendant à rendre une classe de ses sujets inférieure à l'autre, à raison du culte, de la langue ou de la race, est à jamais abolie et effacée du protocole administratif (art. 8) Dès lors les chrétiens ne furent plus appelés rayas dans les pièces officielles. Il permet à tous ses sujets et aux étrangers de posséder des immeubles en se conformant aux lois du pays et en acquittant les mêmes droits que les indigènes (17). Il reconnaît et maintient en totalité les immunités et privilèges spirituels accordés par ses prédécesseurs aux communautés chrétiennes ou autres non musulmanes (2). Il promet des mesures énergiques pour assurer à chaque culte, quel que soit le nombre de ses adhérents, la pleine liberté de son exercice (7). Il déclare tous ses sujets, sans distinction de nationalité, admissibles aux emplois et services publics (127).

Le firman fut communiqué aux puissances réunies à Paris pour conclure le traité *de paix du 30 mars 1856. En retour les puissances déclarèrent la Sublime Porte admise à participer aux avantages du droit public et du concert européen (7).*

Malgré des efforts sincères, le Hatti-Humayoun fut, suivant l'expression du prince Gortchakof, une lettre de change émise en faveur des puissances chrétiennes qui resta non soldée, du moins en partie. Les chrétiens de Bulgarie et d'Herzégovine se soulevèrent ; la Russie prépara une nouvelle invasion sous le prétexte de venger les droits méconnus des chrétiens de l'empire. Alors (1875) le gouvernement turc, cédant aux nécessités d'une situation de plus en plus critique, publia un iradé, puis un firman qui, par les ordonnances qu'ils renouvellent, forment, à quelques amendements près, une réédition du Hatti-Humayoun et du Tanzimat.

Ces réformes, imposées au pouvoir ottoman comme un besoin de circonstance, l'engageaient dans une voie toute nouvelle, bien éloignée des idées du peuple turc, en opposition avec les traditions, les coutumes, les aspirations religieuses et les préjugés que le peuple mêlait à ses croyances. Plusieurs de ces réformes pour être réalisées demandaient un personnel instruit et nombreux, une puissante bureaucratie qui faisait défaut, un sens d'ordre qui généralement n'existe pas dans les populations orientales. Est-il étonnant que beaucoup soient restées lettre morte ? L'égalité absolue entre les chrétiens et les Musulmans, l'admission des chrétiens à tous les emplois sans distinction de religion, leur admission dans les rangs de l'armée, l'assiette et une perception régulières de l'impôt, sans l'intermédiaire de fermiers de la dîme indépendants du gouvernement, une autorité judiciaire complètement séparée de l'autorité administrative, etc., sont des progrès réservés à l'avenir, et dont la possibilité s'entrevoit à peine dans un lointain nuageux.

Le grand-vizir Ali-Pacha, sollicité par le représentant de l'Angleterre, en 1854, de déclarer publiquement les Mahométans libres de se convertir au christianisme, lui fit cette réponse : « Nous pouvons vous assurer par voie diplomatique que la peine de mort ne sera plus prononcée contre les renégats musulmans et les blasphémateurs. Mais proclamer cette concession dans un acte public, serait provoquer dans la classe populaire et parmi les Ulémas, une explosion de fanatisme que nous serions impuissants à réprimer. »

Antérieurement à la guerre de Crimée, le protectorat étranger des chrétiens ne reposait que sur des concessions particulières, qui ne visaient point directement les communautés chrétiennes indigènes. Après la guerre, le traité de Paris (1856) inaugura en faveur des puissances signataires un protectorat religieux, collectif et général, en vertu duquel les gouvernements européens agirent le plus souvent de concert pour défendre la cause des chrétiens de l'empire. Le traité ménageait cependant les susceptibilités de la Porte à cet égard par une réserve apparente.

Le congrès de Berlin (1878) enleva toute réserve et stipula officiellement, sous la garantie des puissances signataires, que la distinction des croyances religieuses ne pourrait être opposée à personne comme un motif d'exclusion ou d'incapacité en ce qui concerne la jouissance des droits civils et politiques (art. 62). Il a en même temps rappelé, pour en confirmer les avantages et les privilèges, la protection officielle dont les agents diplomatiques et consulaires couvrent les ecclésiastiques étrangers et leurs établissements religieux en Turquie.

En vertu de ce protectorat et par le droit de la guerre, les puissances obtinrent de la Porte des constitutions particulières pour trois provinces de l'empire en grande majorité chrétiennes, le règlement du Liban (1861), le statut de Crète (1868, 1878), l'organisation de la Roumélie orientale (1879).

Le règlement du Liban nous intéresse particulièrement et donne une idée des deux autres constitutions.

« Le Liban sera administré par un gouverneur chrétien, nommé par la Sublime Porte et relevant directement d'elle. Ce fonctionnaire amovible sera investi de toutes les attributions du pouvoir exécutif (art. 1). Il est assisté par un Medjless ou conseil central, composé de douze membres nommés par les cheiks des villages et répartis entre les sept arrondissements, selon la religion et le rite de la population, savoir quatre maronites, trois druses, deux grecs schismatiques, un musulman et un métouali (2, 3).

» Le maintien de l'ordre est exclusivement assuré par le gouverneur au moyen d'un corps de police mixte, recruté à raison de sept hommes environ par mille habitants. En cas de nécessité, il peut requérir, auprès des autorités militaires de Syrie, l'assistance de troupes régulières, qui agiront sous sa direction et responsabilité, et se retireront dès qu'il déclarera le but atteint (14).

» La totalité des impôts du Liban ne dépassera pas sept mille bourses (700.000 fr.), limite qui n'est cependant pas absolument définitive. Si cette somme ne suffit pas aux frais strictement nécessaires pour la marche régulière de l'administration, c'est au trésor impérial à y pourvoir (15).

» Dans toute affaire où les membres du clergé séculier ou régulier sont seuls engagés, les parties restent soumises à la juridiction ecclésiastique, sauf le cas où l'autorité épiscopale demanderait le renvoi devant les tribunaux ordinaires (17). Les cheicks de villages jugent sans appel jusqu'à concurrence de deux cents piastres ou 40 fr. (7). Pour les affaires plus importantes, il est institué trois tribunaux de première instance, composés d'un juge et d'un substitut, et au-dessus un medjless judiciaire supérieur, composé d'un président et de six juges pris dans les six religions ou rites du Liban. Chacune de ces religions doit avoir, auprès de tout tribunal, un défenseur d'office nommé par la communauté (6). Tout procès commercial sera porté au tribunal de commerce de Beyrouth. Le procès en matière civile entre un habitant de la Montagne et un sujet ou protégé d'une puissance étrangère, s'il n'est pas jugé sur place par arbitrage, sera porté devant le même tribunal de commerce (9).

ADMINISTRATION.

COMME tout l'empire ottoman, la Syrie est divisée depuis 1868 en provinces ou vilayets, ayant à leur tête un gouverneur nommé Vali. Le vilayet se divise en départements nommés sandjaks (1), administrés par un préfet ou moutessarref.

---

1. En Syrie, les Arabes disent livas.

dépendant du vali. Le sandjak est subdivisé en cazas ou arrondissements régis par un caïmacan ou sous-préfet. Enfin le caza est partagé en communes ou nahiyés, dont le chef porte le nom de moudir.

Les valis et moutessarrefs sont nommés par la Sublime Porte. Le caïmacan est à la nomination du vali. Le moudir est élu par les habitants avec l'approbation du vali.

La Syrie actuelle comprend :

1° Le sandjak d'Alep dans le vilayet du même nom. (Les deux autres sandjaks du vilayet, Orfa et Marach, n'appartiennent pas à la Syrie);

2° Le vilayet de Syrie ou de Damas, comprenant trois sandjaks, Damas, Hamah et le Hauran;

3° Le vilayet de Beyrouth, composé de quatre sandjaks, Beyrouth, Tripoli, Latakiyeh, Acre;

4° Le sandjak de Jérusalem qui relève directement de la Sublime Porte sous l'autorité d'un vali, et renferme les quatre cazas de Jérusalem, Jaffa, Gaza et Bethléhem.

5° La province privilégiée du Liban, administrée par un vali dans des conditions spéciales d'indépendance. Le Liban est divisé en sept cazas, dont voici l'ordre, en allant du nord au sud : Khoura, Batroun, Kesrouan, Zahleh, Meten, Deïr-el-Kamar, Djezzin.

Ces provinces se partagent le sol et la population dans les proportions suivantes, seulement approximatives, faute de cadastre et de dénombrement :

Sandjak d'Alep	39.300 kil. car.		500.000	habitants
Vilayet de Damas	62.200	»	604.000	»
Vilayet de Beyrouth	30.500	»	478.000	»
Sandjak de Jérusalem	21.300	»	233.000	»
Liban	5.740	»	245.000	»
Syrie	159.040	»	1.860.000	»

Justice. — L'administration de la justice est organisée à peu près comme dans les pays d'Europe : Cour supérieure de justice à Constantinople ; cours d'appel et tribunaux de commerce dans les chefs-lieux de vilayets ; tribunaux de première instance dans les chefs-lieux de sandjaks. Tous les tribunaux doivent avoir des membres chrétiens pour les affaires où ceux-ci sont intéressés (Hatti-Humayoun, 16). Les procès spéciaux, tels que ceux de succession, soit entre deux chrétiens, soit entre deux autres sujets non musulmans, peuvent, à la demande des parties, être renvoyés devant les patriarches, les chefs de communautés et les conseils des dites communautés pour y être jugés (Hatti-Hum., 18).

Les sujets étrangers continuent à jouir dans leurs procès des privilèges que leur assurent les capitulations.

Un cadi, investi de fonctions à la fois civiles et religieuses, est dans chaque ville à la tête de la magistrature et préside le premier tribunal. Dans les chefs-lieux de cazas, un cadi de degré inférieur juge les affaires de moindre importance. A côté du cadi se trouve le mufti, jurisconsulte musulman chargé de l'interprétation de la loi. En matière purement religieuse ces cadis et muftis sont indépendants les uns des autres et relèvent directement du Cheik-ul-Islam de Constantinople.

Malgré les sages règlements qui l'entourent, l'application de la justice est encore défectueuse. Les magistrats sont révocables par simple décret non motivé, comme tous les autres fonctionnaires; aussi bien les particuliers n'osent-ils pas soumettre aux tribunaux leurs réclamations contre le gouvernement ou contre l'une quelconque des administrations publiques.

La presse, à l'entière discrétion d'un employé secondaire du vilayet, n'a aucune importance.

Armée. — Tout sujet musulman, ou assimilé, est soldat de 20 à 40 ans. Le sort décide s'il entre dans le nizam, armée active, ou dans la réserve du nizam. Après trois ou quatre ans de service, il passe dans les rédifs (landwehr), divisés en deux bans, et au bout de huit ans il tombe dans les moustafiz (landsturm).

L'armée est divisée en sept corps correspondant à autant de circonscriptions militaires ou ordous. A la tête de chaque corps est un mouchir ou maréchal.

La Syrie tout entière appartient au cinquième ordou, dont le chef-lieu est à Damas. Les troupes du cinquième corps résidant en Syrie ne dépassent pas 8000 hommes en temps ordinaire.

Les chrétiens ne sont pas admis dans l'armée turque et compensent le service militaire par une contribution spéciale (Bédel Askérié, l'ancien Kharadj) d'environ sept francs, qu'ils payent chaque année durant leur vie entière, depuis la naissance. Dans le Liban, cette contribution est réduite à deux francs et ne se paye qu'à partir de seize ans, âge de la majorité dans l'empire.

Impôts et finances. — Outre l'impôt d'exonération du service militaire, les impôts directs comprennent le vergho, taxe sur les propriétés et revenus, la dîme sur les céréales et autres produits agricoles. Le vergho est perçu dans chaque caza par le moudir; la dîme de chaque village est vendue chaque année par enchères à des particuliers qui la recueillent sous la protection des agents de l'autorité. C'est l'antique système de fermage, ouvrant la porte à bien des abus. Le directeur des finances du vilayet, quoique placé sous les ordres du vali, est directement responsable.

Les principales contributions indirectes sont :

1° Le droit d'enregistrement sur les propriétés ou tapou.

2° Les droits de douane, 8 p. 0/0 ad valorem sur toutes les marchandises importées, 1 p. 0/0 sur les exportations. Il est question de remplacer prochainement le droit uniforme de 8 p. 0/0 par des droits spéciaux à chaque nature de marchandise.

3° Le monopole du tabac et du sel, l'impôt du timbre, les droits sur les spiritueux en plus de la douane, et enfin deux impôts qui ne touchent pas la Syrie : la pêche dans la banlieue de Constantinople, la dîme des soies à Constantinople, Andrinople, Brousse et Samsoun. Ces droits, confondus sous le nom des Six Articles, sont perçus par une administration spéciale du même nom, indépendante des valis au même titre que l'administration des douanes, et sont affectés au service de la dette publique ottomane, sous la surveillance d'un contrôle international de la dette publique établi à Constantinople à la suite du traité de Berlin. Depuis quelques années le monopole de la fabrication et de la vente du tabac est exploité par une société européenne, dite de la Régie, qui doit verser annuellement à la dette 17 250 000 fr. et donner en plus une part de ses bénéfices, soit à la dette publique, soit au gouvernement.

L'administration des deniers publics a réalisé des progrès dans ces derniers temps ; mais il en reste beaucoup à faire pour mettre en valeur les richesses du sol et l'activité de ses habitants ; le manque de voies de communications, le défaut de sécurité et d'autres entraves limitent les cultures, arrêtent l'initiative industrielle.

L'exportation des ports syriens est inférieure d'un tiers à leur importation. Les principaux produits exportés sont le blé dur du Hauran, la soie du Liban, le tabac de Latakiyeh, les oranges de Jaffa, le sésame, la laine, les peaux.

Cependant le littoral syrien attire de jour en jour l'activité et les capitaux de l'Europe. Des compagnies européennes construisent un port à Beyrouth, des chemins de fer entre Jaffa et Jérusalem, entre Beyrouth et Damas avec pénétration dans le Hauran.

Bien des musulmans craignent que ce flot de nouveautés supérieures ne détrempe le Coran, les chrétiens l'accueillent avec joie. Puissent les catholiques de l'Orient, conviés les premiers au progrès matériel, ne rien perdre de leur ferveur dans la foi par le contact de l'indifférentisme occidental !

Chapitre Premier

VOYAGE AU SINAÏ.

PRÈS cette terre, sainte entre toutes, que le Verbe Éternel daigna choisir pour son humaine patrie, arrosa de ses sueurs et de son sang, aucune contrée ne parle de DIEU comme l'illustre montagne où le Seigneur, dans l'appareil d'une majesté divine, proclama le Décalogue, réglant à jamais les rapports de l'homme avec son Créateur et des hommes entre eux, comme ces déserts où DIEU inaugura la loi de crainte préparant la loi d'amour. Là il instruisit, éleva lui-même le peuple qu'il s'était choisi, le nourrissant, l'abreuvant, le revêtant de ses miracles pendant quarante années. Pas un rocher de ces solitudes qui n'ait blanchi sous la manne miraculeuse, pas une vallée qui ne fût illuminée par la nuée de lumière guidant les pas d'Israël. Dans ces sombres déserts, le voyageur est entouré d'une atmosphère toute mosaïque et divine ; à chaque pas il entrevoit à travers les siècles le reflet de quelqu'un des prodiges dont la miséricorde et la justice du Seigneur poursuivaient, pour se les attacher, ces fils d'Abraham si souvent ingrats et rebelles ; il se trouve plus près de DIEU.

Aussi bien, de tout temps, des âmes d'élite, dégoûtées du monde et avides de DIEU, se sentirent attirées vers ces âpres et désertes montagnes. Élie, abandonné de tous, poursuivi à mort par Jézabel, vint au Sinaï implorer la protection divine. Des milliers d'anachorètes, aux premiers siècles du christianisme, accoururent d'Égypte et de toutes les contrées de l'Orient sur la sainte montagne, dans ses vallées sauvages, se firent des demeures dans toutes ses cavernes, pour y mener une vie céleste. Silvain, Ammon, Nil, Jean Climaque, Théodore de Raithe, Anastase le Sinaïte et tant d'autres remplirent ces lieux de l'éclat de leurs vertus et de leurs miracles, y composèrent, pour entretenir la ferveur de leurs frères, des livres remplis des plus belles leçons de piété, qui sont en même temps les documents les plus précieux sur l'histoire locale de leur époque.

De nombreux pèlerins d'Occident, au retour de la Terre Sainte, vinrent visiter le Sinaï, et nous ont laissé sur leur voyage des récits pleins d'intérêt et de piété.

L'une de ces relations, plus ancienne que toutes les autres, celle du pèlerinage exécuté entre les années 385 et 388 par sainte Silvie d'Aquitaine, sœur de Ruffin, le ministre de Théodose, vient d'être découverte dans une bibliothèque d'Arezzo en Toscane (1). En dehors des Livres Saints, on ne possède aucun écrit d'une si grande autorité sur cette partie de la géographie sacrée. La Sainte voyageait avec une escorte de soldats romains, logeait dans les monastères, se faisait montrer tous les saints lieux par les moines les plus instruits, et les comparait au texte sacré. Son livre, écrit avec une admirable précision, nous fait connaître toute la tradition monastique du quatrième siècle sur la topographie de l'Exode. Nous le consulterons souvent.

---

1. J. F. Gamurrini, *S. Hilarii tractatus de mysteriis et hymni, et S. Silviae aquitanae peregrinatio ad Loca Sancta*. Accedit, *Petri diaconi liber de Locis Sanctis*. — Romæ, 1887.

Disons dès maintenant qu'il place la montagne du Sinaï et le sommet des divines apparitions aux lieux vénérés par les pèlerins de nos jours, et qu'il confirme généralement les identifications admises par l'expédition scientifique anglaise de 1868 et 1869 (1).

J'ai eu la bonne fortune de faire ce voyage avec l'un de mes confrères, le P. Van-Kasteren, un Hollandais, orientaliste érudit, travailleur acharné et poète.

I. — PORT-SAID et l'ISTHME.

L'ENTRÉE de Port-Saïd sur la mer a quelque chose de solennel, de mystérieux. De gros vapeurs, qui se montrent dans toutes les directions et semblent vous poursuivre, l'annoncent à l'avance ; enfin l'Egypte apparaît comme une ligne rougeâtre à l'horizon d'une mer sombre, une forêt de mâts dans un nuage de poussière signale Port-Saïd. Le navire ralentit sa marche ; il rase la pointe d'une immense jetée de blocs amoncelés, où les vagues déferlent avec bruit. Un petit bateau, portant drapeau blanc avec le mot *pilote* en gros caractères, arrive à toute vapeur traînant une barque, et, par une évolution rapide, la lance sur le flanc de notre navire. C'est le pilote.

Le vaisseau a repris sa vitesse entre deux lignes de bouées ; il passe à côté des grues flottantes employées à déposer de nouveaux blocs sur la jetée, devant les énormes dragues et les étranges chalands à vapeur qui enlèvent les sables de la passe et se vident par des clapets de fond.

Enfin, il se glisse lentement entre les immenses navires des Indes, arrêtés dans le port pour renouveler leur provision de charbon. Des troupes d'Arabes noirs et demi-nus, courant en tous sens sur leurs flancs entr'ouverts, dans un nuage de poussière de houille presque impénétrable à la vue, sont pour les passagers un spectacle quasi diabolique.

Port-Saïd n'est encore qu'un dépôt de charbon pour les navires de passage et un centre d'administration pour le canal. Aucune voie de terre n'y conduit, on ne peut y arriver que par eau. La verdure y est bien rare ; autour de la ville ce n'est qu'un sable stérile, sans aucune trace de culture, et plus loin c'est, au nord la mer, au levant le canal, au sud et au couchant le lac Menzaleh, où les eaux du Nil se mélangent avec celles de la mer. L'eau douce n'abonde pas. Elle vient d'Ismaïlia, à quatre-vingts kilomètres, repoussée par des machines à vapeur dans deux médiocres tubes de fonte qu'on aperçoit sur la berge tout le long du canal maritime.

On demandera peut-être comment il se fait que la ville n'ait ni canal d'eau douce, ni chemin de fer, tandis que Suez, beaucoup moins important, a l'un et l'autre. Le gouvernement lui-même s'est opposé jusqu'ici au développement de Port-Saïd, pour ne pas mécontenter les puissantes maisons de commerce et les gros financiers d'Alexandrie. Il sait que, du jour où Port-Saïd aura son chemin

---

1. *Ordnance Survey of the Peninsula of Sinai* ; 5 vol. Londres, 1869-1872. L'expédition, sous les ordres du major H. S. Palmer, comptait parmi ses membres le major C. W. Wilson, l'orientaliste E. H. Palmer, le naturaliste Holland, le zoologiste M. C. W. Wyatt.

Le chef de l'expédition, Henri Spencer Palmer, a donné un excellent résumé du grand ouvrage dans un petit volume : *Sinai*, London Society for promoting christian knowledge.

Phare de Port-Saïd.

de fer, il attirera la moitié et plus encore du commerce extérieur de l'Egypte au détriment de la grande ville. Ce n'est pas seulement la plus grande proximité d'une moitié du Delta qui amènera à Port-Saïd des cotons et d'autres denrées d'exportation, ce sera le bas prix du fret sur les bateaux de charbon, obligés de retourner sur lest en Angleterre.

Les charbonniers, c'est le nom qu'on donne à ces bateaux, sont nombreux dans le port. Il en faut un pour servir deux bateaux des Indes à l'aller et au retour. Au lieu de prendre pour lest du sable, qu'on leur fait payer cinq francs la tonne et qu'ils doivent décharger en mer avant d'entrer dans le port de chargement, ou bien d'emplir d'eau de mer des soutes à charbon rendues étanches et de les vider ensuite avec des pompes, ils auront intérêt à prendre au retour, même sans fret, les marchandises que leur offrira le commerce égyptien dès qu'il pourra les amener commodément sur la place.

A la crainte de mécontenter Alexandrie, s'ajoute peut-être un motif de politique générale dans l'opposition que fait le gouvernement égyptien au développement de Port-Saïd. Ne verrait-il pas un danger à transporter le mouvement des affaires dans une ville qui, par sa situation et ses intérêts, sera toujours plus internationale qu'égyptienne?

Cependant on peut prévoir que le courant naturel des choses ne tardera guère de renverser tous les obstacles à l'accroissement de la ville. Déjà on ouvre une rigole d'eau douce le long du canal maritime, et le gouvernement, après avoir concédé à la Compagnie du canal un chemin de fer pour son propre usage, lui accorde le droit de transporter les voyageurs et les marchandises à grande vitesse. Dès que la voie sera ouverte au commerce, Port-Saïd commencera à devenir une grande ville.

La mer prépare l'emplacement. Un courant maritime bien connu, venant peut-être de l'océan par Gibraltar, longe la côte africaine, se charge d'une énorme quantité de sable et de limon en passant devant les bouches du Nil, surtout au moment de la crue, et, ralenti dans sa marche par la grande jetée d'un kilomètre et demi qui protège l'entrée du canal à l'ouest, il laisse tomber en amont des dépôts grandissant sans cesse la plage. Le consulat de France, au bord de la mer il y a vingt ans, en est aujourd'hui à plus de cinq cents mètres. Une autre partie du sable traverse la jetée perméable à l'eau, et se dépose dans la passe des navires. Le reste va ensabler les baies et les ports de la côte syrienne. Jaffa, Saint-Jean-d'Acre, Tyr, Sidon, ont leurs ports comblés par ces sables. Le port d'Alexandrie, situé en amont des bouches du Nil, est seul ouvert.

Dans la ville, les établissements religieux ne restent pas en arrière du progrès; ils le devancent plutôt en prévision de l'avenir. Les Pères Franciscains construisent une grande église, en beau style italien, décorée avec goût; les religieuses du Bon-Pasteur, d'Angers, achèvent pour leurs écoles une grande maison, entourée à tous les étages de larges vérandas, selon l'usage indien, qui prévaut aujourd'hui à Port-Saïd. Ce n'est pas beau; on peut douter que des communications tout extérieures soient commodes, mais on dit que c'est frais et cela suffit.

Nos admirables Frères des Écoles chrétiennes sont venus ouvrir des écoles. Ils ont élevé un grand bâtiment au nord de la ville. Quand tout était construit, tout s'est écroulé, sauf le sous-sol, parce que, dit-on, ils n'avaient pas employé le mortier hydraulique qui seul fait prise dans ce climat. Nos bons Frères ont recommencé dans de meilleures conditions avec leur ancien courage et une nouvelle confiance en la divine Providence. A ce propos, on m'a raconté chez les Pères Franciscains que, le jour du désastre, le sacristain sonna par mégarde la bénédiction une demi-heure avant l'heure habituelle. Les Frères des écoles, occupés à leur

PORT-SAID. — Église des RR. PP. Franciscains et Square de Lesseps.

bâtisse, quittèrent aussitôt le chantier pour se rendre au salut dans l'église paroissiale, selon leur règle. Quelques instants après leur départ, la maison s'écroulait, ensevelissant trois ou quatre ouvriers. Tous les Frères étaient sauvés, grâce à l'erreur du sacristain et à leur promptitude dans l'accomplissement d'un devoir de piété. On appellera peut-être cela un heureux hasard, une chance ; eux, ils y ont vu une protection céleste, et ils eurent raison.

*_**

Nous partons de Port-Saïd sur le petit vapeur de la poste égyptienne. Il nous conduira par le canal à Ismaïlia, où nous trouverons le chemin de fer.

La traversée du canal est intéressante, pourvu qu'elle ne dure pas trop. C'est notre cas : nous allons vite, vingt kilomètres à l'heure, dépassant de beaucoup les gros navires, dont la vitesse est réglée à quatre nœuds. Du côté de l'Asie nous lisons les milles marins et sur la terre africaine les kilomètres. Au vingt-septième, la terre devient noire sur les bords et les talus sont consolidés avec un soin spécial ; on est sur le lit de l'ancienne branche Pélusiaque du Nil. En creusant le canal, on a trouvé là des boues mobiles et profondes ; il a fallu enterrer des montagnes de pierres pour consolider les berges.

Péluse, ville célèbre, où passa la Sainte famille pour se rendre en Egypte, n'est qu'à vingt kilomètres à l'est ; mais ses ruines sont inabordables : l'affaissement progressif de la côte a produit tout autour des marais d'eau salée et des sables mouvants qu'on ne franchirait pas sans danger.

On s'occupe d'élargir le canal pour que les navires puissent partout se croiser sans arrêt. Le travail, commencé sur les courbes, se poursuit avec activité. Nous passons rapidement devant les chantiers et les habitations flottantes bien propres, presque coquettes, des conducteurs des travaux. A la variété des moyens employés pour soutenir les talus du canal : palissades de branchages, planches clouées sur des pieux, plantations de tamarix ou de grands roseaux, glacis de pierres sèches ou de maçonnerie hydraulique, et surtout aux violentes oscillations que le remous des eaux imprime au petit vapeur quand il croise de grands navires, on juge que la consolidation des sables de la rive est une grande difficulté que le temps seul résoudra complètement.

Des bouées marquent l'étroite route des navires durant le jour. Des feux, rouges du côté de l'Afrique, verts du côté de l'Asie, l'éclairent pendant la nuit ; car maintenant les bateaux pourvus d'un phare électrique en poupe peuvent transiter de nuit, et traversent tout le canal en seize heures, s'ils n'ont pas d'arrêt.

Les feux fixes sont au gaz et brûlent jour et nuit, entretenus par de gros réservoirs qui sont placés en face sur la rive et ressemblent à d'énormes pièces de canon montées sur leur affût et braquées sur les voyageurs. Dans les lacs, dans la mer, à l'entrée et à la sortie du canal, c'est la bouée sphérique portant le feu qui renferme le gaz (1).

Tout à coup l'horizon s'ouvre, le bateau est lancé sur les eaux bleues du lac Timsah ; dans quelques minutes, il sera au débarcadère d'Ismaïlia. Regardant en arrière, on aperçoit un vaste bâtiment neuf sur la hauteur que le canal contourne à l'entrée du lac. C'était autrefois le chalet du khédive ; on en a fait un hôpital

---

1. Les bouées ont trois mètres de diamètre et les autres réservoirs sont de même capacité. Tous les trois mois seulement, on les remplit d'un gaz riche à haute pression. Un régulateur à obturateur conique maintient égale la sortie du gaz quand la pression diminue.

Canal d'eau douce à Ismailia.

pour les ouvriers et employés du canal, et on l'a confié aux excellentes Sœurs de Saint-Vincent de Paul ; un tramway réservé aux malades le relie à l'embarcadère et à la gare.

II. — Les PREMIÈRES STATIONS de l'EXODE.

ICI nous sommes sur les traces du peuple d'Israël fuyant d'Egypte au désert ; nous avons atteint la célèbre route de l'Exode, dont les stations sont marquées une à une au trente-troisième chapitre du livre des Nombres ; la nouvelle ville d'Ismaïlia coïncide à peu près avec la deuxième station, Etham.

Suivre cette route jusqu'au Sinaï, l'étudier, la Bible à la main, nous édifier au souvenir des merveilles du Seigneur et de ses divins enseignements, tel est le but de notre voyage.

La fertile vallée, ouadi Toumilat, perpendiculaire au canal maritime, que suivent le chemin de fer et le canal d'eau douce entre Zagazig et Ismaïlia, formait la partie principale de cette terre de Gessen, en hébreu Goshen, donnée par Pharaon à Jacob et à ses enfants (1).

Là ils grandirent et se multiplièrent, se formèrent à la culture de la terre et aux arts des Égyptiens. La terre de Gessen fut le berceau de la nation d'Israël, et le ouadi Toumilat le théâtre de la scène émouvante de son départ.

Le Pharaon Ménephtah et sa cour étaient à Tanis, aujourd'hui San, entre Zagazig et Port-Saïd. Les Hébreux étaient rassemblés à Ramessès, probablement Ech-Chouqafiyeh, dans le ouadi Toumilat, à une heure au sud du village de Tell el-Kébir, illustré par la victoire récente des Anglais sur les troupes égyptiennes d'Arabi-Pacha. Ils s'y étaient réunis pour aller offrir des sacrifices à DIEU dans le désert, comme Moïse le demandait à Pharaon (2). C'est de là qu'ils partirent dès qu'ils en reçurent l'ordre, emmenant leurs troupeaux, emportant leurs provisions et tout ce qu'ils purent enlever aux Égyptiens.

Les hommes en état de porter les armes étaient au nombre de six cent mille, sans compter une foule innombrable de petit peuple qui les suivirent (3). D'après ce chiffre on ne peut estimer à moins de deux millions d'âmes le peuple fugitif tout entier (4).

Cette foule immense descendit le ouadi en longeant le canal de Ramsès II et, après une marche d'environ trente-deux kilomètres, campa pour la première nuit à Soccoth, en hébreu Succoth, localité proche de la ville de Pithom, dont les ruines ont été récemment découvertes par M. E. Naville à Tell el-Maskhouta. Le lendemain, ils arrivèrent, en suivant le canal, sur la rive occidentale du lac Timsah. Obligés de le contourner, ils prirent vraisemblablement la direction du nord, qui les rapprochait de la terre de Chanaan, rencontrèrent à la pointe septentrionale du lac le rempart élevé par les Pharaons de l'ancien Empire, réparé par Ramsès II (5) pour arrêter les incursions des barbares, et campèrent en un lieu du nom d'Etham, marqué peut-être par l'un des forts de la ligne de défense. Sans avoir la prétention de déterminer le lieu, remarquons seulement que les hauteurs à l'entrée du canal maritime, couronnées par les bâtiments de l'hôpital, ancien chalet du khédive,

---

1. Gen., XLVII, 6.
2. Ex., V, 3.
3. Ex., XII, 37, 38.
4. Voir plus loin, C. VI.
5. Chabas, *Papyrus de Berlin*, pap. I. — Voir *Diodore de Sicile*, I, 57.

offraient un magnifique campement aux Israélites. D'ailleurs, elles sont bien l'extrémité du désert, comme le marque le texte sacré (1), car la trace des anciennes cultures ne va même pas si loin au levant.

Sainte Silvie visita tous ces lieux au retour du Sinaï. On lui montra Etham qui se trouve au bord du désert, et aussi Soccoth, une médiocre colline au milieu d'une vallée, Pithom qui était alors un fort *(castrum)*, Héro où, selon la version des Septante dont elle se servait, Joseph vint à la rencontre de son père Jacob : il y avait là un gros village. Douze milles plus loin elle rencontra Ramessès ; ce n'étaient que de très vastes ruines, sans aucune habitation et sans autre monument que deux grandes statues taillées dans une même pierre thébéenne. Elle poursuivit sa route jusqu'à la ville épiscopale d'Arabia, à quatre milles de distance, et gagna ensuite Tanis en deux jours de marche le long d'une branche du Nil.

L'illustre pèlerine, contre son usage, ne donne pas les distances entre les localités de Soccoth, Pithom et Héro, qu'elle rencontra successivement en marchant à l'ouest, et par là nous laisse supposer qu'elles étaient proches l'une de l'autre. Les découvertes de M. E. Naville (2) confirment cette supposition, ainsi que la comparaison de la version copte de la Bible avec celle des Septante ; la première met la rencontre de Joseph avec son père à Pithom, tandis que la seconde la place à Héro ou Héroopolis, et une pierre militaire, découverte par M. E. Naville, apprend que cette dernière ville était à neuf milles ouest de Pithom.

Soccoth, à ce qu'il paraît, n'était pas une ville, mais plutôt un district, une localité.

Les fouilles de M. E. Naville nous montrent Pithom comme un arsenal, un magasin d'approvisionnement pour les troupes chargées de garder la frontière, entouré d'une forte muraille. Pithom et Ramessès sont en effet appelées dans le texte hébreu *arê miskenôt*, littéralement, villes de magasins ; dans les Septante, *villes fortifiées* ; dans la Vulgate, *urbes tabernaculorum* (3).

A peu de distance de cette place forte, du côté de l'Egypte et comme à l'abri de ses murs, se fonda une ville qui s'appela Héro ou Héroopolis et donna longtemps son nom au golfe de Suez, appelé chez les Grecs golfe Héroopolitain.

Nous avons visité en 1884, à Ech-Chouqafiyeh, de vastes ruines que nous croyons être celles de Ramessès ; leur situation, leur étendue et leur aspect général répondent exactement aux indications de sainte Silvie et rappellent les ruines de Pithom, la ville sœur (4).

Arabia a laissé peu de traces dans l'histoire ; aucun écrivain antérieur à sainte Silvie n'en fait mention. Julius Honorius la nomme *Arabia oppidum, Fossa Trajani oppidum*, et nous fait entendre par là qu'elle était sur le canal de Nekao réparé par Trajan. Les nombreux décombres de Tell Abassiyeh marquent peut-être son emplacement.

Si les Hébreux, en partant d'Etham, avaient continué de s'avancer au nord et au couchant, ils auraient bientôt rencontré les Philistins qui, des côtes méridionales de la Palestine, descendaient dans le désert limitrophe de l'Egypte. « De peur que le peuple ne se repente s'il voit la guerre devant lui, et ne retourne en Egypte, le Seigneur, leur faisant faire un détour, les conduisit par le désert qui est au bord de la mer Rouge (5). » Ils reviennent donc sur leurs pas, descendent

---

1. *Nomb.*, XXXIII 6.
2. Egypt. *Exploration Fund, first general meeting*, Discours de M. E. Naville.
3. Ex., I, 11.
4. *L'Egypte, Souvenirs bibliques et chrétiens*, pp. 115 et suiv.
5. Ex., XIII, 17, 18.

au midi, arrivent à cette pointe de la mer Rouge qu'Isaïe (1) appelle *linguam maris Ægypti* et nous le golfe de Suez, poursuivent leur route au midi, le long de la rive occidentale, jusqu'au campement que le Seigneur leur avait fixé, et que l'opinion la plus commune place près de Suez.

Cette route se fait aujourd'hui en chemin de fer au travers d'une plaine généralement inculte. Seules les extrémités de la plaine et les bords du canal d'eau douce montrent un peu de verdure.

Au milieu du chemin la voie court entre les lacs Amers et une chaîne de collines rocheuses pittoresquement découpées, beau paysage du désert, où l'on se représente avec émotion l'immense colonne des enfants d'Israël hâtant leur fuite et jetant des regards anxieux sur les eaux qui les séparent du désert d'Orient, sur les pics majestueux du mont Attaka qui apparaissent bleuâtres au midi contre le bord de la mer, et vont bientôt leur barrer le chemin. Moïse, vénérable vieillard de quatre-vingts ans, ranime la confiance de son peuple, leur rappelant les merveilles que le Seigneur a faites pour les sauver, leur montrant le superbe cercueil égyptien dans lequel ils emportent la momie de Joseph, leur aïeul. — « Voici que je meurs, disait Joseph à leurs pères ; mais DIEU vous visitera et vous fera monter de cette terre d'exil dans celle qu'il a promise à Abraham, Isaac et Jacob. Jurez-moi que vous y porterez mes os (2). »

III. — Le PASSAGE de la MER ROUGE.

LA ville de Suez occupe une pointe de terre sur la rive occidentale de la mer Rouge, entre l'extrémité du golfe et une lagune qui le prolonge au nord d'environ six kilomètres. Au sud-ouest s'élève l'imposante masse du mont Attaka. Ses rochers presque inaccessibles ferment la plage de ce côté, à une douzaine de kilomètres de la ville, ne laissant qu'un sentier au bord de la mer. Sur la rive orientale du golfe, on ne voit qu'une plage peu accidentée, et, en face du mont Attaka, à la même distance, une petite oasis, 'Ayoun Mouça, *les Fontaines de Moïse*.

Les sables, les herbes marines, les coraux envahissent de plus en plus l'extrémité du golfe ; déjà il a fallu creuser un chenal pour que les barques puissent atteindre le quai de Suez à marée basse, et la ville tend manifestement à s'avancer du côté de la mer, pour conserver les relations maritimes qui la font vivre. N'y cherchez pas d'antiquités. Les villes qui l'ont précédée, Kolzim du temps des Arabes, Klysma au temps des Grecs, doivent se trouver maintenant dans l'intérieur des terres ; car évidemment l'ensablement de l'extrémité du golfe n'est pas chose nouvelle, les mêmes causes ont dû de tout temps produire les mêmes effets. Ces anciens ports ne sont pas loin cependant, car l'Itinéraire d'Antonin Auguste (211-217) compte soixante-huit milles de Héro à Suez, en passant par Sérapeum, ce qui est à peu près la distance de Suez. D'autre part, on montre, à une demi-heure au nord de Suez, des ruines appelées Tell Kolzoum, nom qui rappelle le port de Kolzim, cité par l'historien Aboulféda.

Sainte Silvie nous apprend que la tradition chrétienne du IVe siècle plaçait près de Klysma le passage miraculeux des enfants d'Israël au travers de la mer Rouge. Antonin Martyr, Cosmas Indicopleuste au VIe siècle et bien d'autres pèlerins

---

1. Ex., XI, 15.
2. Gen., L. 24, 25, ; Ex., XIII, 19.

des siècles suivants rapportent la même tradition. Les documents égyptiens se taisent sur le fait : « Il n'est pas à penser, dit Emmanuel de Rougé, que les Égyptiens aient jamais consigné ni le souvenir des plaies, ni celui de la catastrophe terrible de la mer Rouge, car leurs monuments ne consacrent que bien rarement le souvenir de leurs défaites (1). » Les historiens profanes de la Grèce et de Rome ne nous apprennent rien des lieux que nous cherchons ; ils ont puisé leurs histoires d'Égypte tout entières dans les documents du pays. La Bible, la tradition chrétienne des premiers siècles, la conformation des lieux à l'extrémité septentrionale de la mer Rouge sont presque les seules ressources dont on dispose actuellement pour localiser l'éclatant prodige, symbole de la Rédemption future, qui pour toujours fit passer Israël de la plus dure des servitudes à la liberté des enfants de DIEU.

« DIEU parla donc à Moïse (quand le peuple était à Etham) et lui dit : Ordonne aux enfants d'Israël qu'ils changent de route et aillent camper devant Pihahiroth, entre Magdal et la mer, vis-à-vis de Béelséphon ; vous placerez votre camp en vue de ce lieu, près de la mer. Alors Pharaon dira des enfants d'Israël : Ils sont acculés dans leur camp, fermés dans le désert (2). »

**

Dès qu'on vit les Israélites changer de route au sortir d'Etham, descendre vers le sud au lieu de continuer à l'orient pour aller au désert offrir leurs sacrifices, « on alla annoncer au roi des Égyptiens que le peuple fuyait. A cette nouvelle, le cœur de Pharaon et de ses serviteurs se tourne contre le peuple fugitif : « Qu'avons-» nous fait » dirent-ils, nous avons laissé partir Israël et il ne sera plus notre » esclave ! » Aussitôt, il fait atteler son char et part avec ses gens, emmenant six cents chars d'élite et tout ce qu'il peut réunir de chariots de guerre sur sa route, tous avec leurs conducteurs (3). Ils poursuivirent les enfants d'Israël et les atteignirent à leur campement sur le bord de la mer (4). »

Ce fut vraisemblablement au lever de la lune, vers onze heures du soir, que les Israélites, levant les yeux, virent briller derrière eux les armes des Égyptiens. A cette vue, « ils sont saisis d'une terreur profonde et poussent des cris vers le Seigneur : « N'y avait-il pas des tombeaux en Égypte, disent-ils à Moïse, que vous » nous avez amenés mourir ici ?... »

« Soyez sans crainte, leur répond Moïse, tenez-vous en paix, et voyez les mer-» veilles que DIEU va faire aujourd'hui ; ces Égyptiens que vous voyez maintenant, » vous ne les verrez jamais plus de toute votre vie... » L'ange et la colonne de nuée qui marchaient devant le camp d'Israël, passèrent derrière, entre le camp des Hébreux et celui des Égyptiens : la nuée éclairait Israël et s'étendait ténébreuse devant les Égyptiens, en sorte que, de toute la nuit, les deux armées ne purent approcher l'une de l'autre (5). »

Moïse, d'après l'ordre de DIEU, élève la main, étend sa verge sur la mer, la verge miraculeuse que DIEU au mont Horeb avait changée en serpent pour confirmer la mission de son serviteur (6), la verge qui avait opéré tant de prodiges

---

1. *Moïse et les Hébreux.*
2. Ex., XIV, 1, 2, 3.
3. Sur les peintures égyptiennes, les chars de guerre sont attelés de deux chevaux et portent deux hommes : le conducteur à gauche, un guerrier à droite.
4. Ex., XIV, 5, 6, 7, 9.
5. Ex., XIV, 10, 11, 13, 19, 20.
6. Ex., IV, 3, 4.

devant Pharaon (1). Aussitôt un vent violent se met à souffler, les eaux s'entr'ouvrent, se dressent comme un mur à droite et à gauche, le fond de la mer se dessèche et toute la multitude d'Israël passe de l'autre côté du golfe. DIEU les avait sauvés.

Aux premières lueurs de l'aurore, les Égyptiens voient avec stupeur que leurs esclaves leur échappent. Les cavaliers, les chars s'élancent à leur poursuite dans le chemin ouvert au milieu des eaux. « Étends la main sur la mer, » dit le Seigneur à Moïse... Et voici que les eaux se précipitent dans leur lit, couvrent les chars et les cavaliers des Égyptiens. Tous y périrent, il ne s'en sauva pas un. Le texte sacré cependant ne dit pas que Pharaon ait péri dans les flots ; l'histoire accorde encore quelques années de règne à Ménephtah.

Essayons de reconnaître le théâtre de cette scène vraiment divine.

**

Pihahiroth est un nom égyptien composé de la syllabe Pi, qui signifie lieu, et de Hahiroth, nom propre de la localité. Magdal ou Migdol signifie une forteresse, en hébreu et en égyptien. Ne serait-ce pas un des forts de la ligne de défense élevée par les Pharaons contre les nomades du désert ? Béelséphon ou Baal-Zéphon est un nom sémitique qui paraît désigner une montagne consacrée au culte de Baal. Ces noms ont disparu depuis que l'invasion musulmane a fait le désert absolu tout autour de Suez.

Au temps de sainte Silvie ces noms existaient encore. La Sainte nous dit qu'elle voulut voir tous les lieux que touchèrent les enfants d'Israël depuis leur départ de Ramessès jusqu'à leur arrivée sur la mer Rouge, en un lieu nommé Clesma, du nom d'un fort qui s'y trouve. « De Clesma, c'est-à-dire de la mer Rouge, jusqu'à la ville d'Arabia, écrit-elle, on compte quatre journées de marche *(mansiones quatuor)* à travers le désert. On trouve cependant dans ces solitudes, à chaque étape, des monastères, des soldats et des officiers ; ils nous escortaient toujours d'un fort à l'autre. Dans la route, les saints qui nous accompagnaient, je veux dire les clercs et les moines, nous montraient chacun des lieux que je cherchais en suivant les Écritures...

» C'est ainsi qu'ils nous montrèrent Epauleum (nom qui correspond à Pihahiroth dans la version des Septante), et que nous sommes allés en face à Magdal ; car Magdal est un fort avec des soldats et un officier qui commande pour les Romains. Comme d'habitude, ils nous conduisirent jusqu'à un autre fort, et nous montrèrent Jœbelsephon. Nous allâmes même en ce lieu ; c'est un champ au-dessus de la mer Rouge, à côté de la montagne dont j'ai parlé précédemment (le mont Attaka), où se trouvaient les enfants d'Israël quand ils virent arriver derrière eux les Égyptiens et se mirent à pousser des cris. »

C'est donc dans la plaine ondulée qui s'étend sur le bord de la mer entre Suez et le mont Attaka que l'antique tradition place le dernier campement des Hébreux sur la terre d'Égypte. Nous sommes allés errer sur cette plage déserte au sud-ouest de la ville, songeant aux merveilles qui ont illustré le Seigneur devant Pharaon, devant toutes les générations de l'avenir, et ont rendu ce bras de mer à jamais célèbre.

Le site répond on ne peut mieux au cri triomphant de Pharaon : « Ils sont acculés dans leur camp, fermés par le désert (2) : » une impasse entre la mer et des monts infranchissables, ouverte seulement au nord. L'armée égyptienne venant

---

1. Ex., VII, VIII, IX.
2. Ex., XIV, 3.

de ce côté fermait aux enfants d'Israël le seul chemin par lequel ils auraient pu s'échapper en contournant la pointe du golfe.

Les hautes cimes du mont Attaka nous représentent bien le point de mire sur lequel les Hébreux devaient diriger leur marche, ou Béelséphon.

D'autre part, le bras de mer en face de la plage n'est pas si vaste que les Hébreux n'aient pu le traverser en cinq ou six heures dans le large chemin ouvert au milieu des flots. Ils sont au nombre de deux millions et mènent avec eux des troupeaux ; pourtant un passage large de huit cents mètres leur aurait amplement suffi, pour franchir dans le temps voulu les huit ou neuf kilomètres qui séparent les deux rives du golfe de l'ouest à l'est, à mi-chemin entre Suez et le cap du mont Attaka ; il est aisé de s'en assurer par le calcul. Quant à préciser le point de la côte où les enfants d'Israël sont entrés dans la mer, celui où ils ont gagné la rive asiatique, il ne faut pas y songer ; les atterrissements des côtes ont bien certainement déplacé la limite des eaux depuis le temps de Moïse.

 IV. — Le PASSAGE de la MER ROUGE et les DÉCOUVERTES MODERNES.

IL n'est rien dans le récit de Moïse qui ne se place naturellement sur les lieux marqués par l'ancienne tradition monastique, à la condition cependant d'intercaler dans la liste des stations d'Israël écrite au XXXIII° chapitre du livre des Nombres, trois campements de nuit entre Etham et Pihahiroth.

On a toujours entendu cette liste, il est vrai, comme indiquant les campements de nuit séparés par une journée de marche ; comprendre autrement cette énumération serait se jeter sans raison dans l'arbitraire. Néanmoins, dans l'un ou l'autre cas, où la distance des lieux, connue d'ailleurs, l'exige, on peut admettre plus d'un jour de marche entre deux stations consécutives, sans contredire le texte sacré. Après tout, station et jour de marche ne sont pas synonymes.

C'est ici l'un de ces cas. De la station d'Etham à celle d'Elim, bien certainement située au ouadi Gharandel, sur la côte sinaïtique à plus de cent quatre-vingts kilomètres d'Etham, la liste du livre des Nombres marque seulement cinq journées ou stations : la distance en exige évidemment davantage. D'ailleurs, le récit de Moïse laisse entendre qu'il s'écoula plus d'une journée entre le départ d'Etham et la station suivante devant Pihahiroth. Qui pourrait, en effet, s'imaginer qu'en une seule journée, la nouvelle de la fuite des Hébreux soit transmise d'Etham à Tanis, où se trouvait Ménephtah, et que ce prince réunisse une armée, plus de six cents chars de guerre, et atteigne les fugitifs qui ont sur lui une avance considérable ?

Les enfants d'Israël avaient immolé l'agneau sur le soir, le 14 du mois lunaire de Nisan, qui fut dès lors compté comme le premier mois de l'année (1). Partis de Ramessès le 15 au matin (2), ils passèrent la nuit suivante à Soccoth, arrivèrent le 16 à Etham et en partirent le 17. Il leur fallut marcher quatre jours pour parcourir les quatre-vingts ou quatre-vingt-dix kilomètres qui séparent le lac Timsah de la plage de Suez. Ce n'est que le 20 au soir qu'ils purent camper devant Pihahiroth. Le 21, à l'aurore, ils étaient de l'autre côté de la mer ; Moïse entonnait son cantique de reconnaissance : « Chantons le Seigneur, car il a fait éclater sa gloire.. »

---

1. Ex., XII, 6, 2 — Esther, III, 7.
2. Nomb., XXXIII, 3.

et tout le peuple transporté de joie chantait avec lui. C'est encore en ce jour, le 21 Nisan, que les Juifs de notre temps lisent dans leurs synagogues le cantique de Moïse.

On était alors au septième jour depuis le départ de Ramessès. DIEU, qui se plaît à harmoniser ses préceptes avec les besoins de ses créatures, leur avait ordonné, au départ de Ramessès, de ne point manger de pain fermenté pendant sept jours (1) ; dans une fuite aussi précipitée, ils n'auraient pas eu le temps de faire lever la pâte. Mais, le septième jour, ils sont en sécurité, rien ne les presse. La nuit venue, il leur est permis de préparer le levain avec la pâte qu'ils ont apportée dans leurs manteaux (2), de cuire des pains fermentés et de s'en nourrir.

**

Il faut cependant reconnaître que cette localisation du passage miraculeux de la mer Rouge, entre Suez et le mont Attaka, ne saurait être affirmée avec une entière certitude, malgré l'antiquité de la tradition qui la consacre et son accord bien satisfaisant avec le texte sacré.

Les travaux du canal maritime et de récentes fouilles ont fait naître une autre opinion qui se présente avec quelque apparence de vérité, mais dont la valeur ne sera fixée que par des découvertes ultérieures. Nous la citons, sans l'embrasser dans la suite du récit.

Les ingénieurs du canal de Suez et, d'après eux, plusieurs auteurs français ont dit que les lacs Amers, à l'époque de l'Exode, il y a cinq mille deux cents ans, ne faisaient qu'un avec la mer Rouge et formaient la pointe du golfe Héroopolitain. Cette prolongation du golfe admise, il est tout naturel de croire que les Hébreux ne se seront pas avancés à plusieurs jours de marche dans une impasse entre la mer et la chaîne du Géneffé se rattachant au mont Attaka. Ils se seront arrêtés à peu de distance de l'extrémité du golfe, en face du grand lac actuel. Il y a là une vaste plaine, la plaine de Faïd, où les enfants d'Israël ont pu commodément camper ; au couchant, le pic isolé de Chébrewet, dominant la contrée, s'offre comme un remarquable point de repère pour désigner le campement ; quelqu'autre monticule, se dessinant au sud-ouest, a pu servir au même but ; il est aisé de se représenter où pouvaient être Pihahiroth, le camp, la tour de Magdal et Béelséphon. Le site répond si bien au texte sacré que, lisant l'Exode au sommet du pic de Chébrewet, en 1884, nous fûmes comme irrésistiblement entraînés à nous représenter la scène du passage miraculeux du peuple d'Israël au travers des flots comme se passant à nos pieds (3).

Les Hébreux ont pu arriver là le soir même de leur départ d'Etham. Sur la rive opposée s'étend l'aride désert de Sur où ils auraient erré trois jours, en s'éloignant au sud, avant de rencontrer les sources saumâtres d'Ayoun Mouça, que Moïse aurait nommées Marah. De là, en trois journées de marche, ils auraient atteint l'oasis d'Elim.

Que les lacs aient été unis avec la mer à une époque ancienne, bien des faits paraissent le prouver ; mais la géologie et les sciences naturelles donnent difficilement des dates. Les géographes anciens, jusqu'à Hérodote (484-406 avant JÉSUS-CHRIST), attribuent à l'isthme la largeur qu'il a aujourd'hui, ou peu s'en faut ; au

---

1. Ex., XIII, 6.
2. Ex., XII, 34.
3. L'Égypte, Souvenirs bibliques et chrétiens, pp. 130 et suiv.

delà, les documents nous manquent. Il peut donc se faire qu'au temps de Moïse, sept siècles avant Hérodote, les lacs fissent encore partie du golfe, et c'est aux égyptologues de nous renseigner par de nouvelles découvertes. M. Naville a déjà ouvert la voie. Il a trouvé dans les ruines de Pithom une stèle où se trouve deux fois le nom de Pikehereth, vraisemblablement identique au Pihahiroth de l'Exode (1). Bien que l'inscription ne dise pas la situation de la ville, il croit avoir des raisons de la placer sur le bord du grand lac Amer, près de l'embouchure du canal de Ramsès II. Si donc les inductions de ce savant ne le trompent pas, c'est bien au grand lac Amer qu'eut lieu le passage miraculeux des enfants d'Israël, et le lac alors ne faisait qu'un avec la mer Rouge.

La divergence de la tradition chrétienne des premiers siècles, dans ce cas, s'expliquerait par les changements survenus aux limites de la mer. Les Juifs qui vinrent s'établir en Egypte à l'époque de la fondation d'Alexandrie par Alexandre le Grand et, après eux, les chrétiens des premiers siècles, auraient tout naturellement accommodé la tradition locale aux conditions géographiques de leur époque.

De tous les miracles rapportés dans les Livres Saints, aucun n'est rappelé aussi fréquemment, célébré avec autant d'enthousiasme que le passage d'Israël au travers de la mer Rouge. Toute explication qui tendrait à enlever au fait son caractère miraculeux est condamnée d'avance. Ce n'est pas même assez d'y voir un phénomène possible suivant les lois de la nature, et qui, par l'intervention de DIEU, s'accomplit en dehors de ces lois. A celui qui dirait : Le vent violent suscité par DIEU au moment voulu a suffi pour ouvrir le passage dans la mer, on pourrait demander comment les Hébreux, femmes et enfants, et leurs troupeaux, n'ont pas été emportés par un vent capable de refouler les flots sur une grande étendue et de les maintenir debout comme deux murailles. Une telle séparation des eaux, il faut en convenir, apparaît comme un fait contraire aux lois de la nature : les eaux furent momentanément soustraites à la loi de la gravité, le vent fut envoyé pour dessécher leur lit.

V. — DÉPART DE SUEZ.

LA ville moderne de Suez, à vrai dire, est peu intéressante. L'étranger n'y trouve aucun monument et rien de ce luxe oriental qu'il admire dans les habitations et les bazars du Caire. Suez n'a pas d'avenir ; elle n'a ni commerce, ni industrie et sera toujours ce qu'elle est aujourd'hui, une agglomération de pauvres Arabes, une collection d'agences maritimes et le troisième centre d'exploitation du canal.

Elle se transforme pourtant, ou plutôt elle se transporte trois kilomètres plus au sud, sur la presqu'île de Terre-Plein, formée des déblais du canal, en face de son embouchure. Là sont les bureaux, les chantiers de la Compagnie et un dépôt de charbons où s'approvisionnent les bateaux allant aux Indes, qui n'ont pas fait de charbon à Port-Saïd dans la crainte de prendre un trop fort tirant d'eau pour la traversée du canal. Là émigrent peu à peu les agents des Sociétés de navigation pour être mieux à portée de leurs navires.

La Compagnie du canal vient de construire à Terre-Plein une petite église desservie par les Pères Franciscains, avec école des Frères à gauche, école des Sœurs à droite. Tout cela est propre, élégant, mais un peu petit, et ressemble si

---

1. *Egypt Exploration Fund, first general meeting.* — *Store city of Pithom and Route of the Exodus.*

bien à un établissement de missionnaires anglicans, que nous hésitons à y entrer. L'architecte, dit-on, est protestant ; il y a mis le cachet de l'*Église établie*. Mais, qu'importe ? Le bien s'opère sans entraves ; on fait même à Terre-Plein, comme en ville, les processions dans les rues avec grande solennité, sans qu'aucune autorité y ait vu un danger pour l'ordre public, une atteinte à la liberté de conscience. Il n'y a pourtant dans les deux centres que quinze cents catholiques, en face de dix-huit cents grecs schismatiques et de vingt mille musulmans.

* *

Le voyage du Sinaï doit se faire sous la protection des moines grecs schismatiques du grand couvent de Sainte-Catherine, situé au pied de la sainte montagne, avec les chameliers de la tribu des Djébeliyeh qui sont au service du monastère, et aux conditions réglées par le supérieur ou son représentant. On dit même qu'aucun Bédouin n'oserait conduire un voyageur dans ces déserts sans être commissionné par le couvent. Les moines sont les princes du pays ; leur couvent en est la capitale.

SUEZ. — L'entrée du canal maritime.

Notre projet est de nous rendre en barque à Thor, petit port de pêcheurs sur la côte sinaïtique du golfe, à deux cent trente kilomètres de Suez. Nous y trouverons une succursale du couvent de Sainte-Catherine, où l'on nous procurera des chameaux ; deux ou trois jours suffiront pour monter au monastère, et nous reviendrons à Suez en suivant en sens inverse la route des Hébreux. On assure que, à la faveur du vent du nord-nord-est, qui règne habituellement dans le golfe, les barques ne mettent que vingt ou trente heures pour aller à Thor ; la traversée réalise donc, en regard de la voie de terre, une forte économie de temps, de fatigue et d'argent.

Mais au port nous ne trouvons pas une barque. Elles sont toutes parties pour la curée d'un navire allemand échoué près de l'île Chédouan et abandonné par son équipage. Il y en a pour longtemps.

Nous avions lu quelque part que les bateliers de Thor trouvent un revenu annuel de cent mille francs dans les navires abandonnés sur les récifs de l'entrée du golfe. Il parait que les bateliers arabes de Suez veulent aussi à l'occasion se faire écumeurs de mer ; ils sont partis comme une volée de vautours à la première nouvelle du sinistre.

C'en est fait de notre projet de navigation. Nous irons de Suez au Sinaï en suivant sur terre le chemin des enfants d'Israël, et nous reviendrons en visitant des localités intéressantes situées en dehors de cette route. Le représentant des moines du Sinaï arrangera tout.

M. Athanasios, représentant ou wakil du couvent, est un gros épicier, grec orthodoxe, c'est-à-dire schismatique. A sa porte sont accroupis deux Djébeliyeh, attendant un chargement pour le monastère. Immédiatement il règle avec eux les conditions de notre voyage, comme il convenait à de pauvres religieux, pour l'aller seulement ; car une fois au couvent, c'est au procureur de la communauté à régler le retour ; il nous en avertit.

Pendant que nous choisissons dans son magasin des vivres pour vingt jours de désert, il fait chercher une tente. Nous n'aimons pas la tente ; c'est un gros bagage, on perd trop de temps à l'installer et à la défaire ; nous nous en sommes passés avec avantage dans plus d'une excursion. Pourtant M. Athanasios insiste pour un semblant, un rudiment de tente : une toile, un bâton et quelques ficelles avec leurs petits piquets d'attache. « — On peut tout porter sous le bras, nous dit-il, c'est installé en moins d'un quart d'heure, et vous en avez l'entière propriété pour une livre anglaise. »

Il est vrai que cela ne préserve convenablement de rien ; mais au moins, sous cet abri, le vent gênera moins pour célébrer la sainte messe, dont nous comptons bien ne jamais nous priver. En quelques heures tout est prêt.

Le départ est réglé pour le lendemain, 8 novembre 1889. Nos chameliers attendront de l'autre côté du canal.

Au moment de monter dans la barque, un douanier nous arrête. C'est juste : si nous ne sortons pas du territoire égyptien, nous dépassons la limite d'action du gouvernement. Du reste, toute la visite se borne à un mot d'excuse de notre part et à un honnête salut de l'officier. Enfin nous voguons, et ce n'est pas sans peine, au travers d'une lagune si peu profonde que la barque heurte souvent le fond.

Bonaparte, revenant des Fontaines de Moïse, voulut abréger le chemin en évitant le contour du golfe ; il entra dans le gué. C'était au commencement de la nuit ; la marée augmentait beaucoup plus rapidement qu'on ne l'avait cru ; malgré les guides du pays dont il était escorté, le général faillit se noyer. Napoléon plaisantera de l'aventure dans ses *Mémoires*, à la pensée que, s'il avait péri dans les flots, on n'aurait pas manqué de le comparer à Pharaon.

Notre traversée en barque au soleil levant est moins tragique et plus gracieuse. On n'entend que le bruit des rames et le chant cadencé des bateliers psalmodiant à deux chœurs une sorte de litanies où reviennent le nom de Dieu, celui du

Prophète, et aussi d'une fille de roi. Dans les chants arabes il est toujours quelque chose des Mille et une Nuits.

Il fallut une heure et demie pour atteindre la rive asiatique du canal. Quelques huttes de Bédouins, des chameaux accroupis, des fagots de broussailles et des sacs de charbon de bois, marquent le rendez-vous, principal entrepôt du chétif commerce de la péninsule avec le continent.

A la construction du canal les ingénieurs avaient établi un bac pour faire passer les chameaux d'une rive à l'autre. Ils ne savaient pas que le chameau peut, un jour ou l'autre, décider, sans dire ses raisons, qu'il ne s'embarquera pas, et la décision prise est irrévocable. Les religieux du Sinaï, mieux instruits, réclamèrent un pont, et un pont volant fut construit en face de l'extrémité de la lagune. Les chameliers qui vont au-delà de Suez sont à peu près seuls à s'en servir.

Avant de partir, on a le temps de rêver ; le lieu y prête. Là, comme au Bosphore, deux parties du monde sont en présence l'une vis-à-vis de l'autre ; mais ce n'est pas ici la petite Europe, c'est l'immense Afrique qui se dresse à l'occident devant l'Asie ; et quelle différence entre ces deux rencontres de continents ! Sur les rives de l'Hellespont, l'Europe et l'Asie apparaissent ornées de verdure avec une ceinture de lauriers, comme deux rivaux luttant pour la victoire, non pas avec la force et le fer, mais avec les armes plus nobles de l'esprit. Ici, sur ce mince détroit de Suez, l'Asie et l'Afrique se regardent comme deux lutteurs qui se sont jeté le gant, désireux de mesurer leurs forces dans un terrible combat. L'Afrique dresse fièrement la puissante masse du mont Attaka, l'Asie présente en face le vaste front du djébel er-Raha avec toutes les horreurs du désert (Schubert).

A midi, les chameaux sont chargés : deux pour nous, un pour l'eau et les bagages. Ce ne sont pas des dromadaires ; ils n'ont pas même la selle haute à deux pommeaux, qui bien souvent fait toute la différence entre le dromadaire et le chameau, quoi qu'en dise Buffon ; ils portent des bâts élargis par les bagages sur lesquels nos couvertures de nuit font coussins. Sur cette plate-forme on peut s'asseoir dans tous les sens, modifier son orientation de manière à tourner toujours le dos au soleil ; cette variété des situations diminue de beaucoup la fatigue d'un long voyage. Le novice éprouve bien quelque inquiétude de se trouver si haut sans se tenir à rien ; mais l'impression passe vite, tant est sûr et régulier le pas de l'animal. Finalement, assis sur ces misérables bâts et portés par des animaux communs, nous souffrirons incomparablement moins que tant de nobles voyageurs en selles enfreluchées sur de beaux dromadaires.

Nos chameliers n'ont pas l'œil musulman ; on devinerait qu'ils ont du sang chrétien, si l'histoire ne le disait pas. Les Djébeliyeh descendent d'esclaves chrétiens, prisonniers de guerre, que l'empereur Justinien donna aux religieux du Sinaï pour les protéger contre les idolâtres de la péninsule ; ils professent pourtant la religion de Mahomet. Aoudi, chef du convoi, est un bel homme, décidé, expéditif ; il sera honnête jusqu'au bout. Seul il porte le turban rouge ; il a même un manteau de coton écarlate en réserve pour les grandes circonstances, la rencontre d'une tribu, la prière dans un Nébi célèbre, l'arrivée au couvent. Avec lui est son fils, le petit Rabah, gracieux enfant équipé en guerre, un vieux sabre à la ceinture, un baudrier de cartouches vides sur sa poitrine ; le reste du costume est si déchiré qu'il ne faut pas en parler. Son père lui donne huit ans, il pourrait bien en avoir douze, ce semble ; mais peut-être je me trompe, car toutes les fois que j'ai demandé en Orient l'âge d'un enfant, on m'a donné un chiffre inférieur à mes prévisions. Le second chamelier, Hassan, paraît un pauvre bonhomme. Il sera toujours un peu mendiant et fort obséquieux.

VI. — 'AYOUN MOUÇA ou les FONTAINES de MOISE

DE la route jusqu'aux Fontaines de Moïse, il n'y a rien à dire : sol dur et stérile, ondulé sans accidents, puis des sables salés et gypseux ; enfin, après deux heures et demie de marche, cinq ou six enclos de cactus, garnis de tamarix, de palmiers, de mimosas, se succédant en ligne, du nord au sud, sur un relèvement du sol. C'est l'oasis des Fontaines de Moïse, 'Ayoun Mouça.

Nous entrons abreuver nos chameaux dans l'un des jardins appartenant à M. Athanasios. L'eau de la source, sensiblement saumâtre et sans doute légèrement purgative, peut cependant se boire.

On compte dans l'oasis six sources de même nature. Toutes sortent de petits bassins en forme d'entonnoir au sommet de monticules de sable, élevés de un mètre trente à cinq mètres au-dessus du sol environnant. Comment se fait-il que ces eaux, descendues sans doute des hauts plateaux du Tih, situés à l'est, au lieu de se perdre dans le sable de la plaine, viennent surgir plus haut que le sol ? Un savant de l'expédition d'Égypte, Monge, explique le fait par les sulfates et carbonates dont les eaux sont chargées. En se vaporisant sous l'action puissante du soleil, les eaux déposent les sels et ceux-ci agglutinent le sable humide sur les bords de l'orifice ; le vent amenant de nouveaux sables, le petit rempart solidifié s'élève successivement et donne naissance à un monticule qui s'accroît tant que l'eau a assez de pression pour dépasser le sommet.

D'après un voyageur plus récent, M. Oscar Fraas, les parois du bassin seraient cimentées par la décomposition des écailles calcaires d'un fort petit crustacé, presque microscopique, le *Cypris delecta* (Müll.), qu'on trouve en abondance dans ces eaux. Le limon du bassin paraît, en effet, tout composé de ces petites écailles translucides.

Autre particularité physique de ce singulier pays. Sous les grands tamarix du jardin, le sable forme à la surface une croûte salée, toute perforée par des gouttes de pluie ; tandis que, sous les autres arbres, palmiers, mimosas, caroubiers, le sol reste meuble et uni. Le tamarix aime les terres salées, en absorbe les sels et ceux-ci, durant la chaleur du jour, se déposent en petits cristaux sur les parties vertes. Vient la rosée de la nuit qui les dissout, tombe en eau salée sur le sol, y produit à la longue une croûte saline sur laquelle marquent les gouttes récentes. L'effet du tamarix sur le sol est finalement de verser sur la surface, par l'intermédiaire de la rosée, les sels puisés dans les couches profondes. D'ailleurs, tout contribue ici à l'abondance de la rosée ; l'écartement des branches du tamarix, la légèreté de son feuillage, qui permettent à l'air de circuler aisément, les cristaux de sels qui refroidissent les rameaux en se fondant dans l'air humide.

Aux alentours de l'oasis, de larges taches humides accusent un sol tout imprégné de sels déliquescents. Quand nous revînmes en ces lieux, au retour du voyage, nos hommes s'empressèrent de frotter de cette terre amère les narines et les oreilles de leurs chameaux. L'entrain qu'ils y mirent nous fit supposer qu'ils pouvaient bien attacher à cette pratique quelque idée superstitieuse ; pourtant ils nous affirmèrent que c'était uniquement pour donner du courage à leurs bêtes et les garantir des moucherons, très fatigants dans ces parages.

'Ayoun Mouça est aujourd'hui un lieu de plaisance pour les habitants de Suez qui en ont si peu ; mais on ne va au delà dans le désert que pour aller au Sinaï. Là commence vraiment le pèlerinage.

Pont volant sur le canal maritime à El-Kantara.

Bédouins du Sinaï, de la tribu des Djebeliyeh.

Moïse et son peuple ont rencontré cette fraîche oasis sur leur chemin et n'ont pu moins faire que de s'arrêter sous ses ombrages et se désaltérer à ses fontaines. C'est même probablement sur la plage voisine, située juste en face du mont Attaka, qu'ils sortirent de la mer. Alors le peuple d'Israël, « voyant les cadavres des Égyptiens rejetés sur le rivage, témoins de la grande vengeance de DIEU, se mit à craindre le Seigneur, à croire en lui et en son serviteur Moïse (1). » A l'ombre de ces palmiers, les yeux tournés vers cette mer pleine de cadavres, qui les isolait pour toujours de leurs oppresseurs, ils répétèrent dans un saint enthousiasme le cantique de leur chef inspiré :

« Chantons le Seigneur, car il a fait éclater sa gloire ; il a englouti dans la mer le cheval et le cavalier... »

« Et Marie la prophétesse, sœur de Moïse et d'Aaron, prit un tambourin dans sa main, et toutes les femmes sortirent à sa suite avec des tambourins (2) et elles dansaient en chœur, répétant avec elle :

« Chantons le Seigneur, car il a fait éclater sa gloire (3). »

Les fils d'Israël sont sauvés de la servitude, la mer les sépare de Pharaon, de leurs oppresseurs, ils ne les verront plus jamais de toute leur vie ; Moïse leur en a donné l'assurance (4). DIEU a multiplié pendant deux mois (5) les prodiges les plus extraordinaires pour opérer leur délivrance, dans un but digne de lui : les former en corps de nation, leur donner des lois justes, leur enseigner le culte du vrai DIEU et frayer pour le genre humain la route au christianisme. Ce fut un commencement d'exécution du dessein de la Rédemption, annoncé dès la chute de nos premiers parents et enfin accompli par la venue du Messie.

Il va continuer son œuvre durant quarante ans, et ce ne sera pas trop pour instruire ce peuple à tête dure (6). Ce DIEU *jaloux*, comme il s'appelle lui-même (7), veut être seul avec eux tout le temps de leur éducation ; il les conduit au désert le plus isolé qui se puisse imaginer sur les continents, une presqu'île ne tenant à la terre que par d'interminables plateaux arides et sans eau, bordés de hauts rochers, « une terre inhospitalière et désolée, dit Jérémie (8), une terre brûlante, image de la mort, que ne traverse pas le voyageur, où jamais berger n'a fixé sa tente. » Là les enfants d'Israël, sans ressources et sans communication avec le reste du monde, ne peuvent attendre que de DIEU seul la pluie, l'eau, les vêtements et tout ce qui est nécessaire à la vie d'un peuple. Ils ne savent pas même où ils vont, ignorant les sentiers du désert qui conduisent à la Terre promise. Ils seront les pensionnaires cloîtrés et gratuits du Seigneur. Ils seront comme ses esclaves et n'auront qu'à mourir, si leur Maître ne leur donne pas le pain de chaque jour. Le Seigneur, père

---

1. Ex., XIV, 31.
2. Les tableaux des tombeaux de Thèbes nous apprennent que les danses de jeunes filles au son du tambourin étaient dans les usages des Égyptiennes.
3. Ex., XV, 20, 21.
4. Ex., XIV, 13.
5. Les plaies d'Égypte ont vraisemblablement commencé vers le milieu de février, et le passage de la mer Rouge eut lieu dans les premiers jours d'avril. — Voir VIGOUROUX, *la Bible et les Découvertes mod.*, t. II.
6. Ex., XXXII, 9.
7. Ex., XXXIV, 14.
8. Ex., II, 6.

des orphelins (1), les nourrira, les abreuvera, les revêtira par les miracles les plus étonnants ; il les conduira par une nuée merveilleuse qui, le jour, les abritera du soleil et les éclairera durant la nuit. Être séparé du monde, ne dépendre que de DIEU seul, sans pouvoir rien attendre d'autres que de lui, n'est-ce pas la meilleure condition pour entendre sa voix, recevoir ses divins enseignements ?

Nous allons suivre le peuple d'Israël sur la route du Sinaï. Ce ne sera pas aisé de nous représenter les marches, les campements d'une telle multitude. Ils sont au moins deux millions, quoi qu'en aient dit nos modernes rationalistes, car mieux vaut croire Moïse, leur chef, leur historien inspiré. « Au départ de Ramessès, ils étaient environ six cent mille hommes capables de porter les armes, sans les enfants (2). » Ce n'est point une hyperbole, c'est un chiffre approximatif. Le nombre exact des hommes au-dessus de vingt ans et aptes à la guerre, c'est-à-dire, n'ayant pas atteint soixante ans (3), sera compté un an plus tard par l'ordre de DIEU au camp du Sinaï. Moïse en trouvera six cent trois mille cinq cent cinquante, plus vingt-deux mille lévites âgés de plus d'un mois (4) Dans nos populations actuelles, le nombre total des habitants est au moins trois fois égal à celui des hommes au-dessus de vingt ans, en dessous de soixante. Chez les Israélites, où tous les hommes étaient mariés et avaient souvent plusieurs femmes, le total devait être plus fort ; l'estimer à dix-huit cent mille est rester en dessous de la réalité. Mais ce n'est pas tout ; « une foule innombrable de petit peuple, d'étrangers, s'étaient joints aux enfants d'Israël (5). » Dès lors, le chiffre total de deux millions pour le peuple fugitif nous apparait comme le moindre nombre en accord avec le texte sacré. Ajoutons qu'ils trainaient à leur suite des troupeaux, quantité de brebis et de bêtes à cornes (6), et qu'ils avaient même un certain nombre de chars conduits par des bœufs ; c'est du moins ce que nous font supposer les offrandes de chars faites au Seigneur le jour de la dédicace du Tabernacle (7).

Sur quelle longueur se déployait cette immense multitude en marche, quelle étendue de terrain couvrait son camp, quel temps il lui fallait pour se mettre tout entière en mouvement, pour arriver tout entière au campement désigné : nos grandes armées en campagne n'en donnent qu'une faible idée. Si un corps d'armée de vingt mille hommes met deux heures pour défiler dans une parade où rien n'embarrasse sa marche, combien d'heures ne prendra pas le passage d'une multitude confuse, cent fois plus nombreuse, sur un chemin incommode ! Peuple de travailleurs, étrangers à toute discipline militaire, peu soumis à leur chef, sans organisation régulière, embarrassés de troupeaux qu'il fallait paître en chemin, leurs vagues colonnes devaient s'étendre sur une immense longueur et s'élargir au loin dans les plaines sur des chemins parallèles. En marquant leurs déplacements dans son récit, Moïse s'exprime à la manière de tous les historiens des campagnes militaires, il donne les étapes du quartier général pour celles de l'armée entière. L'entendre autrement serait supposer bien des miracles que les Saintes Écritures ne mentionnent pas. Assurément, deux millions d'hommes et leurs troupeaux ne pourraient sans prodige venir à la fin d'un même jour de marche s'abreuver tous à une même source, ou traverser tous dans une matinée un défilé large seulement de trente mètres. Est-ce que tous les habitants de Paris pour-

---

1. Ps., LXVII, 6.
2. Ex., XII, 37.
3. Lév., XXVII, 3.
4. Nomb., I, 45, 46, 47 ; III, 39.
5. Ex., XII, 38.
6. Ex., XII, 38.
7. Nomb., VII, 3.

raient boire un soir à la même fontaine, ou sortir tous un matin dans la campagne par une même avenue de trente mètres? En bon général, Moïse s'arrêta deux fois sur la route du Sinaï, dans un campement commode, après quatre jours de marche, pour attendre les retardataires et masser son peuple. La disposition des tribus dans les campements, leur ordre pendant la marche, il ne les réglera complètement qu'après l'érection du Tabernacle au Sinaï (1). Le peuple fugitif n'est pas encore préparé à tant de discipline et d'obéissance.

VII. — La PÉNINSULE.

LE pays que nous allons parcourir sur les traces du peuple de DIEU est une presqu'île triangulaire, s'avançant dans la mer Rouge entre le golfe de Suez au couchant et le golfe d"Aqâbah au levant. Du Sinaï, qui en est le cœur et presque le point culminant, elle tire sa célébrité et son nom de presqu'île sinaïtique.

Suez et le fort d"Aqâbah au nord, le promontoire de Ras Mohammed au sud, marquent les sommets du triangle ; leurs distances, qui sont les côtés, ne diffèrent pas beaucoup l'une de l'autre : 241 kilomètres de Suez au fort d"Aqâbah, 214 du fort d"Aqâbah à Ras Mohammed, 299 de ce promontoire à Suez.

Jetant les yeux sur la carte, on voit que la presqu'île a deux parties fort distinctes, séparées par une ligne de montagnes, le djébel et-Tih, qui s'étend de Suez à 'Aqâbah en s'avançant en pointe vers le sud, comme la presqu'île elle-même. Au nord de cette chaine est un plateau désert peu accidenté, et-Tih, l'*égarement* ; au sud est une contrée presque entièrement couverte de hautes montagnes nommée Thor ou Thour, *la montagne*. On a dit que la carte orographique de la péninsule ressemble à une tête de chèvre à cornes. Une figure schématique fort simple en donnera une idée plus exacte.

Représentez la péninsule par un triangle, joignez le sommet Ras Mohammed au milieu du côté Suez-'Aqâbah et divisez cette ligne médiane en trois parties égales ; le premier point de division au sud marque assez exactement la place du Sinaï, le second celle de la pointe du djébel et-Tih. Cette même ligne coïncide, dans la partie montagneuse de la péninsule, avec l'arête de séparation des eaux : à l'orient, les eaux se rendent dans le golfe d"Aqâbah, à l'occident, dans celui de Suez. La chaine elle-même du djébel et-Tih sera représentée par des lignes menées de la pointe vers Suez et A'kâbah, légèrement courbées à leurs extrémités vers l'intérieur des terres. Les plateaux situés au nord de cette chaine déversent leurs eaux dans la Méditerranée par la vallée ou le ouadi el-'Arich, appelé dans l'Ecriture *Torrens Ægypti* (2) ; une petite partie seulement se rend dans la mer Morte. Il ne s'agit que des eaux pluviales, car de cours d'eau permanents se rendant à la mer, il n'en est aucun dans tout le pays.

Sur le golfe de Suez les montagnes s'arrêtent généralement à quelque distance de la côte, laissant devant elles une assez large plage. Aux environs de Thor elles restent à vingt kilomètres de la rive et la plage forme une plaine non interrompue de trois cent quarante-six kilomètres carrés, nommée el-Qa'a, *la plaine*.

---

1. Nom., II, x.
2. Jos., XV, 47.

Il n'en est pas de même sur la rive du golfe d'"Aqâbah ; les montagnes touchent presque le rivage ; on n'y trouve que d'étroites langues de terre et quelques rares oasis de palmiers ; la plus importante est celle de Dhahab.

La carte n'a guère que des noms de montagne *(gébel)*, de vallée *(ouadi)*, de

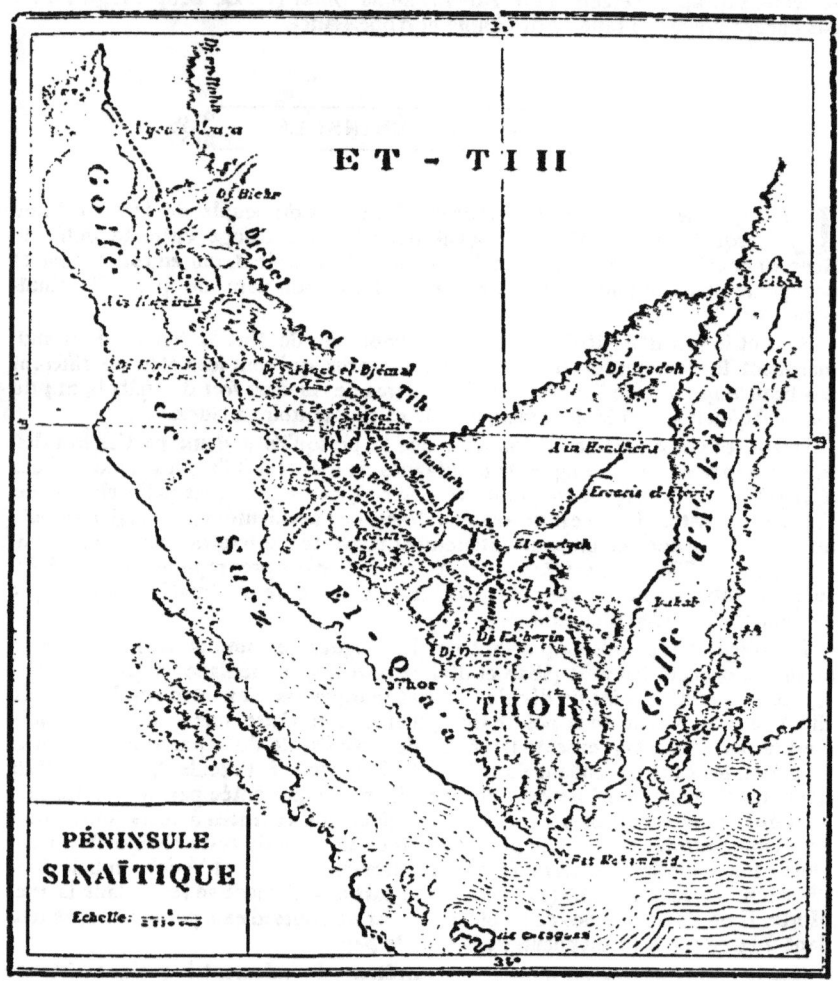

cap *(ras)*, de défilé *(naqb)*, de source *('ain)*, de puits *(bir)* : les quelques noms de localités qui s'y trouvent indiquent des stations temporaires, fréquentées par les Bédouins ou les pêcheurs. La péninsule n'a que deux villages ; encore méritent-ils à peine ce nom, Thor sur la côte et Feiran à l'entrée des montagnes dans la direction de Suez.

« L'histoire de cette contrée est courte, dit Ebers (1), mais son retentissement est immense. Du Sinaï part le chemin nouveau sur lequel DIEU dirige la vie des nations, tandis que l'Egypte, berceau des arts et des sciences, n'est plus qu'une immense nécropole où tout appartient au passé. Plus nous nous enfonçons dans les déserts du Sinaï, mieux nous entendons le bruit de ce torrent qui, après avoir parcouru ces solitudes, se dirigea sur Jérusalem à travers les montagnes de la Judée, couvrit le Calvaire et le mont des Oliviers, et de là versa sur le monde entier les flots d'une nouvelle vie. »

A part les faits d'immortelle mémoire rapportés dans les livres de Moïse et les Vies admirables des solitaires du Sinaï, de Raithe ou Thor, de Pharan ou Feiran, il ne nous est parvenu sur les peuples de la péninsule que des notions incomplètes et quelques faits sans importance dans l'histoire de l'Orient.

Des mines et des inscriptions, que nous rencontrerons sur notre chemin, apprennent que, bien des siècles avant l'Exode, les Egyptiens y exploitaient le cuivre et le fer et avaient sans cesse à lutter, pour protéger les ouvriers, contre des nations indigènes turbulentes et guerrières.

Le patriarche Joseph parle probablement de ces mêmes tribus nomades quand il dit à ses frères que les Egyptiens ont en haine les pasteurs (2); parmi elles il faut compter les Amalécites, qui voulurent s'opposer au passage des Hébreux dans la vallée de Raphidim (3), et aussi les Madianites, dont le territoire s'étendait sur la côte orientale de la péninsule, à en juger par l'histoire de leur prêtre Jéthro.

Après le temps de l'Exode, les livres historiques de l'Ancien Testament parlent rarement de cette contrée, bien que la domination des rois de Juda ait certainement atteint l'extrémité du golfe d'Aqâbah. Le troisième livre des Rois raconte que, dans le but d'apporter l'or d'Ophir, pays que l'on croit situé au sud de l'Arabie, « Salomon fit construire une flotte à Asiongaber, qui est près d'Ailath, sur le rivage de la mer Rouge, dans la terre d'Idumée (4). » Quatre-vingts ans plus tard, le roi Josaphat fit équiper dans le même but une flotte que la tempête brisa sur la côte d'Asiongaber (5). Ailath ou Eloth, appelé plus tard Ælana et Ailah, est encore marqué par des ruines voisines d'Aqâbah à l'extrémité du golfe. Le nom même d'Aqâbah, qui signifie *défilé*, n'est qu'une abréviation d'Aqâbah-Ailah, défilé d'Ailah. Longtemps le golfe s'appela, du nom de cette ville, golfe Ælanitique.

Deux mots de saint Paul dans son épître aux Galates ont donné à penser que l'Apôtre, après sa conversion, se serait peut-être retiré quelque temps au Sinaï pour vaquer à la prière et aux communications divines. Ce n'est là qu'une conjecture mal fondée sur le rapprochement de deux textes qui n'ont entre eux aucun rapport essentiel. Racontant sa conversion, il dit : « Je ne suis pas venu à Jérusalem auprès des apôtres mes prédécesseurs; mais je suis allé en Arabie, et de nouveau je suis retourné à Damas (6). » Plus loin, à propos de la loi donnée aux

---

1. *Durch Gosen zum Sinaï.*
2. Gen., XLVI, 34.
3. Ex., XVII, 8 et suiv.
4. IX, 26.
5. III Rois, XXII, 49.
6. Gal., I, 17.

Hébreux sur le mont Sinaï, il ajoute : « car Sinaï est une montagne en Arabie (1). »

Saint Denys d'Alexandrie nous apprend que, dans les deux ou trois premiers siècles de notre ère, beaucoup de chrétiens d'Égypte se retirèrent dans ces montagnes pour fuir la persécution. Vers la même époque, les vallées les plus sauvages aux environs du Sinaï, de Raphidim, d'Élim, la plage isolée de Raithe ou Thor, se peuplèrent de solitaires et de moines ; l'empereur Justinien fit bâtir des remparts autour de l'église du Sinaï pour qu'ils eussent un refuge dans les continuelles agressions des barbares indigènes. Ailath et Pharan eurent leurs évêques (2). Du IVe au VIIe siècle, ce fut la période de la domination monastique.

Au VIIe siècle, l'invasion musulmane venue de l'Arabie détruisit la plupart des laures de solitaires, repoussa dans les déserts du nord une partie des anciens habitants, s'assimila le reste. Seul le couvent, protégé par la forteresse de Justinien, put échapper à la dévastation. Sous les nouveaux maîtres du pays, la solitude, la stérilité, la mort, agrandirent les déserts ; comme, sous les frimas et les tempêtes de l'hiver, la vie se retire au cœur des vallées les mieux protégées, les plus fertiles. Aujourd'hui la péninsule n'a que quatre mille hommes, tous Bédouins, dispersés sur une étendue égale à celle de la Belgique.

VIII. — Le DÉSERT de SUR et MARAH.

AU sortir des palmiers de 'Ayoun-Mouça, on est dans une plaine déserte, sans verdure, coupée par des buttes aux formes bizarres, se prolongeant à perte de vue au sud et au nord sur une largeur de vingt kilomètres environ. Que les enfants d'Israël l'ont bien nommée désert de *Sur* ou *Schur*, le désert de la Muraille, en hébreu et en arabe !

La chaîne du djébel er-Rahab, prolongement du djébel et-Tih, qui la termine au levant, avec sa teinte grisâtre, sa silhouette rigoureusement horizontale et indéfiniment longue, se présente comme une immense muraille au fond du tableau. Les Hébreux venant de l'ouest l'eurent devant les yeux depuis les lacs Amers : ils l'auront à leur côté pendant les trois jours qu'ils marcheront dans le désert pour se rendre à Marah.

« Or, Moïse fit partir Israël de la mer Rouge, et ils entrèrent au désert de Sur, et ils marchèrent trois jours dans la solitude, et ils ne trouvèrent point d'eau. Et ils arrivèrent à Marah... (3). »

※

Nous aussi nous n'arriverons que le troisième jour à Marah, après avoir subi quatre-vingts kilomètres du chemin le plus triste, le plus monotone. S'il y a quelque part un peu de verdure, elle est cachée dans un pli de terrain où l'eau des pluies a passé. A l'horizon tout est calciné et d'un blanc jaunâtre. Parfois cependant le sol est jonché de cailloux noirs, et devient d'une tristesse incomparable. Ils sont assez singuliers, ces cailloux plats, de silex gris, recouverts d'un enduit

---

1. Gal., IV, 25.
2. Le Quien, *Oriens Christianus*, III, pp. 747, 758.
3. Ex., XV, 22, 23.

noir comme la houille et brillant au soleil : les espaces qu'ils recouvrent se détachent dans le lointain comme de sombres forêts.

Du sable on n'en rencontre aucune étendue considérable ; mais des pierres roulantes sur un sol dur de formation marine, c'est l'ordinaire. Du côté de la mer, des buttes parfaitement horizontales, dont les talus ont glissé en laissant la croûte supérieure dépasser les parois verticales à la manière d'un toit, font une complète illusion ; il nous semble voir de vastes maisons, de longues murailles ; à peine si nous croyons à nos chameliers, nous affirmant que c'est du sable ou du rocher. De temps à autre la mer apparaît au-dessus du désert, reflétant les sombres teintes du mont Attaka, des monts Colzin de la rive égyptienne ; c'est un charme d'y découvrir quelque grand vapeur, de suivre de l'œil sa marche tranquille ; cette vue lointaine du monde civilisé diminue la solitude et rapproche des amis. Du soleil, de la chaleur, nous en avons eu tout au plus assez pour nous rendre compte des lamentations consignées dans les récits des voyageurs qui ont traversé la plaine sous le soleil d'avril avec le vent du midi. Nulle part dans la péninsule ils n'ont rencontré de désert plus désespérant, une chaleur aussi intolérable.

*_**

Nos chameliers ramassaient le long du chemin quelques rares morceaux de bois sec pour le feu du soir ; le petit Rabah cueillait les herbes favorites des chameaux et les leur offrait sans arrêter la marche. Qu'il était alerte, prévenant, soigneux de toutes choses, le petit Bédouin ! jamais triste, jamais fatigué. Son père lui disait-il de monter un instant sur le chameau des bagages, il s'élançait gaîment à l'assaut, tantôt par devant, tantôt par derrière, retombait plus d'une fois et recommençait toujours avec le même entrain.

L'animal, sans ralentir le pas, semblait y prendre plaisir. Les chameaux aiment les enfants, et aussi les petites bêtes. N'est-ce pas toujours le plus petit âne qu'on met en tête de la file des chameaux pour les conduire ? Et quand le petit Rabah est parvenu à s'installer au sommet de la bosse, le buste droit comme une tige d'acier, il fait à chaque pas un petit salut gracieux à faire envie à bien des mamans de grandes villes. Évidemment, cet enfant a du sang chrétien. Comme il nous paraîtrait encore plus aimable s'il avait la foi de ses ancêtres et que nous pussions lui en parler !

Le soir venu, on cherche quelque place où les chameaux auront un peu de verdure à brouter, les chameliers un peu de broussailles pour le feu, et l'on s'arrête quand il y a encore juste assez de jour pour décharger les bêtes et installer le campement. Dès qu'ils sont libres, les chameaux courent aux touffes d'herbes pour s'en rafraîchir ; quand il fera nuit, ils viendront d'eux-mêmes s'accroupir auprès du feu et recevoir leur petite ration de fèves. Les Bédouins se frottent les jambes devant la flamme ; puis les hommes préparent le café que nous leur donnons ; Rabah pétrit de toutes ses forces, dans une grande écuelle de bois, la pâte sans levain qu'on mettra cuire sous la cendre aussitôt les broussailles consumées. Ainsi faisaient les enfants d'Israël. Ces galettes de pain sans levain feront le souper et toute la nourriture du lendemain.

A nous de réveiller nos hommes aux premières lueurs du jour, après nos messes. Entièrement blottis sous de pauvres couvertures jetées au hasard, ils ne se distinguent des bagages que par leur situation tout proche du foyer. Au premier appel ils sont sur pied, bien qu'ils aient causé fort avant dans la nuit ; le feu se rallume,

ARABIE. — Le désert.

les chameaux partent brouter encore un peu ; bientôt tout est prêt pour le départ. Jamais je n'ai rencontré de chamelier ou de moukre aussi expéditif que notre Aoudi.

*_**

Après cette première nuit de désert, nous traversons une région encore plus monotone, coupée seulement par de légères dépressions du sol, où des cailloux roulés et des traînées de sable accusent le passage des eaux descendues de la montagne et se rendant à la mer. Ces bouts de vallées sont si larges, si peu profonds, que nos chameliers ne savent pas nous montrer où le ouadi commence, où il finit. Ils ne manquent pas pourtant de nous crier fidèlement leurs noms, comme on annonce les gares sur les chemins de fer de France.

C'est d'abord le ouadi Soudr, sorti de l'échancrure qui sépare la chaîne er-Rahah de celle du Tih. A côté de la coupure, une belle montagne arrondie, s'élevant comme une forteresse au-dessus de la muraille, dessine un beau fond de tableau. Son nom, djébel Bichr, rappelle la fin tragique du savant orientaliste E. H. Palmer, l'un des membres les plus distingués de l'expédition anglaise arrivée en 1880. Cerné par les Bédouins et acculé contre un précipice du djébel Bichr, il se précipita dans l'abîme plutôt que de tomber dans les mains de ses meurtriers ; ses deux compagnons périrent avec lui. Nos chameliers, qui nous content, chemin faisant, toutes les historiettes du désert, ont la délicatesse d'omettre ce crime.

Serait-ce un méfait de ce genre qui aurait donné parmi eux quelque célébrité au *rocher des Chiens*, Araq el-Kélab, un petit rocher de sables agglomérés qui peut bien fournir de l'ombre à trois chiens, mais pas à un homme ? Ils le signalent sur le chemin sans dire son histoire.

*_**

La seconde nuit se passe sur le sable du ouadi Ouerdân, le plus grand de tous ; il a près d'une lieue de large en cet endroit. Le lendemain, c'est encore la même aridité absolue du sol sans la moindre trace de source. Comment le peuple d'Israël a-t-il pu marcher trois jours sans eau dans cet affreux désert ?

Les savants de l'expédition anglaise, parcourant dans tous les sens cette plaine de vingt-six mille kilomètres carrés, pendant la saison humide, ont pu y trouver six petites sources, toutes amères. Ne peut-on pas admettre que, depuis les temps de Moïse, des sources ont disparu sous les sables rejetés par la mer ou apportés par les vents, que d'autres se sont frayé un passage souterrain dans le sol graveleux et sortent aujourd'hui dans le lit de la mer ? Les Hébreux, passant là au printemps, ont pu profiter un peu de ces sources insuffisantes ; le texte sacré, ce semble, ne s'y oppose pas, d'après l'adage *parum pro nihilo reputatur*, le peu est compté pour rien. Il faut croire aussi qu'en quittant 'Ayoun Mouça pour s'enfoncer dans l'immense plaine dont Moïse connaissait l'aridité pour l'avoir traversée dans ses voyages au pays de Madian, ils ont pris avec eux autant d'eau qu'ils pouvaient en emporter, sinon nous ne comprendrions pas qu'ils aient pu, femmes, enfants et troupeaux, rester trois jours absolument sans boire. Les Bédouins eux-mêmes, habitués aux privations du désert, ne pourraient le supporter. Nous rencontrâmes dans la plaine trois Bédouins voyageant à pied ; le plus vigoureux portait la provision d'eau dans une outre fixée en bandoulière sur son dos. Tout ce qu'ils peuvent faire pour faciliter les déplacements de leurs troupeaux est d'habituer les chèvres à ne boire que tous les deux jours dans les pâturages éloignés des sources ; les bœufs ne supporteraient pas semblable privation.

※

Enfin les enfants d'Israël arrivèrent à Marah, « et ils ne purent boire les eaux de la source, tant elles étaient amères ; c'est pourquoi Moïse appela ce lieu du nom significatif de Marah, c'est-à-dire, amertume. Et le peuple se mit à murmurer contre Moïse, disant : Que boirons-nous ? Moïse alors cria au Seigneur. DIEU lui montra un bois. Il le jeta dans les eaux, et elles devinrent douces. »

Moïse profita de l'impression produite par ce miracle pour donner de sages avis à son peuple... « Et ils vinrent à Elim, où étaient douze sources et soixante-dix palmiers, et ils y établirent leur camp près des eaux (1). »

Marah est à trois journées d''Ayoun Mouça et à une journée d'Elim. Nous devons en être proche. Voici en effet un ouadi 'Amâra, la vallée de l'eau amère, à soixante-dix kilomètres des sources de Moïse, qui pourrait bien être le Marah de la Bible. Il n'y a pas d'eau ; mais E. H. Palmer assure y avoir rencontré un creux d'eau amère durant l'hiver de 1868-69. Pourtant la plupart des voyageurs placent la station biblique une heure plus loin, à 'Aïn Haouârah, en un lieu où la nature du sol fait supposer de plus abondantes eaux.

Nous venions de passer au pied d'un monticule en pain de sucre, couronné d'une petite enceinte en pierres, tour de garde des Bédouins, où ils montent pour voir ce qui vient dans la plaine, quand nos hommes nous crient avec l'accent d'une bonne nouvelle : « 'Aïn Haouârah ! » en nous montrant à gauche, sur un relèvement de terrain, une touffe de palmiers sauvages, dont la teinte sombre tranche vivement sur la blancheur du sol. Arrivés là, nous trouvons un buisson impénétrable, rond comme un bouquet, d'où s'élancent quelques troncs vigoureux ; mais de l'eau, nous n'en voyons pas. Depuis dix ans il n'y en a plus, disent les chameliers.

Des voyageurs qui nous ont précédés avaient remarqué de grandes variations dans l'abondance et la qualité des eaux. Ebers n'a pu les boire, même en y mêlant du cognac, tandis que Holland les trouva exceptionnellement bonnes. Dans un sol sablonneux et profondément tourmenté, cette inconstance des sources n'a rien de surprenant et laisse concevoir que, à une distance de trente-et-un siècles, deux millions d'hommes et leurs troupeaux aient pu s'abreuver sur ce tertre.

D'autre part, une multitude de cristaux de sulfate de chaux, étincelants au soleil sur le sol, rappellent les sulfates solubles de soude et surtout de magnésie, sel de Glauber et sel anglais, auxquels les eaux du désert doivent ordinairement leur amertume. S'il n'est pas possible de démontrer l'identité de 'Aïn Haouârah avec Marah, on peut du moins affirmer que, dans l'état actuel des choses, aucune localité de la plaine ne répond mieux au récit mosaïque.

※

A propos du miracle qui corrigea ces eaux, le guide Baedeker et bien d'autres rapportent une singulière naïveté de Burckhardt, savant voyageur du commen-

---
1. Ex., XV. 23...27.

cement de ce siècle. Il pense que le jus de grenade, et les baies sucrées de la *Nitraria tridentata* Desf., ont pu adoucir les eaux ; cependant il n'en a pas fait l'essai.

Représentez-vous les eaux de Marah comme une médecine au sel anglais, il n'y aura pas d'exagération ; maintes sources que nous avons goûtées dans la péninsule en ont le goût et l'amertume ; et comptez combien de tonneaux de jus de grenade, quelle quantité de baies de Nitraria, grosses au plus comme un noyau d'olive, Moïse aurait dû verser dans les eaux pour corriger la boisson de deux millions d'hommes. Notez encore qu'au mois d'avril, où l'on se trouvait alors, les grenades et les baies de Nitraria sont bien loin de leur maturité.

N'est-il pas plus raisonnable de croire au miracle ? Nous y croyons simplement et nous nous plaisons à voir, dans le bois miraculeux montré par le Seigneur pour adoucir les eaux, une image prophétique du bois de la croix adoucissant pour les âmes pieuses les eaux amères de la tribulation.

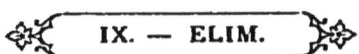

IX. — ELIM.

EN quittant 'Aïn Haouàrah, on chemine deux heures au sud sur un sol moins aride, on rencontre même un terrain bas que les Arabes cultivent au printemps, puis on descend par une tranchée pleine de sable dans l'ouadi Gharandel, le mieux dessiné, le plus profond et surtout le plus vert qu'on ait rencontré jusqu'ici. On ne voit d'abord que des buissons de tamarix dispersés sur un lit sablonneux, large de six cents mètres, encaissé entre des collines crayeuses de dix-huit à vingt-cinq mètres de hauteur ; mais, à mesure qu'on descend la vallée du côté de la mer, les arbres se multiplient, forment bientôt une forêt. Plus loin encore le site est vraiment délicieux ; un ruisseau coule dans l'herbe ou se cache sous des fourrés d'arbustes ; çà et là de hauts palmiers se balancent dans les airs ; des oiseaux sans défiance animent la solitude, deux magnifiques sarcelles à nos pieds font leur toilette dans l'herbe fraîche. Sur les rives, les rochers ont pris une silhouette plus mouvementée, une teinte plus fraîche. C'est une charmante oasis.

Les enfants d'Israël ont dû nécessairement traverser cet ouadi, et après les tristesses et les privations de l'aride plaine, ils y ont certainement campé, bien que, depuis 'Aïn Haouàrah, l'étape ait été petite, deux ou trois heures de chameau. L'antique tradition et les modernes voyageurs mettent là le campement d'Elim.

Sainte Silvie (1) prend 'Ayoun Mouça pour Marah. « De là, dit-elle, nous avons traversé sur la gauche (droite) un désert infini pendant trois jours, avant d'arriver à Arandara. Arandara est le lieu qui s'appelait Hélim. Il y court un torrent parfois desséché ; mais on trouve en tout temps des sources dans son lit et sur ses bords. L'herbe y est assez abondante et les palmiers y croissent en grand nombre. Depuis le passage de la mer Rouge, c'est-à-dire depuis Sur, on ne rencontre pas de lieu aussi agréable, des sources aussi bonnes, aussi abondantes. »

Deux siècles plus tard (600), Antonin Martyr y a vu un petit château (*castellum modicum*) du nom de Surandala, et dans l'enceinte une église et un hospice pour les voyageurs. Tous les pèlerins admirent les sources et les palmiers ; l'un d'eux, Bernard de Breitenbach, le narrateur d'une compagnie de nobles allemands (1483),

---

1. Cette partie du récit de la Sainte manque dans le manuscrit d'Arezzo : nous la prenons dans le livre *de Locis Sanctis*, où un compilateur du XII⁰ siècle, Pierre Diacre, l'a transcrite fidèlement à ce que l'on croit. M. Gamurrini a publié le livre de Pierre Diacre à la suite du *Pèlerinage de sainte Silvie*, Rome, 1887.

ajoute : « Pourtant il y a en ce lieu de gros poux, aussi gros que des noisettes. On les nomme les poux de Pharaon. » C'était sans doute la première fois que le bon chanoine rencontrait l'énorme vermine des chameaux.

Aujourd'hui ces lieux sont tout à fait déserts ; le château a disparu, et c'est à peine si l'on peut reconnaître quelques traces douteuses de constructions à une petite distance au-dessus des sources. Des palmiers, on en rencontre bien plus de soixante-dix, si l'on compte les touffes buissonneuses. Des sources à ciel ouvert, je ne crois pas qu'on puisse en compter douze ; mais on trouve de l'eau partout dans le lit du torrent en creusant à deux mètres de profondeur.

Nos chameliers remplirent les outres à l'un de ces trous, une demi-heure plus haut que les sources ; l'eau était trouble et légèrement saumâtre ; mais, disaient-ils avec vérité, l'eau des sources, plus limpide, n'est pas meilleure.

Les enfants d'Israël, heureux d'avoir de l'eau en abondance et de la verdure pour leurs troupeaux, s'arrêtèrent sous ces ombrages pendant une quinzaine de jours. Ils y étaient arrivés le 25 nisan et nous les trouvons, le 15 du mois suivant, au désert de Sin (1), à deux journées de marche sur la route du Sinaï.

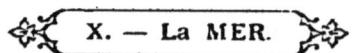

X. — La MER.

« ÉTANT partis d'Elim, ils allèrent planter leurs tentes sur le bord de la mer Rouge (2). » C'est là tout ce que les Saintes Écritures nous disent du campement de la mer ; le livre de l'Exode passe même cette station sous silence, comme plusieurs autres où il ne s'est rien opéré de remarquable. Pourtant le voyageur qui cherche à se rendre compte de la route des Hébreux, arrive aisément à reconnaître sans hésitation la situation du campement.

Au sortir d'Elim, les enfants d'Israël, continuant leur route au sud-est, dans la direction du Sinaï, n'ont pas pu suivre le bord de la mer, où les conduisait naturellement la vallée d'Elim ; une grosse montagne, djébel Hammâm Firoun, qu'on aperçoit bien avant d'arriver au ouadi Gharandel, barre ce chemin. Ils ont dû se diriger sur le col peu élevé qui est à l'orient de la montagne, et, en descendant du col, ils ont trouvé devant eux un bel ouadi, assez riche en sources, qui débouche sur une vaste plage, à une petite journée de marche d'Elim. C'est évidemment sur cette plage qu'ils ont passé la nuit.

La route sort du ouadi Gharandel par une tranchée assez pittoresque et monte sur un aride plateau. A une heure du ouadi, on rencontre, au centre d'une dépression circulaire, un tas de petites pierres haut de trois mètres. Nos Bédouins l'appellent Hosân Abou-Zenne (le cheval d'Abou-Zenne). Ils y jettent chacun leur pierre avec un air de mépris et Aoudi nous conte l'histoire : « Un nommé Abou-Zenne, chevauchant sur une jument épuisée de fatigues, lui donna un coup d'éperon si violent que la pauvre bête fit un saut prodigieux et tomba morte. Le cruel cavalier marqua de deux pierres la longueur du saut. Depuis ce temps, le Bédouin ne passe pas là sans jeter sa pierre d'indignation. »

Cependant la route devient moins monotone. Cinq ou six palmiers, deux ou trois trous d'eau saumâtre, quelques sommets du groupe des hautes montagnes sinaïtiques apparaissant à l'horizon, le djébel Hammâm Firoun qui devient

---

1. Ex., XVI, 1.
2. Nombres, XXXIII, 10.

de plus en plus beau et majestueux à mesure qu'on s'en approche, nous font entrevoir la fin du plat désert.

Djébel Hammâm Firoun (la montagne des bains de Pharaon) est un superbe rocher isolé dans les sables au bord de la mer. Sa masse brune, de calcaire cristallin, s'élève en tronc de pyramide à près de cinq cents mètres, et brille çà et là au soleil comme les rochers des Alpes mouillés par les cascades ou couverts de verglas. Au nord, la base est perforée d'un grand nombre de grottes ; il en sort, sur plusieurs point, d'abondantes sources d'eau thermale sulfureuse qui remplissent l'air de vapeurs blanchâtres. Les Bédouins en font usage contre les rhumatismes, dont beaucoup sont atteints. Ne pouvant supporter la haute température des sources, 69 degrés centigrades, ils se baignent sur le bord de la mer à l'endroit où elles s'y jettent. Mais auparavant, pour n'être pas dévorés par les requins, ils ont soin d'offrir quelques gâteaux à l'esprit de Pharaon, devenu le démon des sources, depuis que le monarque s'est noyé en voulant traverser la mer au pied de la montagne. Nous rencontrerons sur le chemin des Hébreux plusieurs autres légendes du même goût, dont toute la valeur traditionnelle est d'affirmer un vague souvenir mosaïque.

Les vents ont accumulé derrière la montagne d'énormes monticules de sable, étrangement ravinés par les pluies. Le chemin passe au pied, sur un col sablonneux, et descend de l'autre côté dans une vaste tranchée entre deux murs de craie, hauts de trente à quarante mètres. On la dirait faite de main d'homme pour un très large chemin de fer, tant les coupes verticales du rocher sont régulières, les courbes de la voie amples et bien raccordées. On remarque même, sur une certaine étendue, de larges trottoirs parfaitement alignés le long des murs, comme aux environs des gares ; il ne manque que les rails. Le soleil africain, tombant sur le sol et les parois de craie, leur donne un éclat que nos yeux ne peuvent supporter, et la chaleur, accumulée par tant de réverbérations dans le fond de ces gorges où l'air ne circule pas, est à peine supportable. Nos chameliers hâtent le pas, nous avouant qu'eux-mêmes évitent ce passage en été.

A un détour de la tranchée les parois s'inclinent, le fond s'élargit, on aperçoit un peu de verdure et quelques têtes de palmiers. Nous trouvons même un peu d'eau sous les arbres. Nos chameaux ne font qu'y tremper leurs grosses lèvres avec un air de dédain, et quand nous voulons nous y désaltérer : « Ne buvez pas, nous crient nos hommes, cette eau met des serpents dans le ventre. » Elle est en effet fortement amère, et probablement aussi purgative que la *Royale Hongroise*.

Plus loin, sur la rive du ouadi, s'élève une grosse montagne de grès de Nubie, en couches horizontales, des couleurs les plus singulières et sans trace de végétation ; au milieu de la hauteur les couches forment un superbe ruban orangé à lisérés rouges ; en dessous, ce sont des raies blanches et jaunes ; en haut, des bandes brunes, blanches, jaunes et noires. Toutes ces teintes sont d'une vivacité qu'on ne peut pas facilement se représenter sur d'immenses roches ; la peinture exacte de la montagne passerait pour fantastique. Assis à l'ombre d'un rocher où pendent de gracieux câpriers, en face de ce splendide tableau, nous goûtons pour la première fois depuis notre départ le bonheur promis dans le royaume de justice, « l'ombre d'un haut rocher au milieu du désert (1). »

Que cette vallée est bien nommée ouadi Taiybeh, la vallée agréable !

On chemine encore quelques instants entre deux parois de rochers hautes d'une soixantaine de mètres, et la vallée, tournant brusquement au midi, s'ouvre sur la plage en face de la mer.

1. Isaïe, XXXII, 2.

Le soleil, près de disparaître derrière les sombres montagnes de la côte égyptienne, dorait la surface vaporeuse des eaux et faisait vivement ressortir les hardies déchirures des montagnes sur la rive sinaïtique, mélangeant de pourpre les vives couleurs des rochers.

Ce fut là sans doute que campèrent les enfants d'Israël après une longue marche de trente kilomètres, préparée par le repos d'Elim. La plage est vaste et assez bien garnie de touffes d'herbes. Elle se prolonge en pointe et forme la meilleure anse de la côte, celle qui, selon toute apparence, servait de port aux anciens Egyptiens pour leurs communications avec les mines de l'intérieur de la péninsule ; car les routes naturelles des mines à la mer convergent en ce point. Au loin sur la pointe s'élève un tertre où les Bédouins vénèrent le tombeau d'un santon ; le promontoire s'appelle, du nom de ce personnage, Ras Abou-Zénimeh.

XI. — Les CAILLES et la MANNE au DÉSERT de SIN.

Après une délicieuse nuit passée, comme les Hébreux, sous la tente, au bord de la mer, nous laissons nos chameaux suivre leur sentier au midi le long des falaises, tandis que nous cheminons parallèlement sur la grève pour recueillir des coraux et de beaux coquillages dont la mer Rouge abonde ; mais nous ne trouvons que de vieilles coquilles roulées. De toutes les curiosités de la mer nous ne vîmes dans ce voyage qu'un singulier poisson entre les mains d'un pêcheur. Il était vert et bleu comme la plus belle perruche, et pouvait peser trois kilogrammes. L'examinant de près, nous pûmes reconnaître que les vives et étranges couleurs de ce poisson résident principalement sur de petites verrues dont tout le corps est couvert ; les naturalistes le nomment *Balister verrucosus*. (Schn.)

De longues traînées d'algues rougeâtres, semblables à des déchets de laine rouge, marquaient sur le sable la limite extrême des vagues ; elles nous rappelaient les *Rytiphlæa tinctoria* et *Corallina officinalis* qui encombrent certaines côtes de Syrie après la tempête. Que ces algues soient l'origine du nom hébreu de *Yam Souf*, dont se sert Moïse pour désigner cette mer, il est difficile d'en douter ; *Yam* signifie mer et *Souf* signifie roseaux, algues. Les Arabes appellent encore la laine *Souf*. Il paraît également naturel d'admettre que le nom de mer Rouge, employé par les géographes classiques et par les Septante dans la version grecque du Pentateuque, vient de la couleur de ces algues. Pourtant les savants ont émis plusieurs autres opinions sur ce sujet, et la plus en faveur aujourd'hui fait venir le nom de mer Rouge des peuples relativement rouges, Himyrites et Phéniciens, qui habitaient ses rivages.

Les hautes falaises de rochers s'approchant de la mer terminent la vue par un imposant promontoire, le djébel Nochel.

Nous le contournons sur un sol de roches plates que les eaux doivent couvrir dans les fortes marées, et tandis que nous contemplons encore les énormes rochers en encorbellement qui semblent nous menacer, un paysage tout autre s'ouvre à nos yeux, une vaste plaine au sol caillouteux, déclive et raviné, bordée au nord par de grosses montagnes noires comme des tas de houille, fermée à l'est et au midi d'un mur de sombres rochers. Les étroites et noires ouvertures de deux ou trois ravins brisent seules cette muraille ; les crêtes déchiquetées et absolument nues des hautes montagnes la dominent. Son nom, el-Marcha, signifie terre ravinée par les eaux. Si le Dante avait vu la plaine d'el-Marcha, il en aurait fait le parvis de l'enfer.

Cette entrée des noirs ravins où nous allons nous enfermer pour deux semaines, nous glace. Elle dut ajouter du spleen aux naturelles inquiétudes des enfants d'Israël ; aussi bien le Seigneur ne répond à leurs murmures contre Moïse et Aaron que par deux miracles de bonté.

C'est bien là, en effet, le désert de Sin, où les fils d'Israël arrivèrent le 15 du second mois (1), trente jours après leur départ de Ramessès : partis du campement de la mer et se dirigeant sur Raphidim, ils n'eurent pas d'autre route, et c'est bien la distance d'une petite journée de marche. Ils trouvèrent deux sources dans la partie septentrionale de la plaine, près des noirs talus du djébel Marcha ; l'une, 'Aïn Dhafary, est douce, l'autre, 'Aïn el-Marcha, donne aujourd'hui des eaux saumâtres. Leurs troupeaux purent se disperser dans cette vaste étendue de vingt-deux kilomètres de long sur cinq de large, et y trouver pour leur nourriture quantité de plantes salines et épineuses.

Jusqu'ici les Hébreux ne se sont pas plaints du manque de nourriture. Ils ont vécu de leurs provisions et de leurs troupeaux, peut-être aussi des poissons de la mer, qui au printemps s'approchent en très grand nombre du rivage pour y déposer leurs œufs (2). Mais, au moment de s'engager pour un temps indéterminé dans un massif d'affreuses montagnes, telles qu'ils n'ont rien vu d'aussi sauvage, d'aussi sombre, d'aussi écrasant sur les côtes désertes qu'ils viennent de parcourir, et beaucoup moins en Égypte, ils s'effrayent et murmurent contre leurs chefs : « Plût à Dieu que nous fussions morts, frappés par la main de Jéhovah, dans la terre d'Égypte, quand nous étions assis autour des marmites pleines de viande et que nous mangions du pain à satiété ! Pourquoi nous avez-vous conduits dans ce désert, afin de faire mourir toute cette multitude (3) ? »

En réponse à ces murmures, Dieu dit à Moïse : « Voici que je vais vous faire pleuvoir un pain du ciel ; le peuple sortira, et il recueillera chaque jour sa provision, afin que je voie s'il marchera ou non dans ma loi (4). »

« Pendant qu'Aaron parlait à la multitude des enfants d'Israël, ils levèrent les yeux sur le désert et la gloire du Seigneur leur apparut dans la nuée. Et le Seigneur dit à Moïse : J'ai entendu les murmures des enfants d'Israël. Tu leur diras : Ce soir vous mangerez de la viande et au matin vous serez rassasiés de pain, afin que vous sachiez que je suis le Seigneur votre Dieu. Voici en effet qu'au soir, des volées de cailles s'élevèrent et couvrirent le camp ; et le matin il y eut une couche de rosée tout alentour. Et quand la couche de rosée eut disparu, il y avait sur la face du désert une petite chose ronde, menue comme des grains de gelée blanche sur la terre. Et les enfants d'Israël la virent et ils se dirent l'un à l'autre : Man-hou ? Qu'est cela ? car ils ne savaient point ce que c'était. Et Moïse leur dit : C'est le pain que Jéhovah vous donne pour nourriture (5). »

« Et Israël l'appela la manne. Elle ressemblait à la graine de coriandre ; elle était blanche, et son goût était celui d'un gâteau de farine et de miel (6). »

Or, les fils d'Israël furent nourris de manne pendant quarante ans, jusqu'à ce qu'ils vinrent dans une terre habitable aux confins du pays de Chanaan (7). »

---

1. Ex., XVI, 1.
2. C'est du moins ce que fait conjecturer une parole de Moïse dite plus tard, quand le Seigneur lui promit de la viande un mois durant : « Est-ce que tous les poissons de la mer se rassembleront au rivage pour nourrir le peuple ? » (Numb., XI, 22.)
3. Ex., XVI, 3.
4. Ex., XVI, 4.
5. Ex., XVI, 10... 15.
6. Ex., XVI, 31.
7. Ex., XVI, 35.

Quelles circonstances accompagnèrent la pluie de cailles en quantité suffisante pour nourrir deux millions d'hommes ? L'écrivain sacré ne le dit pas ici ; mais, au livre des Nombres (1), il décrit avec quelques détails un prodige semblable que Dieu opéra plus tard aux Sépulcres de Concupiscence. Nous pouvons admettre ici des circonstances analogues :

« Jéhovah fit souffler le vent et (ce vent) amena des cailles d'au-delà de la mer, et les répandit autour du camp, dans l'espace d'une journée de chemin, et de tous côtés elles volaient à deux coudées au-dessus de la terre. Et le peuple se leva, et tout ce jour-là, toute la nuit et le jour suivant, il ramassa des cailles. Celui qui en ramassa le moins en eut dix gomors (2). Et on les étendit autour du camp pour les faire sécher. »

On était au commencement de mai, quand les cailles arrivèrent au désert de Sin. Elles vinrent de la côte égyptienne, traversant le golfe, vers la tombée de la nuit, à la faveur d'un vent favorable ; épuisées de fatigue, elles s'abattirent au pied de l'immense rideau des monts sinaïtiques, « pressées comme les grains de sable de la plage (3). »

Tout cela est en rapport avec les habitudes de ces oiseaux. Les cailles passent l'hiver en Afrique et remontent au printemps dans les pays du nord. Leurs émigrations se font toujours par grandes troupes. Comme elles n'ont pas une grande puissance de vol, elles choisissent pour traverser la mer les parties les plus étroites, et ne partent que par un vent favorable à leur traversée. C'est ordinairement de nuit qu'elles voyagent ; le jour elles se reposent et cherchent leur nourriture. Elles sont alors si nombreuses sur les côtes africaines de la Méditerranée et sur les îles, si fatiguées du voyage, que les habitants en prennent un nombre prodigieux. Ils les saisissent à la main dans de petits abris préparés pour elles (4), et à défaut de fusil, les abattent avec des bâtons, car dans cet état de fatigue elles ne se lèvent que sous les pieds du chasseur, volent très bas et se posent tout proche.

Il me souvient avoir rencontré sur la côte d'Alexandrie, au temps du passage, un groupe de jeunes chasseurs qui avaient gagé de tuer cinq cents cailles dans la journée. A cette époque ces oiseaux étaient à rien sur le marché et les paquebots les emportaient à Marseille par milliers.

Dieu se servit donc des habitudes naturelles de ces oiseaux voyageurs pour exécuter ses desseins, disposant toutes choses pour qu'ils arrivassent innombrables autour des tentes d'Israël, au moment voulu par lui et révélé à Moïse. En cela consiste le miracle.

⁂

Tout autre fut le prodige de la manne, destinée à figurer le miracle des miracles, la sainte Eucharistie.

Ici la substance est nouvelle, et ses propriétés sont si merveilleuses, que les sciences naturelles n'ont rien à y voir. Les Hébreux et Moïse lui-même, qui avait

---
1. XI, 31, 32.
2. Le *gomor* ou *oser* avait une capacité de trois litres 83.
3. Ps., LXXVII, 27.
4. Voir l'*Egypte, Souvenirs litt. et chrét.* 2ᵉ édit., p. 165.

habité le pays, ne la connaissaient pas (1). Elle nourrit le peuple durant quarante ans et cesse pour toujours de tomber dès qu'Israël peut cueillir le blé dans la terre de Chanaan (2). Tous les jours, sauf le sabbat, elle tombe le matin, en quelque lieu que se trouve le camp d'Israël. Il y en a, pour tous, un gomor par tête, et celui qui recueille une plus grande quantité se trouve n'en avoir pas davantage. Inutile de vouloir en conserver pour le lendemain ; elle se fond au soleil de midi, le jour suivant on la trouverait corrompue et remplie de vers ; cependant, la veille du sabbat, on en prend deux gomors par personne, et la mesure conservée pour le lendemain ne se gâte pas (3). Les enfants d'Israël « la broyaient sous la meule à main ou la pilaient dans le mortier, la cuisaient dans le chaudron ou en faisaient des galettes cuites sous la cendre. La saveur était celle de l'huile fraîche (4). »

Sur l'ordre du Seigneur, Moïse dit à Aaron : « Prends un vase où tu mettras un gomor de manne, et dépose-le devant le Seigneur pour être conservé dans les générations d'Israël (5). »

Dieu multiplie ainsi les miracles à l'origine de la loi mosaïque, comme il le fera plus tard au commencement du christianisme. Ces moyens surnaturels conviennent à la fondation d'une religion surnaturelle. De plus, en soulageant les corps pour attirer les cœurs, il s'accommode avec une paternelle bonté à l'esprit grossier et sensuel d'un peuple rabaissé par un long esclavage.

Ils entreprirent une tâche bien ingrate, les modernes rationalistes qui ont cherché à découvrir la manne des Hébreux dans les produits naturels de la péninsule sinaïtique. Plusieurs substances sucrées et légèrement purgatives qui découlent de divers arbres, ont reçu par analogie le nom de manne. La sécrétion du frêne est la manne de Calabre et de Sicile, celle du chêne à galles est la manne du Kurdistan et de Mésopotamie. L'*Alhagi Maurorum* (D. C.) sécrète la manne de Perse, et le *Tamarix mannifera*, Ehr., qui n'est probablement qu'une variété du *Tamarix gallica*, sécrète la manne du Sinaï, que les Bédouins eux-mêmes appellent Man. Ces deux dernières sortes se trouvent dans la presqu'île sinaïtique. On a essayé vainement de les identifier avec la manne de l'Exode.

L'*Alhagi Maurorum* (D. C.), appelé aussi *Manna Hebræorum* (Don), est une plante de la famille des légumineuses, haute de deux pieds, presque sans feuilles, à rameaux suffrutescents, très divergents, sur lesquels les pédoncules des fleurs avortées forment de longs piquants. Elle se couvre en été de jolies fleurs rouges. A la même époque ses rameaux exsudent, sous forme de petits grains jaunâtres, une substance gommeuse et sucrée, la manne de Perse, la manne Alhagi, le téréniabin des Arabes.

La plante abonde sur les terres incultes dans les régions tropicales et subtropicales de l'Asie et de l'Afrique ; mais la manne ne se recueille qu'en Perse et aux environs de Hérat et de Kandahar. On en transporte chaque année environ deux mille livres dans l'Inde septentrionale, où elle est employée, en guise de sucre, pour les pâtisseries et autres mets de fantaisie. Jamais on n'a songé à recueillir

---

1. Deut., VIII, 3
2. Jos., V, 12.
3. Ex., XVI, 17... 24.
4. Nomb., XI, 8.
5. Ex., XVI, 33.

cette manne dans la péninsule sinaïtique : la plante, moins abondante qu'en Perse et qu'en Egypte, n'en fournirait que des quantités insignifiantes.

Aussi les rationalistes préfèrent donner au tamarix l'honneur d'avoir nourri le peuple de DIEU pendant quarante ans. L'arbre est semblable au tamarix de France, sauf qu'il atteint de plus grandes dimensions. Les piqûres d'un insecte, le *coccus manniparus* (H et Ehr.), font sortir des jeunes branches une gomme, qui se liquéfie à la chaleur du soleil et tombe à terre vers le milieu du jour, comme des gouttes de rosée ; telle est la manne du Sinaï.

Les Bédouins la recueillent mêlée aux feuilles sèches de l'arbre, la tamisent à travers un linge et la conservent dans des sacs de cuir. Ils la mangent sur leur pain comme nous mangeons le miel, dont elle a le goût.

Bien que les tamarix soient assez nombreux pour former de petites forêts dans les ouadis Gharandel, Feiran et ech-Cheik, la production annuelle de la péninsule, au dire de Burckhardt, ne dépasse pas six cents livres.

Il en aurait fallu trois mille fois autant, remarque un membre de la grande expédition anglaise (1), pour nourrir le peuple d'Israël pendant un seul jour.

Notons encore que, d'après l'analyse d'un savant chimiste, M. Berthelot, la gomme de tamarix ne saurait suffire pour aliment, puisqu'elle ne contient pas de principes azotés (2).

Des propriétés merveilleuses de la manne biblique, cette gomme n'en possède aucune. La manne du Sinaï ne tombe que pendant six semaines, le jour du sabbat comme les autres jours ; elle ne se corrompt pas le lendemain, mais se conserve aisément pendant une année et au-delà ; chacun en a ce qu'il a ramassé, ni plus ni moins, etc.

Vraiment il faut être aveuglé par un bien vif désir de supprimer un célèbre miracle, pour voir la manne de Moïse dans l'exsudation sucrée du tamarix ; autant vaudrait confondre le ciel des bienheureux avec le ciel des astronomes.

Qu'il nous fut doux de faire descendre du ciel dans notre petite tente, au milieu de ces affreuses solitudes, la vraie manne céleste, *omne delectamentum in se habentem et omnis suavitatis saporem* (3), dont celle des Hébreux ne fut que la figure ! Seigneur, ne permettez pas qu'à l'exemple du peuple prévaricateur qui se dégoûta de la manne, nous venions jamais, par nos fautes, à perdre le goût de la Sainte Eucharistie.

XII. — Les OUADIS des GRANDES MONTAGNES.

« AU sortir du désert de Sin, ils vinrent à Daphca. Partis de Daphca, ils allèrent camper à Alus. En quittant Alus, ils plantèrent leurs tentes à Raphidim, où le peuple ne trouva pas d'eau à boire. » Telle fut, d'après le livre des Nombres (4), la suite du voyage des enfants d'Israël.

1. H. S. Palmer, *Sinaï*, p. 195.
2. *Comptes-rendus de l'Académie des Sciences*, sept. 1861.
3. Sag., XVI, 20.
4. XXXIII, 12, 13, 14.

Le ouadi Feiran, dans lequel tous les savants, tous les voyageurs reconnaissent Raphidim, est notre point de repère. Du désert de Sin, les Hébreux avaient deux routes pour s'y rendre. Ils pouvaient longer la côte jusqu'à l'embouchure du ouadi Feiran, à quarante-six kilomètres de 'Aïn Dhafary, et remonter la vallée. C'est le chemin qui se présente d'abord à l'esprit et le plus facile ; mais il est long, soixante-dix-neuf kilomètres. Une route plus courte entre dans le ouadi Sidr, à treize kilomètres seulement au sud d''Aïn Dhafary, suit cette vallée jusqu'aux mines de Maghârah, tourne à droite dans le ouadi Mokatteb, et franchit par une pente douce un large col pour retomber dans le ouadi Feiran, à vingt-sept kilomètres au-dessus de son embouchure.

La brièveté du chemin et les motifs probables qu'on a de placer la station inconnue de Daphca aux mines de Maghârah, portent à croire que Moïse choisit cette seconde route, du moins pour la principale colonne dont il faisait partie. Mais il n'est pas improbable que Moïse ait fait passer les bagages et les troupeaux par le chemin du ouadi Feiran, plus facile pour les chars, mieux garni d'herbages pour les troupeaux ; une si grande multitude avait intérêt à se diviser sur des routes parallèles.

Pour nous conduire à Maghârah, nos chameliers enfilent, sans nous consulter, une route encore plus courte que celle de Moïse, mais tout à fait impraticable pour une grande multitude. Elle entre dans les montagnes par un défilé sauvage, Hanak el-Lakam (la mâchoire de la grande voie), proche de 'Aïn Dhafary, circule dans divers ouadis entre d'immenses et affreux rochers, puis, traversant un col par un sentier raide et difficile, retombe dans le ouadi Sidr sur la route de Moïse, trois quarts d'heure avant Maghârah.

※ ※ ※

Nous voici donc dans la région des grandes montagnes. C'est tout un autre pays que le nord de la péninsule.

A la blancheur fatigante des couches crétacées ont succédé les couleurs si variées et le plus souvent sombres des grès de Nubie ; devant nous les diverses couleurs des roches métamorphiques et primitives se fondent au loin dans un brun vif de rouille ou de chocolat.

L'échelle du paysage est également changée ; les montagnes que nous avons vues jusqu'ici ne dépassent pas 600 mètres en altitude, sauf la pointe méridionale de la chaîne du Tih qui s'élève à 1,300 mètres. Dans le massif central de roches cristallines où nous allons entrer, bien des sommets dépassent 2,000 mètres ; le plus élevé, djébel Katherin, atteint 2,600, et les vallées qui les séparent sont en moyenne à 1,500 mètres au-dessus de la mer.

C'est un autre pays que le nord de la péninsule. Tandis que le Tih et sa ceinture de rochers sont entièrement crétacés, cette région du sud est essentiellement formée d'un vaste et haut massif de roches cristallines primitives, principalement de granit et de porphyre, entouré d'un cordon de roches métamorphiques, gneiss, mica-schiste et autres, sur lesquelles le massif central semble reposer, et d'une bande plus large de grès de Nubie, formé par la décomposition des roches cristallines. Entre cette dernière bande et l'escarpement du Tih est une couche de calcaire tertiaire, apparaissant çà et là au milieu de couches crétacées ; le sol y est bouleversé par des révolutions locales. Enfin tout autour de la péninsule s'étend une frange de grès marins d'époque moins ancienne, puis des bancs de coraux, qui rendent les côtes assez dangereuses.

Le ouadi Sidr.

En suivant la route des Hébreux, on marche de 'Ayoun Mouça au ouadi Gharandel et au-delà sur un sol crétacé et de grès marins, interrompu çà et là par quelques soulèvements de calcaire tertiaire, dont le plus important de beaucoup est le djébel Hammâm-Firoun. Au ouadi Taiybeh on rencontre la bande de grès de Nubie, qui alterne avec les roches métamorphiques et ne disparait qu'au-delà de Maghârah. Enfin, un peu en avant de Feiran, on atteint le massif des roches primitives.

D'après les théories qui ont cours aujourd'hui, le massif de roches cristallines primitives et métamorphiques, au milieu duquel se trouve le Sinaï, formait une île dans la mer à l'origine des choses. Pendant l'époque secondaire, un puissant soulèvement fit sortir des eaux les rochers crétacés de Tih et le plateau du nord. Dans la période suivante, des affaissements et des soulèvements successifs et partiels donnèrent naissance au calcaire tertiaire et aux couches irrégulières situées entre l'escarpement de Tih et le massif cristallin ou la ceinture de grès qui s'accumula sur ses bords par l'effet de la désagrégation des roches. Enfin des soulèvements relativement récents ont fait émerger au-dessus des flots les grès marins formés des sables qu'amènent les vents du désert et les courants des eaux.

Ouadi vient de l'arabe *ouada*, couler, et signifie un ravin, une gorge, une vallée de proportions et d'aspects divers, que les eaux convertissent parfois en torrent, mais qui reste à sec la plus grande partie de l'année (1). Ordinairement d'une nudité absolue, ces ouadis se couvrent en quelques endroits d'une faible végétation.

Ils tiennent le principal rôle dans la vie du Bédouin. C'est là qu'il plante sa tente auprès d'une source, là qu'il fait paitre ses troupeaux, qu'il recueille quelques maigres fruits de la terre et les broussailles dont il alimente son feu. Ils sont aussi les seules voies de communication ; le reste n'est que rochers escarpés, montagnes infranchissables, où seuls les chasseurs de bouquetins osent s'aventurer. Sans les ouadis, le massif central de la péninsule serait absolument inhabitable ; l'homme ne pourrait pas se mouvoir d: s la contrée, ni trouver sa nourriture. Aussi le Bédouin ne connait-il que les ouadis avec les sources, les pâturages, les cavernes qui s'y trouvent. C'est là son univers. Quand on l'interroge sur le reste du pays, il n'a qu'un mot à vous dire : *djébel*, montagne ; il n'a de noms propres que pour les hauts sommets et ceux qui bordent les ouadis ; tandis que pour chacune des vallées, pour chaque ravin, il sait un nom particulier et le donne au voyageur sans jamais hésiter.

Les ouadis s'embranchent les uns sur les autres, comme les ruisseaux, les rivières et les fleuves. Mais ici il n'est pas de courant d'eau prédominant qui fasse distinguer le fleuve de son affluent ; il faut s'en rapporter aux Bédouins pour décider, entre les noms de deux ouadis convergents, quel est celui qu'il faut conserver à la réunion des deux vallées. J'avoue qu'en plus d'un cas ils m'ont paru donner la préférence au moindre des deux. D'autres fois le ouadi change de nom à partir d'un point remarquable de son parcours, comme certains fleuves.

Il suffit de jeter les yeux sur une carte de la péninsule pour s'apercevoir que, même pour les Européens, la géographie de la contrée est à peu près tout entière dans le réseau des ouadis ; leurs thalwegs, que suivent tous les chemins, y forment

---

1. Chez les Arabes, les grands fleuves, le Nil, l'Euphrate, ne s'appellent pas *ouadi*, mais *bahr*, c'est-à-dire mer. C'est par une singulière exception que les Maures d'Espagne ont donné à un grand fleuve de la contrée le nom de ouadi el-Kébir, dont nous avons fait Guadalquivir.

un filet à mailles inégales et inachevé, dont les bouts de fil vont à la mer, dont les mailles ne contiennent que l'adjectif *inexploré* et quelques rares boutons indiquant la situation des pics principaux.

Le ouadi, comme le djébel, reçoit le plus souvent son nom d'une particularité naturelle ou physique, la couleur, l'aspect des rochers, la végétation qui le distingue ; on en verra bien des exemples au cours de ce récit. C'est, du reste, conforme à l'usage commun chez les peuples nomades ou peu cultivés. Quelquefois cependant le nom rappelle l'ancien propriétaire ou les habitants d'autrefois ; plus rarement encore il a une signification légendaire ou historique. De noms antérieurs à l'invasion arabe, il en reste fort peu. Les enfants d'Israël ont effacé les souvenirs égyptiens, et leur séjour dans la péninsule, bien que dominant de haut toute l'histoire de la contrée, a été de trop courte durée pour fixer une nomenclature locale. Le nom de Sinaï lui-même n'est pas entré dans la langue des indigènes ; ils n'ont aucun nom propre pour désigner toute la sainte montagne ; ses différents pics ont seuls des noms spéciaux, parmi lesquels ne se trouve pas celui de Sinaï.

Les ouadis des montagnes sinaïtiques, on le comprend, ne ressemblent en rien aux vallées de la Suisse et des Pyrénées. Il n'y a ni ruisseaux, ni prairies, ni forêts, ni hauts pâturages. Le ouadi de premier ordre se présente comme le lit plat, dur ou sablonneux d'un fleuve desséché, encaissé dans de hautes montagnes ; quelques touffes d'herbes et un petit nombre d'arbustes au tronc tourmenté croissent dans le lit ; certains parages seulement ont des arbres. Le ouadi secondaire n'est qu'un ravin, le plus souvent rapide et encombré de gros blocs entre lesquels poussent quelques broussailles épineuses.

Sur les montagnes qui enserrent le ouadi, aucune végétation ne modifie la teinte du rocher, aucun arbuste n'orne son contour, aucune plante ne dissimule ses anfractuosités ; c'est la roche absolument nue, comme la lave sortie du volcan, comme les grandes aiguilles des Alpes au-dessus de la région des glaciers. Les formes arrondies y sont rares ; d'ordinaire, ce sont de gigantesques cassures verticales et au sommet une crête irrégulièrement dentelée. On dirait un squelette de montagnes. Ces roches immenses aux vives teintes rouges, vertes, noires et grises, sans la moindre tache de lichen, dans une atmosphère parfaitement transparente, sous le ciel le plus pur, le plus éclatant de lumière, ont une magnificence particulière qui saisit le voyageur ; il se sent comme dans un monde plus proche de la création et du Créateur que celui où il a vécu. Tel devait être l'aspect de la terre au troisième jour quand Dieu dit : « Que toutes les eaux qui sont sous le ciel se rassemblent en un lieu, et que l'aride apparaisse : *appareat arida*. Et cet aride, Dieu l'appela la terre (1). »

Comment n'y a-t-il rien au livre de l'Exode sur ces magnifiques montagnes, uniques au monde, sauf les noms du mont Sinaï et du nom Horeb, rien sur le saisissement qui a dû s'emparer des enfants d'Israël à leur entrée dans ces profondes et affreuses déchirures des rochers, si différentes de la campagne du Nil ? Mais ces choses, Dieu les a écrites dans le livre de la nature, sur une page à laquelle les siècles n'ont rien changé et que le pèlerin du Sinaï lit des jours entiers avec une admiration sans égale.

Les ouadis que nous suivons avant de rejoindre le chemin des enfants d'Israël,

---

1. Gen., I, 9, 10.

sont les plus profonds, les plus resserrés, les plus sauvages de la route du Sinaï. Souvent l'œil cherche avec une inquiétude involontaire l'issue du sombre ravin, cachée derrière un brusque contour entre d'immenses murailles de rochers, bruns ou noirs comme les scories des volcans. Le ouadi Boudra se ferme en effet tout à coup. Il faut descendre de chameau et gravir à pied un abrupt sentier, taillé de main d'homme dans les flancs de la montagne. C'est la passe ou le Nakb el-Boudra.

Assurément Moïse n'a pas songé à amener là tout son peuple ; la multitude des enfants d'Israël aurait mis plusieurs mois à défiler un à un sur cet âpre sentier. On croit cependant que, longtemps avant l'Exode, les Egyptiens employés aux mines pratiquaient ce passage pour se rendre à la côte par la voie la plus courte. Le sentier actuel est l'œuvre du major Macdonald, qui le fit construire il y a quelque trente ans, quand il vint exploiter à nouveau les mines de turquoises de Maghârah.

**

Un chameau, chargé de provisions pour les moines du Sinaï, faisait route avec nous ; il se décourage dès les premiers pas de la montée et s'accroupit. Les chameliers soulèvent sa charge, l'exhortent de leur mieux, le stimulent doucement d'une petite baguette. Tout est inutile ; l'animal ne se remue pas. Ils lui enlèvent sa charge, le font lever, lui retournent la tête du côté de la descente et lui remettent son fardeau, dans l'espoir que, se croyant à la descente, il se relèvera. Pas si facile de donner des illusions à un chameau ! Il reste immobile, insensible à tous les encouragements. « Partons, » dit Aoudi, et nous nous mettons à gravir la montagne, inquiets sur le sort du pauvre Bédouin, qui reste seul tristement assis derrière un rocher à quelques pas de sa bête. Mais bientôt nos hommes tout joyeux nous montrent au bas du sentier le chameau abandonné montant tranquillement la côte. Il avait fait les mêmes réflexions que nous sur le triste sort qui l'attendait s'il était resté dans son découragement.

A ce propos, disons que, nos hommes voulaient-ils accélérer la marche, il leur suffisait de s'approcher des chameaux et de faire dans les dents un petit bruit d'air à peine perceptible ; quant à les frapper, jamais.

Aussi, durant les longues journées que passe le voyageur derrière le long cou branlant et les petites oreilles de son chameau, il se dit plus d'une fois que, pour avoir réussi à conserver l'affection du rude Bédouin, à se faire constamment traiter avec douceur par son maître, et à se conduire sagement dans les circonstances difficiles, le chameau ne doit pas être si bête qu'il en a l'air.

**

Au sommet de la montée, on se trouve dans une haute vallée (385 m.), entourée de rochers dont l'étrange aspect ne peut s'oublier. Leurs coupes verticales, leurs pics, leurs déchirures éclairées par le soleil couchant, présentent une variété de couleurs, rouge, vert, brun, gris, noir et blanc, qu'on ne rencontre nulle part dans un même tableau de montagnes dénudées. Nous passâmes la nuit sur ces hauteurs, blottis dans le sable contre un rocher ; elle fut froide, mais que les étoiles étaient belles !

Le lendemain, une large tranchée, descendant au midi, nous conduit dans le sauvage ouadi Sidr. Après plusieurs contours entre de hautes montagnes, nous entrons dans une petite vallée qui vient du nord, le ouadi Igne ou Maghârah, et nous nous arrêtons deux cents pas plus loin auprès d'un jujubier sauvage, de l'espèce qui donne son nom au ouadi Sidr, l'arbre que les Egyptiens nomment Nabq et les botanistes *Zizyphus Spina-Christi.* (B.)

XIII. — Les MINES de TURQUOISES de MAGHARAH.

LES ouvertures de mines se voient tout proche au couchant de l'ouadi, à quarante-cinq mètres d'élévation, sur la pente d'un haut rocher de grès brun.

D'après les anciennes inscriptions égyptiennes des mines, on en retirait le *mafka*, et cette substance donnait son nom au district environnant. Qu'est-ce que le mafka ? Les savants ne sont pas tout à fait d'accord sur cette question. Ce serait la turquoise d'après les uns, la malachite d'après les autres, deux pierres qui doivent au cuivre leur belle coloration en bleu et en vert ; enfin quelques égyptologues voient dans le mafka le cuivre jaune lui-même. Actuellement on trouve dans ces mines des turquoises en abondance et seulement des traces de malachite et de cuivre.

Ce qui nous intéresse plus que la signification précise du mot mafka, c'est sa ressemblance, signalée par Ebers, avec le nom de Daphca, en hébreu Dophkah, de la première station des enfants d'Israël dans le désert de Sin (1). Cette similitude de nom, la situation du lieu sur la route de Raphidim, à une petite journée du désert de Sin, la vaste plaine qui fait suite au ouadi Sidr, la source située à une demi-heure au bord de la plaine, l'eau que d'anciennes inscriptions supposent voisine des mines, tout cela constitue, en faveur de l'opinion qui place ici la station de Daphca, un ensemble considérable de probabilités.

Mais voici qu'une douzaine de Bédouins nous entourent et s'offrent à nous accompagner aux mines. D'où viennent-ils ? Comment ont-ils appris notre présence ? C'est un mystère que nous découvrirons seulement au départ, en apercevant, à une centaine de mètres d'élévation sur le penchant rapide du ouadi Sidr, la grotte enfumée où ils se tiennent, observant l'entrée du ouadi Maghârah et la plaine où paissent leurs chameaux. Ce ne sont pas des Djébeliyeh ; ils appartiennent à une autre tribu, les Sawalíheh. Pourtant ils furent serviables sans importunité, de bonne humeur et si discrets, que nous leur donnâmes plus qu'ils ne prétendaient. Quelle différence entre ces bonnes gens et les rusés et importuns Bédouins des grandes pyramides de Gizeh, bien plus proches cependant du monde civilisé !

On monte sans trop de peine à travers des débris de rochers jusqu'à une sorte de chemin de service, en grande partie éboulé et à peu près horizontal, qui passe devant les principales ouvertures des galeries de mines. Celles-ci sont de grandes salles assez basses, creusées les unes à la suite des autres dans le grès brun. De gros piliers, ménagés dans la roche, soutiennent le plafond.

Partout on distingue fort nettement les coups de ciseaux des mineurs ; çà et là on reconnaît à la fumée les endroits où ils pendaient leurs lampes. Il n'est pas très difficile de trouver encore dans les rochers quelques chétives turquoises et de les arracher à la pointe du couteau. Elles sont du plus beau bleu ; mais exposées à l'air et à l'humidité elles pâlissent peu à peu, prennent une teinte verdâtre ; aussi

---

1. Nomb., XXXIII, 13.

la turquoise sinaïtique a-t-elle peu de valeur. Pour avoir ignoré ce défaut, le major Macdonald s'est ruiné dans l'exploitation de la mine.

C'est au dehors des galeries, sur les rochers qui bordent le chemin de service, qu'est le plus grand intérêt. Les Egyptiens y ont écrit l'histoire et les coutumes de leur occupation en vingt-quatre tableaux ou inscriptions, à peine effleurées par les siècles nombreux qui ont passé sur leurs délicats contours. Ces premiers maîtres dans l'art d'écrire sur la pierre pour les siècles à venir, eurent soin de placer le plus grand nombre de leurs tableaux sur des surfaces verticales, à l'abri du vent d'ouest, principal agent extérieur de destruction dans ces contrées, par l'érosion des sables du désert qu'il projette.

La plus ancienne de ces sculptures, faite il y a cinq mille ans, selon les égyptologues qui reculent le moins les dates des anciennes dynasties, représente Snefrou ou Soris, le prédécesseur du pharaon de la grande pyramide, Chéops ; il tient par les cheveux un Mnat, pasteur de l'est, à genoux devant lui, et va le frapper de sa hache. Non loin de là, Chéops terrasse un ennemi asiatique en présence du dieu Toth à la tête d'Ibis. D'autres inscriptions, postérieures à celles-ci, parlent encore de victoires remportées sur les pasteurs ou Menti, de commissions royales envoyées pour explorer le pays avec gouverneur, capitaine des troupes, surintendant des transports, scribe sacré, inspecteurs. Il est question d'une expédition de sept cent trente-quatre hommes sous la conduite d'un fonctionnaire civil et religieux, qui doit s'emparer du mafka et du cuivre (ou du fer) de la contrée. Quand il s'agit d'envois de troupes ou de travailleurs pour les mines, le capitaine du vaisseau est toujours mentionné, sauf une seule fois : les communications avec l'Egypte avaient donc lieu le plus souvent par voie de mer.

Un grand tableau montre le représentant du roi de la haute et de la basse Egypte, assistant avec plusieurs autres personnages à l'ouverture solennelle d'une nouvelle mine ; dans ses mains sont les insignes usités en pareille cérémonie, la corde, le marteau et le ciseau. Sur une autre sculpture, moins soignée, sans caractère officiel, représentant une famille de mineurs, on remarque une figure de ciseau en queue d'aronde, qui répond parfaitement aux traces laissées par les instruments de travail dans les parois des galeries.

Le dernier monument dans l'ordre des temps est une stèle du temps de Ramsès II, l'oppresseur des Hébreux, le père du pharaon de l'Exode.

Les enfants d'Israël durent jeter en passant un regard de mépris ou d'indifférence sur ces monuments des persécuteurs de leurs pères ; mais, plus sages que bien des vainqueurs de notre siècle, ils ne se livrèrent à aucune vengeance inutile sur les figures de leurs ennemis.

Un explorateur français, M. Lottin de Laval, et plusieurs autres voyageurs ont inscrit leurs noms et la date de leur visite à côté des cartouches des pharaons. C'était leur goût ; ce n'est pas celui de tout le monde.

De la série des monuments ressort l'histoire. Snefrou, premier pharaon de la IVe dynastie, ouvrit les mines après s'être emparé du district sur ces pasteurs de An dont la Bible nous raconte qu'ils étaient en abomination auprès des Egyptiens (1).

L'exploitation fut plusieurs fois interrompue, notamment de la Ve à la XIIe dynastie pendant quatre cent cinquante ans, et durant tout le temps de la domination des rois Pasteurs ou Hyksos ; elle fut définitivement abandonnée sous Ramsès II. Ainsi Moïse n'eut pas à craindre de rencontrer les Egyptiens à Daphca ; ils avaient quitté ces lieux plusieurs années avant l'Exode. Déjà au

---

1. Gen., XLVI, 43.

temps d'Aménemhât II, troisième roi de la XIIᵉ dynastie, le mafka commençant à s'épuiser, le pharaon avait fait ouvrir de nouvelles mines dans les montagnes de grès de Sarbout el-Khadim, situées à dix-huit kilomètres nord-est de Maghârah, et créé un second district minier, plus étendu et plus riche. Nous le visiterons au retour.

En face des mines, de l'autre côté de la vallée, sur un monticule isolé, aux pentes rapides, sont les ruines à peine reconnaissables des logements des ouvriers, et au sommet, celles du fortin occupé par la garnison. On y a trouvé beaucoup d'instruments de silex, couteaux, ciseaux, fers de flèches et de lances, qui témoignent de la rareté du fer à l'époque de l'exploitation, sans cependant nous faire croire que les galeries de mines aient été creusées avec de si faibles instruments ; ils ont pu tout au plus servir à graver les tableaux et les inscriptions. Ne sait-on pas d'ailleurs que des instruments de fer furent employés pour la construction des grandes pyramides ?

De la forteresse on descend par un ancien chemin, à l'est, dans la petite vallée où le major Macdonald s'est construit une maison presque confortable. Quel singulier effet font là ces murailles au mortier blanc, ces portes et fenêtres en menuiserie, ces vitres surtout, toutes choses d'un autre monde, qui ici ne cadrent avec rien ! Depuis plus de vingt ans la clef n'a pas tourné dans la serrure ; cependant tout est intact, propre, comme la maison de campagne d'un honnête bourgeois. A travers les vitres se laissent voir des ustensiles de ménage qui pourront rester là quelques siècles et acquérir une valeur d'antiques. Nous savions déjà que le temps ne gâte rien au désert ; mais nous ne pouvions pas supposer que la probité des habitants allât jusqu'à respecter à ce point tout ce qui ne leur appartient pas, lors même que ce n'est à personne ; car bien certainement il n'est venu ici aucun huissier faire saisie de la maison au profit des créanciers du major.

Avant de poursuivre notre route, nous nous mettons à parcourir les plis de terrain du voisinage, pour y découvrir quelque amas de scories qui nous aurait renseigné sur la nature du minéral exploité dans ces mines. Ce fut en vain. Il nous faut admettre que, si l'on en retirait un minerai, il n'était pas traité sur place. A Sarbout el-Khadim seulement nous trouverons des scories de cuivre et de fer.

 XIV. — Le OUADI MOKATTEB et les INSCRIPTIONS SINAITIQUES.

CONTINUANT à suivre la route du peuple d'Israël, on marche quelques instants à l'est dans le ouadi Sidr, puis, inclinant vers le sud, on arrive à une magnifique plaine, longue de douze kilomètres, large de quatre, qui s'étend au midi entre deux belles lignes de rochers, magnifique place de campement pour les voyageurs et les nomades de la contrée. Le djébel Nebba, la montagne de la source, située au levant de la plaine, fournit de l'eau ; de nombreux *acacias Seyal*, bel arbre biblique dont nous parlerons, offrent l'ombrage et le combustible ; des herbes, plus serrées que dans la plupart des ouadis de la péninsule, présentent une nourriture relativement abondante pour les troupeaux et pour les bêtes de somme; les rochers à pic de grès rouge qui bordent la plaine au couchant le long du chemin, sont un abri contre le vent d'ouest et le soleil du soir. Tel apparait d'abord le ouadi Mokatteb, la vallée écrite.

Elle mérite bien ce nom ; les parois de rocher à portée de la main, les blocs de grès tombés de la montagne, y sont couverts d'inscriptions singulières, tracées sans ordre sur la surface brute de la pierre, dans une langue inconnue, avec des caractères qui ressemblent de loin à l'hébreu et au coufique ou ancien arabe, et qui ne sont ni l'un ni l'autre. Bien que la langue paraisse généralement la même, les caractères présentent des aspects très variés ; dans une inscription ils sont isolés et de forme carrée, dans l'autre ils sont liés et presque cursifs. Leurs traits, larges comme le petit doigt, se distinguent bien plus par leur couleur blanchâtre ressortant sur le rouge sombre du rocher que par leur creux, presque insensible ; ils paraissent faits en martelant le roc avec une pointe de pierre dure. Aux inscriptions sont mêlées des croix de toutes formes, souvent fourchues, des figures d'hommes et d'animaux, de chevaux, de chameaux, de bouquetins, d'autruches, semblables à des griffonnages enfantins. D'ailleurs, les jambages oscillants des lettres, les lignes ondulées et inclinées des mots accusent peu d'habileté ou d'application chez les ouvriers qui les ont tracés. Ce sont là les inscriptions sinaïtiques dont on a tant parlé depuis plus d'un demi-siècle, qui sont pour les orientalistes un champ d'études en partie inexploré.

Nous rencontrerons de ces inscriptions sur tout le parcours de la route qu'il nous reste à faire dans le massif montagneux ; mais nulle part nous ne les verrons en si grand nombre qu'au ouadi Mokatteb. Elles abondent surtout au couchant de la vallée, sur les faces de rochers à l'abri de la pluie chassée par le vent d'ouest. Le sentier qui suit ces rochers dans toute la longueur du ouadi, en fait passer en revue d'interminables séries.

*_**

L'interprétation de ces mystérieuses écritures a été, vers 1850, l'objet d'une retentissante mystification.

Un marchand d'Alexandrie nommé Cosmas et surnommé Indicopleuste, pour ses voyages aux Indes, dans un livre curieux et original, qu'il écrivit vers l'an 535, après s'être fait moine (1), parlant des inscriptions du ouadi Mokatteb, dit qu'elles sont l'œuvre des enfants d'Israël, leurs exercices d'écriture pour apprendre à former les lettres que Dieu leur avait apprises au Sinaï, leur donnant les tables de la loi pour modèles. Le Seigneur se servit ainsi de la solitude, dit-il, comme d'une école tranquille, et leur fit graver des caractères pendant quarante ans. Arrivés dans la Terre promise, ils apprirent ces caractères aux Phéniciens leurs voisins; ceux-ci les enseignèrent aux Grecs et les Grecs au reste du monde.

L'ouvrage de Cosmas, publié en 1707 par le savant bénédictin Montfaucon (2), attira l'attention des savants sur les inscriptions du Sinaï. Impatient de vérifier des assertions aussi extraordinaires, un évêque anglican, Clayton, vers 1750, offrit douze mille cinq cents francs à la Société des antiquaires de Londres pour le savant qu'elle enverrait prendre copie des inscriptions. En 1840, le professeur Beer, de Berlin, réussit à retrouver l'alphabet sinaïtique, sauf une lettre pour laquelle il fit erreur, et donna quelques traductions révélant tout autre chose qu'une origine hébraïque.

---

1. *Topographia Christiana*, L. V. Migne, *Patr. gr.*, t. LXXXVIII, col. 218.
2. *Collectio nova Patrum et Scriptorum græcorum*, t. 2.

CHAPITRE PREMIER.

※

Cependant le monde savant hésitait encore à se prononcer, quand un ministre anglican, connu favorablement des orientalistes, Charles Forster, publia son livre « La voix d'Israël des rochers du Sinaï » (1851), où il reprend avec enthousiasme les explications de Cosmas, les appuie de nombreuses traductions, les confirme par d'étranges observations, sans avoir jamais visité lui-même le Sinaï.

A ses yeux les montagnes sinaïtiques sont de majestueuses colonnes dressées dans le désert, sur lesquelles les enfants d'Israël ont écrit le journal de leur voyage de quarante ans, et ont consigné les faits miraculeux dont ils furent témoins, fidèles à la recommandation, si souvent répétée dans le Pentateuque, de conserver précieusement le souvenir des miracles faits en leur faveur et de le transmettre aux générations futures.

Les inscriptions sinaïtiques, dit-il, sont les archives autographes d'Israël dans le désert. Vingt-huit se rapportent au passage de la mer Rouge, etc., d'autres parlent du passage des cailles, qu'il pense être des oies, de la défaite des Amalécites par Josué à Raphidim.

Les noms de Moïse et de Jéhovah s'y trouvent en toutes lettres. Ces inscriptions, d'après lui, sont placées à des hauteurs inaccessibles, où l'on ne peut atteindre qu'à l'aide d'échafaudages et d'instruments dont ne sont point pourvus des voyageurs ordinaires ou de simples pèlerins; plusieurs d'entre elles sont de si grande dimension, que pour les graver il a fallu un travail immense et de longue durée, qu'un grand peuple séjournant dans le désert a pu seul fournir. Ce peuple est Israël. Lui seul a pu avec l'assistance divine vivre assez longtemps dans ces solitudes inhospitalières pour exécuter ces prodigieux ouvrages.

L'impression produite par le livre de Forster fut immense dans le public incapable de discuter la valeur des arguments philologiques de l'auteur et l'exactitude des faits cités à l'appui. On se crut un instant en présence de la plus belle, de la plus étonnante des découvertes archéologiques et bibliques des siècles modernes. Je me souviens d'un architecte qui, dans son enthousiasme, se mit à dresser des plans d'échafaudages, faciles à transporter sur des chameaux, aisés à mouvoir et qui permettraient de monter à une centaine de mètres contre les rochers à pic, afin d'y estamper les inscriptions.

※

Aujourd'hui les rapports consciencieux de nombreux voyageurs, les patientes études de plusieurs orientalistes ont dévoilé au public les erreurs de Forster et enlevé tout crédit à son livre.

Ses erreurs sont si manifestes, qu'en visitant les inscriptions du ouadi Mokatteb, on s'étonne qu'un homme instruit se soit laissé emporter si loin de la vérité par son enthousiasme pour une idée préconçue, et qu'un public sérieux ait été durant plusieurs années victime d'une si évidente mystification.

La plus grande partie des inscriptions sont tracées sur les blocs de rochers tombés de la montagne le long du chemin ; les autres se trouvent sur les parois verticales des plus basses terrasses formées par les couches de grès de la montagne, et sont généralement à la portée de la main ; d'autres sont à une hauteur de deux ou trois mètres que l'on atteint aisément en s'élevant sur les blocs tombés ou sur les gradins des parois. Un fort petit nombre sont plus élevées et toujours accessibles par quelque corniche du rocher. Si l'une ou l'autre est aujourd'hui hors de portée, c'est que la corniche qui y donnait accès est tombée ; on en voit les débris sur le sol.

Les caractères ont rarement plus de sept à onze centimètres de hauteur et ne dépassent jamais un pied. Quelques instants d'arrêt ont pu suffire à des voyageurs pour les graver sur le grès tendre, pour les marteler sur le dur gneiss, où elles ressortent admirablement en une teinte blanche sur la patine couleur de rouille qui couvre la pierre. Seules, quelques inscriptions du ouadi Igne, gravées avec soin sur la roche dure, ont exigé plus de temps et plus d'habileté.

Loin d'être confinées sur la route du peuple hébreu, elles se rencontrent dans tout le massif des montagnes sinaïtiques, au nord-est de la péninsule, aux environs de Petra et jusque dans le Hauran. Wilkinson affirme même en avoir rencontré sur la rive égyptienne de la mer Rouge, plus bas que la pointe du Ras Mohammed. C'est principalement dans les lieux favorables au campement, proche des sources, qu'elles abondent ; mais on en voit dans des ravins sauvages aux environs du Sinaï, et même sur les sommets presque inaccessibles du Serbal et du Oumm-Zouhéter, entre le Serbal et le Sinaï.

Quant aux interprétations de Forster, elles sont de pure fantaisie. Le beau travail du duc de Luynes sur les monnaies des Nabatéens, les savantes études de Lévy de Breslau, et surtout les recherches du professeur E. H. Palmer, qui, à la suite de l'expédition anglaise, rapporta trois mille inscriptions, dont douze bilingues en sinaïtique et en grec écrites de la même main, ont définitivement fixé l'opinion sur l'origine de ces inscriptions. Pour la plupart, elles sont l'œuvre de marchands et de voyageurs Nabatéens qui fréquentaient les routes de la péninsule pour le commerce dont leur nation eut quelque temps comme le monopole entre l'Asie et l'Afrique. D'autres sont écrites par les pèlerins se rendant à la montagne sainte.

Les inscriptions dans cette langue sémitique voisine de l'araméen, qu'on est convenu d'appeler langue sinaïtique, sont les plus nombreuses ; elles contiennent toutes quelque nom propre, généralement païen, et disent simplement : « *N. a passé ici ; que la paix soit sur lui.* » — « *Que Allah se souvienne de N.* » — « *Béni soit N., fils de M.* » — « *Qu'on se souvienne en bien de N., fils de M.* »

Il s'agit toujours de personnages tout à fait inconnus, dont les noms correspondent assez bien à ceux qui sont encore en usage chez les Djébeliyeh ; mais le nom de Mouça, si commun parmi ces Bédouins, ne s'y rencontre pas.

Les croix, les lettres A Ω accompagnant la croix, le P barré formant le monogramme du CHRIST et autres signes chrétiens, mêlés aux caractères sinaïtiques, furent probablement ajoutés par les pèlerins qui ont gravé les mêmes signes sur leurs propres inscriptions grecques et coptes. Du moins n'a-t-on pas trouvé jusqu'ici d'inscription en langue sinaïtique qui soit sûrement chrétienne.

※

Ce sont donc des écritures privées, des *graffiti* de voyageurs tracés, pour rappeler leur passage, sur les rochers auprès desquels ils ont campé, comme les noms fort récents qu'on rencontre écrits sur les murs des hôtelleries en tout pays d'Europe. Toute leur valeur historique est de faire revivre le souvenir du peuple

Nabatéen, qui brilla comme un météore deux ou trois siècles avant notre ère, et s'éteignit au second siècle, absorbé dans l'empire romain, sans avoir laissé d'autres traces de son opulence que les splendides ruines de Pétra, sa capitale, à mi-chemin entre le golfe Elanitique et la mer Morte, sans autre histoire connue que ses guerres contre l'un des successeurs d'Alexandre, les Juifs et les Romains et ses alliances avec les Machabées (1).

On pense qu'il faut rapporter ces inscriptions à une période embrassant les deux siècles qui précédèrent le commencement de l'ère chrétienne et les deux siècles qui le suivirent. La découverte du *Pèlerinage de sainte Silvie* semble confirmer cette opinion en nous apprenant que, de son temps, à la fin du quatrième siècle, les inscriptions sinaïtiques n'étaient déjà plus comprises des habitants du pays. « Là où s'ouvrent les montagnes, lit-on dans une partie de son récit transmise par Pierre Diacre, est une vallée large de six mille pas et notablement plus longue. Toutes les montagnes d'alentour ont été creusées ; et ces grottes sont telles qu'avec des tentures vous en feriez de fort belles chambres. Chaque salle est couverte de lettres hébraïques. » L'illustre pèlerine mêle peut-être dans ses souvenirs les excavations minières de Maghârah aux inscriptions de la vallée voisine ; mais assurément la vallée dont elle parle est le ouadi Mokatteb, seule plaine dans toute cette région dont la largeur approche de six mille pas.

Parmi les inscriptions en autres langues, copte, grecque, latine, les unes sont évidemment contemporaines des premières, les autres datent probablement des deux ou trois siècles suivants. Elles portent généralement des signes et des noms chrétiens, et reproduisent à peu près les mêmes formules que les inscriptions de langue sinaïtique. A la suite de l'inscription d'un diacre Job, un soldat peu ami des chrétiens a écrit en grec : « Méchante race que celle-là. Moi, Lupos, ai tout écrit de ma main. » Ailleurs on lit en latin : « *Cessent Syri ante Latinos Romanos ;* que les Syriens se retirent devant les Latins de Rome. »

Si l'archéologie moderne n'a pas eu la bonne fortune et la gloire de lire l'histoire des enfants d'Israël écrite de leurs mains sur les rochers du désert, nous ne lui sommes pas moins reconnaissants d'avoir fait disparaître la fausse auréole qui entoura quelque temps les mystérieuses inscriptions sinaïtiques, que d'avoir lu dans les hiéroglyphes de Karnak : « Sésac a vaincu Roboam, » et sur les documents cunéiformes d'Assyrie « Sennachérib a assiégé Ezéchias dans Jérusalem (2). » Le récit de Moïse n'a pas besoin d'être confirmé par une écriture humaine. Son éclatante confirmation n'est-elle pas écrite des mains du Créateur dans les montagnes, les vallées, les eaux, les plantes, toute la nature du pays que nous visitons ?

XV. — TOMBEAUX et FLEURS.

AU bout de la plaine on traverse un col peu élevé d'où la vue des montagnes est fort belle. Un cône majestueux, se dressant au levant derrière les rochers qui bordent de ce côté le ouadi Mokatteb, attire particulièrement les regards du

---

1. I Mac., V, 25 ; IX, 35.
2. Vigouroux, *La Bible et les Découvertes modernes.*

voyageur. Les Bédouins le nomment djébel el-Benât, la montagne des jeunes filles, et rattachent à son nom je ne sais quelle légende romanesque : un jeune cheik se serait précipité du sommet pour n'avoir pu épouser la jeune fille de son choix. La forme de la montagne, aussi bien que son nom, rappelle la superbe Jungfrau des Alpes Bernoises.

Du col on descend par une pente modérée dans le ouadi Feiran, le plus long, le plus beau, le roi des ouadis de la péninsule. Il commence au pied même du Sinaï, sous le nom de ouadi ech-Cheik, décrit une grande courbe au nord en se rendant à l'oasis de Feiran, traverse l'oasis dont il prend le nom, et de là se rend à la mer. Un voyageur pourrait, à la rigueur, aller sans guide de Suez au Sinaï en suivant la côte jusqu'à l'embouchure du ouadi et en remontant la vallée.

A l'endroit où nous sommes arrivés, le ouadi est large et son sol couvert de plantes, dont la variété et la nouveauté enchantent pour peu qu'on aime les fleurs. Mais voici, près du sentier, des tombes fort anciennes, que l'on croit remonter aux temps bibliques. Peut-être appartiennent-elles à ce peuple des Amalécites si souvent nommé dans les Livres Saints, qui vint disputer le passage aux fils d'Israël dans les gorges de Raphidim, et disparut au mont Séir sous les coups des fils de Siméon (1).

Rien ne ressemble mieux que ces tombes aux cercles druidiques de l'Ecosse et de la Bretagne. Des pierres, hautes d'un mètre au moins, sont plantées debout dans le sol, l'une contre l'autre, et forment un cercle autour d'une simple fosse bâtie de quatre pierres plates et recouverte d'une grosse dalle au niveau de terre. Une quinzaine de tombes semblables se trouvent réunies dans un petit espace. L'une d'elles, que nous avons mesurée, avait un cercle de six mètres en diamètre, une fosse longue de un mètre vingt, large et profonde de soixante-quinze centimètres. Les explorateurs anglais les ont fouillées et ont reconnu, par la disposition des ossements, que le mort y était placé sur le côté gauche, les genoux relevés et touchant presque le menton, usage appartenant à la plus haute antiquité et encore pratiqué de nos jours chez des peuplades du Pérou. Les mêmes savants ont trouvé dans les environs plusieurs groupes de sépultures semblables, et y ont recueilli des fers de lances, des pointes de flèches en silex, un collier en coquillages et un petit bracelet de cuivre.

C'est dans cette vallée ou sur ses bords, auprès de quelque source cachée dans un ravin, qu'il faut chercher la station inconnue d'Alus, où campèrent les enfants d'Israël en se rendant de Daphca à Raphidim (2). Nous devons en être proche. Au dire de nos Bédouins, il y aurait, en effet, deux ou trois petites sources à peu de distance du ouadi, dans les vallées secondaires descendant de la montagne. Mais leurs indications sont si peu précises, ils nous ont si souvent trompés en nous promettant, pour nous faire plaisir, des sources qui n'existaient pas, que nous ne voulons point nous détourner pour vérifier le fait. Au reste, la nomenclature actuelle des lieux ne conserve aucune trace du nom de *Alus*, et aucun fait particulier dans le récit de Moïse ne se rattache à ce campement.

Ce qui reste de jour est employé à voir de près les fleurs de la vallée ; en route sur le chameau, on ne fait que les découvrir de haut, on ne jouit pas de tous leurs petits agréments.

Nous retrouvons là toutes les plantes de la côte et des premiers ouadis inférieurs, et bien d'autres que les eaux ont amenées de loin. Il en est un bon nombre qui feraient belle figure dans nos jardins d'Europe, si l'on pouvait les y acclimater.

---

1. I Par., IV, 43.
2. Nomb., XXXIII, 13.

De belles touffes de *Cassia obovata* (Collad.) (1), aux fleurs jaunes et brunes ; une grande asclépiadée, *Daemia cordata* (R. Br.), à jolies fleurs lilas sous un feuillage gris, suintant de partout un suc laiteux pour peu qu'on le froisse ; et encore de beaux câpriers au feuillage frais et luisant, aux belles fleurs blanches surmontées d'une aigrette d'étamines pourpres, splendide ornement à la base des rochers. Bien différent du petit câprier de Provence dont nous mangeons les boutons floraux confits au vinaigre, ce *Capparis galeata* (Fresen) est un arbre aux grosses branches tourmentées et épineuses, cachées sous un épais feuillage du plus beau vert. Ses fruits, en forme de bouteilles et gros comme deux doigts, sont fort bons cuits à l'eau, nos chameliers s'en délectent ; ils ne furent pourtant qu'une mince ressource pour la multitude des enfants d'Israël.

D'autres plantes, plus communes dans ce pays, rappellent des souvenirs bibliques. De tous côtés, des touffes d'*Anabasis articulata* (Forsk.) font étinceler au soleil d'automne les écailles de leurs fruits, semblables à des paillettes de verre rose ou argenté. On les voit partout où il est un peu de terre. Nos chameaux, fort friands de cette plante grasse et salée, nous donnent à chaque instant le loisir de l'admirer pendant qu'ils la broutent. Bien que la plante soit hermaphrodite, il est des touffes entières qui, par avortement du fruit, ne présentent que des bouquets d'étamines jaunes. On les prendrait pour une tout autre espèce. De toutes les plantes dont on extrait la soude par incinération, l'anabasis est de beaucoup la plus abondante dans les déserts du Sinaï, de la Palestine et de la Syrie, et celle qui fournit le plus de soude aux savonneries d'Orient. Ne serait-ce pas cette *herbe de borith* dont parle Jérémie (2) : « Quand tu te laverais avec l'herbe de borith, tu n'enlèverais pas la tache de ton iniquité devant moi. » Et aussi l'herbe dont se servaient les foulons pour dégraisser la laine au temps du prophète Malachie : L'ange du Seigneur « est comme le feu du fondeur et l'herbe des foulons » (3).

Sur les graviers du sol s'élève un grand genêt à fleurs blanches, qu'aucun animal ne mange, tant il est amer. Nos Bédouins le nomment Rétam. C'est le nom dont le texte hébreu appelle l'arbrisseau sous lequel dormait le prophète Élie dans sa fuite au Sinaï, quand l'ange vint le toucher et lui présenter un pain cuit sous la cendre, figure de la sainte Eucharistie, lui disant : « Lève-toi et mange, car il te reste encore à faire un long chemin (4). » Les botanistes appellent encore ce bel arbuste *Retama retam* (Forsk.). Il n'est pas seulement un ornement du ouadi et un souvenir biblique, les Bédouins s'en font des cataplasmes froids qu'ils disent souverains contre les rhumatismes.

Une autre jolie plante, qui ne manque dans aucun des déserts de l'Orient, est la coloquinte. Nous admirons souvent ses longs rameaux à feuilles de vigne, rampants sur le sable auprès du sentier. Ses jolies courges, grosses comme le poing, parfaitement rondes et lisses, de tous les verts possibles, s'aperçoivent de loin et font toujours plaisir à voir dans ces déserts où l'on rencontre si peu de verdure et si rarement des fruits. Les courges que le soleil a desséchées et jaunies, roulent au vent en laissant entendre le frétillement des graines secouées à l'intérieur. Les Bédouins les brûlent dans le feu, en retirent un charbon très fin et très léger, le broient avec un peu d'eau, et conservent la pâte pour arrêter le sang des blessures ou en frotter les chiffons qui leur servent d'amadou, car ces pauvres gens en sont encore au briquet de pierre à fusil.

1. Une des espèces de séné officinal.
2. II, 22.
3. III, 2.
4. III Rois, XIX, 4 et suiv.

Plus gracieux encore, mais plus rare, est le concombre des prophètes, *Cucumis prophetarum* (L.), ainsi nommé en souvenir d'un miracle d'Elisée (1), avec lequel pourtant il n'a rien eu à faire, puisqu'il ne se trouve pas en Palestine. Parfaitement sphérique, gros comme une prune, régulièrement hérissé de pointes inoffensives, orné de taches capricieuses des plus belles teintes vertes et jaunes et à peine ombragé d'un léger feuillage, il ferait une petite merveille de nos jardins, s'il pouvait vivre hors du désert.

Dans les lieux ouverts au soleil, des plantes aromatiques, la plupart de la famille des composées, couvrent le sol et embaument l'air ; le *Pyrethrum santolinoïdes* (D. C.), l'*Artemisia judaïca* (L.), l'*Achillea fragrantissima* (Forsk.), et d'autres. Est-ce le soleil qui développe avec une puissance particulière les aromes des plantes, ou bien la pureté, la sécheresse de l'air qui favorisent la sensibilité de notre organe ? Je ne sais ; mais, presque partout dans les ouadis, on sent quelque chose du parfum des fleurs.

D'arbres, il n'en est pas d'autres que l'*Acacia seyal* (Del.), isolé çà et là. Il est par excellence l'arbre sinaïtique, le fameux bois de Sétim dont le Seigneur au Sinaï fit faire l'Arche d'alliance, les autels, les tables, les perches, les colonnes du Tabernacle. *Setim*, en hébreu *chittim* et au singulier *chittah*, a son origine dans la racine sémitique *chant* (*chonte* ou *chonti* dans l'ancienne langue égyptienne), d'où est venu, par une dérivation régulière, le mot arabe *sant*, dont on se sert aujourd'hui pour désigner l'acacia seyal et quelques autres espèces similaires comme l'*Acacia nilotica* des canaux de l'Egypte.

Son bois est léger et dur, susceptible d'un beau poli, de couleur jaune passant au brun et au noir avec le temps. Les vers ne l'attaquent pas et il se corrompt difficilement. Wilson trouva dans une galerie souterraine, non loin des mines de Maghârah, un pieu de soutènement fait de ce bois, certainement en place depuis trois ou quatre mille ans ; il était encore parfaitement sain. De tous les autres arbres de la péninsule, aucun ne donne un bois qui lui soit comparable. Celui du jujubier sauvage ou *sidr*, le plus propre à la menuiserie après le bois de l'acacia, lui est bien inférieur.

L'acacia seyal se rencontre dans la plupart des ouadis de la région moyenne des montagnes, bien que les Bédouins ne le plantent jamais, ne lui donnent aucune culture, le coupent impitoyablement pour vendre son excellent charbon de bois, et que les chameaux, nullement rebutés par ses effroyables épines blanches, détruisent les jeunes sujets avec tout ce qu'ils peuvent atteindre du feuillage des grands arbres.

On ne le rencontre jamais en bouquet ; il aime à vivre isolé. Nous en avons vu d'assez beaux pieds pour croire, qu'au temps de l'Exode, Bézéléel put faire d'une seule pièce les panneaux de l'arche, larges d'une coudée et demie ou soixante-dix-huit centimètres (2).

Le feuillage, clair et très finement penné, donne peu d'ombre, d'où le proverbe oriental :

« Ne te fie pas plus aux promesses des grands qu'à l'ombre de l'acacia. »

Les fleurs sont de petites houppes blanchâtres.

De l'arbre suinte, en été, une excellente sorte de gomme arabique appelée gomme de la péninsule. Les Bédouins la recueillent avec soin et en font un petit commerce avec le Caire. Ils vénèrent dans chaque district un bel acacia dédié au principal santon du lieu ; tel est l'arbre du santon Abou-Chébib à Feiran.

---

1. IV Rois, IV, 38 et suiv.
2. Ex. XXXVII.

XVI. — L'OASIS de FEIRAN.

EN avançant à l'est, la vallée se resserre et se tord ; son aspect change à chacun de ses contours ; ici elle est large comme le lit d'un grand fleuve, un peu plus loin elle se trouve étroitement resserrée entre des rochers à pic. Ce qui ne change pas, c'est la majestueuse horreur des montagnes, de plus en plus élevées et imposantes à mesure que le ouadi s'enfonce plus profondément dans leur massif. Au-dessus des crêtes voisines se dresse comme un géant le superbe Serbal, aux arêtes déchiquetées, aux pics audacieux qui d'heure en heure semblent grandir et se multiplier. On est là au centre du chaos qui sépare les grandes montagnes de roches primitives et les amas de grès formés de débris. Toutes les teintes apparaissent sans ordre sur les rochers, séparées par des lignes sombres de veines porphyritiques, comme dans une immense brèche ; toutes les formes les plus étranges se voient dans les coupes des pics et des ravins. « J'ai rencontré dans la nature des tableaux aussi singuliers, des vues peut-être plus grandioses, dit Stanley ; nulle part je n'ai trouvé de spectacle à la fois aussi étrange et aussi imposant, et je ne crois pas en rencontrer jamais. »

Que dirent ces montagnes aux enfants d'Israël nourris sur les bords du Nil, où ils n'avaient rien vu de plus haut et de plus imposant que les pyramides de Memphis ? Mais aussi quel ravissement quand, au détour de la sombre vallée, ils aperçurent la fraîche verdure de el-Hesweh ! Le voyageur arrivé là se croit à la célèbre oasis de Feiran, cette perle de la péninsule qu'on a tant vantée, ce lieu de repos où, pour la première fois, l'eau douce, l'ombre et la fraîcheur ne lui seront pas mesurées avec parcimonie. Les petits jardins de el-Hesweh ne sont pourtant qu'un avant-goût de ces délices ; il le savoure en pressant le pas de sa monture pour atteindre plus tôt le terme désiré.

Ailleurs ce ne serait rien que ces quelques touffes d'arbres ; mais dans cet encadrement de noirs rochers, en face du majestueux Serbal et du large ouadi Adjèleh qui ouvre la vue sur les puissants contreforts de la grande montagne, dans cette atmosphère si transparente, si pure, si pleine de lumière, le jaune feuillage des sidr, les têtes bleuâtres des palmiers, les rameaux délicats des tamarix, jetant sur le fond une teinte cendrée qui se perd dans les rochers, font tout un admirable paysage, où l'œil se repose avec complaisance, où l'imagination met de la vie et prolonge un lointain imaginaire. Tout cela passe comme un songe, et la vallée s'assombrit de nouveau, se contourne et s'allonge encore quelque temps devant les pas du voyageur. Un instant elle semble se fermer, puis elle tourne à l'est et s'ouvre largement dans un horizon tout nouveau.

A droite une vallée spacieuse, le ouadi Aleyat, rempli de gros rochers épars et de maigres buissons, monte en pente douce jusqu'à l'immense muraille formée par les coupes abruptes du Serbal et ses multiples sommets. A gauche une montagne conique s'élève à deux cent vingt mètres au-dessus de la vallée ; diverses ruines sont échelonnées sur sa pente rapide, et au sommet se détachent sur le ciel les murs pittoresques d'un vieux sanctuaire. C'est le djébel et-Tahouneh. Au bas, dans le fond même de la vallée, sur un grand rocher d'une trentaine de mètres d'élévation, se dressent les hautes murailles d'un ancien couvent, semblable à ces châteaux-forts élevés au moyen âge pour garder les passages des montagnes.

L'oasis commence au pied du vieux couvent ou du rocher de Maharrad (c'est son nom) et s'étend à l'orient, sur une longueur de quatre à cinq kilomètres, dans la vallée sinueuse et étroite. On y chercherait vainement un gracieux village, des chemins, des enclos réguliers. Ce ne sont que de beaux palmiers plantés par petites touffes de trois, quatre et dix arbres, entre lesquelles se cachent quelques misérables huttes en pierres sèches et de tout petits jardins entourés d'épines, où de pauvres Bédouins font pousser un peu de tabac et quelques herbages. Le silence règne sous ces ombrages comme au temps des moines qui les habitèrent ; les chants de quelques oiseaux, le bruissement d'un petit ruisseau et les timides chuchotements de quelques enfants accourus pour contempler les voyageurs, c'est tout ce qu'on entend dans l'oasis.

Les habitants y sont en petit nombre, moins de cent, à en juger par le peu de maisons occupées qu'on y rencontre. Ils vivent de quelques misérables troupeaux de chèvres et de moutons, de leurs dattes et de la manne qu'ils recueillent au printemps sur les tamarix de la vallée. Plus nombreux que les habitants sont les petits enclos qui divisent le sol et entourent les arbres. Il paraît que les moines du couvent de Sainte-Catherine, anciens propriétaires de toute l'oasis, ne pouvant défendre leur bien contre les déprédations des Bédouins et fatigués de leurs continuelles vexations, résolurent de se les attacher par des bienfaits, et leur distribuèrent un grand nombre de parcelles et de palmiers. Aujourd'hui, nous dit-on, la plupart des Bédouins des tribus voisines tiennent à posséder quelques palmiers à Feiran, ne serait ce qu'un seul arbre. Au temps de la maturité, ils viennent y cueillir les dattes, et il n'en manque pas une, tant les Bédouins de nos jours respectent ici la propriété de leurs frères.

Les dattes de Feiran ont une réputation ; les Bédouins les pétrissent et en font ces petits saucissons couverts de peau de gazelle qu'on vend au Caire comme friandises.

XVII. — RAPHIDIM.

La tradition et les voyageurs identifient l'oasis de Feiran avec la célèbre station des Hébreux à Raphidim. Les enfants d'Israël y rencontrèrent, pour la première fois depuis leur sortie d'Egypte, un peuple ennemi prêt à leur barrer le passage. Les Amalécites, peuplade guerrière, habitaient les déserts qui s'étendent depuis la mer Morte jusqu'à l'Égypte et au Sinaï. A l'approche des Hébreux, ils accoururent défendre contre l'invasion des étrangers la plus chère de leurs possessions, la fertile oasis de Raphidim (1). Ce lieu était du reste le plus favorable pour arrêter l'ennemi ; un étroit passage entre des rochers infranchissables, des bois pour se dérober aux traits de l'ennemi, de l'eau en abondance, des vallées sinueuses et multiples pour fuir en cas de défaite.

Moïse dut arrêter son peuple dans la vallée avant d'atteindre l'oasis et les sources gardées par l'ennemi. « Ils établirent leurs tentes en Raphidim, où il n'y avait point d'eau à boire pour le peuple (2). » « Le peuple eut soif et se mit à murmurer contre Moïse : Pourquoi nous as-tu fait sortir de l'Egypte afin que nous mourions de soif, nous, nos enfants et nos troupeaux ? — Moïse implora le Seigneur et lui dit : Que ferai-je à ce peuple ? Encore un peu il me lapidera. — Le Seigneur dit donc à Moïse : Passe devant le peuple, prends avec toi les anciens d'Israël et avance en portant dans ta main la verge dont tu as frappé la mer.

---

1. Philon le Juif, *De Vita Moysis*, L. I.
2. Ex., XVII, 1.

Oasis de Feiran.

Voici que je suis devant toi sur la pierre d'Horeb. Tu frapperas le rocher, il en sortira des eaux et le peuple boira. Ainsi fit Moïse en présence des anciens. Et il appela le lieu Massah (tentation) et Méribah (querelle), à cause de la querelle des fils d'Israël et parce qu'ils tentèrent DIEU en disant : Le Seigneur est-il au milieu de nous ou non ? » (1).

Environ sept kilomètres en deçà de l'oasis, on montre au pied des rochers qui bordent le ouadi du côté du nord un bloc de deux mètres de haut, ne présentant rien de particulier dans sa forme et sa nature, que les indigènes nomment Hési el-Kattâtin, ce qui signifie la flaque d'eau ou les petites pierres des écrivains, selon la manière dont est prononcée l's dans Hési. Pour les Bédouins du Sinaï, l'écrivain c'est Moïse, et ils disent que le rocher est celui d'où le prophète fit jaillir de l'eau pour désaltérer son peuple.

C'est là tout ce que l'on sait de ce rocher ; encore le souvenir biblique qu'y attachent les indigènes de nos jours n'est-il connu que depuis l'expédition anglaise de 1867. E. H. Palmer fut le premier à le signaler ; les anciens pèlerins du Sinaï l'ont ignoré ; les documents de l'époque monastique n'en font aucune mention ; il pourrait bien n'avoir pas d'autre origine que le dire d'un voyageur moderne, car le Bédouin, comme le cicerone d'Europe, aime à répéter ce qu'il a entendu à l'étranger.

De marques de vénération, il n'en est pas d'autre auprès du rocher que les amas de cailloux déposés par les Bédouins en signe de leur passage, comme ils ont coutume de le faire dans les lieux célèbres de leurs déserts (2).

Pourtant, le lieu, le rocher, répondent si bien au texte sacré que le voyageur chrétien éprouve comme un regret de ne pouvoir appuyer sa dévotion sur une tradition plus sûre qu'une croyance locale sans caractère d'antiquité.

Au reste, les moines du Sinaï ont une autre tradition et montrent un autre rocher de Moïse dans le ouadi el-Ledja.

.*.

La bataille eut lieu deux heures plus loin que le rocher, à l'entrée même de l'oasis.

« Amalec vint donc et combattit contre Israël à Raphidim. Et Moïse dit à Josué : Choisis des guerriers et sors combattre contre Amalec. Demain je me tiendrai sur la colline, la verge de DIEU dans la main. Et Josué fit comme Moïse lui avait dit, et combattit contre Amalec. Or Moïse et Aaron et Hur montèrent sur le sommet de la montagne. Et quand Moïse élevait ses mains, Israël triomphait; mais quand il les abaissait, Amalec l'emportait. Or, les mains de Moïse s'appesantissaient ; ils prirent une pierre et la mirent sous lui ; il s'assit, et Aaron et Hur soutenaient ses mains des deux côtés, et il arriva que ses mains ne se lassèrent pas jusqu'au soleil couchant. Et Josué mit en fuite Amalec et son peuple à la pointe de l'épée (3). »

La montagne où priait Moïse pendant que Josué combattait est le djébel et-Tahouneh, la seule montagne qui domine le passage d'assez haut pour que

---

1. Ex., XVII, 3, 7.

2. Une coutume semblable entre dans les rites du pèlerinage des Croyants à la Mecque. En se rendant de la Mecque au mont Arafa pour y faire la grande prière, le pèlerin s'arrête au village de Menna et jette quarante-neuf cailloux aux trois stations nommées Elbis (diable) ou Charbon du châtiment. (*Le Machmal*, par Mohammed bey Sadik ; le Caire, 1882.)

3. Ex., XVII, 8...13.

Moïse y fût en sûreté, d'assez proche pour qu'il ait pu suivre tous les incidents de la journée et être vu des combattants. D'ailleurs l'ancienne tradition la désigne clairement.

« Le lieu où pria Moïse quand Josué vainquit Amalec, dit sainte Silvie (1), est une montagne fort élevée qui se dresse au-dessus de Pharan (nom de Feiran à l'époque gréco-romaine). Au lieu même de la prière est maintenant une église ; on y montre l'endroit où Moïse était assis et les pierres qui soutenaient ses coudes. Là aussi, Moïse, après la défaite d'Amalec, éleva un autel au Seigneur. Pourtant la montagne s'élève comme une muraille à cinq cents pas au-dessus de la vallée. »

Deux siècles plus tard, Antonin Martyr visita la ville de Pharan. « Là, dit-il, est un oratoire dont l'autel est posé sur les pierres qui soutenaient Moïse durant sa prière. »

Notre première visite est pour cette sainte montagne. Nous partons sans guide, sans nous informer du chemin, escaladant les rochers avec entrain, contournant ceux que nous ne pouvons pas franchir. Ce ne put être le chemin de Moïse, tant il est pénible et scabreux. Nous reconnûmes en effet, arrivés au sommet, que, du point où les Hébreux débouchèrent dans la vallée, à l'ouest, un sentier se dirige sur le sommet du djébel et-Tahouneh en suivant un repli de la montagne à l'abri des traits de l'ennemi, qui était vraisemblablement caché dans les arbres de l'oasis ou derrière le rocher de Maharrad. Moïse ne put pas, ce semble, prendre un autre chemin. Les chrétiens et les moines habitants de Pharan y ont pratiqué des escaliers et en ont fait une voie sainte, ornée de petits sanctuaires encore reconnaissables.

L'église, bâtie sur le sommet où pria Moïse, est mieux conservée ; les murs latéraux, ornés de pilastres en grès rouge et de style grec, l'abside, les sacristies, sont encore debout et couvrent en grande partie la petite plate-forme terminale. Nous avons cru reconnaître, à quelques fûts de colonnes et à d'anciennes fondations, que l'édifice actuel fut élevé sur les ruines d'une plus vaste église à trois nefs.

Quand nos devoirs de pèlerins furent accomplis en ce saint lieu, nous grimpâmes sur les murailles pour considérer le théâtre du combat. Ce n'est point un champ de bataille pour de grandes armées que l'étroit sillon de la vallée de Feiran et le large ravin pierreux et accidenté du ouadi Aleyat ; une colonne de quatre à cinq mille hommes pourrait à peine s'y développer et combattre. Aussi Moïse n'engagea-t-il pas la lutte avec la masse de son peuple : « Choisis des guerriers parmi nous, » dit-il à Josué.

Les Amalécites profitèrent sans doute de toutes les vallées secondaires, de tous les ravins qui descendent des flancs du Serbal sur la route des Hébreux, pour les harceler par des attaques de flanc, pour surprendre les traînards dans des embuscades. « Souviens-toi de ce que te fit Amalec, dit un jour Moïse à son peuple ; quand tu sortais de l'Egypte, comment il vint te barrer le chemin, et comment il te chargea en queue, frappant tous les traînards qui te suivaient, lorsque tu étais toi-même affaibli et fatigué (2). » Mais le centre de l'action principale dut être autour du rocher de Maharrad, placé au milieu de la vallée, à l'entrée de l'oasis. Si la tradition monastique des premiers siècles, rapportée par sainte Silvie, ne plaçait pas sur le djébel et-Tahouneh l'autel que Moïse éleva au Seigneur après la victoire, nous serions portés à conjecturer qu'il fut élevé sur ce rocher de Maharrad. Selon nos idées vulgaires, le monument de la victoire eût été mieux placé

---

1. Dans le livre de Pierre Diacre : *De Locis Sanctis*.
2. Deut., XXV, 17, 18.

sur le rocher rougi du sang des combattants, que sur un sommet isolé et presque inaccessible ; le site eût été plus propice pour une cérémonie à laquelle tout le peuple dut prendre part.

La nuit s'avançait, il nous fallut descendre pour n'être pas surpris par l'obscurité et renvoyer au lendemain la visite des ruines et des tombeaux échelonnés sur la montagne.

XVIII. — SOUVENIRS CHRÉTIENS de PHARAN.

Il est à croire qu'une vallée aussi privilégiée ne resta jamais sans habitants, que les Amalécites y revinrent dès qu'ils n'eurent plus à craindre le retour des enfants d'Israël ; bien des siècles plus tard l'historien arabe Makrisi appelle Pharan une ville d'Amalécites. Toutefois, parmi les écrivains de l'antiquité païenne, le géographe Ptolémée est le seul à citer cette ville. Il la nomme le bourg de Pharan (Φαραν Φαραν), du nom de Pharan, souvent donné dans les Livres Saints à la région déserte qui commence à la limite méridionale de la Terre promise et descend au sud jusqu'aux environs du Sinaï.

Ce fut particulièrement dans les premiers siècles de notre ère que Pharan prit de l'importance. Le mouvement religieux poussa vers ces solitudes hospitalières une multitude de chrétiens d'Egypte et de Syrie avides de prière et de pénitence ; toutes les ruines de la vallée les plus anciennes paraissent remonter à cette époque monastique. La colonie cénobitique fut d'abord administrée par un conseil d'anciens, ensuite par un évêque. Le plus ancien évêque de Pharan dont le nom nous soit parvenu est saint Netra ou Nathyr, l'un des disciples de saint Sylvain. Il occupa vraisemblablement le siège dans le troisième quart du quatrième siècle, vers le temps du voyage de sainte Silvie. Cependant la sainte ne le rencontra pas à son passage, autrement elle en aurait parlé, selon sa pieuse habitude.

Au septième siècle, l'hérésie vint troubler ces pieuses retraites ; l'évêque de Pharan, Théodore, fut condamné par le troisième concile de Constantinople comme l'un des plus ardents fauteurs des Monothélites (1). Déjà, à cette époque, les moines, sans cesse exposés aux déprédations des tribus indigènes, commençaient à se transporter dans les ravins du mont Sinaï protégés par la forteresse de Justinien, qui devint plus tard le couvent de Sainte-Catherine. L'évêque de Pharan ne tarda pas à se retirer lui-même dans la forteresse et prit dès lors le titre d'évêque du Sinaï. A partir de cette époque, Pharan ne fit que décroître ; en 1454, elle était déserte (2).

La ville, l'église principale, la résidence de l'évêque étaient sur la colline de Maharrad. On y voit encore un côté de l'enceinte en murailles épaisses de plus de deux mètres, quelques pans de murs de l'église avec leur enduit de plâtre, et des restes de peintures à l'ocre rouge, des fûts de colonnes, des chapiteaux bien travaillés qui dénotent une certaine splendeur dans l'édifice. L'un d'eux porte une croix ; un autre, que virent les membres de l'expédition anglaise, mais que nous n'avons point retrouvé, montre la figure d'un homme priant les bras élevés, comme Moïse pendant la bataille.

Le rocher sur lequel s'élèvent ces ruines présente au levant un beau spécimen de ces filons dioritiques si fréquents dans les massifs de roches primitives de la

---

1. Le Quien, *Oriens Christianus*, t. III, p. 751.
2. Makrisi.

[Colline de Maharrad et djébel et-Tahouneh à Feiran. (Vue prise du levant.)

péninsule, qui par leur étendue, leur direction uniforme du nord au sud, leur teinte sombre, donnent souvent à ces montagnes un aspect tout particulier.

✻

Au nord de cette ville monastique, sur le versant opposé de la vallée, s'étalent d'autres ruines aussi nombreuses, mais moins importantes. Il n'y a pas trace d'édifices ; ce ne sont que des maisons faites en partie avec des matériaux anciens, et assez bien conservées. On pense que ce fut une ville arabe construite après la destruction de la cité monastique. Cependant les signes chrétiens y abondent. La plus considérable de ces habitations offre un linteau de porte avec une inscription copte (1), et au-dessous deux médaillons et trois arcades sculptées en relief, dans lesquelles les savants de l'expédition anglaise ont reconnu des figures d'hommes en prière, les bras levés au ciel. Nous n'avons pas aperçu ces figures, il est vrai ; mais la mauvaise incidence de la lumière a pu nous en dérober la vue.

✻

Des grottes sans nombre où vécurent de pieux solitaires, taillées en partie de main d'homme, se voient à la base du rocher de Maharrad et dans tous les flancs de la vallée. L'une d'elles, que nous visitâmes, montre encore quelques restes d'une porte en bois et présente une habitation assez commode : trois pièces de cinq mètres de surface que séparent des murs épargnés dans le rocher, avec divers petits aménagements.

Les tombeaux sont plus nombreux encore et plus apparents. Ces petites maisons, mieux conservées que tout le reste, terminées par une terrasse, surmontées quelquefois d'un fronton, que vous voyez partout au bas de la montagne et sur les bords du ouadi Aleyat, tantôt isolées, le plus souvent réunies en groupe, sont les habitations des morts. Bien des voyageurs les ont prises pour celles des vivants.

Le Guide Baedeker signale sur la pente, à gauche de la vallée, entre el-Hesweh et Maharrad, un groupe de maisons en pierres avec des fenêtres extérieures, du temps de l'ancienne Pharan. Des maisons à plusieurs étages avec de grandes fenêtres carrées donnant sur le dehors, c'est en effet bien extraordinaire dans ces pays. Nous voulûmes nous en rendre compte de près. Les maisons se trouvèrent des tombeaux. Cinq galeries parallèles, longues de six mètres, larges de soixante-quinze centimètres, hautes de un mètre et demi, couvertes de dalles et séparées par de gros murs, forment le rez-de-chaussée, bâti sur un sous-sol pareil. Au-dessus s'élève un étage de cinq galeries semblables, à angle droit sur les premières. Ce sont les ouvertures béantes de ces galeries sépulcrales, jadis fermées par des dalles, que Baedeker prend pour des portes et des fenêtres. Une terrasse garnie de terre, comme toutes celles des maisons d'Orient, termine la construction.

Dans le ouadi Aleyat les tombeaux sont plus nombreux encore ; ils y forment des villages de petites maisons solidement bâties en pierres sèches et toutes pareilles, comprenant chacune un ou deux étages de deux ou trois galeries parallèles, semblables à celles que nous avons décrites. Plusieurs n'ont pas été violés. Les corps y sont encore à leur place, les uns à la suite des autres dans les gale-

---

1. Voir cette inscription dans le livre de l'Archimandrite Porphyrios Wostok Christianski, *Egipt e Sinai*, pl. LXVI.

ries, les bras étendus sur les côtés ; et sous les ossements on trouve des lambeaux de la grossière étoffe de laine ou de fil de palmier qui leur a servi de linceul.

Ces tombes élevées hors de terre, construites avec tant de soin et en si grand nombre, sont une particularité de Feiran ; on ne les retrouve nulle part, ni dans les vallées voisines du Sinaï, ni sur les plages de Thor, elles aussi peuplées jadis d'anachorètes et de moines.

Seuls au monde, peut-être, les pieux solitaires de Feiran eurent coutume de se creuser sous terre des habitations pour la vie présente et de s'élever des tombeaux au soleil pour attendre la résurrection future.

XIX. — Le SERBAL.

DE toutes les grandes montagnes de la péninsule sinaïtique, le Serbal est celle qu'on aperçoit la première en venant de l'Égypte ou de la Palestine, et sans contredit la plus imposante par son isolement, sa masse, ses hardis sommets, qui s'élèvent d'un jet à mille quatre cents mètres au-dessus du ouadi Feiran. Si plusieurs autres sommets atteignent une altitude absolue plus considérable, aucun ne présente une pareille différence de niveau entre son point culminant et sa base, aucun ne domine comme lui sans obstacles toute la région qui l'environne.

Il n'est pas bien étonnant que Cosmas (547), dont la mémoire, à ce qu'il paraît par plusieurs passages de son livre, n'était pas bien fidèle, ait confondu cette montagne avec le Sinaï. « Comme les Hébreux étaient pressés par la soif, dit-il, Moïse, sur l'ordre de DIEU, tenant en main la verge et accompagné des anciens, se dirigea sur le mont Coreb, c'est-à-dire le Sina, qui est à six milles environ de Pharan, » distance qui désigne incontestablement le Serbal. Mais comment n'être pas surpris que des voyageurs aussi éclairés que Burkhardt (1822) et après lui Lepsius, Ebers et autres, aient embrassé une opinion aussi mal fondée, et que les Guides Baedeker et Joanne (par Émile Isambert) la répandent de nos jours, après que les savants de l'expédition anglaise ont montré jusqu'à l'évidence, par l'étude approfondie des lieux, l'impossibilité d'une telle identification ?

Sainte Silvie, plus ancienne que Cosmas et beaucoup plus exacte dans ses récits, donne une tout autre distance de Feiran au Sinaï : « La plupart des saints qui habitaient la montagne de DIEU, dit-elle, daignèrent nous accompagner jusqu'à Faran, les plus forts du moins. Et quand nous fûmes ainsi arrivés à Faran, qui est à trente-cinq milles de la montagne de DIEU, il fallut nous y arrêter deux jours pour nous refaire. » Trente-cinq milles romains, c'est exactement la longueur du chemin le plus court de Feiran au djébel Mouça. Les Anglais l'ont mesurée et leur chiffre répond à trente-quatre milles romains, ou quarante-neuf kilomètres.

Tous les écrivains de l'époque monastique, Silvanus, Ammonius, Nilus, Procopius..., tous les pèlerins des siècles suivants, la tradition catholique tout entière, d'accord avec la sainte voyageuse du IVe siècle, placent le Sinaï de l'Exode au djébel Mouça ; personne n'est allé vénérer sur le Serbal le trône de DIEU donnant ses lois au genre humain. Le sommet ne porte aucune trace d'édifice religieux ; on y trouve seulement les restes d'une tour de garde, dont la construction au mortier ne peut remonter au-delà de l'occupation musulmane. Le nom même de la montagne n'a rien de sacré ; il signifie « cotte de mailles », et vient, dit-on, de l'aspect brillant que prennent au soleil les grands rochers lisses de la montagne quand ils ont été mouillés par la pluie.

D'ailleurs il n'est au pied du Serbal aucun lieu propre au campement de deux millions d'hommes. Impossible d'établir autour d'une montagne aux abords si bouleversés, la barrière que DIEU prescrivit à Moïse afin qu'aucun homme, aucun animal, ne touchât le mont sur lequel le Seigneur allait descendre (1). Bien que Moïse ait été berger dans ces montagnes, on ne conçoit pas comment, à l'âge de quatre-vingts ans (2), il aurait pu, aussi souvent que le texte sacré le raconte en parlant du Sinaï, gravir le sommet du Serbal, dont l'ascension exige cinq grandes heures de fatigue et de dangers, même pour de jeunes et vigoureux grimpeurs.

Que le rocher d'où Moïse fit couler les eaux miraculeuses à Raphidim soit situé à Horeb, d'après le texte sacré (3), et que le Sinaï soit appelé dans l'Ecriture « le mont Horeb », ce n'est point une preuve que le Sinaï se trouve dans le voisinage de Raphidim, et doive être identifié avec le Serbal.

Horeb signifie « terre desséchée » et, suivant l'opinion la plus commune, ce nom désigne toute la partie montagneuse du centre de la péninsule, comprenant aussi bien le Serbal que le Sinaï. Si l'écrivain s'en sert deux ou trois fois (4) pour indiquer la montagne du Sinaï, il prend alors la partie pour le tout.

.*.

Nous ne sommes pas montés au sommet du Serbal ; c'est l'affaire des jeunes grimpeurs du Club alpin ; et d'ailleurs qu'avions-nous à y voir? Mais nous avons parcouru les étages inférieurs de la montagne et visité les tombeaux, les demeures ruinées, les travaux divers des nombreux anachorètes qui sanctifièrent ces lieux.

De toutes les routes qui peuvent conduire au Serbal, le ouadi Aleyat est la plus commode, la plus naturelle, quand on part de Feiran. Les chameaux peuvent s'y avancer pendant plus d'une heure sur un sentier au travers de gros blocs granitiques entassés sans ordre aucun. De grands câpriers en arbres (*capparis galeata*, Fresen.), de nombreux acacias gommiers (*Acacia seyal*, Del.), mettent un peu de vie et de fraîcheur dans ce chaos, et font admirablement ressortir par leur verdure les teintes rouges du granit.

Les hauteurs qui enserrent la vallée présentent les déchirements, les entassements d'un immense éboulis de la grande montagne. Partout, sur les rochers, au bord du sentier, d'innombrables inscriptions sinaïtiques ; de tous côtés, sur les dernières pentes, des villages de tombeaux, bâtis comme des maisons ; çà et là, de petites enceintes de rochers, qu'un sol épierré et une végétation particulièrement abondante désignent comme les restes des jardins cultivés par les anciens solitaires. L'une de ces enceintes, située à une heure et demie au-dessus de l'embouchure de la vallée, où l'on trouve un peu d'eau, quelques palmiers, de verts caroubiers et les pans de mur d'un petit couvent, porte encore le nom de *jardin*.

Du col qui termine la montagne au levant, on domine le ravin le plus profond, le plus sauvage, le plus abrupt qui se puisse imaginer, le ouadi Sigillyeh, isolant au sud le massif du Serbal. Les léopards et les bouquetins seuls l'habitent ; les Bédouins chasseurs s'y aventurent rarement. Pourtant sa solitude, sa sévérité, l'austère majesté de ses vues y attirèrent toute une population d'anciens solitaires.

1. Ex., XIX, 12, 13.
2. Deut., XXXIV, 7.
3. Ex., XVII, 6.
4. Ex., XXXIII, 6. — III Rois, XIX, 8 — Ex., III, 1, 12, comparé avec XXIV, 4, 5.

Leurs cellules suspendues sur des abîmes, leurs grottes au flanc des précipices, leurs petits jardins sur des corniches de rocher où suinte un peu d'eau, les escaliers qu'ils taillèrent dans le roc pour se frayer un sentier dans les passages les plus dangereux, sont encore là comme les témoins de l'incroyable énergie et de l'ingénieuse patience de ces hommes de Dieu.

XX. — Le OUADI en amont de FEIRAN.

Nous voulons arriver le lendemain au couvent du Sinaï. C'est une bien forte journée de marche ; nous l'abrégerons en allant coucher dans le ouadi à trois heures en amont du village.

Le sentier reste près d'une heure à l'ombre des palmiers et des sidr, sans air et sans fraîcheur. En vain nous cherchons à revoir le petit ruisseau, ou du moins les grandes menthes et les fins roseaux sous lesquels il se cache ; nous avons depuis longtemps dépassé sa source. Pauvre petit ruisseau du désert ! on dirait qu'il a honte de se trouver là. A peine a-t-il parcouru cinq cents mètres depuis sa source, qu'il rentre dans la terre. Plus loin le gracieux donjon d'un petit monastère en ruines apparaît au-dessus d'un fourré de palmiers.

Aux palmiers succède un bois de tamarix, où l'on voit de beaux arbres. Peu à peu, le sol se dessèche et s'ensable ; les tamarix deviennent espacés et rabougris ; enfin, il n'est d'autre verdure que celle des genêts rétam, si nombreux en ces lieux qu'ils ont donné leur nom au petit ouadi Rétameh débouchant à droite dans la grande vallée. Plus loin encore la verdure des genêts disparaît, et il ne reste sur le sol que des plaques de plantes grises de la famille des composées, toutes fortement odorantes et aromatiques.

La vallée s'est élargie et ses bords présentent un singulier aspect. Au bas de sombres rochers, court sans interruption une énorme berge de sable et d'argile blanchâtres, parfaitement horizontale et haute d'environ vingt-cinq mètres, dont les talus, singulièrement fouillés et déchiquetés par les eaux, donnent de loin d'étranges illusions. Ce sont les *jorfs*.

Nul doute que ces amas de terre et de pierres aient été entraînés des montagnes et déposés là par de puissants courants d'eau ; mais il reste à expliquer la puissance des dépôts et leur niveau uniforme. Quelque savant (1) a pensé qu'à une époque reculée le ouadi Feiran dans cette région était un lac fermé par le prolongement de la colline de Maharrad, où les eaux pendant des siècles déposèrent une épaisse couche de limon. Le barrage s'étant rompu, les torrents d'orage creusèrent dans ces alluvions le lit actuel de la vallée en épargnant les bords retenus, contre les aspérités de la montagne. Les jorfs seraient les restes épargnés de ces anciennes alluvions.

Les choses ont pu se passer ainsi ; mais nous ne pensons pas cependant qu'il soit nécessaire de supposer un lac dans le ouadi pour se rendre compte de la formation des jorfs ; d'ailleurs nous rencontrons des dépôts semblables, quoique moindres, dans une partie du ouadi ech-Cheik trop inclinée pour avoir jamais formé un lac. Le ouadi Feiran recueille les eaux d'une grande partie de la région montagneuse où les orages sont le plus fréquents et les averses d'eau singulièrement abondantes. Il n'est pas incroyable pour ceux qui ont été témoins de ces averses qu'à l'époque où les montagnes n'étaient pas, comme aujourd'hui,

---

1. Bauermann.

des rochers entièrement dénudés, les torrents d'eau descendus des hauteurs aient amené les amas de matériaux qui constituent les jorfs, et que de moindres courants les aient ensuite fouillés et nivelés. Nous croyons avec les savants de l'expédition anglaise que les jorfs sont dus à des causes encore agissantes.

En ce lieu même, M. Holland fut témoin d'une tempête de pluie d'une inconcevable violence. Une heure seulement après le commencement de l'orage, le ouadi Feiran était devenu une rivière furieuse, haute de plusieurs mètres. Mille palmiers furent emportés, les gourbis des Arabes détruits, leurs chèvres, leurs moutons, leurs chameaux noyés; tout un campement de trente Bédouins situé un peu plus haut dans le ouadi Selaf périt dans les flots. Le même orage emporta une partie du jardin du couvent de Sainte-Catherine au pied du Sinaï et entassa d'énormes blocs de rochers dans le ravin de nakb el-Hâoua qui mène au couvent. Cela se passait le 3 décembre 1867. Vingt-deux ans après cette catastrophe, le ouadi Feiran nous parut encore, en divers lieux, comme dévasté par un récent orage. Nous y rencontrâmes quantité de palmiers couchés et à demi enfouis dans le lit desséché du torrent, des troncs transportés au loin et arrêtés contre les rochers; dans le sol se voyaient encore les tranchées, les longues ondulations du sable que laisse le passage de violentes eaux.

Les indigènes nomment ces averses subites des *seils*, et les craignent à ce point que, même dans la belle saison, ils ne plantent pas leurs tentes au fond du ouadi, mais à une petite hauteur sur la pente du coteau. Sans doute les seils sont peu fréquents dans un pays où il ne tombe en moyenne que deux ou trois centimètres d'eau durant l'année (1), mais ils paraissent être l'allure habituelle des pluies ; car, sur les bords de la mer, en face des principaux ouadis, les terres et les pierres amenées par les torrents ont prolongé la plage, et dans ces dépôts, les pierres restées hors de la portée des vagues montrent, par leurs formes anguleuses, qu'elles furent violemment entraînées, non pas roulées et ballottées longtemps par les eaux.

.·.

A mesure qu'on s'avance dans la vallée, les deux rives se rapprochent et finissent par ne laisser qu'un passage de huit à neuf mètres, resserré entre des rochers à pic. El-Boueib, la petite porte, est bien le nom qui convient à cette passe. Elle est à dix kilomètres de Maharrad. Le ouadi se divise, quelques pas plus loin, en deux grandes branches, qui toutes deux conduisent au Sinaï, le ouadi Selaf en face, et à gauche le ouadi ech-Cheik, qui, malgré l'angle considérable sous lequel il rencontre le ouadi Feiran, doit, à cause de ses grandes dimensions, être considéré comme le prolongement de ce dernier.

Cette rencontre des vallées et la passe d'el-Boueib, on le comprend, étaient pour les Hébreux campés à Raphidim un point stratégique de la plus haute importance. Moïse y mit sans doute une forte garde de ses meilleurs combattants, pour prévenir tout retour des Amalécites et assurer la liberté du passage. La prudence la plus commune l'indiquait, aucun général d'armée n'y eût manqué. On peut même croire que le camp d'Israël s'étendait jusqu'à la passe ; ce n'est pas trop pour le campement de deux millions d'hommes que les quatre ou

---

1. Du 23 novembre 1868 au 22 avril 1869, ce qui embrasse toute la saison des pluies, il ne tomba au Sinaï que deux centimètres d'eau et trois dixièmes, d'après les observations de l'expédition anglaise.

cinq kilomètres carrés de superficie plane qu'offre la vallée entre Maharra l et el-Boueib.

La nuée qui guidait les enfants d'Israël ne les laissa pas s'attarder plus d'une dizaine de jours dans l'agréable campement de Raphidim, car, étant partis le 15 du second mois de Hélim (1), ils campèrent au pied du Sinaï le 3 du troisième mois (2).

Il est assez singulier qu'avant de parler de leur arrivée au Sinaï, à une grande journée de Raphidim, Moïse raconte son entrevue avec Jéthro dans le camp, auprès de la « montagne de DIEU », c'est-à-dire, d'après le langage des Livres saints, auprès de la montagne où la loi fut donnée (3).

Jéthro habitait, paraît-il, le versant oriental de la péninsule. Informé des prodiges divins opérés en faveur de son gendre et d'Israël, de leur victoire sur les Amalécites, et jugeant par ces nouvelles que tout danger est passé pour le peuple voyageur et pour son chef, il prend avec lui la femme et les deux fils de Moïse confiés à sa garde pendant les tragiques événements de la sortie d'Egypte, et les amène au camp. Sur son conseil, Moïse choisit parmi les sages du peuple un grand nombre de juges auxquels il confie le soin de régler les affaires civiles de moindre importance, fixant à chacun l'étendue de sa juridiction ; quand toutes ces dispositions sont prises, il laisse partir son beau-père.

Le voyage de Jéthro, le choix des juges, l'organisation judiciaire nouvelle, ne purent évidemment se faire dans les quelques jours que Moïse resta à Raphidim après la défaite des Amalécites. Ce fut donc au Sinaï, et peut-être après les premières manifestations de DIEU sur la sainte montagne, que Jéthro prit congé de Moïse. Il y a dans le récit de l'écrivain sacré une transposition partielle des temps. Moïse, comme bien d'autres historiens préoccupés d'un grand fait, d'une idée culminante, se sera déchargé d'abord d'un épisode qui, placé dans l'ordre des temps, aurait entravé l'exposé des faits se rattachant à l'idée principalement en vue. Dès qu'il est au Sinaï, il ne parle plus que des manifestations divines et de la loi sainte.

XXI. — De RAPHIDIM au SINAÏ.

IL s'éleva peut-être quelques murmures dans le camp d'Israël quand il fallut reprendre le chemin du désert. Mais, pour le pèlerin, il quitte Feiran sans regret et se remet en route avec entrain, sans s'inquiéter de la longue et pénible journée, songeant que le soir il sera au pied de la sainte montagne, terme et but principal de son rude voyage.

Les deux routes qu'ont pu prendre les enfants d'Israël pour se rendre d'el-Boueib au Sinaï, le ouadi ech-Cheik et le ouadi Selaf suivi du ouadi Garab, contournent un même massif de montagnes, la première par le nord, la seconde par le sud, et se rejoignent deux heures avant d'atteindre la ligne de rochers qui ferme au nord le désert du Sinaï, ne laissant qu'une seule échancrure où puisse défiler une grande foule, la passe d'el-Ouatyeh. Une légende arabe fait passer Moïse par le ouadi Selaf, un peu mieux pourvu d'eau. Il lui eût été avantageux, ce semble, d'ache-

---

1. Ex., XVI, 1.
2. « Le troisième mois de la sortie d'Egypte, en ce jour-là, ils vinrent au désert du Sinaï, » dit le texte sacré (Ex., XIX, 1). Plusieurs interprètes pensent que les mots « en ce jour-là », placés dans le texte immédiatement après « le troisième mois », signifient le même jour du mois, le troisième.
3. Ex., XVIII.

Sinaï et Syrie.

miner une partie de sa colonne par le ouadi ech-Cheik, car les deux routes sont égales.

D'el-Boueib au Sinaï il y a environ cinquante kilomètres. C'est plus que ne peut faire commodément une telle multitude en un jour de marche. C'est deux fois la moyenne des étapes précédentes, car les enfants d'Israël ont marché neuf jours pour parcourir une distance de 220 kilomètres entre 'Ayoun-Mouça et le lieu du combat de Raphidim, ce qui donne une journée moyenne de 24 kil. 1/2. Pourtant le texte sacré n'indique aucune station intermédiaire entre Raphidim et le Sinaï (1). Réconfortés par le repos de Raphidim, animés d'un vif désir d'arriver le soir au terme du voyage, rassurés par la certitude de s'y reposer indéfiniment, les plus forts ont pu partir avant le jour, se ménager un repos dans le chemin et arriver le soir en face du Sinaï. N'oublions pas qu'il s'agit dans le texte sacré du quartier général de Moïse et non pas de la multitude tout entière. Celle-ci a dû mettre près d'une semaine pour défiler au travers de « la Petite Porte » et plus d'un jour pour traverser la passe d'el-Ouatyeh, large seulement de trente mètres.

Nous prenons notre route par le ouadi Selaf. Si ce n'étaient quelques échappées de vue assez pittoresques sur le Serbal au travers des ouadis qui en descendent, la vallée serait aussi monotone que le soporifique balancement du chameau. Mais voici qu'à un tournant, nos chameliers nous réveillent par leurs cris : *Nawamis ! Nawamis !* nous montrant un groupe de huttes en pierres, que les savants font remonter aux temps bibliques.

Des murs circulaires formés de pierres qui n'ont reçu aucun travail, qu'aucun mortier ne réunit, s'élèvent verticalement à soixante centimètres du sol ; à partir de ce niveau les grandes pierres plates des assises avancent à l'intérieur les unes sur les autres, formant une petite coupole de trois mètres d'élévation. Il n'est pas d'autre ouverture qu'une porte basse, couverte d'un grossier linteau, et un trou au sommet du dôme, fermé par une dalle.

Ces habitations en forme de ruches, faites en entassant les pierres qui couvrent le sol, présentent évidemment dans leur simplicité l'un des plus anciens types des demeures humaines. Les premiers habitants de plusieurs contrées de l'Europe se sont fait des habitations semblables, et encore de nos jours les pauvres bergers des montagnes pierreuses de la France centrale ne savent guère s'en construire d'autres.

Le bon état de conservation dans lequel se trouvent plusieurs de ces nawamis ne contredit pas la haute antiquité qu'on leur attribue. Le voyageur n'a-t-il pas vu dans ces déserts des inscriptions et des sculptures égyptiennes de dix-huit siècles avant l'Exode, moins usées par le temps que les inscriptions du siècle dernier dans nos climats d'Europe ? L'expédition anglaise a découvert des caractères sinaïtiques gravés sur le plat de pierres tombées d'un nawamis en ruines, et la position de ces pierres sur le sol paraissait être celle où les avait trouvées le graveur.

Un autre groupe de ces antiques demeures se voit à une demi-heure de là, au sud, dans le ouadi Hebran. Le nombre considérable de ces habitations répandues dans toutes les grandes vallées de la péninsule, rarement isolées, le plus souvent réunies en groupe de trente et plus encore ; leur situation toujours à une petite hauteur, comme les campements actuels des Bédouins, jamais au fond de la vallée ; les traces d'anciens jardins qu'on a cru reconnaître auprès de quelques-unes de ces habitations ; la position de plusieurs groupes, aujourd'hui fort éloignés des sources, tout cela montre qu'à une époque reculée, où le climat de la péninsule était moins sec

---

1. Ex., XIX, 2.

CHAPITRE PREMIER.

Nawamis dans le ouadi Selaf.

que de nos jours, ces vallées eurent une population fixe, en partie agricole et relativement nombreuse. Souvenons-nous pourtant, afin de ne pas dépasser la vé... ,
que Moïse appelle souvent ce pays un désert au regard de l'Égypte. A ces p...
lations appartenaient les Madianites, les Amalécites de l'Ecriture, les tribus de An nommées dans les inscriptions de Maghârah.

Quelque nawamis ont une forme carrée, mais leur construction est toujours la même. On en rencontre qui ont été convertis en tombeaux ; la porte est bouchée, l'ouverture supérieure élargie ; les corps sont déposés à l'intérieur sous des couches de terres et de pierres, jusqu'à remplir la cavité. En fouillant sous les corps, on a trouvé au milieu de la chambre la petite fosse du foyer et quelques restes de bois carbonisé. De là vient le nom de nawamis, qui, dans le langage corrompu des Bédouins du désert et des montagnards du Liban, signifie tombeaux (1).

Nous avons repris notre route, et voici qu'Aoudi, revêtu de son solennel manteau rouge, devance à grands pas nos chameaux. Où va-t-il ? Un ouéli se dessine à gauche sur le sommet d'un mamelon. Notre conducteur, dont la piété nous est connue, va y déposer sa prière ; car on dit que le prophète Mahomet, âgé de neuf à douze ans, étant au service de son oncle Talib, a passé là se rendant à Damas, et s'y est reposé. Le ouéli, comme la vallée secondaire dont il marque l'entrée, se nomme Abou-Talib. Il est construit en pierres sèches et ressemble assez bien à un grand nawamis. Dans l'intérieur sont suspendus des mouchoirs de Bédouins ou *keffyeh* et un manteau, offrandes auxquelles personne ne touche, bien que la porte reste ouverte et sans gardien.

Comment savoir la vérité sur le prétendu voyage de Mahomet au Sinaï ? Le Coran parle souvent du Sinaï et de Moïse, parfois de la manière la plus drôle (2) ; mais nulle part il ne dit nettement que le prophète a vu la sainte montagne. Les nombreuses Vies de Mahomet, si différentes les unes des autres, n'éclairent guère la question. Finalement, on se demande si les souvenirs du prophète que les indigènes montrent çà et là sur les chemins de la péninsule sont autre chose que des rêveries de ces pauvres ignorants, désireux de mêler Mahomet à tout ce qu'ils voient de grand et d'illustre.

*_**

Le ouadi Selaf se termine au bas de hautes montagnes, à la sortie d'un abru... et rapide ravin, encaissé entre des rochers de deux à trois cents mètres, que les Bédouins nomment Nakb el-Hâoua, le défilé du vent. Les anciens moines ont construit dans le défilé un rude sentier pour relier le monastère du Sinaï avec la ville de Pharan. Ce chemin n'est en certains endroits qu'un escalier à marches irrégulières grimpant entre les blocs descendus de la montagne ; mais il abrège la route de deux heures. Aussi les voyageurs passent-ils d'ordinaire par le Nakb el-Hâoua, sauf à descendre de leurs chameaux dans les mauvais passages.

Assurément Moïse n'a pas engagé son peuple dans ce chemin difficile et probablement inconnu de son temps ; il a tourné au nord dans le ouadi Garab.

En suivant ses traces, nous rencontrons bientôt un bouquet de palmiers à côté de ruines sans caractère, d'une origine inconnue, et deux heures plus loin, nous rejoignons le grand ouadi ech-Cheik dans un vaste bois de tamarix, dont la vigoureuse végétation révèle un sous-sol plein d'eau. Moïse n'a pu trouver un

1. Au singulier, *namous* par corruption de *naous*, cercueil.
2. « Par la figue, et l'olive, et le mont Sinaï... Nous avons créé l'homme heureux, » lit-on dans le Coran, sourate, 95, V, 2.

meilleur site pour faire halte au milieu du jour, après avoir parcouru la grande moitié de l'étape. Nos guides nous font reposer. Tarfa, c'est-à-dire Tamarix, est le nom géographique du lieu.

La vallée s'élargit au sortir du bois et apparait bordée au nord des jorfs blancs dont nous avons déjà parlé, tandis qu'au sud la vue s'arrête sur une ligne de gigantesques rochers noirs s'étendant à perte de vue du sud-ouest au nord-est. Ces rochers s'élèvent à neuf cents mètres au-dessus du sol environnant et ne peuvent se comparer qu'à une immense vague de lave, droite et tourmentée comme les grandes lames d'une mer en furie. Le ouadi ech-Cheik se dirige vers l'unique ouverture de cette prodigieuse enceinte et la traverse entre des rochers verticaux distants d'une trentaine de mètres. La passe d'el-Ouatyeh, c'est son nom, n'a que deux ou trois cents pas de long. A la sortie se dresse dans le milieu du chemin un rocher isolé, présentant assez exactement la forme d'un gigantesque siège avec dossier. Les Bédouins disent aux voyageurs que c'est le siège où se reposait Moïse quand il gardait les troupeaux de Jéthro ; mais entre eux ils l'appellent le siège de Mahomet.

Au delà du passage, derrière le rempart de rochers, s'étend la contrée montagneuse, haute et froide, que les Livres saints appellent particulièrement le désert du Sinaï (1), où le Seigneur voulut mettre son peuple à l'abri de ses ennemis et en parfaite sécurité, pendant qu'il lui donnait ses divins enseignements. Dans ce désert, en effet, les enfants d'Israël sont protégés au nord contre les Amalécites par une barrière d'audacieux et infranchissables rochers, où il n'est qu'un seul défilé très facile à défendre ; au midi, ils ont la mer et un chaos de hautes montagnes où nul ennemi n'osera s'engager ; à l'ouest, les Madianites sont pour eux des alliés dont l'amitié est cimentée par l'union de Moïse avec la fille de Jéthro, un de leurs chefs.

Vers la moitié du chemin entre el-Ouatyeh et le Sinaï, dans un vaste élargissement de la vallée, nous voyons à gauche une petite coupole blanche qui ressort comme un point de lumière sur les noires montagnes : « Nébi Saleh, » nous disent nos chameliers, et ils prennent les devants pour s'y rendre, nous laissant seuls suivre le sentier avec l'enfant. Nébi Saleh est le lieu de prière le plus vénéré des Bédouins de la péninsule en dehors du Sinaï. Chaque année, au mois de mai, ils accourent en grand nombre à ce tombeau du cheik Saleh et célèbrent sa fête par des offrandes, des sacrifices, des repas, des danses où les femmes elles-mêmes prennent part. Une petite construction voisine du Nébi sert d'abri aux principaux personnages pendant ces cérémonies. Le cheik Saleh, disent-ils, était un saint personnage, un de leurs ancêtres. Ils n'en savent rien de plus et aucun voyageur n'a pu en découvrir davantage. E. H. Palmer, après bien des recherches, conclut que Saleh pourrait bien être Moïse, puisque, au sortir de la fête, les Bédouins vont sur le sommet du Sinaï, le djébel Mouça, offrir des sacrifices au Dieu de Moïse. D'autres ont dit que Saleh est probablement le très ancien et très éloquent prophète Salih, que le Coran appelle l'un des plus vénérables patriarches, dont il raconte de puériles et invraisemblables merveilles. Reste à savoir si le Salih du Coran a jamais existé.

Derrière le Nébi s'ouvre le grand ouadi Sa'al, le chemin d'Aqâbah et bien

---

1. Ex., XIX, 2. — Nomb., X, 12 et ailleurs.

probablement la route des enfants d'Israël quand, au retour du Sinaï, ils allèrent errer dans les déserts de l'est et du nord.

⁎

Le Sinaï n'est plus qu'à deux heures de marche. Tout devient plus solennel, plus imposant ; le ouadi est de plus en plus vaste et uni, les montagnes s'élèvent toujours davantage. Enfin, la vallée tourne au sud-ouest à la rencontre du ouadi Sebaiych qui vient du midi, et aussitôt apparait la sainte montagne, dont les sommets multiples se dressent verticalement dans les airs avec une sublime majesté.

Le ouadi se termine au pied de la montagne, ou plutôt se bifurque à la rencontre du massif. Au nord il s'élargit dans la superbe plaine d'er-Rahah, où le peuple d'Israël alla planter ses tentes, et, pénétrant au midi entre de prodigieuses murailles de rochers, il forme l'étroit et sombre ouadi ed-Deïr, où est bâti le couvent de Sainte-Catherine. Dès l'entrée de la vallée on aperçoit à un kilomètre et demi l'enclos du jardin et, à travers les arbres, les grosses murailles du monastère.

Nous allons demander l'hospitalité aux moines grecs schismatiques pour les huit jours que nous emploierons à visiter le Sinaï et ses alentours.

XXII. — Le COUVENT de Ste-CATHERINE, son HISTOIRE.

LE P. de Géramb, en 1832, pénétra dans le couvent, suspendu à une corde et hissé par un treuil sur une lucarne du mur, à dix mètres d'élévation. C'était alors la règle pour tous les voyageurs ; la petite porte du couvent était constamment murée et ne devait s'ouvrir que pour recevoir le patriarche de Constantinople. Aujourd'hui le voyageur n'a pas à faire cette gymnastique ; il met ses lettres d'introduction dans le panier descendu de la lucarne, et si elles sont agréées, on lui ouvrira la porte.

Il nous fallut attendre assez longtemps le résultat de l'examen de nos pièces. C'était l'heure de la distribution du pain aux Bédouins. Il y en avait une cinquantaine, hommes, femmes et enfants, au pied de la muraille. Chacun à son tour envoyait en haut un pauvre mouchoir, un chiffon quelconque, et on le lui jetait après y avoir noué sa ration de pain. Les hommes et les enfants recevaient trois petits pains noirs, gros comme le poing, de forme irrégulière ; les femmes n'en recevaient que deux. Pourquoi ? on n'a pas su nous le dire. Pareille distribution se fait de deux jours l'un aux Djébeliych ; eux seuls y ont droit.

Enfin une grande porte neuve s'ouvre entre le couvent et le jardin ; nous entrons avec nos Bédouins et nos chameaux dans la cour latérale où se tiennent les gens de service. Un religieux, en robe noire avec ceinture de cuir, nous introduit dans le couvent par une petite porte basse, bardée de fer.

L'entrée a quelque chose de mystérieux : une étroite et sombre galerie, creusée en Z dans l'épaisseur d'énormes murailles et munie d'une seconde porte de fer au premier tournant. Au sortir de ce tunnel on traverse deux petites cours montantes ; enfin par un vieil escalier extérieur on arrive à l'appartement des étrangers :

Le couvent de Sainte-Catherine au Sinaï. (Vu du levant.)

CHAPITRE PREMIER.

une chapelle abandonnée, autrefois réservée aux pèlerins latins, une cuisine, trois ou quatre chambres qui ouvrent sur une galerie couverte et prennent jour au nord sur la cour de service, font toute l'hôtellerie.

**

Suivant la plus ancienne tradition, le couvent est bâti sur le lieu même où DIEU parla à Moïse du milieu du Buisson ardent (1).

Sainte Silvie y vint en descendant de la sainte montagne, qu'elle avait gravie du côté opposé, y trouva une église et plusieurs demeures de moines, une source, un jardin et une église, où elle fit célébrer une messe. « Ainsi donc, dit-elle, après avoir descendu la montagne de DIEU, nous arrivâmes au buisson ; il était peut-être dix heures. C'est le buisson dont j'ai déjà parlé, d'où le Seigneur parla à Moïse dans la flamme. Il y a là plusieurs monastères et une église, en tête de la vallée. Devant l'église est un jardin très agréable avec une abondante source d'une excellente eau ; le buisson est dans le jardin même. On nous montra tout proche la place où se tenait Moïse quand DIEU lui dit : « Délie la courroie de ta chaussure, etc. (2). »

Justinien, nous l'avons rappelé, éleva en 527 l'enceinte fortifiée pour protéger l'église et les moines contre les tribus barbares de la contrée. Une inscription arabe du XIIe ou XIIIe siècle, plaquée sur la muraille près de l'entrée, en conserve la mémoire.

« Le pieux roi Justinien, de l'Église grecque, dans l'attente du secours de DIEU et dans l'espoir des divines promesses, a bâti le couvent du mont Sina et l'église de la montagne du Colloque à son éternelle mémoire et à celle de son épouse Théodora, afin que la terre et tous ses habitants deviennent l'héritage de DIEU ; car le Seigneur est le meilleur des maitres. Il acheva la construction à la fin de la trentième année de son règne et donna au couvent un supérieur nommé Dhoulas. Cela eut lieu l'an 6021 après Adam, la cinq cent vingt-septième année de l'ère du CHRIST Notre-Seigneur. »

**

Durant l'invasion musulmane, les religieux, protégés par un édit de Mahomet, échappèrent aux massacres et aux violences des nouveaux sectaires. On raconte qu'ils avaient obtenu cet édit de Mahomet lui-même en reconnaissance de leur charitable hospitalité dans l'un de ses voyages ; à la même occasion, un religieux aurait prédit au faux prophète sa future destinée.

L'original de l'édit était écrit sur peau de gazelle et signé du prophète par l'empreinte de deux doigts de sa main. Il fut porté à Constantinople par le sultan Sélim après la conquête de l'Égypte et placé dans le trésor du Grand-Seigneur. Les religieux reçurent en échange une copie munie du sceau de Sélim. Mais cette pièce elle-même a disparu ; le couvent ne possède plus aujourd'hui qu'une transcription de seconde main et d'une fidélité douteuse, conservée au Caire dans les archives de l'archevêché.

« Mohamed-ebn-Abdallah, est-il dit, a rendu cet édit pour tout le monde en général.

---

1. Ex., III.
2. Ex., III, 5.

» Si un prêtre ou un ermite se retire dans une montagne, grotte, plaine, désert, ville, village ou église, je serai derrière lui comme son protecteur contre tout ennemi, moi-même en personne, mes forces et mes sujets. Puisque ces prêtres sont mes rayas, j'éviterai de leur faire aucun dommage. On ne doit prendre d'eux que des contributions volontaires, sans les y contraindre. Il n'est pas permis de changer un évêque de son évêché, ni un prêtre de sa religion, ni un ermite de son ermitage ; aucun des objets de leurs églises ne doit entrer dans la construction des mosquées, pas même dans les habitations des musulmans. Celui qui ne se conformerait pas à ceci, contrarierait la loi de DIEU et celle de son prophète.....

» Les chrétiens seront aidés à conserver leurs églises et leurs maisons, ce qui les aidera à conserver leur religion ; ils ne seront pas obligés de porter les armes ; mais les Musulmans les porteront pour eux, et ils ne désobéiront pas à cette ordonnance jusqu'à la fin de ce monde.

» Cet édit a été écrit de la main d'Aby-Taleb, le 3 Moharam, l'an 2 de l'Hégire et, de JÉSUS-CHRIST, le 1er août 622 ; il est signé par le prophète lui-même. Heureux celui qui fera et malheureux celui qui ne fera pas selon son contenu ! »

Si ce texte est exact, il faut convenir que les disciples du prophète n'obéirent pas toujours à leur maître, et que les moines du Sinaï eurent bien quelque raison de ne pas se fier dans la suite à la signature de Mahomet. Ayant appris que le roi de Jérusalem, Baudouin I*er*, se proposait de faire le pèlerinage du Sinaï, ils le supplièrent de renoncer à un projet qui pouvait exciter contre eux les susceptibilités de ces ennemis du nom chrétien. La peur les poussa même plus tard jusqu'à bâtir une mosquée dans l'enceinte du couvent, à côté de la grande église. L'édifice paraît être du XVe siècle.

La mosquée avec son minaret est encore debout, à la honte de ces pauvres moines schismatiques. Ils n'osent ni la détruire, ni la réparer, et l'utilisent comme grenier à grains en attendant qu'elle croule de vétusté. Il semble cependant qu'ils n'aient plus rien à craindre du fanatisme musulman. Depuis plusieurs siècles, les maîtres de l'Egypte n'ont pas cessé de leur montrer une spéciale bienveillance, et les sultans de Constantinople, à leur avènement au trône, leur envoient des lettres de protection en souvenir de l'édit de Mahomet, par reconnaissance du bien qu'ils font aux tribus de la péninsule et aussi pour la vénération que les Musulmans eux-mêmes portent aux saints Lieux dont ces religieux ont la garde. Ils jouissent en outre de la protection particulière et active de la Russie.

Un jour, nous manifestions à quelques religieux notre étonnement que, depuis tant de siècles, aucun des Djébeliyeh, protégés et nourris par le couvent, ne soit revenu à l'antique foi de ses pères, à celle de ses bienfaiteurs et maîtres.

« — Plusieurs de ces pauvres gens en ont eu bien certainement la pensée et le désir. Pourquoi ne les aideriez-vous pas, en les instruisant, à sortir de leurs ténèbres ? Les dangers d'autrefois n'existent plus sous le régime libéral de la nouvelle Egypte !

» — Ces dangers peuvent revenir d'un jour à l'autre, nous répondit-on, et alors qui sera là pour nous défendre ? Nous l'avons bien vu au temps de la révolte d'Arabi ; si elle eût duré plus longtemps, on nous aurait tous massacrés. »

***

Les religieux du Sinaï furent l'objet de la paternelle sollicitude des papes tant qu'ils restèrent fidèles à la foi catholique. Parmi les lettres de saint Grégoire le Grand (590-604), il en est une adressée à Jean, abbé du mont Sina, où l'humble pontife se recommande aux prières des moines et mande à l'abbé qu'il lui envoie des meubles pour un hôpital qu'un étranger avait bâti au Sina ou aux environs. En souvenir des bienfaits du saint pape, les religieux célébraient chaque année sa fête avec grande solennité, comme le rapporte Rudolphe, vicaire de Suchen en Westphalie, dans le récit de son pèlerinage (1336-1341). Honorius III, par une bulle du 6 août 1218, rappelée et étendue le 20 janvier 1226, confirma l'abbé du Sinaï et l'évêque Simon dans la possession du mont Sina, du couvent situé au pied de la montagne de Roboé (les jardins du mont Rabbeh), de Fucra (inconnu), Liiah (le ouadi Ledja), Raythou (Thor) avec ses plantations de palmiers, et de bien d'autres terres, églises, maisons, fours, hôpitaux, etc., situés au Caire, à Alexandrie, Kérah, Jérusalem, Acre, Jaffa, Damas, Antioche, etc. (1). Dans plusieurs autres documents qui nous ont été conservés, le même pontife prend la défense de l'évêque du Sinaï et des religieux contre l'archevêque de Crète et son Chapitre (2).

Le dernier acte pontifical constatant l'union des religieux du Sinaï avec Rome venu à notre connaissance, est une lettre d'Innocent VI, du 16 décembre 1260, adressée aux Frères et à l'évêque du Sinaï, dans laquelle le pontife confirme la règle et les possessions du monastère (3).

En 1483, ils étaient déjà tombés dans le schisme grec, car ils traitèrent en excommuniés le dominicain Félix Fabre et les nobles Allemands, ses compagnons de voyage, parce qu'ils appartenaient à l'Eglise romaine. Ils ne voulurent leur céder aucun autel pour y dire la messe, et se mirent eux-mêmes en interdit, cessant tout office divin durant le séjour des prêtres romains dans le monastère (4).

Ces dates et l'histoire du temps nous portent à croire que l'archevêque et les moines du Sinaï furent entraînés dans la recrudescence du schisme grec qui suivit le concile de Florence (1439).

Il y eut cependant, comme dans plusieurs Eglises du schisme, quelques retours momentanés à l'union. En 1504, le Supérieur du couvent de Sainte-Catherine, Fr. Mauro, Espagnol et catholique, fut envoyé par le sultan d'Egypte auprès du pape, pour se plaindre des entreprises des Portugais dans la mer des Indes (5).

Le couvent porta successivement plusieurs noms. Au commencement du neuvième siècle, il s'appelait couvent de Sainte-Marie (6), sans doute pour rappeler aux fidèles que le Buisson ardent, dont il marque le lieu, fut la figure de la virginité de Marie conservée dans la Conception du Verbe : *Rubum quem viderat Moises incombustam, conservatam agnovimus tuam laudabilem virginitatem*, chante l'Eglise dans l'office de la Sainte Vierge pour le samedi.

Dans les siècles suivants, on l'appela le monastère de la Transfiguration, du vocable de sa grande église consacrée à ce mystère. La Transfiguration du Thabor, en effet, répond dans la nouvelle loi aux manifestations divines du Sinaï. Jésus, Moïse et Elie vinrent annoncer sur le Thabor la consommation de la loi et des

---

1. Pitra, *Analecta novissima Spicilegii Solesmensis, altera continuatio*, I, p. 562.
2. Röhricht, *Studien zur mittelalterlichen Geographie* dans le *Zeitschrift des Palaestina-Vereins*, t. X, 1887.
3. Henricus Suarez, Manusc. CXLI de la Bibl. Nat.
4. Felicis Fabri, *Evagatorium*, t. II, p. 494 ; Stuttgard, 1843.
5. João de Barroz, *Asia*, Decada I, l. VIII, c. 2.
6. *Commemoratorium de Casis Dei vel Monasteriis*, publié par G. B. de Rossi, dans le *Bulletino di Archeologia Cristiana*, 1865.

prophéties promulguées au Sinaï. Les deux montagnes ont vu la gloire de DIEU reposer sur leurs sommets ; elles ont les mêmes illustrations : Moïse, Elie, et DIEU qui leur parle.

Aujourd'hui la dévotion spéciale des moines et des Russes à l'illustre martyre dont ce monastère garde les reliques, apportées par les anges sur un sommet voisin, a fait prévaloir le nom de couvent de Sainte-Catherine.

XXIII. — La VISITE du COUVENT.

LE couvent est situé au côté ouest de l'étroite vallée, sur le sol incliné qui monte du thalweg à la base des grands rochers du Sinaï. Son enceinte forme un carré irrégulier de quatre-vingts mètres de long sur soixante-dix de large. Les énormes murailles flanquées de tours sont en plusieurs places soutenues par des contreforts inclinés, en gros blocs de granit rouge, sans mortier. Les meurtrières au sommet, les guérites de gardes en avant-corps sur les angles, lui conservent dans l'ensemble l'aspect d'une puissante forteresse des anciens temps, malgré les misérables masures que les moines ont élevées en plusieurs points sur la crête des murailles et les petites fenêtres qu'ils ont percées çà et là dans les parties hautes.

A voir la facture peu uniforme des murailles et les sculptures dont les ouvriers les ont parsemées, on reconnaît qu'elles furent refaites par morceaux à des époques bien différentes. On y rencontre, taillées en saillie sur le granit, des croix de toutes les formes usitées en divers pays, à différentes époques, et conservées dans le blason : croix grecque, croix latine, croix de Malte, croix pattée, potencée, ancrée, pommetée, fourchée, etc... Dans un encadrement en trapèze on voit une croix de Malte au-dessus d'un croissant. Ailleurs un loup et un agneau semblent adorer une croix latine, le loup sur pied, l'agneau à genoux des pattes de devant : *Lupus et agnus pascentur simul*, dit le prophète Isaïe (2). Les moines nous montrèrent une portion des murailles rebâtie par le général Kléber au temps de l'expédition française en Egypte.

Vu de la galerie élevée sur laquelle ouvrent les chambres des étrangers, le couvent se présente comme un ancien village fortifié, comme un *castellum* du moyen âge, avec ses rues tortueuses et étroites, ses impasses, ses passages couverts, ses petites places sans symétrie, ses vieux canons de fer rouillés au sommet des murs d'enceinte. Les petites maisons des moines, les magasins, les bâtiments de service sont placés sans ordre, sans idée d'ensemble ; tout est assez mal construit, le plus souvent couvert d'un simple enduit de terre glaise, et dans un état de vétusté voisin du délabrement. Seule la grande église, située au milieu de l'enceinte, paraît solide et bien entretenue. Son bel escalier, sa façade propre, son toit neuf en zinc, son riche campanile italien, de construction récente, réjouissent l'œil et le cœur du pèlerin. Même chez ces pauvres moines égarés dans le schisme, l'église est donc encore le palais du Maître, le vestibule du Ciel.

A chaque pas on rencontre des chapelles. Il y en a vingt-deux, nous dit-on, outre les nombreuses chapelles latérales de l'église. Elles sont distribuées un peu partout aux différents étages, et ne servent guère qu'au jour de la fête du saint auquel le sanctuaire est dédié.

L'une des plus grandes est la chapelle de Saint-Michel. Les religieux eurent l'attention de m'inviter à l'office qu'ils célébrèrent le jour de la fête de l'archange,

1. LXV, 25.

mon saint patron. Tout y est propre, mais assez pauvre. L'iconostase, les vieux tableaux de style russe, pendus aux murailles, n'ont rien de remarquable. Seuls le plafond à poutrelles et la corniche sont décorés avec une certaine richesse, à la manière des plafonds des vieilles mosquées du Caire, moins beaux cependant ; des arabesques de couleur et d'or encadrent des sentences arabes et y couvrent tous les bois.

L'office fut beau par la gravité, la précision dans les cérémonies, la splendeur des ornements sacerdotaux, et surtout par les chants en faux-bourdon d'une admirable justesse ; ils rappelaient les chœurs si harmonieux des pèlerins russes à Jérusalem. Quant à se rendre compte de la suite des cérémonies, ce fut chose impossible. Nous ne vîmes qu'une succession sans fin de psaumes chantés, de lectures, d'innombrables Kyrie eleison, entremêlés de profondes inclinations et d'encensements sans cesse renouvelés ; il y en eut pour deux ou trois heues. Durant tout ce temps, l'archevêque et les moines, rangés sur deux lignes latérales, se tinrent debout et sans appui ; car les Grecs ne se mettent jamais à genoux et ne s'asseoient pas à l'église. Deux seuls vieillards s'appuyaient sur un long bâton en T.

**

Au temps où les moines ne pouvaient se montrer en dehors de leurs murailles sans s'exposer aux mauvais traitements des Bédouins, toujours aux aguets pour les rançonner, ils se rendaient du couvent au jardin par un souterrain creusé dans l'intervalle des deux clôtures. Maintenant cet intervalle est une cour fermée ; tous font la traversée en plein air.

Avec ses plantations d'oliviers et d'arbres fruitiers de toute espèce, poiriers, abricotiers, citronniers, etc., ses vignes, sa fraîcheur entretenue par d'abondantes eaux, le jardin apparaît comme une petite oasis enchâssée entre les plus arides, les plus sombres rochers. Tout y est mieux aligné, mieux cultivé, mieux entretenu que dans les jardins de Syrie soignés par les indigènes. Il y a de tout dans ces deux hectares de terrain, même de petites friandises, comme la petite pistache ronde, le *botton* de la haute Mésopotamie ; mais le palmier est absent et l'œil le regrette ; c'est que la datte mûrit à peine, dans cette étroite gorge où le soleil se lève si tard et disparaît si vite.

Le cimetière est au milieu du jardin. Sa chapelle blanche, nouvellement reconstruite, perçant à travers de hauts cyprès, est l'une des premières choses que remarque le voyageur en approchant du monastère. Elle est dédiée à saint Tryphon un pauvre moine élevé sur le siège patriarcal de Constantinople et retourné dans un monastère pour y finir ses jours.

Tout à côté sont les deux grands caveaux servant d'ossuaires. Le premier, long d'une quinzaine de mètres, contient une quantité énorme d'ossements entassés avec ordre, les membres le long des murs latéraux, les têtes dans le fond. Ce sont, pour la plus grande partie, les vénérables restes des anachorètes, des anciens solitaires du Sinaï, recueillis dans les cavernes, dans les ermitages abandonnés, dans les tombeaux des environs. On leur a joint les ossements des moines décédés dans le couvent ; car ceux-ci tiennent à reposer après leur mort avec les saints solitaires dont ils se disent les successeurs. Ils sont d'abord enterrés devant l'entrée du caveau, et, quand les chairs sont consumées, on transporte leurs os dans l'ossuaire commun.

Considérant avec vénération ces centaines de corps, dont plusieurs peut-être seraient sur les autels si l'on pouvait les distinguer, nous remarquons un grand nombre de mains et de pieds encore couverts d'une peau noircie, sans trace de corruption, et entre les ossements quelques instruments de pénitence trouvés dans les tombeaux des anciens solitaires, plusieurs ceintures de fer faites de petites plaques de tôle.

Le second caveau communique avec le premier. Il est réservé aux prêtres, et leurs ossements y sont entassés de la même manière. Seuls les corps des archevêques sont conservés à part chacun dans un petit coffre sans fermeture. En soulevant le couvercle, on voit une étole pliée et au-dessous des os sans ordre.

Dans un coffre spécial on présente à notre vénération les restes de deux princes (en grec, fils de roi) morts parmi les solitaires de la sainte montagne. Ils habitaient proche de la chapelle de Saint-Pantaleimon dans deux grottes situées l'une au-dessus de l'autre, et s'étaient liés aux extrémités d'une même chaine de fer, qu'ils agitaient tour à tour afin de ne pas se laisser gagner par le sommeil pendant la prière. La chaîne se voit au milieu des ossements.

Un personnage momifié, vêtu de blanc, la tête couverte d'un bonnet de drap d'argent, assis sur un siège au milieu du caveau, semble juger en souverain dans cette assemblée des morts. Il se nomme Etienne. Ne serait-il pas celui dont nous avons l'histoire écrite par saint Jean Climaque vers l'an 590, dans l'*Échelle du Paradis* (VIIᵉ degré)?

Etienne avait vécu quarante ans au pied du Sinaï, dans l'affreux désert de Siddim, célèbre entre tous les solitaires par ses jeûnes, ses éminentes vertus, le don des larmes et même des miracles; ses compagnons assuraient qu'ils l'avaient vu dans le désert nourrir un léopard. La veille de sa mort, promenant ses yeux éteints tout autour de sa couche, il se mit à répondre tout tremblant à d'invisibles accusateurs, dont lui seul entendait la voix:

« — Il est vrai, j'ai commis cette faute, mais je l'ai expiée par tant d'années de jeûne. — Cela, je ne l'ai pas fait, vous m'accusez faussement. — Ce défaut, je ne le nie pas, mais je l'ai compensé par tant de larmes et d'œuvres de piété. »

Parfois on l'entendait répondre: « J'avoue que j'ai fait cela et je n'ai rien à présenter pour ma défense; il me reste pourtant la confiance dans la miséricorde de DIEU. »

Il expira, laissant tous ses frères dans l'ignorance de la sentence finale, pénétrés d'une sainte terreur des jugements de DIEU.

La vue de ce corps assis dans son sépulcre rappelle une coutume encore subsistante dans plusieurs églises d'Orient, dont nous fûmes témoin, il y a deux ans, à la mort du patriarche des Maronites. Les évêques et les personnages en vénération sont placés dans leur caveau mortuaire assis et revêtus de leurs ornements.

XXIV. — La BIBLIOTHÈQUE.

POUR voir la bibliothèque il fallut parlementer longtemps. C'étaient toujours de nouvelles difficultés, de puérils prétextes. Evidemment on se méfiait de nous; non pas que nous pussions y dérober quelque manuscrit, puisqu'on ne nous perdait pas de vue; mais ces pauvres moines, avec l'idée exagérée qu'ils se faisaient de notre science, ne craignaient-ils pas de nous donner l'occasion de constater leur ignorance profonde? Ils nous paraissaient encore sous le coup de l'ineffaçable humiliation que leur infligea innocemment Tischendorf en 1844, quand il découvrit le *Codex Sinaïticus* dans une corbeille de vieux parchemins destinés au feu. On nous mena dans la chambre du trésor, où sont les quelques livres curieux qu'on montre communément aux étrangers, des livres de prières à jolies enluminures, un psautier complet écrit en caractères microscopiques sur six petits feuillets, etc...

Comme nous n'étions point satisfaits, on nous montra encore une collection de livres moins anciens, même modernes, dans une pièce attenante à l'appartement actuel de l'archevêque, beaucoup de livres grecs et russes, et le magnifique fac-similé du *Codex Sinaïticus* en quatre volumes in-folio, imprimé à Leipsick aux frais de l'empereur de Russie.

Enfin, après plusieurs jours de sollicitations, nous fûmes introduits dans la bibliothèque proprement dite, une salle d'une centaine de mètres carrés, autrefois le divan des archevêques. Les placards où sont enfermés les livres, les portraits d'anciens archevêques et de quelques princes valaques, en font tout l'ornement. A côté est une chapelle de la Vierge ou, comme disent les Grecs, de la *Panagia*, de la Toute Sainte. Les moines y conservent avec vénération, sous l'autel, une grosse pierre qui, en un temps de disette, répandit de l'huile en abondance, par la vertu de la prière du pieux ermite Georges Arsélaïte (1).

« En visitant la bibliothèque, raconte Tischendorf (2), j'aperçus, au milieu de cette vaste salle, une large et vaste corbeille pleine de vieux parchemins, et le bibliothécaire me dit que deux autres semblables, remplies de papiers rongés par le temps, avaient été jetées au feu. Quel ne fut pas mon étonnement en découvrant parmi ces débris un nombre considérable de feuilles d'une Bible grecque, qui me parut être une des plus anciennes que j'eusse jamais vues ? On m'en céda le tiers environ, quarante-trois feuilles, avec d'autant plus de facilité qu'on se disposait à brûler le tout. Cependant, malgré mes instances, je ne pus obtenir qu'on me donnât le reste ; la satisfaction profonde que j'avais laissé voir avait éveillé les soupçons sur la valeur ignorée de ce manuscrit. Je ne pus que transcrire une page d'Isaïe et de Jérémie dans les feuilles qu'on me refusait, et je recommandai aux religieux ces restes et tout ce qu'ils pourraient trouver de semblable. »

Tischendorf, à son retour, fit don à la bibliothèque de l'Université de Leipsick des quarante-trois feuilles contenant des fragments du premier livre des Paralipomènes, d'Esdras, de Tobie, des Lamentations, la plus grande partie de Jérémie, Néhémie et Esther. Elles y sont conservées sous le nom de *Codex Friderico-Augustanus*.

Dans un second voyage, en 1853, il ne put obtenir aucune nouvelle du précieux manuscrit ; il trouva seulement dans un rouleau un petit fragment de parchemin du même travail, contenant quelques lignes de la Genèse.

De plus en plus désireux de compléter sa découverte, Tischendorf s'adressa à l'empereur de Russie, que les moines du Sinaï regardent comme leur plus haut protecteur. Son projet d'un troisième voyage fut agréé ; le gouvernement impérial mit à sa disposition tous les fonds nécessaires. En janvier 1859, il se présentait une troisième fois devant la porte du couvent de Sainte-Catherine. « La mission dont j'étais chargé, raconte-t-il, me valut d'être reçu avec une distinction toute particulière. Cependant, après avoir fouillé durant plusieurs jours dans les rares manuscrits du couvent, désespérant de retrouver mon trésor, j'avais fait prévenir mes Bédouins de tenir les chameaux prêts pour retourner au Caire, quand une circonstance fortuite vint mettre le comble à mes vœux. L'après-midi de ce même

---

1. L'ermite Georges avait sa cellule sur le mont Arsélaï, aujourd'hui djébel Oum-Chômer, superbe montagne de 2,575 mètres d'élévation, qu'on aperçoit de loin au sud du Sinaï.

2. *De la date des Évangiles*, préface. — *Novum Testamentum ; e sinaïtico Codice*, Prolegomena.

jour, j'allai me promener avec l'économe du couvent sur un des sommets voisins, et comme nous rentrions au déclin du jour, le religieux me pria de le suivre dans sa cellule, où il voulait m'offrir quelques rafraîchissements. A peine étions-nous entrés que, reprenant notre précédente conversation : « Et moi aussi, dit-il, j'ai là » une *Septuaginta*, une Bible des Septante. » Il alla prendre dans un coin un volumineux paquet enveloppé d'un linge rouge, et le plaça devant moi sur la table. J'ouvre, et j'aperçois à ma grande surprise non seulement les fragments que quinze ans auparavant j'avais tirés de la corbeille, mais encore d'autres parties de l'Ancien Testament, puis le Nouveau Testament tout entier, et enfin l'Épître de Barnabé et le livre du *Pasteur* par Hermas.

» Plein d'une joie que, cette fois, je sus contenir en présence des moines, je demandai et j'obtins la permission d'emporter le manuscrit dans ma chambre, afin de l'examiner à loisir. Et là, quand je fus seul, je m'abandonnai à l'élan de mon enthousiasme. Je tenais dans mes mains le plus grand trésor biblique, un document qui, par son âge et son importance, dépasse tous les manuscrits existants, objets de mes études pendant vingt années. Je ne saurais retracer les émotions de cette heure de ravissement en présence de ce diamant biblique. En dépit d'une mauvaise lampe et d'une froide nuit, je me mis tout de suite à transcrire l'Épître de Barnabé. Depuis deux siècles on cherchait en vain l'original grec de la première partie, connue seulement par une traduction latine très défectueuse; cependant cette épître avait joui, depuis la fin du second siècle jusqu'au commencement du quatrième, d'une si grande autorité que beaucoup de chrétiens lui accordaient, comme au *Pasteur* d'Hermas, une place à côté des documents sacrés de la nouvelle alliance. Nous avions une nouvelle preuve de cette antique opinion par la présence même des deux écrits dans la Bible sinaïtique, dont l'écriture remonte à la première moitié du quatrième siècle, au temps du premier empereur chrétien. »

L'archevêque du Sinaï était mort au Caire ; le vicaire du couvent et les supérieurs des autres monastères de l'Ordre, réunis à Constantinople pour l'élection de son successeur, avaient choisi à l'unanimité un sujet désagréable au patriarche grec schismatique de Jérusalem; celui-ci s'opposait énergiquement à la consécration de l'élu, et agissait auprès de la Sublime Porte pour que le bérat de la reconnaissance officielle ne lui fût point accordé. Tischendorf partit pour Constantinople et, avec le concours énergique de l'ambassadeur de Russie, il obtint que l'élection fût confirmée.

« Le 27 septembre 1859, dit-il, j'étais de retour au Caire. Les religieux assemblés et leur archevêque me témoignèrent la plus vive reconnaissance pour mes soins empressés à défendre leur cause à Constantinople, et dès le lendemain je recevais d'eux, sous forme de prêt, avec les marques de la plus honorable confiance, la Bible sinaïtique pour la transporter à Saint-Pétersbourg, et l'y reproduire aussi fidèlement que possible. »

L'empereur envoya de riches présents au monastère, et les moines ne réclamèrent point le manuscrit.

Le *Codex Sinaïticus* est sur des feuilles doubles de parchemin en peau de gazelle, écrit en grec avec un soin, une régularité, une beauté de caractères tout à fait remarquables. Il comprend la plupart des livres de l'Ancien Testament d'après la version des Septante, le Nouveau Testament au complet, la première partie du *Pasteur* d'Hermas et l'Épître de saint Barnabé. Au dire des savants, il remonte environ à l'an 400 de notre ère, et n'a d'égal en autorité que le fameux *Codex Vaticanus*. Deux fragments du manuscrit découvert au Sinaï dans la reliure d'autres livres anciens et apportés à Saint-Pétersbourg par l'archimandrite Porphyrios, prouvent sa présence au couvent depuis bien des siècles.

Les manuscrits grecs nous ont paru former à eux seuls plus de la moitié de la bibliothèque ; après eux les plus nombreux sont les manuscrits arabes et syriaques. Les moines nous montrèrent encore bien des livres chaldéens, abyssiniens, ibérites, nous demandant parfois la langue du manuscrit.

A les entendre, ils ont le projet bien arrêté de construire une bibliothèque où ils réuniront tous leurs livres, et de l'organiser en vue des études des savants étrangers ; mais l'argent leur manque, il faut qu'on les aide.

En attendant l'heureux jour où ce dessein sera réalisé, il nous fallut renoncer à l'article de notre programme de voyage marquant quelques jours d'arrêt au couvent pour travail dans la bibliothèque. Le P. Van Kasteren n'obtint pas de fouiller lui-même dans les placards aux manuscrits, et quand il se mit à étudier je ne sais quel palimpseste, un moine s'assit en face, suivant ses gestes, épiant sa physionomie, comme ferait le surveillant d'une mine de diamants à côté d'un chercheur suspect.

XXV. — L'ÉGLISE de la TRANSFIGURATION.

LA grande et antique basilique de la Transfiguration, élevée sur l'emplacement du Buisson ardent, est l'un des plus vénérables sanctuaires du monde. Bâtie au centre du monastère, séparée de toutes les autres constructions, elle les domine toutes ; on sent que le couvent tout entier est pour elle ; aussi bien les moines la gardent-ils avec un soin jaloux. Ils ne nous permirent d'y entrer que sous bonne garde, nous suivant pas à pas.

Exactement orientée au levant, comme toutes les églises grecques, elle n'est point parallèle au mur d'enceinte, dirigé comme la vallée du nord-ouest au sud-est. On s'y rend par un large escalier extérieur, parallèle à la façade. De grandes lettres grecques gravées sur le devant des marches donnent par leur ensemble le nom du supérieur qui l'a fait construire, Jakobos. En face de l'escalier, entre la façade et le mur d'enceinte, on montre le puits de la rencontre de Moïse avec les filles de Jéthro (1). Moïse a tué un Egyptien qui maltraitait un Israélite ; pour se soustraire à la vengeance de Pharaon, il fuit dans la terre de Madian et s'assied auprès d'un puits. Or, les sept filles d'un prêtre de Madian vinrent puiser de l'eau. Elles avaient rempli les canaux construits autour du puits et allaient y abreuver les brebis de leur père, quand survinrent des bergers qui les chassèrent. Moïse indigné se lève, prend la défense des jeunes filles et fait boire leurs troupeaux. Rentrées chez leur père Raguel (nommé autrement Jéthro), elles lui racontent ce qui leur est arrivé : — Où est cet homme ? leur dit-il, pourquoi l'avez-vous laissé ? Appelez-le et qu'il mange le pain avec nous. — Moïse, ayant consenti à se fixer chez Raguel, reçut sa fille Séphora en mariage.

Le puits est aujourd'hui dans la buanderie des moines. Quand nous entrâmes, ils étaient occupés tout autour à laver leur linge.

La même source alimente à l'extérieur de l'enceinte un réservoir souterrain, où les Bédouins du voisinage viennent constamment puiser une eau excellente. Ceux-ci appellent parfois le ouadi ed-Deïr (la vallée du couvent) du nom de la source qui les attire, ouadi Chou'eib, c'est-à-dire la vallée de Jéthro, car Chou'eib est chez eux le nom du beau-père de Moïse. Ils perpétuent ainsi dans leur langage la tradition qui place en ce lieu la rencontre de Moïse avec les filles de Jéthro.

---

1. Ex., II.

CHAPITRE PREMIER.

⁎⁎⁎

Avant de pénétrer dans l'église on doit traverser un vestibule fermé, un *narlex*, occupant toute la largeur de l'édifice, comme à Saint-Pierre de Rome et dans les grandes basiliques grecques. Les amateurs d'art antique pourront s'y arrêter long-temps à admirer la splendide porte de l'église, et écrire bien des pages sur ce chef-d'œuvre. Dans ses immenses vantaux, de deux mètres cinquante de large et de quatre à cinq mètres de haut, pas un espace qui ne soit couvert de riches ornements de bronze, variés à l'infini, ou d'émaux d'une incomparable délicatesse. Ceux-ci sont assemblés en des tableaux multiples formant des panneaux splendidement encadrés par les montants et les traverses de la porte.

A gauche de la porte s'élève un superbe bénitier, de travail moderne. Trois vasques de marbre blanc, superposées et ornées de colombes d'argent en gargouilles, sont destinées à recevoir l'eau sainte, bénite une fois l'an, au jour de l'Épiphanie.

Qu'elle est imposante au premier coup d'œil, belle, splendide, la basilique justinienne avec ses puissantes colonnes aux riches chapiteaux, son pavé de marbres de couleurs et de porphyre sinaïtique, son abside couverte de mosaïques, son plafond à poutres dorées, à panneaux vert et or, ses quarante lampes d'argent, ses dix grands lustres, ses tapis et ses mille ornements ! Tout cela paraît encore plus beau quand on vient du désert et qu'on le trouve dans un sombre couvent.

La nef du milieu, plus élevée que les nefs latérales, est portée par douze colonnes, images des apôtres soutenant l'Eglise de Dieu. Saint Paul n'écrit-il pas aux Galates en parlant des apôtres : « Ils paraissent être des colonnes (1) ? » La plus rapprochée de la porte a par devant une vieille rondelle de fer marquée d'une croix en saillie ; les autres n'ont qu'une croix peinte sur l'enduit dont on a revêtu leur fût dépoli par les siècles. Nous prenions ces croix pour la marque des onctions saintes usitées dans la consécration des églises ; mais les moines nous dirent qu'elles signalent à leur vénération les nombreuses reliques cachées dans les piliers. Autrefois chaque colonne portait les images des saints dont elle renferme les restes ; chaque mois un jour était désigné pour faire successivement la fête de chaque groupe de reliques.

Comme dans toutes les églises grecques, le chœur est fermé par un riche iconostase de bois doré, chargé de tableaux moscovites ; mais rien dans la construction de l'édifice n'a été disposé pour recevoir cette cloison ; elle est simplement accrochée aux deux dernières colonnes, qui ne se distinguent en rien des autres piliers de la nef. Ne pourrait-on pas en conclure qu'à l'origine l'inconostase était un simple rideau ?

La sainte Eucharistie se conserve en dehors de l'autel, au fond de l'abside, dans une urne de marbre fixée sur deux gradins, antique usage dont on voit la trace dans plusieurs anciennes églises de Rome. Le Jeudi Saint on enferme les saintes espèces dans l'urne ; on ne l'ouvrira que pour donner le viatique aux mourants ; les saintes hosties ne seront pas renouvelées de toute l'année.

Au point de vue de l'art antique, rien n'est plus remarquable que les mosaïques de l'abside, œuvre du VIIe ou VIIIe siècle, à peine inférieure aux chefs-d'œuvre du même genre qu'on admire à Sainte-Sophie de Constantinople et à Saint-Marc de Venise.

La mosaïque du pourtour de l'abside représente la Transfiguration du Sauveur,

---

1. II, 9.

antique vocable de l'église : JÉSUS, sous l'aspect d'un jeune homme aux formes élancées, monte au ciel ; Moïse et Élie le montrent aux apôtres, comme pour leur dire : Voici celui que figure la loi, qu'annoncent les prophètes. Pierre étendu sur le sol, Jacques et Jean à genoux, regardent stupéfaits, éblouis. Autour du tableau, dans une guirlande de médaillons, sont les douze apôtres, les seize prophètes bibliques (sauf que Jonas est remplacé par David), et entre les deux séries, le saint supérieur ou igoumène du couvent, le prêtre Longin. Tout est sur un fond d'or, où sont écrits les noms des personnages à côté de leur figure.

Sur la voûte en cul-de-four qui couvre l'abside, on voit au milieu le Buisson ardent, à droite Moïse ôtant sa chaussure, à gauche Moïse portant les Tables de la loi, et au fond du tableau la montagne du Sinaï. Plus haut sont deux anges et deux médaillons. Ceux-ci, au dire des moines, représenteraient Justinien et son épouse Théodora ; mais il faut convenir que les figures ne ressemblent guère aux portraits de ces personnages, tels qu'on les voit sur les monnaies du temps et dans les mosaïques de Saint-Vital à Ravenne, de Sainte-Sophie à Constantinople.

Il est encore dans cette superbe basilique bien d'autres objets devant lesquels le visiteur voudrait s'arrêter à loisir : le grand ciborium de l'autel tout plaqué d'écaille avec incrustations de nacre, exécuté en 1862 sous l'archevêque Joanichios ; le siège de l'archevêque avec une ancienne représentation du couvent ; deux lions de bronze d'un admirable travail et d'une haute antiquité, soutenant des candélabres à l'entrée du chœur, etc. A ces chefs-d'œuvre sont mêlés sans goût quantité de tableaux et d'images de nulle valeur, la plupart avec ces figures froides, sans expression, au nez rectiligne et étiré, qu'on retrouve dans toute l'imagerie de Constantinople et de Moscou. Les moines pourtant paraissent y attacher du prix ; ils ont mis à chaque tableau un numéro et une étiquette indiquant le sujet.

**

Mais le trésor dont surtout ils se font gloire et aiment à prendre le nom, celui qui réunit leurs affections à l'égal du Buisson ardent, leur conserve les vives sympathies de la Russie, attire les pèlerins et les offrandes du grand empire du Nord, ce sont les précieux restes de sainte Catherine, vierge, philosophe et martyre d'Alexandrie. « Son corps fut porté par les anges sur le mont Sina en Arabie, » disent le martyrologe et le bréviaire romains.

Elle souffrit le martyre sous l'empereur Maximin, vers l'an 237. Aussitôt les chrétiens cherchèrent son corps pour l'enterrer ; mais ils ne purent jamais le trouver, et pendant trois siècles personne ne sut ce qu'il était devenu. Après ce temps, DIEU fit connaître au supérieur du couvent du Sinaï, homme bon et vraiment père de ses moines, qu'un trésor précieux pour l'Eglise entière d'Orient et d'Occident était caché dans les montagnes voisines, qu'il eût à le chercher avec ses religieux.

Partis à la découverte, ils rencontrèrent dans une caverne fort élevée un vieillard inconnu qui leur dit :

« Et moi aussi, j'ai été plusieurs fois averti de chercher ce trésor de l'Eglise de DIEU ; mais j'ai craint que ce ne fût un artifice du démon pour me faire sortir de ma retraite. En votre compagnie je ne crains rien. Allons sur cette haute montagne où j'ai vu souvent briller une lumière ; elle doit avoir au sommet quelque chose de divin. »

Il leur montrait le plus haut pic de la péninsule, le djébel Katherin, situé à peu de distance au sud du Sinaï.

Les moines avaient toujours considéré cette montagne comme inaccessible. Ils parvinrent cependant avec beaucoup d'efforts à gravir le sommet, et ils y trouvèrent le corps d'une vierge sans corruption, déposé dans un creux du rocher. Nul doute que ce ne fût le trésor promis. Ils se mirent en prière, remerciant Dieu et lui demandant de leur manifester le nom et les mérites de la sainte. Et voici que, pendant leur prière, un autre vieux solitaire arriva en gravissant les rochers :

« Mes frères, leur dit-il, le Seigneur m'envoie vous dire le nom, la vie, les mérites et la gloire de cette vierge, comment les anges l'ont transportée ici et l'ont gardée jusqu'à ce jour. »

Puis il leur ordonna de transporter le saint corps dans le monastère de Sainte-Marie-au-Buisson-ardent ; « car, ajouta-t-il, on viendra des extrémités de la terre vénérer ce pieux dépôt. » Il baisa dévotement le corps, et, descendant rapidement la montagne, disparut pour toujours.

Telle est l'histoire que nous racontèrent les moines du couvent ; tel est le récit que nous ont laissé les pèlerins d'autrefois (1).

Le tombeau de la sainte se trouve à l'extrémité sud du demi-cercle absidial ; c'est un sarcophage de marbre blanc orné de bas-reliefs ; l'un d'eux représente deux cerfs adorant une croix grecque. Ce fut toute une cérémonie pour ouvrir le tombeau et nous faire vénérer les saintes reliques. La communauté presque entière était rangée en cercle et chantait des hymnes ; le Père sacristain officiait. Il ouvrit le sarcophage en faisant tourner horizontalement le couvercle de marbre, et en tira deux beaux reliquaires de métal doré qu'il exposa sur une table entre des lumières. L'un des reliquaires contient la tête de sainte Catherine, brune et sans cheveux, l'autre une main encore couverte d'une peau sombre et ridée. Il nous les donna à baiser après quelques instants de prière.

Ces deux reliquaires sont à peu près tout ce qui reste au Sinaï du corps de sainte Catherine ; les autres parties du saint corps ont été cédées dans la suite des siècles à d'illustres bienfaiteurs du couvent ou envoyées en Russie (2).

A la fin de la cérémonie, le Père sacristain nous offrit à chacun une boule de coton et une bague argentée qui avaient touché les saintes reliques. Ces bagues, fort recherchées en Russie, portent sur le chaton le monogramme du couvent où l'on peut lire *Aikatheria*, nom de la sainte chez les Grecs.

Il n'y a rien à dire des nombreuses chapelles latérales de la basilique, constructions sans style surajoutées à l'édifice, ne communiquant avec les nefs que par de simples portes.

XXVI. — La CHAPELLE du BUISSON ARDENT.

LA superbe basilique de la Transfiguration n'est pour ainsi dire que le parvis, le vestibule d'un plus antique, d'un plus vénéré sanctuaire, sorte de Saint des saints dans lequel il n'est permis de pénétrer qu'après avoir enlevé sa chaussure. Nous parlons de l'antique chapelle élevée sur l'emplacement du Buisson ardent, derrière l'abside et dans l'axe de la basilique.

---

1. *Fr. Felicis Fabri Evagatorium*, tome II, p. 493, Stuttgard, 1843.

2. Au IXe siècle, le moine Siméon, du Sinaï, venu à Rouen pour recevoir l'aumône annuelle du duc Richard de Normandie, lui laissa d'insignes reliques de sainte Catherine.
Le père d'Henri V, comte de Champagne, reçut au Sinaï une main de la sainte en chair et en os, et en fit présent à l'église de Saint-Jean-de-Vertus, dans la Marne.

« Moïse faisait paître les troupeaux de Jéthro, son beau-père, prêtre de Madian ; s'enfonçant dans le désert, il vint à la montagne de DIEU, à Horeb. Et l'ange de DIEU lui apparut dans une flamme au milieu d'un buisson, et il voyait le buisson brûler sans se consumer. Moïse dit donc : J'irai et je considérerai cette grande vision, comment le buisson ne se consume pas. Mais le Seigneur voyait qu'il s'approchait pour voir, et il l'appela du milieu du buisson : Moïse, Moïse. Et celui-ci répondit : Me voici. N'approche pas d'ici, lui dit le Seigneur, ôte tes chaussures de tes pieds, car le lieu où tu te trouves est une terre de sainteté. Et il dit : Je suis le DIEU de ton père, le DIEU d'Abraham, le DIEU d'Isaac, le DIEU de Jacob. Et Moïse se couvrit le visage, car il craignait de regarder DIEU (1). »

C'est la doctrine des premiers Pères qu'avant la venue du Messie, DIEU, par ses apparitions sous forme humaine, manifestait le Verbe invisible en tant que DIEU, afin d'habituer les hommes à voir une créature humaine ne faisant qu'un avec lui. « DIEU nous préparait ainsi le grand mystère de l'Incarnation, dit Bossuet, le commençait en quelque façon, en faisant voir comme une espèce d'apprentissage et comme un essai. » Ici la préparation à l'Incarnation est plus accentuée, le voile plus transparent, la figure plus ressemblante que dans les précédentes théophanies. Le buisson non consumé est Marie restée vierge, la flamme est l'Esprit-Saint opérant en elle, l'ange du Seigneur est le Verbe fait chair sortant du chaste sein de sa mère.

N'était-ce pas une sorte de Rédemption que le Seigneur venait annoncer à Moïse dans le buisson de feu : la délivrance du peuple d'Israël, de ce peuple qui portait dans son sein l'avenir du monde entier et les destinées immortelles de toute âme humaine ?

Et le Seigneur dit à Moïse : « J'ai vu l'affliction de mon peuple en Egypte, et j'ai entendu ses cris à cause de la dureté de ceux qui président à ses travaux. Et, sachant sa douleur, je suis descendu pour le délivrer des mains des Egyptiens, et pour le conduire de cette terre en une terre bonne et spacieuse, en une terre où coulent le lait et le miel... Mais viens, et je t'enverrai vers Pharaon, afin que tu fasses sortir de l'Egypte mon peuple, les enfants d'Israël. »

Et Moïse répondit à DIEU : « Qui suis-je, moi, pour aller à Pharaon, et faire sortir les enfants d'Israël de l'Egypte ? Le Seigneur lui dit : Je serai avec toi et ceci sera un jour le signe que je t'ai envoyé : quand tu auras fait sortir mon peuple de l'Egypte, tu offriras un sacrifice à DIEU sur cette montagne. »

Moïse dit à DIEU : « J'irai donc vers les enfants d'Israël, et je leur dirai : Le DIEU de vos pères m'a envoyé vers vous. Et s'ils me demandent : Quel est son nom ? que leur dirai-je ? DIEU dit à Moïse : JE SUIS CELUI QUI SUIS. Il ajouta : Voici ce que tu diras aux enfants d'Israël : CELUI QUI EST m'a envoyé vers vous... C'est là mon nom pour l'éternité, le nom sous lequel je serai connu dans les siècles des siècles (2). »

Ainsi Moïse se trouble en entendant les grandes choses que le Seigneur veut opérer par lui. DIEU confirme par un signe la mission qu'il lui donne et lui révèle son divin nom. Le colloque de la Vierge de Nazareth avec l'ange, à l'annonce du divin Rédempteur, sera tout semblable.

---

1. Ex., III, 1-6.
2. Ex., III 7-15.

CHAPITRE PREMIER.

*_**

Pour arriver au sanctuaire de l'Apparition, il faut traverser une sorte de sacristie, située au fond de la nef méridionale, lieu vénérable où sont conservés, derrière le mur de la nef, les restes d'anciens moines du couvent, martyrisés par les infidèles. Nous laissons là nos chaussures et, descendant quelques marches, nous entrons par une petite baie fermée de tentures dans l'auguste sanctuaire, une chapelle basse, demi-circulaire, que rempliraient une vingtaine de personnes, éclairée seulement par quelques lampes. De riches tapis persans couvrent le sol, des faïences peintes ornent les parois. L'autel, qui, dit-on, marque l'endroit précis de l'apparition, est situé contre le mur au fond du demi cercle. Comme au sanctuaire de l'Annonciation à Nazareth, de la Nativité à Bethléem, sous la table de marbre portée par deux colonnettes, pendent trois lampes constamment allumées, éclairant une riche plaque d'argent ornée de croix que baisent les pèlerins. Les moines montrent au fond de la petite niche, au-dessus de l'autel, une toute petite ouverture en forme de meurtrière qu'un rayon de soleil traverse une fois l'an en passant dans une fente de rocher de la montagne voisine. Ils ont planté une croix au sommet de la montagne et lui donnent le nom de djébel Salib, le mont de la Croix.

Nous aurions voulu prier à notre aise JÉSUS et Marie dans ce Nazareth de l'Ancien Testament, adorer le Seigneur eu ce lieu où le nom incommunicable de CELUI QUI EST, dont l'être est l'essence et la vie, fut manifesté aux hommes pour la première fois; mais il nous fallait avoir égard aux moines qui nous suivaient et paraissaient déjà trouver notre dévotion un peu longue. Il parut bientôt qu'ils avaient sur notre compte d'étranges idées. Nous étions rentrés dans la basilique ; du bas de l'église, je considérais l'ensemble de l'édifice; le P. Van Kasteren, resté dans le chœur, se dirigea tout tranquillement vers la chapelle du Buisson pour revoir un détail. Aussitôt, trois des moines qui m'entouraient s'élancèrent à sa poursuite, courant de toutes leurs forces au travers de l'église comme pour arrêter un assassin. Pauvres gens !

Quelle date assigner à ces édifices ? Pour la basilique de la Transfiguration, la tradition locale répond, le règne de Justinien (527-565). La construction, le style de l'édifice rappellent, en effet, cette époque, et une récente découverte est venue confirmer, préciser cette tradition. Ebers (1) trouva sur de vieux madriers qui avaient appartenu à l'ancien plafond de la basilique trois inscriptions grecques, dont voici la traduction :

« Pour la conservation de notre pieux roi Justinien le Grand. »

« A la mémoire de notre défunte reine Théodora. »

« Seigneur, que nous adorons en ce lieu, sauvez votre serviteur Etienne, et l'architecte de ce monastère, Ailisios, et Nonnas; ayez pitié d'eux. »

L'ouvrage aurait donc été terminé sous le règne de Justinien, après la mort de

---

1. *Durch Gosken zum Sinaï.*

son épouse Théodora, Etienne étant supérieur du couvent, Ailisios l'architecte ; et un nommé Nonnas, à ce qu'il semble, aurait tracé l'inscription.

La chapelle du Buisson ardent est certainement plus ancienne ; sa construction, la simplicité de ses formes, le niveau du pavé en contre-bas du sol de l'église, tout l'indique. On peut y voir avec vraisemblance l'église où pria sainte Silvie au IVe siècle.

Comme au temps de notre illustre pèlerine, les moines montrent à quelques pas derrière la petite chapelle une vieille ronce du genre *rubus*, cultivée avec soin, qui leur rappelle le buisson sacré de l'apparition. Les pèlerins russes, disent-ils, emportent de ses feuilles et les vénèrent à l'égal d'une relique.

Évidemment cette ronce grimpante sur le mur du moulin du monastère n'a pas trente-deux siècles, ni même les 1,500 ans qui nous séparent de sainte Silvie.

Est-elle du moins de la même espèce que le buisson où le Seigneur apparut à Moïse ? — Nous en doutons. La Vulgate dit bien *Rubus* et la version grecque *Batos*, mais le texte hébreux porte *Sèneh*, qui signifie piquant, comme le mot arabe correspondant *sanna*, et ne désigne aucun arbre en particulier. Ce mot générique, dans le fait, ne peut pas s'appliquer au rubus, car cette ronce de nos haies ne se trouve pas au Sinaï ; nous n'en avons rencontré aucune dans toute la péninsule ; d'ailleurs elle ne s'élève de terre qu'en s'attachant à d'autres arbustes et ne forme pas par elle-même un buisson. Il ne paraît pas non plus convenir ici à l'acacia seyal, l'acacia gommier, comme l'ont pensé quelques savants voyageurs (1) à la vue des innombrables et impénétrables buissons d'acacias qu'on rencontre dans la contrée. Moïse connaissait le nom propre de cet arbre, *chittah* et au pluriel *chittim* ; il le nomme vingt-cinq fois dans l'Exode ; car ce fut l'arbre choisi par le Seigneur pour la confection de l'Arche et du Tabernacle. Si le Buisson ardent eût été du même bois, Moïse l'aurait probablement appelé par son nom.

Parmi les arbrisseaux de ces montagnes, il en est un particulièrement beau et fréquent autour des cellules et des jardins des anciens solitaires du Sinaï, la *cratœgus sinaïca* (Boiss.), une aubépine plus vigoureuse, plus haute, à plus belles fleurs, à plus gros fruits que l'aubépine de France. Il nous vint à la pensée que le buisson où parut le DIEU de Moïse aurait bien pu être de cette belle espèce. Nous fûmes heureux plus tard de constater que d'illustres voyageurs, Pococke (2), Robinson (3), avaient eu la même idée.

XXVII. — Les MOINES.

LES moines suivent la règle de saint Basile et appartiennent à la congrégation sinaïtique, dont l'antique souche, plantée au pied du Sinaï, étend encore ses branches sur plusieurs contrées de l'Orient, le Caire, Constantinople, la Grèce, l'Archipel, la Serbie, la Roumanie et même les Indes. L'autorité suprême appartient à l'archevêque élu par les moines, l'un des quatre archevêques indépendants du schisme grec (4). Depuis qu'il réside au Caire, l'archevêque délègue son autorité à

---

1. Tristram, *The Land of Israel*.
2. *Beschreibung des Morgenlandes*, t. I, p. 117.
3. *Palestina*, t. I, p. 105.
4. Les autres archevêques indépendants des patriarches sont ceux de Moscou, de Chypre et d'Ochrida en Roumélie.

un vicaire choisi parmi les religieux du couvent. Mais celui-ci étant toujours révocable, il arrive d'ordinaire que le sacristain, dont la charge est à vie, prend dans l'administration une influence prépondérante. Après le sacristain vient l'économe, chargé des affaires temporelles.

Les revenus de la communauté proviennent principalement des terres qu'elle possède dans les îles de Crète, de Chypre et dans les provinces danubiennes. Devenue moins riche qu'autrefois par la sécularisation de ses biens en Russie et en Valachie, elle est encore largement à l'aise.

Cependant les cellules, le mobilier, les vêtements des moines, leur nourriture, tout a la couleur de la pauvreté. Ils ne boivent pas de vin, ne mangent jamais de viande et même n'en laissent jamais entrer dans le couvent. Si, pour un malade, les aliments gras sont jugés tout à fait nécessaires, on le transporte dans un ermitage voisin plutôt que de violer cette règle. Aux pèlerins eux-mêmes on ne sert que du maigre. Pendant leur carême, les moines s'interdisent encore l'huile, ne vivent que de légumes cuits à l'eau et de poisson salé.

Toutes les nuits, ils se lèvent à une heure et demie et se rendent dans l'église pour chanter l'office. Vraiment singulier est le signal du réveil. Un moine monté au premier étage du clocher joue un air assez gai en frappant d'un marteau sur une planche de bois dur suspendue par ses extrémités. Cinq minutes plus tard, il répète la même mélodie en frappant sur une bande de fer. Ce n'est point seulement une cadence, il y a dans les sons une certaine variété résultant du mode et de l'endroit de la percussion. Enfin, après cinq autres minutes, un gai carillon annonce le commencement de l'office. L'habile sonneur, monté au troisième étage, le joue à son aise sans clavier et sans leviers sur les huit cloches de la tour. Nous avons vu à la porte d'une chapelle du couvent une longue plaque de granit pendue par les bouts qui sert également de cloche. Ils en tirent des sons presque métalliques en la frappant d'un maillet de bois.

Quel que soit le nombre de prêtres, il ne se dit qu'une messe par jour ; le samedi cependant, on dit une seconde messe dans la chapelle du Buisson ardent pour les bienfaiteurs, et une autre pour les morts dans la chapelle du cimetière : le samedi est dans leur rite le jour consacré à la prière pour les morts.

Les clercs communient le samedi et s'y préparent par trois jours de jeûne. Les laïques ne font la sainte Communion qu'une fois dans le mois et doivent jeûner une semaine entière pour s'y disposer.

En dehors des temps consacrés à la prière, les moines ne sont point oisifs. Si loin des centres de population, ils doivent se suffire en beaucoup de choses ; celui-ci fait le cordonnier, celui-là le tailleur, d'autres s'occupent du jardin, du moulin tourné par un mulet, de la distillerie où ils font une excellente eau-de-vie de dattes, et surtout de l'église entretenue avec un soin digne d'éloge. Comme nous demandions s'il n'y avait pas parmi eux un médecin : « Nous n'avons ni médecin, ni pharmacie, nous répondirent-ils, car nous n'avons presque jamais de malades ; nous mourons de vieillesse. » Nous vîmes, en effet, plusieurs vieillards encore verts. Du reste, les moines ne sont pas nombreux : six prêtres, quatre diacres et vingt Frères laïques font toute la communauté. Ils étaient le même nombre, trente, au temps de Félix Fabre, en 1480, et aussi dans les premières années du IXe siècle. D'anciens documents nous disent qu'à d'autres époques leur nombre s'élevait à 200 et 300.

L'aspect de la communauté est correct, d'une irréprochable régularité, mais empreint de tristesse ; on n'y rencontre aucun visage souriant. Ne serait-ce pas commun à tous les schismes d'assombrir la vie du chrétien ? Un publiciste anglais écrivait récemment : « Peu s'en faut que l'Angleterre ne soit en train de se faire catholique. Je ne le regretterais pas beaucoup, au moins elle deviendrait plus gaie. »

Aucun des religieux ne parle le français, aucun ne connaît le latin, deux ou trois seulement savent tant soit peu d'arabe. Venus tous de la Grèce ou de l'Archipel, ils parlent entre eux le grec moderne.

Les rapports avec nos hôtes eussent été difficiles sans un personnage mystérieux qui vint aussitôt à notre aide en assez bon français et voulut bien nous servir de drogman jusqu'au bout. Il se nomme l'archimandrite Photius, est né à Mitylène, a gouverné le couvent de Sainte-Croix à Jérusalem sans être prêtre, et habite le couvent du Sinaï depuis sept ans sans être moine. Nous ne pûmes rien apprendre de plus au monastère sur notre aimable drogman ; mais ses manières aisées et polies, son instruction, les égards dont l'entouraient les religieux, disaient que nous ne savions pas tout. On nous apprit le reste plus tard à Jérusalem.

Photius y exerçait les fonctions de secrétaire du précédent patriarche grec schismatique, et fut choisi à la pluralité des voix pour lui succéder. Son élection déplut à un parti puissant, le parti russe, dit-on. Les opposants chauffèrent un semblant d'émeute dans la ville, et le firent saisir par l'autorité, qui le transporta en exil au Sinaï. Il est jeune encore et pourrait bien revoir de meilleurs jours, car les Grecs ne sont guère satisfaits du patriarche intronisé à sa place, et beaucoup sont encore attachés à son parti (1).

.˙.

L'archevêque du Sinaï, dont la résidence habituelle est au Caire, se trouvait par extraordinaire dans le couvent. Nous allâmes le saluer à notre arrivée. Mgr Porphyrios est un homme de cinquante-six ans, calme et bienveillant. Il nous parla de ses prédécesseurs Callistratos, Kirillos, Constantios. Le premier eut une élection orageuse ; il vint au Sinaï en 1872, ce qu'aucun archevêque n'avait fait depuis plus d'un siècle, et mourut en 1885. Constantios était un savant ; il écrivit un livre sur l'Egypte et un autre sur l'histoire de Constantinople. Elevé dans la suite au patriarcat de Constantinople, il se démit de cette dignité et s'éteignit en 1850.

Apprenant que nous habitions Beyrouth, l'archevêque mit la conversation sur la question du calendrier, qui causa dans cette ville, en 1859, une émotion à peine calmée de nos jours. Le patriarche des Grecs-unis avait porté un décret introduisant le calendrier grégorien dans son Eglise. Plusieurs familles virent dans cet ordre une nouveauté latine, une atteinte portée à l'ancien rite, et plutôt que de se soumettre, rompirent toute relation avec leur légitime pasteur. Le peuple les appelle aujourd'hui les schismatiques du calendrier.

« Vous avez raison, nous dit l'archevêque, votre calendrier est le vrai. Il faudra bien qu'un jour nous le prenions ; mais le moment n'est pas venu ; nos populations sont encore trop ignorantes. Que diraient nos fidèles si une fête disparaissait dans les douze jours qu'il nous faut supprimer pour nous mettre d'accord avec vous ? Ils nous accuseraient de changer la religion et se révolteraient contre nous.

« — La difficulté a déjà été prévue, Monseigneur, lui dit mon compagnon. Le

---

1. Photius est aujourd'hui évêque et réside à Jérusalem, auprès du nouveau patriarche grec (mai 1891).

pape Grégoire XII, quand il dut supprimer dix jours pour corriger le calendrier, eut soin de choisir une période, du 5 au 16 octobre, dans laquelle ne tombait aucune fête. »

Comme nous cherchions à lui dire quelque chose d'agréable des familles grecques schismatiques de Beyrouth dont nous élevons les enfants, il nous fit comprendre aussitôt que notre politesse faisait fausse route. « Ce ne sont point des Hellènes, interrompit-il, ce sont des Arabes. » Bien habile qui sait s'y reconnaître dans ce dédale de sympathies et d'antipathies que les religions, les schismes, les rites, les nationalités diverses, entretiennent dans la société orientale.

XXVIII. — La GROTTE d'ÉLIE sur le MONT SINAI.

LE mont Sinaï forme un massif rectangulaire long de quatre kilomètres, large de deux, dirigé du nord-ouest au sud-est, complètement isolé des montagnes environnantes par de profondes vallées : la plaine d'er-Raha au nord, le ouadi ed-Deir au levant, le ouadi Ledja au couchant, un col assez tourmenté joignant ces deux vallées au midi. Le pic le plus élevé, le véritable sommet du Sinaï termine la montagne au sud. Il se nomme djébel Mouça, le mont de Moïse. C'est là que DIEU donna les Tables de la loi à son fidèle serviteur. A l'extrémité nord du massif s'élèvent trois énormes et superbes pitons de rochers, dominant la plaine d'er-Raha où campait Israël. Ce fut probablement de ces cimes que le Seigneur proclama lui-même le Décalogue au milieu du feu, de la nuée et des ténèbres. On les nomme Ras Safsafeh. Entre les deux extrémités la montagne forme un plateau très accidenté, riche aussi en souvenirs. On y voit la grotte d'Elie.

SINAÏ Echelle 1/100.000

Enfin, pour compléter la description sommaire de la montagne, disons qu'une étroite vallée, le ouadi ech-Chreich, descend du djébel Mouça parallèlement au ouadi Ledja, dont elle n'est séparée que par une arête de rochers, et débouche au nord dans la plaine d'er-Raha. Ce fut vraisemblablement le chemin que suivit Moïse quand il descendit du sommet du Sinaï dans le camp, portant les Tables de la loi.

Une route, une vraie route, où les voitures pourraient passer si voitures il y avait, monte du couvent au plateau, en faisant mille circuits sur le flanc méridional de la montagne. Elle fut construite, il y a trente-cinq ans, par le vice-roi d'Egypte Abbas-Pacha. Ce prince, fils d'une Bédouine, conçut le singulier projet de se construire une villa sur le Sinaï et prétendit y venir en voiture du Caire. Une mort violente, en 1854, l'arrêta dans sa folle entreprise. Il ne reste de ses travaux qu'un tronçon de route, les ruines d'un village construit pour ses ouvriers à l'entrée du ouadi ed-Deir, et une maison blanche qu'on aperçoit dans la direction du couchant sur une haute montagne, le djébel Zerca, la montagne Bleue.

Les pèlerins n'aiment pas à prendre la longue et monotone route d'Abbas-Pacha. Ils préfèrent gravir la sainte montagne par l'ancien sentier des solitaires, qui monte presque à pic dans une affreuse crevasse du rocher, tout proche du couvent. D'en bas il nous paraît impossible de gravir la montagne dans cette fente ; mais on nous assure que l'ascension se fait sans danger et même assez commodément.

Le 18 novembre, aux premières lueurs du jour, tout est prêt. La montée se fera au frais, presque au froid ; à la porte de notre chambre le thermomètre marque un degré au-dessus de zéro. Frère Euthymios, l'hôtelier du monastère, un petit homme décidé au jarret nerveux, qui connaît tous les replis de la montagne, sera notre guide. Malheureusement cet enfant du Péloponèse ne sait de français que trois mots peu utiles : Bonjour, bonsoir, comment allez-vous ? et pas davantage d'arabe. N'importe, il a si bonne volonté que nous nous entendons quand même.

Une petite porte dans le mur ouest du jardin met immédiatement sur le sentier, et bientôt il faut enjamber les hautes marches du grossier escalier qu'ont dressé les anciens moines avec les pierres accumulées dans la passe. D'après d'anciens auteurs (1) il y aurait 7,700 marches à monter pour atteindre le sommet du djébel Mouça. Heureusement qu'ils exagèrent ; un voyageur du siècle dernier (2) n'en a trouvé que 3,000. Bien entendu que nous ne les compterons pas ; le chemin a bien d'autres choses qui intéressent davantage.

Après vingt minutes d'ascension, un médiocre peuplier, sortant des rochers au fond de l'étroit ravin, signale une petite source, la source de Jéthro, de Chou'eib dans le langage des indigènes. La tradition dit que Moïse venait à cette source quand il paissait les troupeaux de son beau-père.

Souvent, en prenant haleine pour la rude montée, le regard se porte en arrière dans le sauvage ouadi ed-Deir. Cette vue d'aéronaute sur le couvent, son jardin, sa chapelle des morts, perdus au fond d'un océan de bruns rochers sous d'immenses montagnes qui menacent de les écraser, a quelque chose de saisissant, dont on se détache avec peine.

Mais voici une chapelle de la Vierge, assez bien entretenue et garnie à l'intérieur d'ex-voto des pèlerins. L'histoire locale raconte que, il y a bien des siècles, les moines, dévorés par les punaises qui avaient envahi le couvent, résolurent d'abandonner pour un temps leur monastère. Mais avant de s'éloigner ils se rendirent une dernière fois en procession aux saints Lieux de la montagne. Quand ils passaient en cet endroit du chemin, la Vierge leur apparut et leur ordonna de rentrer dans leur couvent, promettant que les fâcheux insectes ne les molesteraient jamais plus. Ils assurent que la grâce promise dure encore. Nous n'avons pas senti de preuve du contraire, quoi qu'en aient écrit certains voyageurs à peau tendre.

A quelques pas de là, le sentier, ou plutôt l'escalier, devenu plus correct, traverse successivement deux arcades en bonne maçonnerie de pierres taillées. Elles étaient jadis les deux portes de la sainte montagne, où l'on rappelait aux pèlerins

---

1. Voir Tobler, *Descriptiones Terræ Sanctæ ex sæc. VIII. XV.* — Le moine Epiphane de Jérusalem (956-970), *Commemoratorium de Casis Dei* du IXe siècle dans le *Bulletino d'Archæologia Cristiana* de Rossi.

2. Pococke, *Beschreibung des Morgenlandes.*

l'avis du prophète : « Qui montera sur la montagne du Seigneur ? Et qui s'arrêtera dans ce saint Lieu ? Celui dont les mains sont innocentes et le cœur pur (1). »
A la première porte, les pèlerins qui ne s'étaient pas déjà confessés trouvaient un prêtre pour les entendre ; à la seconde, un moine demandait à tous le billet de confession, carte d'entrée obligatoire sur la sainte montagne. Le moine Étienne, dont nous avons vu le corps dans le caveau mortuaire du couvent, aimait à entendre les confessions des pèlerins au premier portail et mourut dans ce saint ministère ; aussi la première arcade s'appelle-t-elle la porte d'Étienne.

Enfin nous arrivons sur le plateau, à cinq cent cinquante mètres au-dessus du couvent, qui est lui-même à une altitude de mille cinq cent vingt-huit mètres d'après les mesures de l'expédition anglaise. Là, dans le creux d'un amphithéâtre de gros rochers en granit rouge, les eaux de la montagne entretiennent un peu de verdure, font pousser quelques joncs ; les moines cultivent au printemps un petit jardin entouré d'un mauvais mur, et un superbe cyprès au tronc demi-nu, large d'un mètre, élève sa cime dans les airs pour chercher le soleil au-dessus des rochers. A quelques pas au midi, sur la pente qui descend du djébel Mouça, deux chapelles jointes l'une à l'autre, la chapelle d'Élie et celle de Moïse, avec leurs blanches murailles, égayent un peu le sombre paysage.

Le F. Euthymios nous fait asseoir sur une grande roche plate presque au centre de l'amphithéâtre, disant que les soixante-dix anciens d'Israël se sont reposés à cette place. L'histoire est au chapitre XXIV de l'Exode.

« DIEU dit encore à Moïse : Monte vers le Seigneur, toi et Aaron, Nadab et Abiu, et soixante-dix anciens d'Israël, et vous adorerez de loin. Et Moïse seul montera vers le Seigneur, et le peuple ne montera pas avec lui (2). »

« Et Moïse et Aaron, Nadab et Abiu, et les soixante-dix anciens d'Israël montèrent, et virent le DIEU d'Israël, et sous ses pieds comme un ouvrage de saphir, et comme le ciel lorsqu'il est serein. Et le Seigneur n'étendit point sa main sur ces princes des enfants d'Israël, et ils virent DIEU, et ils burent et ils mangèrent. Et le Seigneur dit à Moïse : Monte vers moi sur la montagne, et sois là, et je te donnerai des tables de pierre (3). »

On pense donc que ce creux de montagne où nous sommes arrivés fut la station des soixante-dix vieillards. En fait, aucun site ne s'harmonise mieux avec le récit sacré que ce petit plateau situé sur le chemin du sommet, où l'eau d'une source et l'abri des rochers permettent un séjour commode, en vue du djébel Mouça, le trône sur lequel se montra le Seigneur quand les anciens l'adorèrent. La chapelle dédiée à Moïse rappelle ce souvenir.

*_**

Ce modeste sanctuaire n'a rien de remarquable. Plus intéressante sans être plus belle, est la chapelle d'Élie, avec laquelle il communique : une simple salle de huit mètres et demi de long sur trois et demi de large et parfaitement propre. Derrière l'autel est la petite caverne où le prophète Élie, fuyant la colère de Jézabel, reçut la visite du Seigneur. Fortifié par le pain que l'ange lui avait apporté, « il marcha quarante jours et quarante nuits, jusqu'à la montagne de DIEU, Horeb. Étant arrivé là, il demeura dans une caverne ; et le Seigneur lui parla, et lui dit : Que

---
1. Ps. XXIII, 3, 4.
2. V, 1, 2.
3. V. 9-12.

fais-tu ici, Elie ? Or Elie répondit : Je brûle de zèle pour vous, Seigneur, Dieu des armées, car les enfants d'Israël ont abandonné votre alliance, détruit vos autels, tué vos prophètes par le glaive, et je suis demeuré seul, et ils cherchent encore à m'ôter la vie.

Le Seigneur lui dit : Sors, et tiens-toi debout sur la montagne devant le Seigneur. Et voilà que le Seigneur passa, et vint un vent violent et impétueux renversant les montagnes et brisant les rochers devant le Seigneur, et le Seigneur n'était point dans ce vent ; et après le vent un tremblement de terre, et le Seigneur n'était point dans ce tremblement ; et après le tremblement un feu, et le Seigneur n'était point dans ce feu ; et après le feu on entendit le souffle d'un petit zéphir. Lorsqu'Elie eut entendu, il se couvrit le visage de son manteau, et, étant sorti, il se tint à l'entrée de la caverne ; et voilà qu'une voix vint à lui, disant : « Que fais-tu là, Elie ? » (1) Et le prophète répéta sa première réponse.

Apparition mystérieuse et changeante que Tertullien appelle un *scintillement de la Divinité*, *scintillatio Divinitatis*, dans laquelle tous les Pères voient l'annonce de la loi d'amour succédant à la loi de crainte. Le Rédempteur attendu ne fera pas entendre les tonnerres, éclater les éclairs, il n'embrasera pas la montagne et ne la fera pas trembler comme le Seigneur

La chapelle d'Élie sur le Sinaï.

1. III Rois, XIX, 8-13.

donnant la loi au Sinaï. Une vierge ignorée le concevra par le souffle doux et silencieux de l'Esprit-Saint, il naîtra dans la solitude et la paix. Il ne disputera pas, ne criera point, on n'entendra pas sa voix dans la place publique (1) ; il mourra comme un agneau qui se laisse tondre sans se plaindre (2).

A peine pouvons-nous pénétrer dans la grotte d'Elie pour y déposer notre prière et l'hommage de notre reconnaissance au doux Rédempteur ; elle n'a que quatre-vingt-dix centimètres de haut, un mètre vingt de large, deux mètres cinquante de long ; encore est-elle divisée en deux par une cloison.

Sainte Silvie visita ces lieux, et y recueillit de la bouche des solitaires les traditions que nous retrouvons sans altération à la distance de quinze siècles.

« Ayant donc satisfait le désir qui nous pressait de gravir le mont sacré, dit-elle, nous commençâmes à descendre du sommet de la montagne de DIEU, où nous étions montées, à une autre montagne qui en est le prolongement, lieu qui s'appelle Choreb.

» Là est une église ; car c'est l'endroit nommé Choreb où s'arrêta le saint prophète Elie quand il fuyait devant le roi Achab, et où DIEU lui parla, disant : Que fais-tu ici, Elie ? comme il est écrit dans le Livre des Règnes. En effet, on montre aujourd'hui, devant la porte de l'église, la grotte où se cacha saint Elie. On montre aussi au même lieu l'autel de pierre qu'éleva saint Elie pour sacrifier au Seigneur ; et c'est ainsi que les saints dont nous étions accompagnées daignaient tout nous montrer. Nous fîmes donc là notre offrande, et la plus fervente prière ; on lut le passage du Livre des Règnes. Ce fut toujours notre plus grand bonheur, en quelque lieu que nous vinssions, de lire le passage de la Bible qui s'y rapporte. Ayant donc fait notre oblation, nous allâmes en un autre lieu que les prêtres et les moines nous montrèrent non loin de là, c'est-à-dire au lieu où s'arrêta saint Aaron avec les soixante-dix anciens, lorsque saint Moïse reçut du Seigneur la loi pour les enfants d'Israël. En cet endroit il n'y a pas de construction, mais seulement un grand rocher plat sur lequel, dit-on, s'arrêtèrent ces saints, et au milieu s'élève comme un autel de pierre. On lut le passage du Livre de Moïse, et on récita un psaume approprié à la circonstance. Ainsi, après avoir fait notre prière, nous descendîmes dans la vallée, à l'église du Buisson. »

Les pèlerins qui vinrent après sainte Silvie parlent tous de la grotte et nous apprennent par leurs récits qu'outre la chapelle d'Elie, il y eut là un ou deux autres sanctuaires plusieurs fois reconstruits sous divers vocables (3). Du reste, les oratoires actuels ne présentent aucun caractère particulier d'antiquité.

 XXIX. — Le SOMMET du SINAÏ, DJÉBEL MOUÇA, où DIEU DONNA les TABLES.

MOÏSE était encore sur le plateau avec les anciens, quand DIEU lui dit : « Monte vers moi sur la montagne, et sois là, et je te donnerai les tables de pierres, et la loi, et les commandements que j'ai écrits, afin que tu enseignes les enfants d'Israël. Moïse se leva, et Josué, son ministre ; et Moïse, montant

---

1. Is., XLII, 2. — Mat., XII, 19.
2. Is., LIII, 7. — Act., VIII, 32.
3. Antonin Martyr ne parle pas des chapelles. Le manuscrit du IXe siècle déjà cité signale une seconde chapelle dédiée au prophète Elisée. Félix Fabre vit une chapelle dédiée à sainte Marine. Quaresmius (*Elucidatio Terræ Sanctæ*) dit que l'une des chapelles était sous le vocable de sainte Marie Egyptienne.

sur la montagne du Seigneur, dit aux anciens : Attendez-nous ici jusqu'à ce que nous retournions à vous... Et lorsque Moïse fut monté, la nuée couvrit la montagne ; et la gloire du Seigneur reposa sur le mont Sinaï, le couvrant d'une nuée durant six jours ; et au septième jour, le Seigneur appela Moïse du milieu de la nuée. Or, l'aspect de la gloire du Seigneur était comme un feu ardent sur le sommet de la montagne, à la vue des enfants d'Israël (1). »

Nous gravissons en silence l'antique sentier à degrés qui monte droit sur la croupe de la montagne, songeant à la gloire du Très-Haut qui reposa sur ces hauteurs, et à Moïse qui foula sans doute plusieurs fois ces rochers sous ses pas, car toute autre route pour monter du plateau sur le sommet serait plus longue sans être plus commode.

Le granit de la montagne, d'abord rouge et à gros grains, comme dans la plus grande partie du massif, prend ensuite une teinte bleuâtre de plus en plus claire, et, au sommet, c'est un granit blanc à petits grains noirs. En moins de trois quarts d'heure nous atteignons le petit plateau terminal, le vrai sommet du Sinaï, son point culminant, d'où l'on domine la montagne entière. Il est à cent cinquante mètres au-dessus de la chapelle d'Elie, à deux mille deux cent quarante-quatre mètres d'altitude.

DIEU, descendu sur le Sinaï (2), y appela cinq fois Moïse pour lui donner les ordres qu'il devait porter au peuple campé au bas, vis-à-vis la montagne. Dans les trois premiers entretiens (3), le but des messages divins fut de préparer le peuple à la solennelle publication du Décalogue que DIEU allait proclamer lui-même (4). Les deux dernières ascensions furent pour recevoir par deux fois les Tables de la loi ; à chacune d'elles, Moïse resta quarante jours sur la montagne. L'historien sacré dit expressément dans son récit qu'aux trois dernières ascensions le Seigneur l'appela au sommet de la montagne (5), et rien dans la relation de ses deux premiers entretiens avec DIEU (6) n'indique qu'ils eurent lieu sur un autre point.

Nous sommes donc sur le lieu le plus souvent sanctifié par la présence du Seigneur et par ses divines communications avec le législateur d'Israël. Nous sommes au Saint des saints du Sinaï, au sommet sacré sur lequel la gloire de DIEU reposa plusieurs fois et longtemps, comme sur le marchepied terrestre de son céleste trône, où il voulut bien descendre pour sceller la première alliance préparant celle du Golgotha. Des milliers de saints anachorètes, de pieux pèlerins, se succédant d'âge en âge, ont entouré ce rocher de leur vénération. La voix du peuple a désigné ce sommet, entre toutes les proéminences de la montagne, par le nom de Moïse : djébel Mouça, le mont de Moïse, est son nom.

Frère Euthymios se hâte d'ouvrir la chapelle, allume des cierges, fait brûler de l'encens, et nous laisse seuls remercier humblement le Seigneur de nous avoir amenés en cet auguste Lieu, pour lui offrir nos adorations et lui présenter nos humbles requêtes. L'archevêque nous avait spontanément donné l'autorisation de célébrer la sainte messe, non pas dans la chapelle, mais dans une pièce contiguë qui remplace, à ce qu'il paraît, l'ancienne chapelle des Latins (7). Faire descendre le Verbe fait chair sur ce Bethléem, ce Thabor, ce Cénacle de l'Ancien Testament, et l'y

---

1. Ex., XXIV, 12... 17.
2. Ex., XIX, 20.
3. Ex., XIX, 3, 8 et suiv. — 8, 9 et suiv. — 20, 21 et suiv.
4. Ex., XX.
5. Ex., XIX, 22. — XXIV, 17, 18. — XXXIV, 2, 4.
6. Ex., XIX, 3. — XIX, 8.
7. Quaresmius, *Elucidatio Terræ Sanctæ*, 1616-1625.

offrir à Dieu son Père, d'un tel bonheur il doit rester au cœur un inaltérable souvenir exhalant reconnaissance et amour !

A l'intérieur, la chapelle est une salle de neuf mètres cinquante sur trois mètres vingt-cinq, blanchie à la chaux, avec plafond en planches. L'autel est à l'orient. Une draperie haute d'un mètre court le long des murs ; des mouchoirs de couleurs, des châles offerts par les pèlerins russes pendent aux murailles.

La plate-forme du sommet, sur laquelle elle est construite, n'a que vingt-cinq à trente mètres en tous sens. A quelques pas au sud de la chapelle, est une grotte assez spacieuse pour servir de demeure à un solitaire; son entrée, tournée au midi, a été régularisée par une arcade en maçonnerie. Suivant l'antique tradition rapportée par sainte Silvie et conservée jusqu'à nos jours, c'est la caverne où le Seigneur cacha Moïse quand il fit passer sa gloire devant lui.

Moïse avait obtenu miséricorde pour le peuple prévaricateur, après avoir détruit le veau d'or. Il s'enhardit jusqu'à demander au Seigneur une preuve du pardon. « Je vous en supplie, dit-il, montrez-moi votre gloire. Dieu répondit : Je ferai passer toute ma gloire devant toi, et je prononcerai en ta présence le nom du Seigneur ; car je ferai grâce à qui je voudrai, et miséricorde à qui il me plaira. Mais tu ne pourras voir ma face, car l'homme ne me verra pas sans mourir. Et il ajouta : Voici un lieu près de moi ; tu te tiendras là sur ce rocher. Lorsque ma gloire passera, je te placerai dans un creux du rocher, et je te couvrirai de ma main, jusqu'à ce que ma gloire soit passée. Ensuite je retirerai ma main, et tu me verras par derrière, mais il ne te sera pas donné de voir ma face (1). »

La même grotte a encore d'autres titres à notre vénération. Par deux fois, avons-nous dit, Moïse demeura quarante jours et quarante nuits sur le Sinaï, ne mangeant pas de pain, ne buvant pas d'eau (2), et le texte sacré nous indique assez clairement que pendant ces longs jeûnes il habita le sommet de la montagne. Naturellement il dut chercher dans la caverne un abri contre les ardeurs du soleil et la froideur des nuits, en faire sa demeure.

C'est sur le même sommet qu'après ces quarante jours de pénitence Dieu lui donna les premières tables (3), et écrivit sur les secondes (4).

Le reste du plateau est occupé par les fondements d'anciennes chapelles, une mosquée en ruines et une citerne. Les Bédouins montrent sous l'angle sud-est de la mosquée un trou, où, disent-ils, Moïse aurait demeuré ; mais les anciens pèlerins, ceux mêmes qui parlent de la mosquée, ne disent rien de cette seconde grotte. Elle n'est probablement qu'une cavité naturelle servant autrefois de citerne pour les ablutions des Musulmans avant la prière.

Le rocher de l'auguste sommet fut toujours religieusement respecté. On n'y voit aucune inscription, aucune entaille ; les pierres des constructions qui le recouvrent, toutes de granit rouge, ont été prises plus bas dans la montagne. Aucun des saints anachorètes du Sinaï n'a osé fixer sa demeure sur ce roc sacré, dit Antonin Martyr, personne ne l'a jamais habité.

Les fondements de divers édifices détruits, le nombre et la variété des anciens matériaux utilisés dans la construction des chapelles et de la mosquée, montrent que bien des sanctuaires différents se sont succédé en ce lieu. Ici on voit une base de pilier, là une demi-colonne, ailleurs une corniche à riches moulures, et même un vantail de porte en pierre, semblable à ceux du Hauran et de la haute Syrie, dont on a fait le montant d'une baie sous la mosquée. Au temps de sainte Sil-

---

1. Ex., XXXIII, 18-23.
2. Ex., XXIV, 18, — XXXIV, 28. — Deut., IX, 9, 18.
3. Ex., XXXI, 18.
4. Ex., XXXIV, 28.

vie il y avait une église, non pas grande, dit-elle, mais d'une grande grâce. Deux siècles plus tard, Antonin Martyr ne trouva sur la montagne qu'un oratoire de six pieds en tous sens. La chapelle actuelle, couverte d'une simple terrasse en terre, ne durera pas plus que celles qui l'ont précédée.

De la hauteur où nous sommes, les mille sommets des montagnes sinaïtiques, pressés comme les vagues de l'océan, offrent un imposant spectacle. Au nord, les trois pics de Ras Safsâfeh se détachent sur un horizon de montagnes sans fin se perdant dans les déserts du Tih ; à l'est, plusieurs sommets, en vue du couvent, portent dans les airs de grandes croix de bois, la plupart inclinées par les orages ;

Sommet du Sinaï ou djébel Mouça. (Vu du ouadi Sebaiyeh.)

plus loin brille la longue ligne blanche du golfe d'Aqâbah surmontée des montagnes d'Arabie. Au couchant, des arêtes de montagnes, horriblement déchiquetées, cachent le golfe de Suez, laissant apercevoir cependant les hauteurs de la rive égyptienne. Au midi, la vue s'arrête à peu de distance sur les deux plus hauts pics des monts sinaïtiques, le djébel Katherin et le djébel Zébir, deux pics jumeaux d'une même montagne, élevant dans le ciel leurs pointes effilées ; on dit qu'ils dominent le djébel Mouça de trois cent cinquante mètres. Dans ce tableau les vallées disparaissent ; à peine si l'on peut suivre le sillon du grand ouadi ech-Cheik, et reconnaître l'ouverture du Nakb el-Hâoua ; seul, le large ouadi Sebaiyeh s'étale sous les pieds, au levant, à sa jonction avec le ouadi ed-Deir; de ce côté la montagne tombe à pic à une effrayante profondeur.

.

Un mot en terminant sur les Tables de la loi. L'Ecriture nous donne à ce sujet quelques détails. Il y en avait deux (1), écrites des deux côtés de la pierre (2); elles contenaient les dix paroles que Dieu fit entendre du haut de la montagne, du milieu du feu, lorsque le peuple était rassemblé (3), paroles consignées au chapitre XX de l'Exode, versets 2 — 17, et avec quelques petites différences au chapitre V du Deutéronome, versets 6 — 21.

Les tables avaient au plus 1 m. 30 de haut sur 0 m. 78, de large, car telles étaient les dimensions de l'Arche d'alliance dans laquelle Moïse les plaça (4), deux coudées et demi en longueur, une coudée et demi en largeur et en hauteur (5). Les premières tables n'étaient pas différentes des secondes (6).

Pour les autres particularités, elles restent livrées à nos conjectures, tant que l'arche sera cachée dans la caverne du mont Nébo, où Jérémie l'a fermée sur l'ordre de Dieu ; et cette caverne restera inconnue jusqu'au temps où le Seigneur rassemblera de nouveau son peuple et lui pardonnera (7).

Moïse se trouvait au camp d'Israël, dans la plaine d'er-Raha ou bien dans le ouadi ed-Deir, où il avait transporté sa tente (8), quand il coupa les deux pierres destinées aux secondes tables. Les montagnes qui bordent ces vallées, les pointes de rocher soulevées au-dessus du sol, tout est de roches primitives, granit, syénite, porphyre, feldspath compacte ou orthose, avec quelques rares amas d'aphanite verte. Or, parmi ces roches, l'orthose seule est d'une pâte homogène, unicolore, comme il convient pour une inscription, et se détache facilement par plaques. Elle dut naturellement se présenter au choix de Moïse. Nous nous sommes permis, en parcourant ces vallées, de conjecturer, sous toute réserve, que les tables de la loi conservées dans l'arche sont d'orthose rouge, d'une teinte pareille à celle des carreaux de terre cuite dont on pave les appartements dans le midi de la France.

On a coutume de représenter les tables de la loi avec une forme allongée, arrondie dans le haut. Telle est, en effet, la forme la plus commune des stèles égyptiennes, celles des nombreuses stèles que nous verrons autour du temple du Sarbout el-Khadim, à deux journées du Sinaï. Il y a pourtant cette différence que les stèles égyptiennes sont communément écrites d'un seul côté.

On pense que la première table contenait les deux premiers commandements, qui se rapportent particulièrement à Dieu, et la seconde, les huit autres, concernant plus spécialement les hommes, y compris la loi du sabbat, car, dit un jour Jésus, le sabbat a été fait pour l'homme (9). Ce partage assez naturel attribue trois cent

---

1. Ex., XXXI, 18.
2. Ex., XXXII, 15.
3. Deut., X, 4.
4. Deut., X, 5.
5. Ex., XXXVII, 1.
6. Ex., XXXIV, 4.
7. II Mach., II, 4, 8, et Deut, XXXIV, 1, 4.
8. Ex., XXXIII, 7, 8.
9. Marc, II, 27.

Sinaï et Syrie.

trente-sept ou trois cent trente-huit lettres à la seconde table, d'après le texte de l'Exode, et seulement deux cent soixante-seize à la première, où le nom de DIEU était peut-être écrit en plus gros caractères que les préceptes (1).

 XXX. — RAS SAFSAFEH, POINTE SEPTENTRIONALE du SINAI où DIEU PROCLAMA le DÉCALOGUE.

Tandis que nous cherchons à nous représenter la gloire de DIEU reposant sur cet auguste sommet du djébel Mouça et que nous y adorons le Seigneur, la parole des anges aux disciples de JÉSUS sur le mont de l'Ascension nous revient à l'esprit : « Que restez-vous ici en regardant le ciel ? Ce JÉSUS qui vous a quittés pour remonter dans les cieux en reviendra comme vous l'avez vu monter (2). »

Il faut nous éloigner de ces lieux. La gloire du Seigneur, nous la verrons au dernier jour du monde !

Nous descendons par l'escalier des moines à la chapelle d'Elie. A mi-chemin, le Bédouin qui nous a suivis depuis le couvent veut nous montrer, à droite, sur un rocher à fleur de terre, un creux imitant assez bien l'empreinte d'un pied de chameau. Pauvres Bédouins, qui ont dévotion à cette pierre, et disent que le chameau de Mahomet, quand l'archange enleva le prophète au ciel, posa là un pied et les trois autres à Damas, au Caire et à la Mecque ! N'est-ce pas pitié de les entendre gâter par de pareilles insanités la haute vénération dont ils entourent le théâtre des manifestations divines ?

Plusieurs ermitages, des maisonnettes, des chapelles, de petits enclos où poussent quelques arbres fruitiers redevenus sauvages, des travaux nombreux pour la retenue et la distribution des eaux, nous reportent au temps où les prêtres et les ermites de la sainte montagne vinrent au devant de sainte Sylvie et lui offrirent comme eulogies, au sortir de la messe, les fruits de leurs jardins. Aujourd'hui tout est abandonné et désert, mais dans un état de conservation qui dans un autre pays accuserait une occupation peu éloignée.

Notre guide nous fait reposer une demi-lieue au delà de la chapelle d'Elie sous un vieil amandier, auprès d'une citerne d'excellente eau, taillée de main d'homme dans le roc vif. La vue sur le djébel Mouça est splendide. Tout proche de nous s'élèvent deux petites maisons à trois chambres, l'ermitage de saint Grégoire. Aux alentours, des rigoles, taillées avec art ou bâties sur les rochers, amènent les eaux pluviales dans de larges crevasses de la montagne, fermées par des barrages en excellente maçonnerie. L'un de ces barrages a dix mètres de haut et cinq de long. A une centaine de pas au levant est la chapelle de Saint-Jean, et du côté opposé, un peu plus loin, celle de St-Pantaleimon.

La forte épaisseur des murailles et de la voûte en pierres explique comment ces sanctuaires ont pu traverser tant de siècles sans grandes dégradations. Parfaitement orientés au levant, ils se terminent par une petite abside circulaire prise dans l'épaisseur du mur. Un simple cube de maçonnerie fait l'autel ; une marche en avant marque le chœur ; une banquette de pierre à droite de l'autel servait de siège aux officiants ; le jour ne vient guère que par la porte. Toutes les chapelles de la montagne ont à peu près les mêmes dimensions : huit à neuf mètres sur trois et demi.

---

1. Ex., XX, 2.
2. Actes, I, 11.

En s'avançant au nord le sentier descend et se perd dans une petite plaine au pied des énormes pics coniques et rougeâtres du Ras Safsâfeh. Quelques petits jardins abandonnés à l'extrémité est de la plaine, une vieille chapelle, dite de la ceinture de la Vierge, semblable à celles que nous avons vues, une petite source, quelques aubépines et un saule sont tout ce que le voyageur peut y remarquer.

Les indigènes et les moines disent que la célèbre verge de Moïse qui se changea en serpent au Sinaï et devant Pharaon, ouvrit les flots de la mer Rouge, fit sortir l'eau du rocher à Raphidim, était une branche de saule coupée en ce lieu, et ils attachent un intérêt particulier à l'arbre qui en rappelle le souvenir. Bien que, dans le Lévitique (1), Moïse ordonne de couper des branches de saule pour la fête des Tabernacles, il est à croire que, pour sa verge, il prit un meilleur bois ; au reste les plus anciens pèlerins et les solitaires, dans leurs écrits, ne parlent pas de cet arbre. Quoi qu'il en soit, ce saule a sa célébrité ; il donne son nom aux pics voisins ; Ras-Safsâfeh signifie la tête du saule.

,

Le promontoire du Ras Safsâfeh offre un tout autre intérêt. Front majestueux de la sainte montagne, seul exposé aux regards du peuple d'Israël campé au bas dans la plaine d'er-Raha, imitant la Trinité divine par ses trois sommets égaux issus d'une même masse, il fut le trône de DIEU quand le Seigneur vint donner à Israël et au monde ses dix commandements. Il fut cette montagne fumante d'où partaient les tonnerres, les éclairs et le son de la trompette (2). Sur ces cimes DIEU parla, à tout le peuple assemblé, du milieu du feu, de la nuée et des ténèbres, avec une voix forte, n'ajoutant rien de plus (3). Et les enfants d'Israël épouvantés, saisis de terreur, se tenaient au loin, disant à Moïse : « Parle-nous et nous t'écouterons ; mais que le Seigneur ne nous parle point, de peur que nous ne mourions (4). »

Cette auguste scène de la promulgation du Décalogue se passe cinquante jours après l'immolation de l'Agneau pascal à la sortie d'Égypte. Dans le règne des figures, elle correspond à la manifestation de l'Esprit de DIEU sur les apôtres réunis au Cénacle ; la Pentecôte d'Israël figure celle des chrétiens ; Ras Safsâfeh et la plaine d'er-Raha sont le Cénacle de l'Ancien Testament !

Les roches de granit rouge de Syène sont à pic devant nous ; seul un éboulis de rochers entre la dent de l'est et celle du milieu peut permettre de s'élever dans le massif. L'ascension est pénible, il n'y a pas trace d'escalier ni d'une piste quelconque, et bientôt il faut s'aider des mains, monter à quatre pattes comme les bouquetins de la montagne. Rien ne décourage mon intrépide compagnon, un enfant de la Hollande, qui pourtant, jusqu'à vingt-cinq ans, me dit-il, n'a pas vu de montagne, et ne doit pas dans sa langue mettre un nom propre de lieu après le verbe *monter* à...

Enfin, à travers une de ces crevasses presque verticales que les ascensionistes des Alpes appellent une cheminée, on arrive à une fissure ouverte comme une fenêtre sur la plaine d'er-Raha. Le sommet du pic oriental est encore une quarantaine de mètres plus haut ; mais pour y monter il faudrait se mettre pieds nus et faire des tours de force, tant la roche est droite et glissante.

---

1. XXIII, 40.
2. Ex., XX, 18.
3. Deut., V, 22.
4. Ex., XX, 18, 19.

Le camp d'Israël s'élargit sous nos pieds à cinq cents mètres de profondeur et s'allonge au loin devant nous entre de gigantesques murailles de sombres rochers, coupées seulement à l'extrémité par la brèche du défilé des vents Nakb el-Hâoua. Étonnante perspective, unique au monde, devant laquelle l'âme sent comme une impression de la toute-puissance et de la majesté divine. DIEU seul a pu imaginer et préparer un si beau théâtre pour l'auguste scène de la proclamation du Décalogue, une si belle place pour les deux millions d'hommes auxquels il veut montrer quelque chose de sa majesté, de si hauts rochers pour répercuter sa grande voix, une enceinte aussi forte pour rassurer son peuple contre les ennemis pendant qu'il lui enseignait sa loi.

Quand la grande voix du Seigneur proclamait les dix commandements, Moïse se tenait dans le camp, au bas de la montagne (1). A la fin de la proclamation le peuple, terrifié par la voix de DIEU, « se tint au loin ; mais Moïse s'approcha de l'obscurité en laquelle DIEU était (2), » c'est-à-dire qu'il s'approcha de la nuée où DIEU parlait, tandis que le peuple s'en éloignait (3). Il ne monta pas au sommet d'où partait la voix du Seigneur, puisque le texte sacré ne dit pas dans la suite qu'il eût à descendre.

Est-ce parce que Moïse n'est pas monté sur les hauteurs du Ras Safsâfeh que la vénération des anciens n'y a laissé aucun monument, aucune inscription ? Le voyageur qui visite ces lieux, la Bible à la main, ne peut cependant concevoir aucun doute sur l'auguste souvenir qui s'y rattache.

C'est bien des majestueuses hauteurs du Ras Safsâfeh, illuminées d'effrayantes splendeurs, qu'est partie la grande voix du divin législateur, cette voix qui s'impose et domine sur toute créature, la même qui fit sortir l'univers du néant et l'éclaira d'un mot : *Fiat lux*. De ces hauteurs sinaïtiques elle répandit dans le monde une loi nouvelle, qui dirige non seulement les actes extérieurs, mais aussi les esprits et les cœurs, faisant un devoir de l'amour (4), proscrivant les désirs mauvais (5), ce que ne peut faire aucun législateur humain. Et cette parole divine reste aujourd'hui même, avec l'Evangile, le code le plus parfait des sociétés humaines ; les civilisations les plus avancées lui doivent leur supériorité.

Pour descendre dans le camp des Hébreux, le plus court serait le chemin de Jéthro, sikket Chou'eib, une fente de la montagne à l'est de la petite plaine, dans laquelle on peut se glisser sur les blocs de pierres jusqu'au rapide talus du ouadi ed-Deir, et atteindre le fond de la vallée en dessous du couvent. Nous préférons un autre chemin, celui du ouadi ech-Chreich.

Une ancienne tradition, à laquelle les savants anglais donnent leur assentiment (6), le tient pour le chemin suivi par Moïse quand il descendit du djébel Mouça, portant les premières tables dans ses deux mains (7). Il est en effet plus court pour descendre du sommet au camp d'Israël que les trois autres chemins, l'escalier des moines, le sentier de Jéthro, celui du ouadi Ledja à l'ouest, et il parait présenter moins de difficultés. N'est-il pas naturel que Moïse l'ait choisi pour descendre chargé de son pesant et précieux fardeau ?

Le sentier commence, comme la petite vallée, aux environs du djébel Mouça ; mais Fr. Euthymios, pour nous éviter de revenir si loin sur nos pas, nous fait

---

1. Ex., XIX, 24, 25.
2. Ex., XX, 21.
3. L'abbé Crelier, Commentaire de l'Exode, XXIV, I, dans la Bible Lethielleux.
4. Deuter., VI, 5.
5. Ex., XX, 17.
6. H. Spencer Palmer, *Sinai*, p. 180.
7. Deut., IX, 15-17.

SINAÏ. — Le Ras Safsâfeh. (Vu de la plaine d'er-Raha).

descendre dans le ouadi en face de la chapelle de Saint-Pantaleïmon. Ce ne fut pas aisé : plus d'une fois notre sage conducteur s'arrêta devant des sauts de rocher que nous n'aurions pas pu remonter, si un obstacle nous avait arrêtés plus bas, et revint sur les hauteurs. Enfin, avec un peu de gymnastique pour contourner les proéminences du rocher et quelques glissades sur des coulées de pierres mouvantes, nous arrivâmes au fond du ouadi sur le chemin de Moïse. On a dit (1) qu'il est plus facile de monter au Sinaï que d'en descendre ; le mot sonnerait mal dans un livre de piété, mais ici il est physiquement vrai.

XXXI. — Le CAMP d'ISRAEL dans la PLAINE d'ER-RAHA.

MOISE avait reçu des mains de DIEU les premières tables au sommet du djébel Mouça, et le Seigneur lui avait dit : « Va, descends ; le peuple a péché. Ils se sont fondu un veau de métal et l'adorent. » Moïse descendit donc, portant en ses mains les tables du témoignage. Son ministre Josué, monté avec lui sur la montagne, l'accompagnait. « Or Josué, entendant le tumulte et les cris du peuple, dit à Moïse : On entend les cris d'un combat dans le camp. — Non, lui répondit-il, ce ne sont pas des cris comme on en pousse pour s'animer au combat ou pour exciter à la fuite ; ce sont des chants que j'entends. Et s'étant approché du camp, il vit le veau et les danses ; et il fut très irrité, et il jeta les tables de ses mains et il les brisa au pied de la montagne. Et prenant le veau qu'ils avaient fait, il le brûla et le broya, jusqu'à le réduire en poudre qu'il répandit dans l'eau, et la fit boire aux enfants d'Israël (2). »

Que ce récit se place bien sur notre chemin ! Nous pouvons en suivre pas à pas tous les incidents. Des pierres roulées, des traces d'eaux courantes au fond du ouadi, nous disent qu'il pouvait bien y avoir là un ruisseau dans les temps bibliques. Du reste, près de l'ouverture de la vallée, des eaux assez abondantes, réunies dans un réservoir par les anciens solitaires, dont on voit encore les petits jardins abandonnés et les ermitages en ruine, sont désignées par l'antique tradition comme les eaux où Moïse répandit la poussière du veau d'or. Il avait brûlé d'abord l'idole, faite probablement d'un noyau de bois recouvert de lames d'or, et ensuite broyé l'or calciné par le feu.

Au sortir de la gorge, on n'aperçoit pas encore la plaine, cachée derrière des monticules de débris descendus de la montagne. De là, bien avant de voir la foule réunie autour de l'idole, Josué put entendre confusément le tumulte et les cris du peuple répercutés par la haute enceinte des rochers ; des voyageurs se sont donné la satisfaction de le constater par expérience.

Enfin le sentier tourne la base du Ras Safsâfeh, et nous arrivons sur un plateau légèrement soulevé, formant socle aux gigantesques rochers. Toute la plaine est en vue, largement étendue autour de nous, rétrécie et se perdant dans le lointain entre d'immenses murailles de granit. Nous la dominons, comme de la scène d'un théâtre on en domine le parterre ; mais ici le théâtre est fait des mains de DIEU pour deux millions de spectateurs. Nous devons être proche de l'endroit où Moïse brisa les tables.

L'idole s'élevait au milieu du plateau ; tout autour les chœurs de danse se développaient à l'aise sur cette immense scène en vue du peuple, avec toute la

1. Recha au Templier, dans le drame de *Nathan le Sage* par Lessing.
2. Ex., XXXII, 17-20.

pompe d'un culte idolâtrique imité des fêtes égyptiennes, et Israël enivré de ses chants oubliait son DIEU.

C'était probablement au même lieu, en vue de tout le camp, que Moïse, après la promulgation du Décalogue et quand il eut communiqué au peuple les préceptes complémentaires de la loi juive, avait offert au Seigneur le sacrifice solennel annoncé dans l'apparition du Buisson comme signe de sa mission divine. « Se levant de grand matin, il érigea un autel au pied de la montagne avec douze monuments, selon les douze tribus d'Israël. Il envoya les jeunes hommes des enfants d'Israël, et ils offrirent des holocaustes, immolant au Seigneur des veaux comme des victimes pacifiques. Et Moïse prit la moitié du sang, le mit dans des coupes, et répandit l'autre sur l'autel. Et prenant le livre de l'alliance, il lut devant tout le peuple, qui s'écria : Nous ferons tout ce que le Seigneur a dit, nous lui obéirons. — Moïse donc prit le sang et le répandit sur le peuple et dit : Voici le sang de l'alliance que le Seigneur a faite avec vous dans toutes ses paroles (1). »

***

Il faut voir les rochers nus et unis du Ras Safsâfeh s'élançant à pic du plateau ondulé qui leur sert de base, jusqu'à une hauteur de cinq cents mètres au-dessus de la plaine, pour comprendre l'ordre donné par le Seigneur avant la promulgation des commandements :

« Tu placeras une barrière pour le peuple autour de la montagne, dit-il à Moïse, et tu diras : Gardez-vous de monter sur la montagne et de toucher ses limites. Quiconque touchera la montagne mourra de mort..., homme ou bête il ne vivra pas 2). »

On pourrait presque à coup sûr désigner la place de la haie de branchages qui séparait le peuple du roc sacré.

Sur l'ordre du Seigneur, les enfants d'Israël, repentants de leur idolâtrie, déposèrent leurs ornements au pied de la montagne. « Alors Moïse, levant le tabernacle (c'est-à-dire, d'après les Septante, la tente qui lui servait d'oratoire ; car le tabernacle qui devait renfermer l'Arche d'alliance fut érigé plus tard) le dressa au loin hors du camp... Et lorsque Moïse allait vers ce tabernacle, tout e peuple se levait et chacun se tenait debout, à l'entrée de sa tente, et ils suivaient Moïse des yeux, jusqu'à ce qu'il fût entré dans le tabernacle. Et quand Moïse était entré, la colonne de nuée descendait et s'arrêtait à la porte ; et le Seigneur parlait à Moïse (3). »

Notre guide nous montre la place de ce premier tabernacle sur une montagne qui porte encore le nom de montagne du Colloque, djébel Mounadjat. Elle est à quelques minutes au delà du couvent sur le versant oriental du ouadi ed-Deir, juste dans l'axe de la plaine, en vue de tout le camp ; chacun pouvait voir le tabernacle de la porte de sa tente.

Ainsi dans la plaine d'er-Raha, comme sur la montagne du Sinaï, le voyageur retrouve la place de toutes les principales scènes qui ont accompagné la promulgation de la loi. Tous ces lieux désignés par l'antique tradition s'accordent si parfaitement avec le récit de Moïse, qu'il ne vient pas même à la pensée de chercher une autre localisation.

---

1. Ex., XXIV, 4-8.
2. Ex., XIX, 12, 13.
3. Ex., XXXIII, 7, 8, 9.

Est-il un seul fait de l'histoire ancienne dont la restitution topographique soit aussi minutieusement complète dans tous les détails ? Assurément, parmi les faits antérieurs de plus de dix siècles à l'ère chrétienne, il n'en est aucun autre. Si quelque incrédule niait que le livre de l'Exode a été écrit par un auteur contemporain et témoin des choses qu'il raconte, cette conformité si parfaite des lieux avec le récit ne suffirait-elle pas à le confondre ?

✦

Des voyageurs ont remarqué que, dans l'atmosphère absolument sèche et généralement tranquille des monts sinaïtiques, la voix prend une portée extraordinaire, et que la plaine d'er-Raha, avec son enceinte de rochers s'élargissant en éventail autour du Ras Safsâfeh, présente les meilleures conditions acoustiques pour que la voix, partie de la sainte montagne, s'y fasse entendre au loin. Évidemment, le Seigneur n'eut pas besoin de ces propriétés acoustiques pour faire entendre à tous sa grande voix dans la proclamation du Décalogue. Mais Moïse sut probablement en profiter, se plaçant à la base des rochers pour parler au peuple. Rien cependant ne nous oblige de croire que tous entendaient sa voix. Il pouvait bien ne parler qu'aux chefs chargés de transmettre ses paroles à la foule, comme un général parle à son armée.

La plaine d'er-Raha a deux kilomètres et demi de long avec une largeur moyenne d'un kilomètre. Sa superficie plate est de deux cent cinquante-cinq hectares. En ajoutant les bords inclinés facilement accessibles, on trouve un total de trois cent quatre-vingts hectares. Tout le peuple d'Israël put s'y ranger à l'aise en vue de la sainte montagne ; les tentes et les troupeaux s'étendaient probablement au delà, dans les prolongements de la plaine formés par les ouadis qui s'y rendent.

Tous les voyageurs qui sont venus au Sinaï par le Nakb el-Hâoua parlent avec enthousiasme de leur saisissement quand, au débouché du ravin, ils virent devant eux cette magnifique plaine et au fond le Sinaï. Sainte Silvie raconte qu'à cette vue elle se mit en prière, puis elle ne se lasse pas de répéter combien la plaine vue de ce point paraît plane, grande et belle. « C'est la vallée grande et très plate, dit-elle, où demeurèrent les enfants d'Israël quand Moïse gravit la montagne du Seigneur et y resta quarante jours et quarante nuits. C'est la vallée où fut élevé le veau d'or... C'est la vallée en vue de laquelle le Seigneur parla à Moïse dans le feu du buisson, lorsqu'il paissait les brebis de son beau-père. »

Deux fois nous nous sommes rendus à l'extrémité de la plaine pour contempler dans toute son étendue l'inimaginable théâtre de la plus imposante manifestation de Dieu au peuple d'Israël.

L'immense avenue de rochers inaccessibles, gigantesques, et au fond les trois pics majestueux d'où la loi divine fut proclamée au monde, se dessinant rougeâtres sur un ciel plein de lumière, ont quelque chose de divin qui élève et écrase à la fois ; nous ne savons rien dire de plus.

Ces vues sinaïtiques ont je ne sais quoi d'étrange dont on ne se rend pas compte aisément, qui laisse dans l'esprit comme un vague doute sur la réalité de ce qu'on voit. Dans cet air sans poussières, sans vapeurs, d'une parfaite transparence, les détails apparaissent de loin comme de près, rien ne fait pâlir les teintes du lointain horizon, rien n'en vaporise les contours. On dirait un paysage sans atmosphère, comme peuvent être les paysages lunaires. Aussi les vues photographiques du Sinaï n'ont-elles guère plus de profondeur que les peintures chinoises ; elles paraissent prises dans le vide ; les photographes s'en plaignent. Vainement le spectateur cherche-t-il à apprécier les distances, à distinguer les plans de fond du tableau. Il n'est pas un arbre, pas un ruisseau, pas un édifice, pas un être vivant dont la petitesse apparente accuse la distance ; rien que des rochers, tous également colorés, dont la grandeur réelle est tout à fait inconnue, et que l'œil met à la distance qu'il veut.

Le djébel Touça ne se voit d'aucun endroit du camp. Aussi les enfants d'Israël, sans nouvelle de leur illustre chef pendant son long séjour sur ce sommet sacré, disaient-ils à Aaron : Nous ne savons pas ce qu'il est arrivé à Moïse (1).

En retournant de l'extrémité de la plaine au couvent, on marche quelques centaines de pas sur un sol incliné au nord qui verse ses eaux pluviales dans le Nakb el-Hâoua ; mais la plus grande partie de la vallée verse au sud dans le ouadi ech-Cheik. Le sol est en partie couvert d'une maigre végétation de montagne. On y rencontre des terres noires contenant de l'antimoine et, sur le bord, un puits d'une assez bonne eau.

Dans la partie de la plaine la plus basse, à l'entrée du ouadi el-Deir, s'élève, à une vingtaine de mètres, un monticule formé d'alluvions, sur lequel les Bédouins ont placé un nébi décoré du nom d'Haroun, c'est-à-dire Aaron. Ce n'est cependant pas là qu'Aaron éleva le veau d'or. Il n'eût pas été en vue de la plus grande partie du camp.

XXXII. — Le ROCHER de MOISE au OUADI LEDJA.

IL nous reste à visiter les principaux ouadis des environs du Sinaï. Les enfants d'Israël, pendant leur séjour d'au moins une année dans le camp d'er-Raha (2), durent fréquenter ces vallées. L'eau, le bois, l'ombre et les pâturages les y attiraient. Les saints anachorètes des premiers siècles du christianisme les ont illustrées par l'éclat de leurs vertus, et plusieurs les ont arrosées de leur sang.

Du couvent au ouadi Ledja le sentier passe devant le front septentrional de la sainte montagne, divisé en deux parties inégales par le petit ouadi ech-Chreich, et, tournant au midi, entre aussitôt dans la vallée. À gauche est le Sinaï, à droite le mont Rabbeh. Des ruines et trois ou quatre petits jardins d'anciens solitaires se voient sur les dernières pentes des montagnes. Le plus vaste se nomme el-Bostan, le jardin. La ruine située au pied du mont Rabbeh, plus importante que les autres, appelée le couvent des apôtres Pierre et Paul, marque probablement la place de l'ancien monastère de Bethrambé ou Bethrabbé, c'est-à-dire la maison de Rabbé, monastère plusieurs fois cité dans les chroniques des anciens solitaires du Sinaï et illustré par de nombreux martyrs. Le couvent avait encore des moines en 1558-61 (3).

Au-dessus du jardin on trouve un petit courant d'eau dans le fond de la vallée et une belle fontaine, la fontaine de l'Ermite, maçonnée sous un rocher dans le lit du ruisseau.

---

1 Ex., XXXII, 1.

2. Nomb., I, 1.

3. *Pèlerinage du marchand Basile Posniakov* dans les *Itinéraires russes* publiés par la Société de l'Orient Latin, p. 285 ; Genève, 1889.

⁎⁎⁎

Enfin voici le fameux rocher de Moïse, Hadjar Mouça, que les moines tiennent pour le rocher miraculeux de Raphidim et entourent de leur vénération. F. Euthymios nous le montre avec enthousiasme au bord du chemin.

Le rocher est beau et singulier, un bloc de granit rouge, entièrement isolé, haut de trois mètres soixante et mesurant près de cent mètres cubes. La face occidentale, tournée vers le sentier, est partagée de bas en haut en parties égales par une veine de porphyre gris et vert, large de quarante centimètres. Douze sillons naturels, semblables à des ébauches de bouches humaines, traversent la veine à différentes hauteurs. Il en sortit, dit-on, douze fontaines, une pour chaque tribu d'Israël, quand Moïse frappa la pierre de sa verge.

Seuls quelques voyageurs modernes se sont permis de graver leur nom sur ce rocher (1). Les pèlerins d'autrefois l'ont respecté ; ils ont marqué leur vénération sur les rochers d'alentour en une quinzaine d'inscriptions sinaïtiques ou grecques, mêlées de croix, et les religieux de Sainte-Catherine y ont martelé le monogramme du couvent.

Si ce rocher est bien celui de Raphidim, comment se fait-il qu'il se trouve aujourd'hui si loin de ce lieu ? A cette question les moines nous répondent : « Le rocher accompagna longtemps les enfants d'Israël dans le désert, pour leur fournir l'eau dont ils avaient journellement besoin. Quand il eut terminé sa mission divine, il vint se fixer au pied du Sinaï. N'avez-vous pas lu cela dans saint Paul : *Et omnes eumdem potum spiritalem biberunt ; bibebant autem de spiritali, consequente eos petra : petra autem erat Christus* (2). Ils buvaient tous de la même eau divine, car ils étaient miraculeusement désaltérés, la pierre les accompagnant, et cette pierre était le (type du) CHRIST. — C'est, du reste, ajoutent-ils, une tradition mosaïque consignée dans les livres des rabbins antérieurs au christianisme, que le rocher d'où jaillirent les eaux à Raphidim accompagna les Hébreux dans leur voyage à travers le désert, du moins jusqu'à Cadès, où DIEU pour la seconde fois fit couler des eaux d'un rocher aride (3). »

Avouons que cette réponse des moines, donnée avec la plus complète assurance, nous fit un instant l'agréable effet du mirage, comme si elle enlevait d'un coup la grave difficulté dont nous étions préoccupés depuis longtemps : Comment deux millions d'hommes et leurs troupeaux, si DIEU ne leur donna que deux fois les eaux miraculeuses, ont-ils pu s'abreuver quarante ans dans ces déserts où nous avons tant de peine à nous procurer une eau nécessaire, le plus souvent saumâtre ? Au lieu de diminuer les miracles de l'Exode, comme le désirent les rationalistes, ne faut-il pas les multiplier, les agrandir ? Moïse, du reste, n'affirme point qu'il les ait tous racontés.

Mais le mirage s'évanouit quand le voyageur change de point de vue. L'interprétation du texte de saint Paul donnée par les moines ne se trouve pas dans les saints Pères, ni dans la tradition ecclésiastique. L'admettre serait une témérité à laquelle nous ne pouvons pas souscrire. Au reste, cette interprétation n'est pas nouvelle. Cornelius à Lapide la discute à fond, et conclut avec les saints Pères que la pierre spirituelle où tous buvaient n'est point le rocher matériel, figure du

---

1. Le nom de J.-B. Vincent de Besançon, écrit avec luxe au marteau, à la manière des inscriptions sinaïtiques, frappe surtout les regards.
2. I. Cor., X, 4.
3. Nomb., XX, 10 et suiv.

CHRIST, mais le CHRIST lui-même, qui, en vertu de sa divinité, accompagnait les enfants d'Israël dans la nuée miraculeuse, et se manifestait sur la montagne du Sinaï et dans le tabernacle.

Saint Paul, probablement instruit de la tradition judaïque relative au rocher, avait ici une excellente occasion de la confirmer. S'il ne l'a pas fait, n'est-ce pas une preuve qu'il n'y ajoutait aucune foi ? (1).

Il serait, d'ailleurs, bien surprenant que Moïse, constamment préoccupé de rappeler aux enfants d'Israël le détail des bienfaits de DIEU, pour exciter leur reconnaissance et entretenir leur fidélité aux lois du Seigneur, ait passé sous silence un prodige de la bonté divine comparable à celui de la manne. Si dans ses livres, faits pour les générations futures, il a écrit : « Je vous ai conduits quarante ans dans le désert, et vos vêtements ne se sont point usés sur vous, et votre chaussure ne s'est pas consumée avec le temps sous vos pas (2), » comment admettre qu'il n'y ait point consigné le miracle d'une source suivant le peuple dans tous ses errements pour l'abreuver ? C'en est donc fait avec le rocher du ouadi el-Ledja ; il n'est point la pierre miraculeuse de Raphidim. Le rocher d'où Moïse fit jaillir les eaux est resté inconnu aux générations de l'avenir.

D'ailleurs, la tradition qui s'attache au rocher du ouadi Ledja ne parait pas remonter au delà du moyen-âge. Sainte Silvie n'en parle pas, bien qu'elle ait passé devant le rocher en se rendant au sommet du Sinaï par le chemin du ouadi Ledja. Nous ne connaissons en faveur de cette tradition aucun document plus ancien qu'une vignette d'un manuscrit du livre de Cosmas Indicopleuste appartenant à la bibliothèque du couvent de Sainte-Catherine et remontant au XIe siècle (3). Le rocher, exactement figuré tel qu'on le voit aujourd'hui, verse de l'eau par ses douze bouches en présence de Moïse, d'Aaron et d'autres personnages. Cette vignette est d'autant plus singulière en ce lieu que Cosmas rejette expressément l'interprétation du texte de saint Paul sur laquelle s'appuie la tradition du rocher.

*_**

La difficulté de la boisson des Hébreux et de leurs troupeaux dans le désert reste donc tout entière. Elle est grave, car il s'agit de deux millions d'hommes qui, s'ils étaient répartis sur toute la péninsule, lui donneraient à eux seuls une population moyenne supérieure à celle de plusieurs États de l'Europe, soixante-sept habitants par kilomètre carré. Le Seigneur a miraculeusement pourvu son peuple de nourriture quotidienne dans le désert, de chaussure sur les rochers tranchants, de vêtements contre les froidures de l'hiver et des nuits, de guide dans ces solitudes peu connues. Comment lui a-t-il donné chaque jour l'eau, si rare aujourd'hui dans ces arides montagnes et ces sables désolés ? — Moïse ne le dit pas.

On sait l'influence de la végétation et surtout des forêts sur la quantité annuelle de la pluie. Nul doute que, depuis les temps de l'Exode, la dénudation progressive des montagnes par les pluies d'orages qui entrainent les terres dans les vallées et dans la mer, le déboisement du sol activé par les grandes exploitations minières de Sarbout el-Khadim, le rétrécissement des cultures dans les contrées voisines, la vallée du Nil et la Palestine méridionale, n'aient diminué considérablement les

---

1. Voir le commentaire des Epitres de saint Paul par l'abbé Drach, dans la Bible de Lethielleux, Paris.
2. Deut., XXIX, 5.
3. Gardhausen, Catalogue des manuscrits grecs du Sinaï, n° 1186. Oxford, 1886.

pluies, et par conséquent les sources, dans la péninsule sinaïtique et dans le désert qui la sépare de la Terre promise.

On ne s'étonnera donc pas que les Amalécites, les Madianites aient vécu dans ces contrées plus nombreux que les Bédouins d'aujourd'hui ; que des restes d'anciennes habitations s'y rencontrent en des lieux où l'eau manque complètement ; que Jéthro ait envoyé ses troupeaux paitre dans des vallées où l'on ne rencontre qu'une misérable végétation. N'est-il pas en Orient bien d'autres contrées où les eaux seraient aujourd'hui très insuffisantes pour une population aussi dense que celle d'autrefois ?

Mais que deux millions d'hommes et leurs troupeaux, massés en un même lieu, aient trouvé durant quarante ans les quatre mille mètres cubes d'eau dont ils avaient besoin chaque jour, en un pays où la moyenne annuelle de la pluie est vingt fois plus faible qu'en France, assurément de plus vastes forêts, des cultures plus multipliées, une végétation plus abondante, ne suffisent pas à l'expliquer. Les savants de l'expédition anglaise l'ont senti : E. S. Palmer, après avoir énuméré les causes naturelles de la diminution des pluies dans la péninsule depuis le temps de l'Exode, termine par ces mots : « Si ces considérations ne résolvent pas toute la difficulté, du moins elles en diminuent la force. »

Pour nous, il n'est qu'une explication suffisante : DIEU, qui a posé des lois aux phénomènes de la nature et tient encore dans sa main les mille circonstances desquelles ils dépendent, a pu disposer les agents naturels de la pluie et de la rosée pour donner à son peuple, sans miracle évident, l'eau qui lui était nécessaire durant les quarante années de son pèlerinage. Moïse ne nous dit-il pas deux fois que la rosée tombait la nuit autour du camp, avant que la manne couvrit la terre (1)? Et David ne fait-il pas allusion à cette providence spéciale de DIEU dans le psaume LXVII : « Quand tu traversais le désert, la terre s'est émue, et les cieux ont distillé la pluie à la face de DIEU, du DIEU du Sinaï, du DIEU d'Israël. Vous faites tomber, Seigneur, avec une très grande libéralité, les eaux du ciel sur votre héritage (2). »

XXXIII. — DEIR EL-ARBAIN et DJÉBEL KATHERIN.

EN remontant la vallée, nous arrivons, en moins d'une demi-heure, à de belles plantations d'oliviers, de figuiers et d'autres arbres, au milieu desquelles se cache le joli petit couvent des Quarante-Martyrs, Deïr el-Arbaïn. Il n'a pas d'autre ouverture extérieure qu'une porte basse. Nous n'y trouvons qu'une famille de Bédouins Djébeliyeh, chargés de la culture des terres. Les religieux ont quitté le couvent depuis plus d'un siècle ; de temps à autre seulement deux ou trois moines de Sainte-Catherine s'y rendent pour surveiller la propriété ou recevoir les pèlerins.

La petite église voûtée, sombre et pieuse, le minuscule cloître avec ses cellules bien propres à l'étage supérieur, les hauts cyprès, paratonnerres traditionnels des vieux couvents, et surtout le site solitaire, grandiose, plein de pieux et illustres souvenirs, en font une gracieuse miniature de monastère, à faire envie à bien des pieux contemplatifs.

---

1. Ex., XVI, 13. — Nomb., XI, 9.
2. 8, 9, 10.

Le couvent est dédié à quarante martyrs, solitaires de ces montagnes, mis à mort par les barbares au temps de Dioclétien ; peut-être l'église recouvre-t-elle leurs saintes reliques. Ammonius, venu de Palestine au mont Sinaï pour s'édifier auprès des saints anachorètes qui l'habitaient, fut témoin de ces scènes de carnage et nous en a laissé le récit.

Ces grands serviteurs de DIEU menaient dans un corps mortel une vie plus angélique qu'humaine. Ils étaient pâles d'abstinences, ne vivaient que de dattes et d'autres fruits de la contrée, s'interdisant le vin, l'huile et même le pain. Il n'y avait de pain que dans la cellule de leur Supérieur pour donner aux étrangers, qu'ils recevaient toujours avec une grande charité. Ils passaient toute la semaine dans leurs cellules, et s'assemblaient seulement le samedi au soir à l'église pour y faire en commun les prières de la nuit. Le dimanche au matin ils communiaient ensemble et, fortifiés par la céleste nourriture, allaient reprendre le silence et les austérités de leurs cellules.

Tandis que ces hommes de paix glorifiaient DIEU par leurs louanges et la pureté de leur vie, une troupe de Sarrasins vinrent tout d'un coup, le 28 décembre, envahir leur solitude. Ils massacrèrent d'abord impitoyablement tous ceux qu'ils rencontrèrent dans des cellules écartées, puis ils s'approchèrent de la tour où s'étaient retirés l'abbé Dulas, Ammonius et quelques autres moines accourus des cellules les plus proches. Il eût été fort aisé à ces barbares de se rendre maîtres de la tour et de les tuer tous. Mais le Seigneur vint au secours de ses serviteurs. Il fit paraître sur la montagne une flamme prodigieuse mêlée de fumée, qui s'élevait jusqu'aux nues. A cette vue les barbares épouvantés prirent la fuite, abandonnant leurs armes et leurs chameaux.

L'abbé Dulas, Ammonius et leurs compagnons, ayant rendu grâces à DIEU de leur délivrance, se mirent à parcourir les cellules ravagées. Outre douze religieux mis à mort par les barbares dans le monastère de Bethrabbé, ils trouvèrent dans les cellules trente-huit morts et deux blessés, Isaïe et Sabas, les seuls dont nous ayons les noms. Isaïe expira peu d'heures après. Sabas paraissait devoir guérir de ses blessures ; mais ce parfait religieux, n'aspirant qu'à la vie immortelle, conjura DIEU de le joindre à ses frères martyrs, afin qu'il ne manquât rien au nombre mystérieux de quarante (1) ; et il expira le quatrième jour.

A cent cinquante pas du couvent, de l'autre côté du ruisseau, proche d'une retenue d'eau, se trouve l'ermitage de saint Onuphre, joli modèle de ce que pouvaient être les meilleures cellules des anciens solitaires. Un passage tortueux entre deux rochers conduit à une petite cour sur laquelle ouvrent le petit oratoire et la grotte de l'ermite ; celle-ci est large de quatre mètres, haute seulement d'un mètre et demi et terminée par un enfoncement où la lumière ne pénètre pas.

L'anachorète saint Onuphre, dont l'Église fait la fête au 12 juin, vécut loin du

---

1. « Que le nombre quarante nous soit sacré et se recommande par une sorte de perfection, c'est chose connue de votre charité, et souvent attestée par les divines Écritures, » dit saint Augustin (*Tract. 17 in Jean.*) Ce nombre, en effet, paraît spécialement consacré à la pénitence par la volonté divine. Le Seigneur condamna Israël aux privations du désert pendant quarante ans avant de le mettre en possession de la Terre promise. Il voulut qu'Élie et Moïse jeûnassent quarante jours avant de recevoir ses plus intimes communications. DIEU fait homme lui-même inaugura par un jeûne de quarante jours sa vie de miracles et de divines prédications.

Pour les chrétiens d'Orient, le nombre quarante n'est pas seulement celui de la pénitence, il est le nombre parfait, il ajoute du prix à toute chose ; aussi aiment-ils à le trouver ou à le faire venir dans tout ce qui excite leur admiration. Peut-être a-t-il une part dans la vénération toute particulière que les Églises orientales, si riches en martyrs, professent pour les quarante martyrs de Sébaste. Leur fête est chômée chez les Grecs et les Maronites.

Sinaï, dans les déserts au couchant du Nil; mais il fut sans doute en honneur dès les premiers temps parmi les solitaires de ces montagnes, car un moine qui l'avait rencontré dans ses pérégrinations au désert vint raconter sa merveilleuse histoire aux solitaires d'Elim : sa relation nous a été conservée (1).

⁂

C'est de Deïr el-Arbaïn qu'il convient de partir pour faire en un jour l'ascension du djébel Katherin et retourner au grand couvent. On a déjà fait deux heures de chemin ; il n'en reste plus que quatre pour arriver au sommet. Mais quelles heures de fatigues effrayantes ! F. Euthymios nous propose donc de passer la nuit dans les petites cellules de Deïr el-Arbaïn ; il insiste même : « Pour des pèlerins comme vous, le voyage ne serait pas complet, si vous n'alliez pas voir le pic sur lequel les anges portèrent le corps de sainte Catherine. »

Le chemin suit d'abord une gorge rocheuse, étranglée par moments. On y rencontre quelques inscriptions. A une heure et demie de marche on trouve une source de belle eau, la source des Perdrix, Bir ech-Chounnar. De là un raide sentier, marqué surtout par des tas de pierres élevés de distance en distance sur les rochers en vue, monte sur l'arête de rochers par laquelle seule on peut atteindre le sommet. Le coup d'œil s'annonce splendide ; mais vraiment, pour entreprendre pareille ascension, il faut compter sur la reconnaissance de sainte Catherine, *ut ad montem qui Christus est pervenire valeamus*, dit l'oraison de la Sainte ; la vue ne payera jamais toute la fatigue. L'arête bordée de précipices insondables n'est pas dangereuse, mais gare au vertige pour peu qu'on y soit sujet.

Au sommet, la plate-forme a seulement quelques mètres de large ; la petite chapelle en pierres sèches de Sainte-Catherine en occupe la moitié. Quelques inégalités du rocher autour de la chapelle passent pour l'empreinte du corps de la Sainte, qui y séjourna trois siècles.

De ce sommet, le plus élevé de toute la péninsule (2,602 m.), le panorama est complet dans toutes les directions, aussi loin que porte la vue ; seul le massif du djébel Oumm-Chômer (la mère du fenouil) fait écran au sud-ouest.

Cette montagne, d'après les mesures du *Sinaï-Survey*, n'a que vingt-sept mètres de moins que le djébel Katherin. Au nord, le Serbal et le djébel el-Bénât se projettent sur les hauteurs blanchâtres du désert de Tih. Au couchant, s'étalent les steppes désolées d'el-Qa'a, puis le golfe de Suez et sa rive africaine. Au levant, sur un océan de pics rocheux, brille le golfe d'"Aqâbah et s'estompent les montagnes d'Arabie dans le plus lointain horizon.

XXXIV. — SAINT JEAN CLIMAQUE.

SAINT Jean Climaque vint au Sinaï à l'âge de seize ans pour apprendre la perfection sous la conduite des solitaires. Son maître fut un saint vieillard nommé Martyrius.

Après un noviciat de quatre années, il fit la profession religieuse dans le couvent. A la mort de Martyrius, arrivée en 560, résolu d'embrasser la vie des anacho-

---

1. Bollandistes, t. XXIII, p. 19.

rètes, il se retira dans une cellule de la vallée de Thola, au bas du Sinaï, à cinq milles de l'église. Pour s'éloigner encore davantage du commerce des hommes, il se fit une grotte dans un rocher du voisinage, où il s'enfermait de temps en temps et se livrait à la plus haute contemplation.

Vers l'an 600, notre Saint fut élu, d'une voix unanime, abbé du mont Sinaï, supérieur de tous les moines et de tous les anachorètes du pays. Peu après son élévation, une grande sécheresse et la famine désolèrent la contrée ; par ses prières, il fit cesser le fléau.

Sur les instances du bienheureux Jean, abbé de Raithe, c'est-à-dire de Thor, il écrivit un excellent recueil des règles de la perfection chrétienne, et l'appela *Climax* ou Echelle. De là son nom de Climaque. Parmi les nombreux exemples de perfection qu'il mêle aux préceptes, il décrit la vie des saints pénitents au monastère de la Prison, situé à un mille au-dessus de son ermitage de Thola.

Quelque temps avant sa mort, il se démit de sa dignité, se retira à Thola et y mourut le 30 mars 605, à l'âge de quatre-vingts ans.

*_**

Allons visiter ces lieux. La vallée de Thola, aujourd'hui ouadi et-Tla'a, est une vallée profonde à l'ouest de la plaine d'er-Raha et du Nakb el-Hâoua. Elle descend parallèlement à ces deux vallées, dont elle n'est séparée que par une étroite chaîne de hauts rochers, et se jette dans le ouadi Selaf après un parcours de quinze kilomètres.

Nous franchissons la chaîne en face de l'ouverture du ouadi Ledja, dans un col étroit formé par une faille des rochers. Les anciens solitaires y ont taillé dans le granit un escalier de marches à peu près régulières, travail considérable qui prouve l'énergie et la patience de ces hommes de prière. Nous nous encourageons dans cette pénible montée à la pensée que saint Jean Climaque et bien d'autres saints ignorés du monde ont gravi ces marches, chaque semaine, par la chaleur et par la neige, pour se rendre à l'église du couvent.

Au sommet du col, la fente s'élargit et disparait ; les degrés ne se rencontrent plus que de distance en distance sur les roches plates et inclinées du versant. Bientôt se montre, au milieu de la verdure des arbres qui couvrent le fond de la vallée, le petit couvent des saints Côme et Damien. F. Euthymios, comme tous les Grecs, appelle ces saints *anargyres*, Ἀνάργυροι, ce qui veut dire *sans argent*. On rapporte en effet que ces deux frères, Arabes, médecins de leur profession, reçurent de l'Esprit-Saint le don des guérisons miraculeuses et dès lors ne firent pas payer leurs services, se souvenant de la recommandation du Sauveur à ses apôtres : *Gratis accepistis, gratis date,* ce que vous avez reçu gratuitement, donnez-le gratis(1).

Nous trouvons un peu d'eau, quelques arbres fruitiers et une plantation d'oliviers couvrant un hectare de terrain autour du couvent. Celui-ci est inhabité, mais convenablement entretenu. Du dehors, ce n'est qu'une médiocre enceinte de hautes murailles. A l'intérieur, on voit une chapelle, quelques maisonnettes adossées à la muraille, et un assez joli jardin où croissent des orangers, des abricotiers enlacés de vignes.

Ce doit être l'ancienne laure de saints ermites pénitents que notre Saint et plusieurs pèlerins des siècles passés (2) appellent la Prison. Les solitaires

---
1. Matthieu, X, 8.
2. *Pèlerinage de Basile Poniatow* (1558-1561) dans les *Itinéraires russes*, publiés par la Société de l'Orient Latin. Genève, 1889.

pouvaient, sans sortir de leurs murailles, respirer l'air pur, jouir du soleil, et même se distraire un peu dans le petit jardin, agréable préau de leur prison volontaire.

Le sentier qui conduit à l'ermitage de saint Jean Climaque suit à mi-côte le versant occidental de la vallée durant une demi-heure. Deux magnifiques caroubiers, sur un petit plateau, à cent mètres au-dessus du fond de la vallée, marquent l'emplacement de la cellule du Saint. Ils ont chacun deux mètres de large et appartiennent, l'un à un Grec de Thor, l'autre à un Bédouin de la montagne. Une petite source coule à leur pied.

Le site est beau. De cette hauteur les petites clôtures de verdure, s'échelonnant par intervalles dans le bas de la vallée, au milieu de rochers bruns, font l'effet de flaques d'eau ou d'herbes perdues dans une contrée couverte de lave. Chaque petite clôture a sa source, et l'ensemble de ces eaux forme un petit ruisseau qu'on voit briller çà et là dans les rochers.

La grotte du Saint se trouve à une quarantaine de mètres plus haut, à cent ou deux cents pas de la cellule, si bien cachée qu'il serait difficile de la trouver sans guide. Par un trou d'un quart de mètre carré, on entre sous une grande roche plate et inclinée, qui paraît descendue de la montagne, et on se trouve dans une chambre à peu près circulaire, large de cinq mètres, dont les parois sont en majeure partie bâties de pierres sèches. On y a pratiqué du côté du nord trois fenêtres, larges seulement de vingt centimètres, et six petits enfoncements qui ont pu servir d'étagères pour le petit mobilier de l'ermite. A peine peut-on se tenir debout dans la partie où le plafond est le plus élevé. Nous avons prié et remercié le saint solitaire de la grotte pour les précieuses leçons qu'il nous a laissées dans ses ouvrages.

Une demi-heure plus loin nous traversons le ruisseau dans un petit verger d'abricotiers, où habite une pauvre Bédouine avec ses jeunes enfants, et nous montons par un ravin secondaire à l'extrémité de la plaine d'er-Raha.

Comme nous nous étonnions de trouver une pauvre femme seule dans ces déserts et tant de petits vergers sans gardiens, F. Euthymios nous dit qu'un Bédouin fait la garde dans la vallée, moins contre les hommes que contre les bêtes, car on n'entend jamais parler de maraudeurs ou d'autres malfaiteurs, tant est sûre l'honnêteté des Bédouins de ces montagnes.

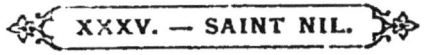

XXXV. — SAINT NIL.

LE couvent du Sinaï et les lieux que nous parcourons furent le théâtre de la pieuse et dramatique histoire de saint Nil et de son fils Théodule racontée par lui-même (1). Elle s'impose au souvenir du pèlerin ; elle augmente sa vénération pour ces montagnes et pour les solitaires qui achetaient au prix des plus grands dangers le bonheur d'y prier et d'y terminer saintement leurs jours.

Saint Nil avait été gouverneur de Constantinople, ou selon d'autres, préfet du prétoire. Pénétré de la vanité de ce monde, il partit vers la fin du IVe siècle pour le désert du Sinaï, emmenant avec lui l'un de ses fils, Théodule, désireux de partager sa vie de prière et de pénitence. Il choisit pour sa

---

1. *Nili monachi Narrationes*, dans la *Patrologie grecque* de Migne, t. LXXIX.

retraite la montagne même du Sinaï, habitée par des anachorètes d'une vie toute céleste.

« Les uns, dit-il, demeurent dans de petites cabanes de pierres, les autres dans des cavernes naturelles. Ils se fixent toujours à une petite distance les uns des autres, en sorte qu'ils peuvent vivre dans une sainte union, s'aider dans leurs besoins, sans rompre leur rigoureux silence. De même qu'on ne connaît pas chez eux les assaisonnements qui flattent le goût, on n'y connaît pas l'image de César gravée sur l'argent ; car dans cette sainte société on ne vend pas, on n'achète pas, mais on se porte secours mutuellement avec la plus grande charité. Ils s'assemblent tous les dimanches à l'église pour participer aux divins mystères, et s'animer mutuellement à la pratique des vertus par de saints entretiens. Ces réunions ont encore l'avantage de les conserver dans la charité et la douceur, loin de toute tristesse sauvage. Pour juger de la patience et de la force de ces saints moines, il faut songer qu'ils passent librement toute leur vie dans ces mêmes solitudes, où les Israélites ne purent supporter pendant quarante jours l'absence de leur chef sans tomber de la crainte dans l'impiété, où ils ne purent voyager sans murmurer contre le Seigneur, encore que chaque jour ils trouvassent préparée une céleste nourriture. »

« J'étais descendu depuis peu de temps de la montagne avec mon fils, raconte-t-il, pour visiter selon ma coutume les saints qui habitaient au Buisson. De grand matin, quand les Pères terminaient l'office de la nuit, une troupe de barbares se précipite comme une tempête dans le monastère, poussant des cris terribles dans une langue que nous ne comprenions pas. Ils nous jettent hors de l'église, nous arrachent nos vêtements, et rangent en ligne les plus âgés en brandissant leurs épées avec des yeux pleins de rage. Ils se précipitent d'abord sur le prêtre du couvent, lui fendent le crâne d'un coup porté par derrière, sans que le saint homme donne un signe de douleur. Il fit seulement le signe de la croix en murmurant : « Que le Seigneur soit béni ! » Un second coup lui ouvrit l'épaule jusqu'à la poitrine, et il tomba sur le visage avec la plus parfaite modestie. Ils massacrèrent également un autre vieillard, le compagnon du prêtre, et un jeune homme. Ils lui avaient ordonné de ramasser les dattes étendues à terre pour sécher, et il s'employait à ce travail avec une grande activité, peut-être dans l'espoir que, le voyant si actif, ils l'épargneraient pour en faire leur serviteur ; mais d'un coup de lance ils lui traversèrent l'épaule et la poitrine.

» Nous n'attendions que le coup de la mort, quand ces barbares, de leurs mains pleines de sang, nous firent signe de partir, donnant en même temps aux plus jeunes l'ordre de rester avec eux. Les moines s'enfuirent aussitôt par les ravins qui montent à la sainte montagne ; on n'y a pas tracé de chemins par respect pour le sommet où DIEU s'est reposé et a traité avec son peuple.

» Mon fils Théodule restait entre les mains de ces barbares, je ne pouvais me résoudre à m'éloigner ; mon cœur me retenait à côté de lui, car son danger me préoccupait plus que ma vie ; mais lui, des yeux, me faisait signe de fuir. Enfin je me décidai à suivre les autres moines. Il me semblait en marchant que mon esprit, tout occupé de mon fils, était séparé de mon corps. Théodule était beau, bien fait, jeune encore, il n'avait pas trente ans ; n'allaient-ils pas en faire une victime de leurs abominables sacrifices ?

» La nuit était venue, les barbares s'étaient retirés. Nous descendîmes de la montagne pour rendre les derniers devoirs à nos morts. Le prêtre respirait encore. Il profita de son reste de vie pour nous exhorter à adorer sans trouble les jugements de DIEU, nous parlant de Job et des incomparables récompenses réservées à ceux qui ont combattu pour l'amour du Seigneur. Il nous donna le baiser de paix et rendit son âme à DIEU. Il se nommait Théodule, comme mon fils. Les deux autres religieux tués avec lui s'appelaient Paul et Jean.

» Cette même nuit nous partimes pour Pharan. Nous y étions depuis quelque temps, quand arriva un captif échappé du camp des barbares. Il nous apprit que ces infidèles avaient tué plusieurs autres solitaires dans les montagnes et nous conta ainsi l'histoire de sa délivrance :

« Un jour que j'étais dans le camp, un esclave de ces barbares, habitué à leur
» langage, me prévint qu'ils avaient résolu de nous sacrifier le lendemain à l'étoile
» de Vénus, moi et le jeune Théodule, dès que l'étoile se lèverait à l'horizon.
» J'avertis aussitôt Théodule, lui communiquant ma résolution de m'enfuir pen-
» dant la nuit. Mais Théodule n'osa pas me suivre, de peur d'être repris par les
» barbares, qui ne manqueraient pas de nous poursuivre. Je ne sais ce qui lui est
» arrivé dans la suite. »

» A ce récit, continue saint Nil, ma douleur fut au comble ; je promis au Seigneur de le servir avec plus de ferveur, dans de plus grandes austérités, si je retrouvais mon fils vivant. DIEU voulut bien me rassurer par une voix qu'il me fit entendre durant mon sommeil : « DIEU a écouté la prière que vous lui avez
» adressée. »

» Le captif raconta bien d'autres horreurs commises par les barbares. Ils lapidèrent un saint vieillard qu'ils avaient trouvé dans une cellule à peu de distance du camp où ils avaient laissé leurs armes. Ailleurs, c'est un autre solitaire qu'ils brûlèrent à petit feu après l'avoir percé de traits. Ils massacrèrent même traitreusement un sénateur de Pharan, nommé Magadon, et son fils, les faisant assassiner par deux des leurs qu'ils avaient donnés pour guides. Le conseil des citoyens de Pharan résolut d'en porter plainte au roi des barbares comme d'une violation des traités faits avec lui, et lui députèrent deux messagers.

» En attendant le retour des envoyés, continue saint Nil, nous nous mîmes à parcourir le pays pour retrouver les corps des solitaires tués par ces infidèles et les ensevelir. Il nous fallut marcher pendant cinq jours. Ces bienheureux martyrs n'avaient aucun signe de corruption, aucune morsure des bêtes féroces ou des oiseaux de proie, quoique bien des jours eussent passé sur leurs saints corps.

» Voici leurs noms et les lieux de leur mort : Proclus à Bethrambé, Hypatius dans la station de Salaël (peut-être Nébi Saleh dans le ouadi ech-Cheik), Macaire et Marc au désert loin des habitations, Benjamin dans le désert autour d'Elim, Eusèbe à Thola, Elias à Azé. Ce dernier respirait encore. Nous le transportâmes dans une cellule et nous nous écartâmes un instant pour ensevelir un mort ; quand nous rentrâmes, il était à genoux et sans vie.

» De retour à Pharan, nous apprîmes des messagers que le roi des barbares, Ammane, désireux d'entretenir la paix avec les habitants, s'offrait à réparer les dommages causés par ses gens contre la foi des traités. On lui envoya donc des ambassadeurs pour renouveler la paix et lui présenter ceux qui avaient des réclamations à lui faire. Je me joignis à eux pour tâcher de retrouver mon fils.

» Il y avait douze journées de marche de Pharan à la résidence du roi. Le quatrième jour, comme nous nous étions séparés pour chercher de l'eau, en franchissant une hauteur, je me trouvai tout à coup en face des barbares campés autour de la source que nous cherchions ; ils se précipitèrent sur moi et m'emmenèrent garrotté dans leur camp. Mais les soldats de notre escorte s'étant montrés sur la colline, ils prirent la fuite, laissant tout ce qu'ils avaient. Je fus sauvé.

» J'appris à la cour que mon fils vivait encore et se trouvait à Eluse (aujourd'hui Khalasah, à mi-chemin entre el-Arich et l'extrémité méridionale de la mer Morte). On me donna deux guides pour m'y conduire. En chemin je rencontrai un jeune muletier, qui de loin accourut vers moi tout joyeux et me remit une lettre de Théodule. Il m'avait connu autrefois, et comme il était d'Eluse, il s'était offert à mon fils pour me porter de ses nouvelles. N'ayant rien à lui donner, il dut se contenter de mes remerciements.

» En entrant à Eluse, j'allai d'abord à l'église rendre grâce au Seigneur avec beaucoup de larmes. Grand nombre de personnes s'étaient assemblées pendant ma prière. Elles me conduisirent à la demeure de l'évêque, où était mon fils. Théodule hésita à me reconnaître, tant la douleur et les fatigues du chemin m'avaient défait, tant mes habits étaient misérables, malpropres et déchirés. Mais moi, je n'eus pas à réfléchir pour reconnaître les traits de mon fils, restés toujours présents à mon esprit. Je l'embrassai sans pouvoir proférer une parole et, ne pouvant soutenir tant de joie, je tombai en défaillance.

» Je voulus ensuite savoir de lui les dangers et les souffrances de sa captivité.

« Les barbares, me dit-il, avaient résolu, comme vous le savez, de m'immoler
» à leur infâme divinité. Dès le soir même ils avaient préparé un autel, un
» glaive, des vases, de l'encens, et les liqueurs qu'ils devaient répandre ; je ne
» m'attendais plus qu'à la mort, à moins que Dieu ne l'empêchât par un coup
» de sa toute-puissance. Voyant donc que l'esclave mon compagnon s'était
» enfui, et n'ayant pas eu le courage de le suivre, je m'abandonnai à la divine
» Providence et passai la nuit couché le visage contre terre, versant des larmes
» en abondance, le cœur pourtant élevé vers Dieu. Enfin l'étoile de Vénus parut
» sur l'horizon ; je me levai de terre, m'assis les mains croisées autour des
» genoux et continuai à prier, arrosant ma poitrine de mes pleurs jusqu'à ce
» que le soleil se levât. Peu de temps après, les barbares, qui s'étaient remplis
» de vin avant de s'endormir, se réveillèrent en tumulte, fâchés de n'avoir pas
» prévenu l'astre du jour, parce qu'il n'était plus temps de faire leur impie
» sacrifice. Ils furent aussi fort étonnés de me voir seul, et me demandèrent ce
» que l'autre était devenu. Je leur répondis que je n'en savais rien. Ils n'en devin-
» rent pas plus furieux, semblèrent même s'adoucir et ne me maltraitèrent point.
» Ils voulurent me faire manger des viandes offertes à leurs divinités et m'en-
» gager dans de mauvaises choses. Dieu me fit la grâce de me soutenir dans
» mon devoir.

» Enfin je ne sais ce qu'ils concertèrent entre eux ; mais, s'étant approchés
» des lieux habités, ils m'exposèrent en vente au bourg de Suca.

» Comme personne ne voulait m'acheter au prix qu'ils demandaient, ils me
» placèrent à la porte du bourg avec une épée nue sous le cou, marquant par
» là que, si on ne se hâtait de me prendre, ils me couperaient la tête. Je fus
» alors plus en danger que jamais, et je me mis à conjurer avec larmes les
» passants de vouloir bien m'acheter, leur promettant qu'ils n'y perdraient rien.
» Enfin un homme fut touché de compassion et traita avec eux de ma rançon.
» Voilà comment j'ai été délivré. Celui qui m'acheta me revendit à l'évêque
» d'Eluse ; ce prélat m'a comblé de ses bontés, jusqu'à m'élever à la cléricature
» et me confier le ministère de sacristain et de portier. »

» Tel fut en substance le récit de Théodule.

» L'évêque, ému de notre bonheur, fit tous ses efforts pour nous faire oublier par ses attentions nos souffrances passées, et nous pressa de rester avec lui. Cependant, nous soupirions après notre ancienne solitude, et il voulut bien n'user de son autorité et du droit qu'il avait acquis sur mon fils que pour nous obliger à recevoir la prêtrise de ses mains. Ce fut en vain que nous le priâmes avec larmes de ne pas nous élever à une si haute dignité, dont nous nous sentions bien indignes. Il nous conféra les saints ordres, et, nous donnant de l'argent pour le voyage, il nous congédia avec les témoignages d'une vive et particulière affection. »

Saint Nil s'ouvrit à son fils du vœu qu'il avait fait, dans le temps de l'affliction, d'embrasser une piété plus parfaite, une vie plus austère. Ils retournèrent ensemble au Sinaï, et y vécurent encore plusieurs années dans l'exercice des plus hautes vertus. Nil continua à instruire par ses écrits, à édifier par sa vie les saints anachorètes de ces déserts, jusqu'à l'an 430 environ.

XXXVI. — La NATURE.

Nous avons déjà remarqué que les vallées du Sinaï, choisies par le Seigneur pour l'école d'Israël, où, durant une année entière, il devait lui enseigner la loi sainte de son alliance, offraient une sécurité particulière à ce peuple entouré d'ennemis et étranger au métier des armes. Israël s'y trouvait isolé des nations ; mieux encore qu'à Jérusalem, Dieu pouvait dire à son peuple : « Je lui serai un mur de feu (1) tout autour, et ma gloire habitera au milieu de lui (2). »

Ajoutons que le climat est d'une salubrité exceptionnelle, que nulle part les vallées ne présentent un aussi large développement dans un espace restreint, que l'eau et la verdure, sans y abonder, sont moins rares que dans les autres contrées de l'aride péninsule.

Dans ces vallées, d'une altitude supérieure à 1,500 mètres, la chaleur n'a rien d'excessif, l'atmosphère pure et sèche (3) n'a rien d'accablant. En toute saison les nuits sont relativement fraîches, même froides (4). Durant l'hiver il gèle toutes les nuits, le thermomètre descend à cinq ou six degrés au-dessous de zéro. Aussi le Seigneur eut-il soin de faire dire à son peuple : « Si vous avez pris en gage le vêtement de votre prochain, rendez-le au coucher du soleil, car il est sa couverture, et il peut se faire qu'il n'en ait pas d'autre pour dormir ; s'il devait avoir recours à moi, je l'exaucerais, parce que je suis miséricordieux (5). »

Pour le voyageur, il n'est pas d'autre précaution sanitaire spéciale que de se prémunir contre les variations de température, souvent excessives. Il n'emportera pas avec lui la petite pharmacie de voyage bien utile dans les autres contrées peu habitées de l'Orient ; car il n'aura pas à s'en servir pour lui-même, sauf accident, et, bien qu'auprès des Bédouins tout Européen passe pour médecin, aucun ne viendra le consulter ou lui demander des remèdes. Les indigènes de la péninsule ne connaissent guère d'autre maladie que les rhumatismes et les

---

1. Les chaînes de montagnes qui entouraient les enfants d'Israël au Sinaï sont toutes de roches ignées.
2. Zach., II, 5.
3. L'état hygrométrique de l'air, mesuré en mars au pied du Sinaï par les savants de l'expédition anglaise, est assez exactement représenté par la fraction 1/3.
4. D'après les mêmes observateurs, la variation diurne de la température est en moyenne de dix-sept à dix-huit degrés durant l'hiver, et dépasse parfois vingt-six degrés. Est-il surprenant que sous un ciel sans nuage, dans une atmosphère extrêmement sèche, le rayonnement de calorique abaisse à ce point la température des nuits ?
5. Ex., XXII, 26, 27.

maux de poitrine, auxquels les expose l'insuffisance de leurs vêtements et de leurs abris.

Sur ces montagnes de granit et de porphyre tranchants, le voyageur apprécie vite la paternelle et prodigieuse attention du Seigneur pour la chaussure des enfants d'Israël. Pendant les quarante années de voyage dans le désert, leurs pieds ne se sont pas enflés (1), leurs chaussures ne se sont pas consumées en vieillissant sous leurs pas (2). Nos souliers, capables de résister ailleurs aux plus rudes épreuves, eurent bientôt besoin du moine cordonnier; à la fin de notre séjour ils n'étaient plus réparables. Les Bédouins marchent le plus souvent pieds nus dans les ouadis, à moins que la chaleur du sable leur devienne insupportable; mais, dans les rochers, ils chaussent des sandales en peau de dugong ou vache marine qui habite la mer Rouge: la peau de chameau elle-même serait vite coupée. Du reste rien de nouveau dans ce pays. « Je te donnai des vêtements brodés et une chaussure de peau de dugong (en hébreu tachasch), » dit le Seigneur à la fille de Sion (3).

※

Les animaux sont naturellement peu nombreux dans un pays à végétation rare. Bien des touristes aiment à rapporter du Sinaï quelque belle tête de bouquetin aux énormes cornes ondulées et rejetées en arrière, avec la longue barbe noire qui distingue le mâle; mais peu ont eu la bonne fortune de rencontrer ce bel animal dans les montagnes, où pourtant il n'est point rare. Il habite par petits troupeaux les plus hautes régions, et apparaît le plus souvent au sommet des précipices à des centaines de mètres au-dessus du chasseur. Très craintif, il s'alarme au moindre bruit, fait entendre un léger sifflement et fuit dans les rochers avec une étonnante agilité. On ne peut guère l'atteindre qu'en se plaçant à l'affût près des sources, où il va boire le matin.

Le bouquetin, *Ibex sinaïcus* des naturalistes, est l'*ya'el* biblique, que le livre des Proverbes appelle « une chèvre sauvage très gracieuse » (4), et dont il est écrit dans les psaumes: « Les montagnes élevées sont pour les bouquetins, et les rochers servent de refuge aux damans (5). »

Quel joli petit animal que le daman ou *Hyrax syriacus!* Il n'est guère plus gros que le cobaye ou cochon d'Inde, et les naturalistes le placent entre l'hippopotame et le rhinocéros, dans la famille des pachydermes. Sa couleur est celle du lièvre. Timide comme une souris, vivant en troupes, il habite les amas de pierres des vallées. « Les damans, peuple sans puissance, placent leurs demeures dans les pierres, » disent les Proverbes (6). Les Hébreux ne devaient pas manger sa chair (7). Les Bédouins ne la mangent pas davantage. Serait-ce une suite de l'antique défense?

Le lièvre doit être rare dans le pays, à en juger par l'enthousiasme de nos chameliers quand ils en virent un dans la plaine sablonneuse de Debbet er-Ramleh. Aoudi nous demanda la permission de le poursuivre. Il rapporta

1. Deut., VIII, 4.
2. Deut., XXIX, 5.
3. Ezech., XVI, 10.
4. V, 19.
5. CIII, 18.
6. XXX, 26.
7. Lev., XI, 5. — Deut., XIV, 7.

l'animal sans vie et sans blessure. Probablement il le prit à la course, car la pauvre bête avait grand'peine à courir dans les sables mouvants ; cependant il tint absolument à nous faire croire qu'il l'avait tué au fusil. Le lièvre du Sinaï a une physionomie particulière, de grands yeux de gazelle, des naseaux saillants et ouverts comme ceux du cheval.

Nos Bédouins, pour si bon gibier, n'eurent pas égard à l'impureté mosaïque du lièvre (1). Ils firent rougir deux pierres plates dans un feu de broussailles ; les dressant ensuite, inclinées l'une contre l'autre, ils en firent un petit four où le lièvre se rôtit à point, une heure durant, sous un monceau de cendres chaudes. Il fut excellent.

.*.

La flore du Sinaï jouit à un haut degré de la faveur des botanistes, soit par la rareté de plusieurs espèces, soit par la beauté particulière que prennent les plantes sous ce ciel, dans les terres vierges des ouadis. Ils ont donné l'épithète de sinaïtique à plus de quarante espèces ou variétés.

Les arbres sont peu nombreux. Nous en avons nommé plusieurs. Signalons encore, dans les vallées humides, un figuier à écorce blanche comme les bouleaux du Nord, à fruits coriaces, de la grosseur d'un petit pois, le *ficus pseudosycomorus* (Dcne), et encore le Bén ou Bân, dont les graines donnent l'huile de bén autrefois employée en médecine, aujourd'hui recherchée des parfumeurs comme fixant à merveille les parfums les plus fugitifs et ne rancissant jamais. Le *Moringa aptera* (Gaertn), c'est son nom, se trouve surtout dans les ravins de la région moyenne, aux environs de Feiran. Ses feuilles, réduites en aiguilles par la chute des folioles, pendent en gracieux pinceaux ; durant l'été, ses fleurs blanches sont un ornement des sombres vallées.

Entre les rochers de la sainte montagne et des ouadis d'alentour brillent de tous côtés les beaux épis argentés d'une superbe marjolaine, *Origanum sinaïcum* (B.), remarquable variété de l'*Origanum maru* (L.), si commun en Palestine et dans tout le Liban. A cette vue la pensée se reporte sur l'hysope biblique, que DIEU désigna pour servir d'aspersoir du sang et de l'eau dans le rite de la purification du lépreux et du contaminé par attouchement d'un cadavre (2).

Les savants cherchent encore l'hysope des Hébreux ; assurément il n'est point l'*Hysopus officinalis* de l'Europe méridionale, qui ne se trouve pas au Sinaï, ni en Palestine. On croit avec raison que l'*ezob* de la Bible est une plante du Sinaï et de la Palestine, aromatique et suffrutescente comme il convient à un aspersoir. Aucune plante, ce semble, ne remplit mieux ces conditions que l'*Origanum maru* et surtout sa variété sinaïtique. Du reste, il peut bien se faire que, sous le nom d'hysope, le Seigneur ait compris plusieurs plantes de la même famille des labiées, odorantes, et d'un aspect peu différent aux yeux du vulgaire. Le *Timbra spicata* (L.) pourrait être du nombre ; ses tiges raides, terminées par des épis de fleurs, couvertes de petites feuilles linéaires et fermes, sont si bien faites pour asperger d'un liquide ; son arome est si durable et si pénétrant. Quand l'Ecriture dit que Salomon discourait sur toutes les plantes, depuis le cèdre du Liban jusqu'à l'hysope qui croit sur la muraille (3), il s'agit peut-être de la

---
1. Lev., XI, 4, 6.
2. Lev., XIV, 6. — Nombr., XIX, 11, 18.
3. III Rois, IV, 33.

Micromeria græca (B.), ou *Satureia græca* (L.), qu'on trouve sur les vieux murs en Palestine et en Syrie. Les pharmaciens de Beyrouth donnent cette plante pour l'hysope.

Partout où il est un peu de terre sur les pentes des vallées sinaïtiques, les hautes touffes couleur de rouille du *Phlomis aurea* (Dcne), attirent les regards par leurs splendides verticilles de grandes fleurs labiées du plus beau jaune d'or. Le phlomis du Liban, *Phlomis viscosa* (Poir.) ou *Russelliana* (Lag.), cultivé dans nos jardins, n'en donne qu'une pâle image.

Citons encore une belle asclépiadée à fleurs blanches qui se rencontre tout proche du couvent, le *Gomphocarpus sinaïcus* (B.), assez semblable au *Gomphocarpus fruticosus* des jardins.

Mais nous serions trop longs si nous voulions dire toutes les belles plantes que nous avons admirées pour la première fois au Sinaï. Bien que voyageant dans la mauvaise saison des botanistes, nous avons rapporté quatre-vingt-dix espèces en fleur, sans tenir compte de celles qu'on trouve communément en Egypte ou en Syrie.

XXXVII. — Les HABITANTS.

IL ne faut pas manquer l'occasion de dire du bien des Bédouins, puisqu'on en dit communément tant de mal dans les livres des voyageurs. Les Djébeliyeh, même tous les Bédouins de la région méridionale et montagneuse de la péninsule, méritent qu'on sache leurs vertus. Issus d'ancêtres chrétiens, vivant sous le patronage des religieux, souvent au service des pèlerins et des voyageurs, qu'ils ont tout intérêt à satisfaire, les Djébeliyeh nous ont paru posséder plusieurs vertus naturelles à un degré qu'une pauvre nation musulmane peut difficilement atteindre. Leur exemple a manifestement influé sur les tribus voisines.

A part les moines de Sainte-Catherine et vingt ou trente familles arabes au village de Thor, dont neuf professent le schisme grec, tous les habitants de la péninsule sont des Bédouins. On estime leur nombre à quatre mille hommes. Pour les femmes et les enfants, comme au temps de Moïse, on ne les compte pas. Ils forment onze tribus, dont quatre habitent le Tih. De celles-ci nous n'avons aucun bien à dire. Pillardes envers les étrangers, elles sont souvent en querelle les unes contre les autres, ne manquent aucune occasion de faire razzia sur les troupeaux et les chameaux, quand les gardiens ne sont pas en force. Ils ont cependant cela de mieux que les Bédouins de la Chaldée au temps de Job (1), que d'ordinaire ils ne tuent pas les bergers.

Parlons des sept tribus du Sud, nommées collectivement Thowarah ou habitants du Thor.

Chaque tribu a son territoire parfaitement défini, dont les limites sont quelquefois marquées sur le rocher par de grossières inscriptions. Peuple essentiellement pasteur, ces Bédouins n'ont point de maisons, habitent sous des tentes ou dans des cavernes naturelles, réunis en groupes de quinze à vingt familles, et se déplacent dans les limites de leur territoire selon les besoins de leurs troupeaux. Ces déplacements sont si réguliers que tous les Bédouins savent, sans qu'on les en

---

1. Job, I, 17.

informe, où se trouvent à telle époque les campements de leur tribu et des tribus voisines.

Entre les tribus, il n'est d'autre unité administrative que l'autorité commune de l'Agyd, auquel elles doivent toutes obéir en temps de guerre. Dans la paix, chaque tribu n'a d'autres maîtres que ses trois cheiks; encore sont-ils moins des chefs que des arbitres, chargés de régler les différends des membres de la tribu entre eux ou avec les étrangers. Leur dignité est héréditaire.

Bien que nominalement soumis au gouvernement égyptien, les Bédouins de la péninsule n'ont pas d'autre devoir à son égard que de porter annuellement à Suez un petit tribut de charbon de bois.

Leurs moyens d'existence sont misérables. De maigres troupeaux de chèvres, quelques moutons, des dattes dans les lieux les moins élevés, sont à peu près toute la nourriture qu'ils peuvent trouver dans la contrée. Le blé leur manque absolument; leur grande préoccupation est de se procurer, par leur petit commerce de charbon de bois, de gomme et de manne, ou par le transport des voyageurs, assez d'argent pour acheter en Egypte le blé de la famille. On conçoit dès lors que le chameau, nécessaire à tous les transports, leur soit indispensable et devienne le principal agent de leur petite fortune. Un Bédouin qui possède trois ou quatre chameaux s'estime riche ; celui qui n'en possède aucun est dans la misère.

D'une rare sobriété, ils n'ont guère d'autre régal que le café, d'autre plaisir que la cigarette. Aussi, le papier à cigarettes est-il, des produits de la civilisation moderne, celui dont les traces se rencontrent le plus loin dans le désert.

Les Bédouins du Sinaï sont, en général, de beaux hommes à nobles traits, nerveux, intrépides, aux manières graves et dignes.

Les hommes ont pour vêtement une chemise de coton blanc serrée autour des reins par une ceinture de cuir. En hiver, ils ajoutent l'*abba*, tunique fort épaisse en poils de chèvre ou de chameau de la forme d'une dalmatique, ordinairement rayée noir et blanc. La coiffure est une calotte de feutre entourée d'un turban blanc.

Les femmes portent une longue et ample robe en cotonnade bleue retenue et relevée par une ceinture, et sur la tête un long voile de même étoffe. De leurs cheveux fortement tressés, elles font sur le front une corne qui s'avance horizontale à une dizaine de centimètres devant la face, se relève un peu à l'extrémité et se termine par une grosse perle en verroterie. Cette singulière corne sert à porter le voile en avant de la figure, comme la flèche du lit porte le rideau. A part cela, elles ressemblent à toutes les Bédouines de l'Orient pour le tatouage de la face et des mains, par les nombreux et gros anneaux qui pendent des oreilles et du nez, par les bracelets et les colliers sans nombre de cuivre ou de verroterie, et aussi par leur coutume de porter leurs petits enfants dans une pièce d'étoffe derrière le dos comme une besace.

Quand deux Bédouins se rencontrent, ils s'approchent l'un de l'autre pour s'embrasser ou se dire quelque petite amitié à l'oreille, comme firent Moïse et Jéthro (1); mais si une Bédouine rencontre un homme, quel qu'il soit, elle commence par lui tourner le dos,et ne lui répond que dans cette orientation peu favorable pour converser.

La femme reste près de la tente. La jeune fille conduit le troupeau paître dans

---

1. Ex., XVIII, 7.

la montagne, c'est son office. Il serait indigne d'un homme, même d'un garçon, de faire le berger.

Ces braves gens sont d'une patience admirable dans les nombreuses privations de leur pauvreté, dans les souffrances parfois fort dures de l'hiver ou des grandes chaleurs. Jamais ils ne se plaignent, jamais ils ne reculent devant une fatigue. On ne saurait en voyage désirer des guides et des serviteurs plus infatigables, plus dévoués.

On dit qu'ils sont raides, presque violents dans les marchés ; mais une fois les conditions réglées, ils s'y tiennent scrupuleusement. Nous en avons eu la preuve à notre départ du couvent. L'économe qui traitait avec eux de notre retour à Suez, était nouveau dans sa charge. Ils en profitèrent si bien que nous désespérions d'obtenir des conditions acceptables. Cependant tout finit par s'arranger à notre gré. Durant tout le voyage, ils furent on ne peut plus accommodants et ne demandèrent pas un para de plus qu'il n'était convenu.

Le vol et la fraude sont à peu près inconnus parmi eux. Nous trouvâmes un jour dans un ouadi solitaire un manteau, une couverture et une sacoche de voyage déposés au pied d'un arbre sur le bord du sentier. Nos chameliers nous dirent que sans doute un Bédouin en voyage avait trouvé commode de déposer là ces objets pour les prendre au retour. « Nous faisons souvent ainsi, ajoutèrent-ils, et jamais rien ne nous manque. » Pour la première fois dans nos diverses excursions orientales, rien de notre petit mobilier ou de nos provisions n'a disparu sans notre consentement.

La justice criminelle de ces Bédouins est toute dans la loi du talion. Le sang versé se venge par le sang, suivant l'antique loi que le Seigneur donna à Noé : « Quiconque aura répandu le sang de l'homme, son sang sera répandu ; car l'homme a été fait à l'image de DIEU (1). » Un homicide est-il commis dans la tribu, le plus proche parent mâle de la victime est tenu de faire tous ses efforts pour tuer le meurtrier ; l'obligation est stricte, il ne peut s'y soustraire sous aucun prétexte. Cette rigoureuse *vendetta* a l'avantage de rendre les homicides fort rares.

La mort tragique d'E. H. Palmer, dont nous avons parlé, ne fut dans l'intention de ses meurtriers que la vengeance légale pour trois ou quatre Bédouins mis à mort par les Anglais dans les affaires d'Arabi-Pacha, comme on l'a su plus tard d'un cheik des tribus voisines.

Il n'est jamais question entre eux, nous assure-t-on, de crime de mœurs. Cependant il faut bien qu'il y ait quelques scandales dans ce petit monde. Où n'y en a-t-il pas ? Un soir, nous entendimes nos chameliers se dire dans leur conversation nocturne autour du feu, en parlant d'autres Bédouins : « Ils ne sont que quarante, et pourtant ils sont si méchants qu'ils nous font peur ! »

La tribu des Djébeliyeh ne compte que trois cents hommes. Son territoire est autour du couvent ; il ne va pas plus loin que le bois de Tarfa dans le ouadi ech-Cheik. Ils doivent toujours rester à la portée du couvent pour secourir les moines et les défendre au besoin. Les moines les nomment leurs vassaux, et eux se nomment les protecteurs des moines. Nous avons dit qu'ils ont du sang européen et chrétien. Leurs traits, leur démarche, leurs manières le rappellent. Ce sont eux surtout qui ont conservé les traditions mosaïques chez les indigènes. Un quart des Djébeliyeh porte le nom de Mouça ou Moïse.

Quant à leur religion, ils ne savent guère de Mahomet et de son livre que le nom ; mais, comme les anciens patriarches, ils ont une haute idée de la présence

---

1. Gen., IX, 6.

et de l'action de DIEU en toute chose. Tout ce qui arrive, instinctivement ils l'attribuent à DIEU, comme récompense ou châtiment, et à tout propos invoquent Allah avec respect. Il en faudrait peu, ce semble, pour les faire chrétiens exemplaires. Mais les pauvres moines schismatiques, seuls chrétiens de ces lieux, ne peuvent les conduire au bercail du Bon Pasteur, qu'ils ignorent eux-mêmes.

XXXVIII. — Du SINAÏ à SARBOUT EL-KHADIM.

IL faut songer à reprendre le long chemin du désert pour le retour. On nous présente le livre des voyageurs en nous priant d'y inscrire nos noms. Le livre est intéressant ; on voudrait le feuilleter longtemps, car il y a des noms illustres et d'originales observations. A la date du 9 septembre 1823, on lit la signature de Fréd. Burckhardt, le célèbre voyageur suisse qui pensa expliquer le miracle de Marah par du jus de nitraria et de grenades :

« Nous sommes venus ici, écrit-il, non pour voir le mont Sinaï, mais dans un but d'utilité. »

Voici un autre savant qui n'a pas peur d'être pris pour un pèlerin et nous plaît mieux : « Au mont Saint-Bernard en Europe, j'ai reçu la plus douce hospitalité chez des religieux auprès desquels mon nom me faisait passer pour un protestant. Au mont Sinaï en Asie, j'ai été pareillement bien reçu par des moines grecs qui me savaient de la religion catholique, religion libérale, sublime, qui enseigne à pratiquer tant de tolérance et de charité. » — 19 juin 1830, Baron Taylor.

Les voyageurs sont cependant peu nombreux et la grosse moitié est de langue anglaise. Dans les six dernières années, nous comptons dix-sept Anglais ou Américains du Nord, quatre Allemands, quatre Russes, trois Français, deux Italiens, un Belge et un Hollandais. Il faut ajouter presque chaque année une cinquantaine de paysans russes venus au Sinaï par la voie de Thor, après avoir visité la Terre-Sainte ; mais ceux-ci n'écrivent pas leurs noms.

Nous remercions de notre mieux nos charitables hôtes, leur souhaitant dans le silence du cœur, en récompense de leur charité et de leur vie austère, la foi catholique entière et l'union avec la sainte Église. Ils nous confient le volumineux courrier du couvent pour le porter à Suez, et nous partons le 22 novembre 1889, vers le milieu du jour.

Cette fois, c'est toute une caravane ; plusieurs Bédouins partent avec nous pour diverses destinations et nous quitteront en route. Il y a dix chameaux, neuf hommes et deux enfants, Rabath et l'un de ses amis. L'actif et dévot Aoudi est toujours notre chef.

Notre chemin est le ouadi ech-Cheik, déjà connu. Nous le suivrons longtemps, puis, laissant à l'ouest Feiran et les contrées déjà parcourues, nous irons droit dans la direction du nord-ouest jusqu'aux ruines de Sarbout el-Khadim.

Que la première nuit fut belle à l'extrémité du bois de Tarfa, sur le doux sable d'une clairière entourée du gracieux feuillage des tamarix et dominée par de hauts rochers, vrai palais de la nature où l'homme n'a rien rapetissé des œuvres de DIEU pour les mettre à sa mesure! Après avoir pétri le pain, les deux petits se firent un jeu à part pour s'amuser ensemble, tandis que les hommes causaient de leurs graves affaires.

Le lendemain nous marchons encore trois heures et plus dans le ouadi ech-Cheik, en vue du Serbal, qui s'élève avec toute sa majesté dans l'alignement de la

Le Serbal. (Vu du ouadi ech-Cheik.)

CHAPITRE PREMIER.

vallée. Sur les montagnes de granit en vue, de nombreuses veines sombres, presque toutes dirigées du nord au sud, font un singulier effet. On dirait des fils noirs flottant sur des vagues de lave brune. Il en est qu'on peut suivre du regard sur une longueur de plusieurs lieues. Ces veines de diorite et de porphyre, plus dures que les roches environnantes, ont mieux résisté que le corps de la montagne à l'action de l'air et de la pluie et ont fini par faire saillie. Rarement leur épaisseur dépasse trois ou quatre mètres ; leur couleur, généralement sombre, varie du rouge brique au noir verdâtre. On les rencontre dans tout le massif des monts sinaïtiques ; mais nulle part elles ne nous ont paru aussi remarquables par leur étendue et par l'uniformité de leur direction.

En quittant le grand ouadi, on sort des hautes montagnes sinaïtiques, le paysage devient moins sombre et ressemble un peu plus à ce qu'on voit dans d'autres pays montagneux. Le chemin, fort accidenté, monte d'abord dans un misérable ravin méritant à peine le nom de ouadi Solef, coupe ensuite de beaux ouadis dirigés de l'est à l'ouest, après avoir traversé les hauteurs qui les séparent.

La montée qu'on rencontre après avoir coupé le ouadi Bérâh est singulièrement belle ; c'est un beau paysage des Alpes, moins la fraîcheur. Le long d'une muraille de rochers droits, on gravit le flanc d'une belle montagne, parfaitement uni et tapissé sur une grande largeur d'herbes délicieuses aux chameaux. Devant les yeux, sur la hauteur, s'élève une gracieuse colline en cône effilé d'une étonnante régularité géométrique, et, si l'on regarde en arrière, on a une vue incomparable sur les grands ouadis, le Sinaï et les hauts sommets qui lui font couronne au sud. Une ou deux belles inscriptions sinaïtiques s'étalent sur la paroi de rochers. Nous en rencontrerons quelques autres le long du chemin.

Sur le col, au pied de la colline en cône, commence le ouadi Leboueh, que nous allons descendre durant deux heures. Au bas, il devient plat, étroit et sinueux comme le lit d'une rivière circulant entre de hautes collines, et tourne brusquement au couchant. Alors notre sentier l'abandonne pour suivre un de ses affluents venant du nord. Là se trouve un cimetière de Bédouins assez bien entretenu ; il y a des tombes encore fraîches, garnies des bouquets de Rétam qu'on y a déposés. Singulière rencontre que celle des morts dans un pays où l'on ne voit pas de vivants ! Nous trouvons sur notre route deux autres cimetières semblables. Tous sont situés à une petite hauteur au-dessus du fond de la vallée. Une grossière enceinte de rochers entoure l'emplacement, et des pierres plates, posées sur les tombes, garantissent les corps contre les hyènes ou les chacals. Il est bien rare, dit-on, que le Bédouin soit enterré hors du cimetière.

Un sentier raide et pierreux conduit sur un col où l'on voit quelques nawamis. Là, prend naissance le long ouadi Barak qui doit nous conduire presque à destination. Ce n'est d'abord qu'une gorge pierreuse garnie de broussailles et d'acacias seyal. Nous y passons la nuit près d'une épaisse muraille en grosses pierres, sans ciment, bâtie en travers de la vallée comme serait un barrage destiné à retenir les eaux. D'après les Bédouins, ils auraient fait ce mur pour arrêter les soldats égyptiens chargés par Méhémet-Ali de venger le pillage d'une caravane ; mais l'ouvrage est manifestement plus ancien. Une large brèche donne passage au sentier et au lit du torrent.

Il reste encore six heures de marche pour arriver à Sarbout el-Khadim. Nos hommes hâtent le pas des chameaux pour que nous ayons le temps de visiter les ruines dans la soirée. Deux heures avant d'arriver, on voit devant soi une grosse et haute montagne de grès à bandes horizontales et sombres, djébel Gharabi. Bientôt l'aspect du pays change complètement ; on rentre dans les grès de Nubie aux couleurs sombres, étranges, aux coupes singulières, formant ceinture autour du massif central de roches primitives. Le sentier contourne la montagne au levant sur un sol bouleversé, et aboutit enfin à une petite plaine de sable et de broussailles, dominée au midi et au couchant par les hauts rochers à assises horizontales qui portent le plateau de Sarbout el-Khadim. C'est là que nous campons.

XXXIX. — SARBOUT EL-KHADIM.

SARBOUT, au pluriel *sarabit*, signifie en arabe une hauteur, un sommet de montagne. Khadim paraît venir de l'ancien mot égyptien Khatem, forteresse. Sarbout el-Khadim peut donc se traduire : la montagne de la forteresse.

Il n'est pas facile d'y monter. Un Bédouin du pays, qui nous a rejoints en route et se donne pour un guide attitré, nous propose d'abord un chemin à faire tourner la tête d'en bas ; il consent enfin à nous conduire par une voie moins effrayante, mais à son avis tout aussi difficile : elle grimpe en zigzag sur trois terrasses superposées, dont les rochers à pic ne sont séparés que par des corniches fort inclinées et remplies de pierres roulantes. Il faudra circuler sur ces corniches et gravir les rochers par d'étroites fentes peu distinctes de loin. Les Egyptiens, qui avaient là-haut leur temple, y montaient sans doute par un meilleur chemin disparu sous les éboulements de la montagne.

En une heure on atteint le temple, situé au point culminant du plateau, près du bord oriental, à 210 mètres au-dessus de la petite plaine où nous avons campé, à 807 mètres d'altitude. Le plateau est vaste, plusieurs kilomètres en tout sens, fort accidenté et coupé de profondes crevasses.

Dans une enceinte presque entièrement écroulée, on voit une quantité de stèles, les unes debout, les autres couchées et brisées, présentant tout à fait l'aspect de pierres funéraires, puis un amas confus de pierres taillées, de linteaux, de colonnes et de chapiteaux à tête de vache représentant la déesse Athor ; enfin le naos et pronaos, sanctuaire et vestibule d'un petit temple, creusés dans le roc. L'aspect général est celui d'un cimetière autour d'un temple ruiné, et telle fut la pensée de Niebuhr, le premier des modernes qui signala ces ruines en 1762.

L'enceinte à 52 mètres sur 21. Le petit temple taillé dans le rocher est évidemment la partie la plus ancienne. Ses parois portent encore des traces de bardes colorées et ornées de hiéroglyphes qui devaient être d'une grande beauté. Son vestibule est ouvert par devant. Les grands débris accumulés autour appartiennent évidemment à un second temple construit plus tard sur un autre alignement. Il est tout entier bâti en pierres de taille assemblées sans mortier. On y voit des sculptures représentant des scènes égyptiennes ; mais tout est bouleversé et a beaucoup souffert du temps. E. H. Palmer y a trouvé des inscriptions, des verres, des terres cuites, des fragments de vases employés au service du temple, et les a transportés au British Museum.

Les stèles sont toutes de longues pierres plates, arrondies en demi-cercle au sommet. L'une d'elles, prise au hasard, mesure 2 mètres 50 en hauteur, 0 mètre 70 en largeur et 0 mètre 30 d'épaisseur. Une autre nous a donné des chiffres peu différents : 2 mètres × 0,60 × 0,30. Toutes portent des inscriptions hiéroglyphiques ; quelques-unes sont écrites sur les quatre faces. Elles sont l'œuvre de chefs de mineurs désireux de transmettre aux générations futures, avec leur nom et celui du pharaon régnant, le témoignage de leur activité dans les travaux et des services qu'ils ont rendus. L'un d'eux dit qu'avec quinze ouvriers il a produit plus de métal que n'en donnait Maghârah au temps de Snefrou. Un surintendant des mines parle de troupes venues pour défendre les ouvriers contre les tribus voisines, et se vante de n'avoir jamais interrompu le travail ni perdu une veine. D'autres parlent de convois de blé, de bestiaux, de volaille, de gibier, de légumes amenés d'Égypte pour approvisionner les travailleurs.

Ces inscriptions et celles des temples font connaître l'histoire du district minier. Les mines furent ouvertes par Aménemhât III, pharaon de la XIIe dynastie, et définitivement abandonnées, à ce qu'il semble, sous Ramsès III, le second roi de la XXe dynastie, vers l'an 1200 avant Jésus-Christ. Dans ce laps de temps, l'exploitation fut trois fois interrompue, d'abord durant toute la période où les tribus asiatiques envahirent l'Egypte et lui donnèrent les rois Pasteurs ou Hyksos, puis d'Aménhotep III à Séti Ier, deuxième pharaon de la XIXe dynastie, et enfin pendant le règne de Ménephtah et de ses trois successeurs, intervalle qui comprend les quarante années du séjour des Hébreux dans le désert. Encore ici nous trouvons vérifiée la promesse de Moïse à son peuple, faite au moment du passage de la mer Rouge : « Les Egyptiens que vous voyez à présent, vous ne les verrez plus jamais (1). »

Il n'est sur le plateau aucune autre ruine ; on y rencontre seulement quelques excavations minières pratiquées pour la recherche des turquoises. Les mines de cuivre et de fer, ainsi que les bâtiments d'exploitation, sont plus loin sur les talus du plateau et dans les montagnes auxquelles il s'adosse à l'ouest. Demain nous passerons tout proche.

Nous allons marcher à l'ouest pour rejoindre le chemin des Hébreux que nous avons suivi en venant de Suez. Le sentier tourne au nord de la montagne de Sarbout el-Khadim et descend un bel ouadi, plat et uni comme une grande route. De temps à autre on passe sous de beaux et vieux acacias seyal étalés en parasols, juste à la hauteur où ne peuvent plus atteindre les chameaux. De larges coulées de pierres noires descendant du plateau font croire à d'immenses dépôts de scories, restes des exploitations métallurgiques. Il y a, en effet, quelques scories artificielles, mais ici la plupart sont naturelles.

Après deux heures, les rochers s'abaissent, l'horizon s'ouvre, on est à la jonction du ouadi Nasb, une légère dépression qui vient du sud en longeant le talus occidental des montagnes minières. Nos hommes s'arrêtent en face d'une grande roche ferrugineuse, rappelant par sa forme singulière le célèbre sphinx de Ghizeh, et se mettent à décharger les chameaux. Ces bonnes bêtes n'ont pas bu depuis le Sinaï ; n'est-il pas juste de leur accorder le temps d'aller à la source qui se trouve à une heure plus loin ?

Cet ouadi, à la belle source ombragée de palmiers, fut vraisemblablement le principal centre des travaux, tant pour l'extraction du minerai que pour sa réduction en métal. On voit sur ses bords de grands amas de scories rejetées des fourneaux, des restes d'habitations pour les ouvriers, un vieil obélisque égyptien dont les hiéroglyphes sont à demi effacés, et dans les coteaux environnants de vastes galeries où l'on a réservé des piliers pour supporter le plafond. Le minerai le plus abondant est un oxyde de cuivre, noir et terreux. Quelques gisements paraissent épuisés ; mais il reste ailleurs des veines d'une grande puissance, capables d'alimenter une importante exploitation. L'une d'elles a plus de soixante mètres d'épaisseur.

---

1. Ex., XIV, 13.

Il parait que les voyageurs de quinze ou vingt siècles en arrière s'arrêtaient comme nous près de la grande roche pour envoyer boire leurs chameaux, et employaient les loisirs de leur attente à graver leurs noms, à figurer leurs chameaux. Nulle part, sauf au ouadi Mokatteb, nous n'avons vu des inscriptions sinaïtiques plus belles, plus variées, plus nombreuses. Il y a tous les genres de caractères, toutes les façons de traits, et cela parait fait d'hier ; tous les coups de pointe qui les ont creusés ou martelés se reconnaissent. Ces voyageurs n'ont pas cherché pour leurs inscriptions les surfaces du rocher les plus planes, mais celles dont la situation était la plus commode au graveur, la mieux en vue des passants.

Non loin de ce rocher commence une plaine de sables mouvants nommée avec redondance Debbet er-Ramleh, terre sablonneuse de sable. Elle s'étend le long de la chaîne du Tih sur une longueur de cinquante kilomètres, jusqu'à la pointe méridionale de la chaîne ; c'est la seule étendue de sable un peu considérable qui se rencontre dans l'intérieur de la péninsule au sud du Tih. Nous la traversons en biais durant trois heures, sans autre distraction que la rencontre d'un lièvre et d'une splendide amaryllidée blanche, d'une incomparable délicatesse, perçant le sable en maints endroits, le *Pancratium Sickenbergeri* (Asch. et Schweinf.) ; puis nous descendons dans le large ouadi Homr, bordé de falaises calcaires et riche en fleurs. La nuit se passe dans le ouadi, proche de la grosse montagne du chameau, Sarbout el-Djémal.

Le lendemain ce ne sont que d'interminables collines nues et monotones. Enfin, vers le milieu du jour, nous retrouvons le chemin connu de l'Exode, près du ouadi Thal, entre la station de la mer et celle d'Elim. Après une nuit passée sous les tamarix du ouadi Gharandel, encore deux grandes journées de marche, et nous rentrons de nuit à Suez, jouir de la douce hospitalité des Pères Franciscains, de leur incomparable charité pour les pèlerins du Sinaï. Qu'ils en soient remerciés !

XL. — STATIONS des HÉBREUX du SINAÏ à CADESBARNÉ.

QUAND Israël fut instruit de la loi et de tous les préceptes du Seigneur son Dieu, quand il eut édifié le tabernacle et organisé le culte conformément aux prescriptions divines, il dut prendre le chemin de la Terre promise. Mais avant de s'enfoncer dans les solitudes inconnues du désert, où il pouvait rencontrer des tribus ennemies, le sage Moïse, sachant que la confiance au Seigneur n'exclut point la prudence humaine, s'adressa à son beau-frère Hobab, un habitué du désert : « Nous allons au pays que le Seigneur nous a promis, viens avec nous. » — Hobab s'excusa. — Et Moïse lui dit : « Ne nous abandonne pas, car tu connais les lieux où nous devons camper dans le désert, et tu seras notre guide. Et quand tu seras venu avec nous, nous te donnerons la meilleure part des biens que le Seigneur nous aura accordés (1). » Comme Hobab ne répliqua pas, on peut croire qu'il consentit à les accompagner.

« La seconde année après la sortie d'Égypte, le second mois, le vingt du mois, la nuée se leva de dessus le tabernacle, et les enfants d'Israël partirent, division par division, du désert du Sinaï (2). »

Quel spectacle dut offrir ce départ ! « Lorsqu'on élevait l'arche, Moïse disait :

---

1. Nomb., X, 29, 31, 32.
2. Nomb., X, 11, 12.

Levez-vous, Seigneur, que vos ennemis soient dissipés, que ceux qui vous haïssent fuient devant votre face (1). »

« Ils partirent donc de la montagne du Seigneur, et marchèrent pendant trois jours ; et durant ces trois jours, l'arche de l'alliance du Seigneur allait devant eux, et leur marquait le lieu où ils devaient camper. La nuée du Seigneur les couvrait dans le jour, tandis qu'ils marchaient. Et lorsqu'on posait l'arche, Moïse disait : Revenez, Seigneur, vers la multitude de l'armée d'Israël (2). Et la nuée s'arrêta au désert de Pharan (3). »

« Cependant un murmure s'éleva parmi le peuple, qui se plaignait contre le Seigneur de ses longues fatigues. Le Seigneur l'ayant entendu fut irrité, et le feu du Seigneur, s'allumant contre eux, consuma toute l'extrémité du camp. Et le peuple ayant crié vers Moïse, Moïse pria le Seigneur, et le feu disparut. Et il appela ce lieu Thabérah, c'est-à-dire *Brûlant* (4). »

Bientôt s'élevèrent de nouvelles plaintes, suivies d'un second châtiment. Le petit peuple qui les avait suivis d'Egypte se mit à pleurer en demandant de la viande, et les enfants d'Israël pleuraient aussi chacun à la porte de sa tente. Le Seigneur, pour faire cesser ces plaintes, envoya un second passage de cailles sur le camp.

« Ces viandes étaient encore entre leurs dents, et ils ne les avaient pas encore achevées, quand la colère de DIEU s'alluma contre le peuple, et il le frappa d'une plaie très grande, et ce lieu fut appelé Qibroth-Hattaavah ou *Sépulcres de Concupiscence* ; là on ensevelit ceux qui s'étaient abandonnés à la convoitise. Et, partis de Qibroth-Hattaavah, ils vinrent à Hazéroth et y demeurèrent (5). »

Hazéroth en hébreu, Hazhirah en arabe, signifie enclos, et tous les savants modernes s'accordent à reconnaître ce nom dans celui d'une source appelée 'Aïn-Houdhérah, située à soixante-deux kilomètres nord-est du Sinaï sur la route d"Aqâbah. 'Aïn-Houdhérah marque donc la station d'Hazéroth, où les enfants d'Israël s'arrêtèrent au moins sept jours, attendant que le Seigneur eût guéri Marie, sœur de Moïse, frappée de lèpre pour avoir parlé contre son frère.

Le nom de la station précédente, Qibroth-Hattaavah ou Sépulcres de Concupiscence, a disparu des lieux. Il faut naturellement chercher son emplacement sur la route du Sinaï à 'Aïn-Houdhérah, une journée de marche, c'est-à-dire environ vingt-quatre kilomètres en deçà du terme ; car telle fut la moyenne des étapes d'Israël en se rendant au Sinaï. Or, précisément à vingt-quatre kilomètres en arrière d"Aïn-Houdhérah, est un lieu nommé Eroueis el-Ebeirig, où l'on voit des vestiges d'un ancien camp et des tumulus. Les Bédouins attribuent ces restes à une grande caravane de pèlerins qui aurait passé là se rendant à Hazéroth, et se serait ensuite enfoncée dans le Tîh sans qu'on ait jamais plus entendu parler d'elle. Aussi les savants de l'expédition anglaise ont-ils proposé avec raison d'identifier les Sépulcres de Concupiscence avec Eroueis el-Ebeirig. Quant au lieu nommé Thabérah dans le texte sacré, il n'est vraisemblablement que la partie consumée par le feu dans le même camp qu'on appela, après le second châtiment, les Sépulcres de Concupiscence.

L'emplacement des six stations suivantes est resté inconnu ; personne jusqu'ici n'a retrouvé dans ces déserts les noms que leur donne le texte sacré (6). Israël, peuple étranger et voyageur, est resté trop peu de temps dans ces contrées pour

---

1. Nomb., X, 35.
2. Nomb., X, 33, 34, 36.
3. Nomb., X, 12.
4. Nomb., XI, 1, 2, 3.
5. Nomb., XI, 33, 31.
6. Nomb., XXXIII 18 et suiv.

CHAPITRE PREMIER.

en fixer la nomenclature. Les moines des premiers siècles n'ont pas habité ces déserts de l'est, et ne nous en ont rien appris, si ce n'est qu'ils étaient infestés de tribus barbares et cruelles dont ils redoutaient les incursions. Les anciens pèlerins ont évité ces parages ; et pour les voyageurs d'aujourd'hui ils sont encore pleins de dangers. Y a-t-il lieu de s'étonner que l'oubli se soit fait sur les lieux où Israël a campé ?

On croit que la station d'Aradah, qui vient ensuite, est marquée par le djébel Aradeh, montagne située au delà d'Aïn Houdhéra dans la direction d'Aqâbah. Suivent dix campements sur la situation desquels on n'a aucune donnée positive. On conjecture seulement qu'ils se trouvent sur le plateau du Tih, où les Hébreux purent se rendre par un chemin assez commode en quittant le pied du djébel Aradeh.

Les enfants d'Israël campèrent ensuite à Asiongaber, port connu, situé près de l'extrémité du golfe d'Aqâbah, et d'Asiongaber ils vinrent à Cadès ou Cadesbarné, campement célèbre où ils restèrent longtemps (1). De là ils envoyèrent des hommes choisis pour explorer la Terre promise et leur faire un rapport ; quand, au retour des envoyés, le peuple, oubliant les miracles du Seigneur, se mit à désespérer de la conquête et à redemander l'Égypte, DIEU lui lança une terrible sentence de mort : « Tous les hommes qui ont vu ma majesté et les miracles que j'ai faits en Égypte et au désert, et qui m'ont tenté par dix fois, et n'ont pas obéi à ma parole, ne verront pas la terre que j'ai promise à leurs pères... Vos corps seront gisants dans le désert, vous tous qui avez été comptés depuis l'âge de vingt ans et au dessus... excepté Caleb, fils de Jéphoné, et Josué, fils de Nun (2). » C'est encore à Cadesbarné que, pour la seconde fois, Moïse fit couler du rocher une eau miraculeuse.

Cadesbarné est retrouvé depuis peu d'années. Un Anglais, J. Rowland, allant d'Hébron à Gaza en 1842, entendit un cheik qui l'accompagnait parler de Cadès. Dans un second voyage, entrepris à la recherche de cette localité biblique, il arriva à une petite oasis du nom d'Aïn Kadis, située à peu près au milieu de la distance rectiligne qui sépare el-'Arich d'Aqâbah, et plus exactement à 31° 34' de latitude, 38° 21' de longitude. La découverte fut d'abord contestée. Mais aujourd'hui, la description des lieux donnée en 1881 par un voyageur américain, H. Clay Trumbull, ne laisse guère de doute sur l'identité de Cadesbarné avec 'Aïn Kadis (3). Il y a vu une vallée cultivée, assez vaste pour le campement de tout le peuple d'Israël, et tout proche, une oasis telle qu'il n'en avait pas rencontrée d'aussi fraîche depuis Feiran, avec des sources de la meilleure eau qu'il eût bue depuis le Nil. Des colonnes, des auges de marbre, des citernes, des restes d'habitations de la plus haute antiquité, prouvent l'importance du lieu dans les temps anciens.

***

Les divines Écritures se taisent sur les errements d'Israël dans le désert durant les trente-huit années qui s'écoulèrent entre le retour à Cadesbarné des explorateurs de la Terre promise et l'entrée du peuple dans sa future patrie.

Assurément, attendre quarante ans sur les frontières des Chananéens avec le

---

1. Deut., I, 46.
2. Nomb., XIV, 22, 23, 29, 32.
3. On trouve l'histoire complète de cette importante découverte dans le *Zeitschrift des Deutschen Palestina-Vereins*, B. VIII, 1885.

dessein avoué de les envahir, c'était laisser aux ennemis le temps de fortifier leurs villes de guerre, de préparer tous leurs moyens de défense et de rendre la lutte plus formidable ; c'était affaiblir dans les privations d'une existence nomade et précaire l'armée des Hébreux, et laisser s'éteindre l'enthousiasme qui dut suivre les premiers temps de la liberté reconquise. Mais, dit le Seigneur par la bouche d'Isaïe, mes pensées ne sont pas les vôtres et vos voies ne sont pas mes voies (LV, 6). Au peuple qu'il s'est choisi il fait une histoire aussi merveilleuse que la mission qu'il lui donne, sans analogue, sans point de comparaison avec les histoires des autres nations. Toute une génération disparaîtra au désert, pour laisser à ce peuple, unique dans le monde, le temps de recevoir une éducation toute spéciale, qui assurera dans l'avenir le succès de sa mission divine.

Non enim cogitationes meæ, cogitationes vestræ : neque viæ vestræ, viæ meæ, dicit Dominus.

Une Excursion en Cœlésyrie.

Les auteurs anciens ne sont point d'accord sur les limites de la Cœlésyrie, ou Syrie Creuse. Pline la fait monter jusqu'au delà d'Alep, Ptolémée l'étend moins au nord, mais la prolonge au midi et à l'est jusqu'à Damas et Qanaouât, dans le Hauran. Strabon est certainement plus exact quand il dit que la Cœlésyrie proprement dite est la région comprise entre le Liban et l'Anti-Liban. Mais si nous cherchons dans les anciens géographes les limites du Liban et de l'Anti-Liban, nous rencontrons également sur ce point des divergences considérables. Diodore de Sicile fait commencer le Liban à la frontière de Cilicie, tandis que Strabon place sa limite nord près de Tripoli, et celle de l'Anti-Liban en face de Sidon.

Cependant, le voyageur qui a visité ces contrées ne conserve aucun doute sur les limites naturelles du pays appelé du nom expressif de *Syrie Creuse*. Pour lui, la Cœlésyrie est la belle plaine comprise entre les deux chaînes du Liban et de l'Anti-Liban, ouverte au nord sur la plaine de Homs, à la hauteur du lac l'Oronte et fermée au sud par les ramifications de l'Anti-Liban, qui viennent rejoindre l'autre chaîne, proche du grand Hermon.

Nous visiterons la partie de cette illustre vallée qui est au nord de la route de Beyrouth à Damas. C'est de beaucoup la plus vaste, et, je crois, la moins explorée. Nous pousserons notre excursion au nord, jusqu'à Hamah, et à l'est, jusqu'à Qaryétein, le dernier lieu habité sur la route de Palmyre.

I. — La ROUTE de DAMAS.

Le premier jour, nous traversons le Liban, sur la grande route de Damas. Rien de plus animé que cette route, au sortir de Beyrouth, par une soirée d'été. Les voitures, les cavaliers s'y croisent, s'y poursuivent, comme sur les promenades favorites de nos grandes villes.

Au bas de la montagne, tout s'arrête devant deux grands cafés. Les tombes monumentales des derniers pachas du Liban, élevées sur un rocher voisin, marquent le commencement d'une voie montante et déserte. On y rencontre seulement, de loin en loin, de longs convois de chariots, tous semblables, commandés par un conducteur à cheval. Des files de chameaux et de mulets, marchant mélancoliquement à côté de la route, dans un affreux sillon de rochers et de pierres roulantes, ajoutent à la tristesse de cette solitude.

La route est la propriété d'une société d'actionnaires; ils l'exploitent comme un chemin de fer; aussi se sont-ils assuré le monopole du roulage, en fixant, pour les voitures de toutes sortes, un péage élevé. Les muletiers et chameliers, qui font encore une grande partie des transports, plutôt que de payer deux centimes par kilomètre préfèrent marcher à côté du chemin, dans le détestable sentier appelé l'ancienne route de Damas.

Au reste, la voie dite carrossable n'est point parfaite. La chaussée est étroite ; quand nous rencontrâmes la diligence, le conducteur nous cria de nous ranger dans le fossé ; c'est le règlement pour tous les cavaliers au passage de la voiture. Bien des rampes ont une pente excessive ; qu'on en juge par ce fait que la route s'élève de 1520 mètres dans un parcours de 30 kilomètres, où il y a plusieurs paliers, et même des descentes. Malgré ces imperfections, c'est de beaucoup la meilleure route de Syrie, et même de toute la Turquie d'Asie, car seule elle a le privilège d'être régulièrement entretenue.

Mais ces observations n'auront bientôt qu'un intérêt rétrospectif. La Compagnie de la route, arrivée au terme de sa concession, construit entre Beyrouth et Damas un chemin de fer qui gravira les montagnes à l'aide de crémaillères, système suisse de Abt, et la route ne sera bientôt qu'une mauvaise piste de muletiers, comme tous les chemins du pays.

Longtemps le voyageur domine la belle vallée de Hammâna, dont la verdure, les nombreux villages et les grandes filatures de soie de la maison Palluat et Testenoire, de Lyon, ont un air de richesse assez rare dans ces montagnes. Près des filatures, des terres noirâtres signalent des gisements de lignites. Ils furent exploités du temps d'Ibrahim-Pacha, et pourront devenir une précieuse ressource pour l'industrie locale, quand de nouvelles voies de communication auront facilité les transports.

On trouve aussi, dans cette région du Liban, des couches de schistes bitumeux susceptibles d'être utilisés avec avantage ; mais on chercherait vainement de la houille dans ces montagnes : leur constitution géologique n'est pas celle des terrains houillers.

Au delà de cette vallée, la route serpente à travers des hauteurs stériles, ravinées par les orages, sur lesquelles des troupeaux de chèvres aux longues oreilles cherchent une maigre nourriture.

De temps à autre, nous voyons sur le bord du chemin de grosses constructions sans ouvertures ; ce sont des glacières où l'on conserve la neige pour la consommation de Beyrouth. Chaque hiver, les neiges accumulées par le vent ferment la route pendant quelques semaines.

Dès qu'on a passé le col, la montagne s'ouvre devant vous ; à l'est, vous voyez l'Anti-Liban, nu et long comme une immense falaise, et, sous vos pieds, la grande plaine de Cœlésyrie, unie comme la mer. Dans cette partie, elle se nomme aujourd'hui el Bqa'a (bas-fond marécageux). Au sud, la plaine disparaît dans des vapeurs que dominent les blancs sommets du grand Hermon. Au nord, la vue se perd au delà de Ba'albek, dans un lointain indéfini.

Nous descendons, par d'interminables lacets, jusqu'au petit village de Chtòra (1) situé au bas de la montagne, à l'embranchement du chemin de Ba'albek, station principale des voitures de Damas. Les bâtiments de la Compagnie de la route, les maisons de quelques gros propriétaires de vignes, plus ou moins Européens, les peupliers qui bordent la route, donnent au village un aspect plus français qu'oriental.

---

1. *Chtòra* en syriaque signifie : *Il s'est révolté*. C'est le nom de la petite rivière souvent débordée qui traverse le village.

II. — La BQA'A et la PLAINE de NOÉ.

ON est étonné, après avoir si longtemps descendu par les pentes les plus rapides, de se trouver encore à 900 mètres d'altitude. Au besoin les nuits froides de la plaine, sa végétation si différente de celle de la côte, vous l'apprendraient.

Le peuplier blanc, le saule, le platane oriental aux feuilles profondément déchirées, sont les seuls arbres de la Cœlésyrie ; pas d'autre culture que le blé, l'orge, le maïs, la luzerne. L'eucalyptus n'y supporte pas les froids de l'hiver ; la vigne y gèle au printemps et, malgré l'abondance des eaux, les graminées de nos prairies, aux racines peu profondes, y sont brûlées par le soleil de l'été.

Ces terres, autrefois si riches, sont aujourd'hui cultivées avec tant de négligence, que, dans certaines parties, elles paraissent avoir perdu leur ancienne fertilité. Les belles eaux qui sortent de la montagne sont mal utilisées pour l'arrosage ; elles forment, à un mètre au-dessous du sol, une nappe froide et stagnante, nuisible à la végétation. Plus bas, vers le sud, elles s'accumulent à la surface et entretiennent des marais, foyers de fièvres pour toute la contrée. Il serait pourtant facile de leur donner un écoulement par la petite rivière du Litani, qui coule dans le *thalweg*, et tombe au bout de la plaine dans de profonds ravins.

Le 1er août 1888, nous prenons le chemin de Ba'albek. Il se dirige au nord-est en suivant le pied de la montagne, puis il traverse la plaine pour atteindre la ville, au pied de l'Anti-Liban. Cette chaîne de montagnes, vue de loin, paraît aride jusqu'à la racine, tandis que l'œil se repose agréablement sur les blancs villages du Liban et sur ses vignes échelonnées jusqu'à douze et treize cents mètres d'altitude.

Les populations, généralement laborieuses, cherchent, depuis quelques années, dans la culture de la vigne, une compensation au dommage que leur porte la dépréciation progressive des soies. Déjà l'exportation du vin a pris dans le pays une certaine importance. Les vignerons font aussi des raisins secs de bonne qualité ; mais beaucoup ont encore l'habitude, pour conserver la souplesse de la peau, de mêler de l'huile au lessif dont on les arrose pendant la dessication, et il en résulte un goût particulier qui les empêche d'être exportés. Dans les vignes les mieux abritées, on conserve les grappes sur pied jusqu'en décembre ; les habitants de Beyrouth ont ainsi le rare bonheur de manger du raisin frais et à bon marché pendant six mois de l'année.

Les ceps sont plantés à trois ou quatre mètres les uns des autres ; on leur ménage un tronc nu de trois mètres et plus de longueur, et on ne laisse pousser les sarments qu'à l'extrémité, où ils forment une touffe serrée ; de petits bois d'un pied de long soulèvent les rameaux, afin que l'air et le soleil pénètrent jusqu'au fruit. Pour passer commodément la charrue entre deux lignes de ceps, on n'a qu'à détourner ces troncs en dehors, comme on ferait pour des bouts de câbles.

Nous savons que les vins de ces coteaux étaient estimés dans l'antiquité. « Déjà Bacchus a enraciné dans le sol l'arbuste de sa vendange, écrit le poète grec Nonus dans ses *Dionysiaques* (XLI, 1). Il a enivré de son noble fruit la contrée tout entière, jusqu'aux derniers replis des plaines que domine le Liban sourcilleux. »

Est-ce là le fondement des légendes, des monuments, des noms de lieux qui dans la Cœlésyrie rappellent le personnage biblique inventeur du vin et le mythe païen correspondant, Dionysos ou Bacchus ? Ou bien faut-il y voir une confirmation de la croyance répandue au moyen âge que Noé est venu habiter cette plaine ? Rudolph de Suchen, voyageur du quatorzième siècle, dit, vers la fin de son récit, qu'en se rendant de Saïdnaya, au delà de l'Anti-Liban, à Beyrouth, il traversa la vaste et fertile plaine que l'on nomme encore la plaine de Noé, parce que ce patriarche vint y habiter après le déluge.

Au village de Kérak, quelques minutes au delà de Mou'allaqah, les Musulmans montrent dans leur vieille mosquée une voûte en dos d'âne, soigneusement blanchie et ornée d'oripeaux, haute d'un mètre, longue de trente-deux, qui recouvre un canal ou rien du tout ; et ils vous disent sérieusement que c'est là le tombeau de Noé. Nous rencontrerons, au nord de la plaine, sur le bord du lac de Homs, une grande butte artificielle, certainement très ancienne, qui porte, on ne sait pourquoi, le nom d'arche de Noé (Sefinet-Nuh).

La fertile vallée de Zebdâni, au cœur de l'Anti-Liban, en face de Zahleh, et le village de Kefr Zabad plus rapproché, dans la même direction, rappellent par leurs noms la province de Zabdicène, dans le haut Kurdistan, confinant à l'Arménie, où l'on croit généralement que séjourna d'abord Noé au sortir de l'arche. Les deux villages de Temnin supérieur et de Temnin inférieur, au delà de Kérak, proche de la route de Ba'albek, nous reportent à une ancienne tradition, consignée dans l'*Histoire des Sarrasins* d'Elmacin, écrivain du quatorzième siècle (l. I, ch. 1), d'après laquelle Noé, au sortir de l'arche, aurait bâti le village de Thémanin, dans la même région du Kurdistan. Les vignobles de Helboun, au nord de Damas, derrière l'Anti-Liban, font penser aux vins si renommés des rives du Holwan, en Iranie.

A Ferzol nous verrons un bas-relief de Bacchus, taillé sur le rocher. Un peu plus loin, le village de Niha et son temple éveillent l'idée du dieu et de sa patrie légendaire, Nysa (1).

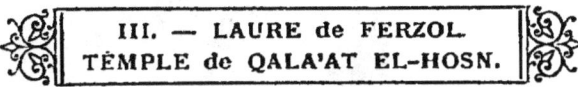

III. — LAURE de FERZOL. TEMPLE de QALA'AT EL-HOSN.

IL n'y a pas une heure que nous avons quitté Chtôra, et nous sommes dans le frais village de Mou'allaqah, faubourg inférieur de la ville de Zahleh. Le village comme la plaine appartient au vilayet de Damas, tandis que la ville fait partie du Liban.

Zahleh est une ville nouvelle, bâtie par des chrétiens venus de la plaine de Ba'albek, de Homs et de Hamah, pour se mettre sous la protection des princes de la montagne. Sa position proche de la route de Damas, ses eaux abondantes, son climat sec, ses fertiles coteaux, et aussi sa forte position sur des hauteurs faciles à défendre, lui ont valu un rapide accroissement. Aujourd'hui Zahleh compte 15 000 habitants, presque tous Grecs-unis. Elle se glorifie d'être la plus grande ville catholique de la Turquie d'Asie. A ce titre, elle fut le point de mire des hordes sauvages qui se ruèrent sur les chrétiens en 1860. Le Supérieur de notre mission et trois de nos Frères coadjuteurs y furent massacrés avec bien d'autres.

Il y a peu de souvenirs chrétiens dans la Cœlésyrie. On nous signale cependant, au village de Ferzol, une laure de cénobites creusée dans le roc. Un sentier à

---

1. Cf. Voyage dans le Liban, par les PP. Bourquenoud et Dutau. *Études*, 3ᵉ série, t. X (1866), p. 509.

gauche de la route, de petits chemins à travers les vignes nous y conduisent en moins d'une heure.

Ferzol au Liban ; dans le lointain, la laure de ol-Habis.

Quel gracieux village que Ferzol ! Ses maisons blanches ou bleues apparaissent derrière les peupliers du vallon, comme des blocs de marbre rangés sur la pente de la montagne. Ce fut sans doute un des centres chrétiens les plus importants de la contrée, puisque l'évêque grec-uni, résidant à Zahleh, porte le titre d'évêque de Ferzol.

La laure est plus loin. Il faut remonter le petit cours d'eau pendant vingt minutes ; alors, au tournant de la vallée qui incline au sud, on se trouve en face d'une haute muraille de sombres rochers, divisée par le lit du ruisseau. Les gens du pays nomment ce fond de vallée el-Habis, le vallon de l'Ermite, en souvenir des pieux cénobites qui l'habitèrent. Aujourd'hui il n'y a plus de vie humaine en ces lieux : ce serait un triste désert de rochers, de terres éboulées, de pierres roulantes, si le petit ruisseau n'entretenait un peu de verdure et quelques arbres au fond du ravin.

En approchant du rocher, ses flancs, presque à pic, nous apparaissent jusqu'à une grande hauteur, percés d'une multitude d'ouvertures, égales et régulières comme les fenêtres d'un édifice disloqué par le temps ; çà et là on reconnaît des restes d'escaliers unissant les divers étages.

Le rocher de droite est le plus intéressant. Malheureusement les assises inférieures, donnant accès aux étages d'en haut, ont disparu ; elles ont servi de carrière. Nous pouvons cependant nous hisser sur une plate-forme élevée de plusieurs mètres, et de là pénétrer dans une vaste salle. Tout autour sont neuf tombeaux, creusés en auges sous de petites voûtes en berceau (Arcosolia), à la manière des tombes phéniciennes si communes sur la côte de Syrie. On n'y voit aucun signe chrétien. D'ailleurs l'ouverture de la salle porte l'enseigne du paganisme phénicien. Au-dessus d'un encadrement faiblement dessiné, à peine visible, un large bandeau en saillie forme dans le rocher une sorte de niche ogivale, où se détache en relief le cône, symbole de la grande déesse Astarté, tel que nous l'avons rencontré dans plusieurs sépultures de l'ancienne Sidon (1). La niche, presque triangulaire, mesure avec son encadrement 2 mètres 50 centimètres en largeur et autant en hauteur. Le cône sacré a 80 centimètres de hauteur et 40 centimètres de diamètre.

Pour atteindre la laure des cénobites chrétiens, il faudrait monter plus haut. Après diverses tentatives, nous parvenons, en tournant la montagne, à pénétrer, par le lit du ruisseau, dans une chambre carrée, voûtée en calotte, où l'on voit des restes de peinture rouge. Impossible d'aller plus avant sans un danger auquel il n'est pas permis de s'exposer pour un brin de science. Mais nous pouvons dire ce que nous n'avons pas vu. Plus heureux que nous, le P. Bourquenoud, suivi d'un jeune compagnon, a pu grimper et ramper partout. Voici son récit :

« Où nous prîmes un véritable intérêt, ce fut à retrouver, dans la disposition intérieure des cellules, les détails de l'aménagement complet du solitaire. On pourrait, ce semble, en les groupant, se retracer une image assez fidèle de ses mœurs et de sa vie privée. Chacune de ces étroites demeures, presque toujours creusées en forme de four et dont la plupart mesurent au plus 2 mètres de côté, n'avait souvent qu'une seule ouverture, qui servait à la fois de porte et de fenêtre. On retrouve en quelques endroits les entailles au moyen desquelles se fixaient les fermetures. Un réservoir, taillé dans le sol de la cellule, servait sans doute à conserver les provisions d'eau ou d'huile : une rainure dont le contour varie recevait le couvercle. Sur la surface des murailles ou dans les angles de la chambre, des saillies du rocher, ménagées à dessein, sont perforées en forme d'anse pour y suspendre divers objets.

---

1. On dit que les anciens Égyptiens, voyant dans le cône une image de la flamme qui, suivant leurs idées, était comme la vie de la nature, en firent le symbole de la force divine créatrice et conservatrice de toutes choses. Dans l'antique Orient, cette force et puissance mystérieuse est personnifiée tantôt par l'Astarté phénicienne, tantôt par le Baal syrien principe actif, tantôt par le Baal syrien principe passif, et souvent par les deux à la fois.

Sur les parois une rangée de trous disposés en ligne horizontale et se continuant dans les angles d'un côté à l'autre, paraissent avoir été destinés à recevoir les supports de la couche du cénobite. Ailleurs un large banc de pierre taillé dans le rocher même, remplace ce lit artificiel. Un petit bassin, en forme de lavoir, est souvent en saillie sur la muraille. L'eau s'en échappait par un étroit canal, descendant dans une rigole qui la conduisait au dehors à travers la paroi. Quelquefois des bassins plus profonds sont creusés dans le sol de la chambre au-dessous de petits sièges attenant au mur : leur vraie destination est restée pour nous à l'état de problème.

» Quelques-unes de ces grottes semblent, à raison de leur grandeur ou de leur disposition, avoir dû être affectées à l'usage de la communauté tout entière. L'une d'elles, dont l'orientation serait parfaitement conforme aux prescriptions ecclésiastiques relatives aux sanctuaires, est revêtue à l'intérieur d'une couche de ciment d'un grain très fin, sur lequel nous observâmes en quelques endroits des traces de peinture. Une tête de saint, d'un type tout byzantin, apparaissait encore assez distinctement. Dans une autre, deux longs sièges de pierre, taillés dans la muraille, font songer à ces conférences cénobitiques de spiritualité dont Cassien nous a conservé dans ses *Collations* le délicieux souvenir... Les solitudes de Saint-Saba et de Saint-Chariton en Palestine, le désert de Syène en Egypte, n'offrent pas de laures mieux conservées (1). »

A gauche du ruisseau, la montagne ne présente qu'un seul étage d'excavations ; tout nous paraît de l'époque païenne. C'est d'abord, proche du ruisseau, une aire carrée, de 0m60 de côté, élevée d'un mètre au-dessus du sol, qui semble servir de vestibule à une salle presque aussi large, profonde seulement de 3 mètres. Rien n'indique sa destination.

A quelques pas sur la gauche, c'est un tombeau dont l'entrée a un fronton massif et bizarre. On pénètre dans un vestibule carré, et de là, par une ouverture moins grande, dans la chambre sépulcrale. Celle-ci servit plus tard de pressoir pour l'huile ou pour le vin : on a pratiqué dans le seuil saillant de la porte un petit bassin où le liquide se rendait par un trou du côté de la chambre et se décantait par la surface du côté du vestibule, laissant au fond ses impuretés.

Tout proche sont trois niches égales, à côté l'une de l'autre, mais de formes diverses, s'ouvrant dans un même encadrement. L'une est cintrée, l'autre carrée, la troisième terminée en pointe. Celle-ci, avec ses trois gradins au bas et son fond arrondi dans le haut, semble être un siège d'honneur. Au reste, le travail n'est pas terminé.

A quoi devaient servir ces trois ouvertures, nous l'ignorons. Assurément elles n'ont pas été faites pour des tombeaux ; elles sont trop rapprochées les unes des autres, l'espace manquerait pour trois tombes. Peut-être furent-elles destinées à quelque triade de dieux importée d'Égypte ou d'ailleurs. Qui peut connaître toute la mythologie de ces derniers temps du paganisme, où tout était dieu sauf DIEU lui-même ? Les divinités de toutes les nations s'unissaient alors dans le plus monstrueux assemblage afin de résister *au plus fort*, venu en ce monde pour les vaincre (2).

Un monument presque semblable, beaucoup plus grand, également inachevé, se voit à trois heures de là, dans la direction du sud, au village de Kab Elias, sur un grand rocher à pic. Bien des voyageurs érudits l'ont visité et l'ont décrit, aucun n'a pu préciser sa destination.

---
1. *Études*, 3ᵉ série, t. VIII (1866), p. 67.
2. Luc, XI, 22.

Par un petit chemin montant à gauche sur le versant du ravin, nous arrivons en quelques minutes proche d'une stèle mystérieuse. Elle est sculptée en bas-relief sur la paroi verticale d'une roche saillante, coupée comme le mur d'une carrière. Les personnages sont de grandeur naturelle. Un homme à cheval, la tête ornée de rayons, les épaules couvertes d'un manteau, cueille un fruit semblable à une pomme de pin sur un palmier, l'arbre symbolique de la Phénicie; devant lui une femme non vêtue tient à la main une énorme grappe de raisin. Des entailles, de part et d'autre du tableau, ont peut-être servi à porter un abri. Les déblais de fouilles récentes encombrent la base du rocher. D'après le P. Bourquenoud, cette stèle se rapporterait au culte de Dionysos-Soleil et de Vénus (1).

**

Continuant à gravir la montagne par ce même chemin, nous franchissons la haute barrière de rochers dans une tranchée taillée de main d'homme; et après avoir marché plus d'une heure vers le nord à travers des coteaux pierreux, nous apercevons à l'extrémité d'une vallée, près d'une petite source où s'abreuvent des troupeaux, les ruines imposantes d'un temple romain, le temple de Qala'at el-Hosn, *le château de la forteresse* (2).

Les temples sont nombreux sur ces versants de la Cœlésyrie. On en peut citer une douzaine dans le sud, depuis Banias jusqu'à Ba'albek, sans compter ceux de cette ville. La plupart sont bâtis près des sources qui naissent de la montagne, ou sur quelque éminence isolée; les plus grands datent des Antonins.

Celui-ci nous parait l'un des mieux conservés. Il est de forme classique, prostyle. La *cella*, ou le temple proprement dit, repose sur un haut soubassement. Un magnifique perron tourné au levant, et compris entre les prolongements du stylobate, conduit sous un portique, ou *pronaos*, soutenu par quatre grandes colonnes corinthiennes. A l'intérieur, chacun des murs latéraux est orné de quatre demi-colonnes et de doubles colonnes aux angles, toutes à chapiteaux ioniques. La troisième est d'une forme particulière: deux quarts de colonne encadrent un pilastre plat; elle marque la limite du sanctuaire, dont le sol est surélevé. Sur le mur de fond, un très fort bandeau dessine un grand cadre au milieu duquel était sans doute la statue du dieu. Enfin, à droite de la grande et superbe porte d'entrée, une petite ouverture donne accès à un escalier hélicoïdal pratiqué dans l'épaisseur du mur, à l'angle de l'édifice, pour monter sur les corniches et sur le plafond du portique; disposition que l'on rencontre à Ba'albek et dans plusieurs autres temples de la contrée. La *cella* était à ciel ouvert, car elle n'a pas de fenêtres et l'on ne voit aucune trace de toiture.

C'est bien là l'époque des Antonins, de ce dernier reflet de l'art antique, plus éclatant que beau, où la prodigalité des ornements et la variété des formes cherchent à tromper le sentiment émoussé de l'harmonie, où l'architecture étonne par l'énormité des masses plus qu'elle ne charme par la grâce et l'exactitude des proportions (3).

Tous ces caractères sont parfaitement reconnaissables dans cette belle ruine,

---

1. *Études*, 3ᵉ série, t. V (1865), p. 301.

2. Qala'at el-Hosn est aussi le nom d'une forteresse célèbre au temps des Croisades, le *Krak* des chevaliers, située entre Homs et Tripoli.

3. Voici quelques dimensions : longueur de la *cella*, 28ᵐ,50 ; largeur, 12ᵐ,50 ; profondeur du perron et du *pronaos*, 8ᵐ,50 ; hauteur du stylobate, 3ᵐ,50 ; saillie de la corniche du stylobate, 60 cent. ; montants monolithes de la porte, 5 mètres de haut, 1ᵐ,50 de large, 1 mètre d'épaisseur.

mais bien des parties sont écroulées. Les colonnes et le plafond du *pronaos* encombrent le perron. La corniche terminale, les chapiteaux, une partie des fûts, des demi-colonnes et quelques assises des murs, forment à l'intérieur un amas de blocs enchevêtrés, sur lequel il n'est pas aisé de circuler.

Un bâtiment qu'on pourrait appeler le petit temple s'élève à peu de distance, devant la façade, auprès d'une vaste citerne voûtée. Il était, ce semble, le *delubrum* où s'accomplissaient les ablutions symboliques avant de pénétrer dans le temple de la divinité principale. A l'intérieur se voient deux niches, l'une en face de la porte, surmontée d'un dais en pierre, l'autre plus petite et plus basse qui a tout l'air d'un lavabo. Les fondements d'une enceinte et de quelques dépendances complètent ce bel ensemble de ruines.

IV. — Au BORD de l'ANTI-LIBAN.

Descendus sur la route de Ba'albek, nous la quittons aussitôt pour visiter le pied de l'Anti-Liban, de l'autre côté de la plaine. Durant deux longues heures de traversée ce sont des champs immenses dont l'œil n'atteint pas les limites et qui paraissent fertiles. A cette époque de l'année, ils sont envahis par une plante grisâtre, le *Grosophora tinctoria* (Juss.), de la famille des euphorbiacées, que l'on cultive dans le Languedoc comme plante tinctoriale, et à laquelle on donne communément le nom de tournesol, à cause de sa ressemblance grossière avec l'héliotrope des champs, croissant d'ordinaire dans les mêmes terrains.

La végétation de la plaine était si luxuriante au printemps, nous raconte notre guide, que deux jeunes veaux, s'étant échappés dans les blés, ne surent pas en sortir et y moururent de soif. Ne croyez pas cependant que les propriétaires de ces belles campagnes en tirent de gros revenus. Le manque de bras, la difficulté et le coût des transports, les impôts et les rapines de toute sorte, font que le bénéfice final est bien mince.

Rien d'intéressant dans cette traversée de la plaine. On n'y rencontre ni temples, ni monuments, ni villes antiques. Les populations, paraît-il, ont toujours préféré s'établir sur les dernières pentes de la montagne, soit pour éviter les influences paludéennes de la vallée, soit pour être en mesure d'échapper rapidement à leurs ennemis en gagnant les hauteurs. Du reste, s'il a existé des villes dans la plaine, exposées sans défenses naturelles sur la route des envahisseurs, elles ont dû disparaître.

On montre cependant au village de Turbol, dans l'église grecque, un cippe carré portant sur une même face, l'un au-dessus de l'autre, le buste d'une femme et celui d'un homme. Quoique les figures soient détériorées, on reconnaît un assez bon travail de l'époque grecque. Deux autres faces, sculptées plus grossièrement, représentent une femme entièrement vêtue, la tête entourée d'un long voile, et un homme couvert d'un simple pallium rejeté sur l'épaule gauche, à la manière de la célèbre statue d'Aristide de la collection Farnèse.

La plaine se termine, à une demi-heure de Turbol, contre une ramification de l'Anti-Liban, droite et uniforme comme une immense jetée, haute de cent mètres et plus. Une jolie vallée plantée de vignes, où se cachent le village de Kefr-Zabad et quelques hameaux, la sépare de la grande chaîne. Au midi elle se termine par un promontoire de rochers abrupts.

Arrivés à cette extrémité de la jetée, nous voyons accumulés à nos pieds de gros piliers, un plafond de pierre à caissons, une splendide corniche ornée d'une tête de lion, débris d'un temple ou plutôt d'un édicule bâti sur ce point culminant.

A une trentaine de pas au nord, sur un rocher coupé verticalement, est sculpté un personnage debout, revêtu d'une tunique et d'un pallium, tenant une palme de la main gauche. Dans un monument chrétien ce serait la figure d'un martyr.

Du haut de ce promontoire le coup d'œil est magnifique ; il embrasse la Cœlésyrie presque entière. Au bas de la montagne, de gros blocs de pierre et la belle source du Nahr Belda accusent l'existence d'habitations anciennes. Plus loin, sur la dernière pente de l'Anti-Liban, une enceinte carrée de trois ou quatre cents mètres de côté, faite de pans de murs et de tours éboulées, le village voisin de Andjar et la belle source 'Aïn Andjar, avec ses ouvrages romains, marquent la place de l'ancienne Chalcis-sous-le-Liban, où passèrent les armées de Pompée (1), où régnèrent la fameuse Bérénice et son frère Agrippa II (2), celui-là même qui jugea S. Paul dans les fers à Césarée.

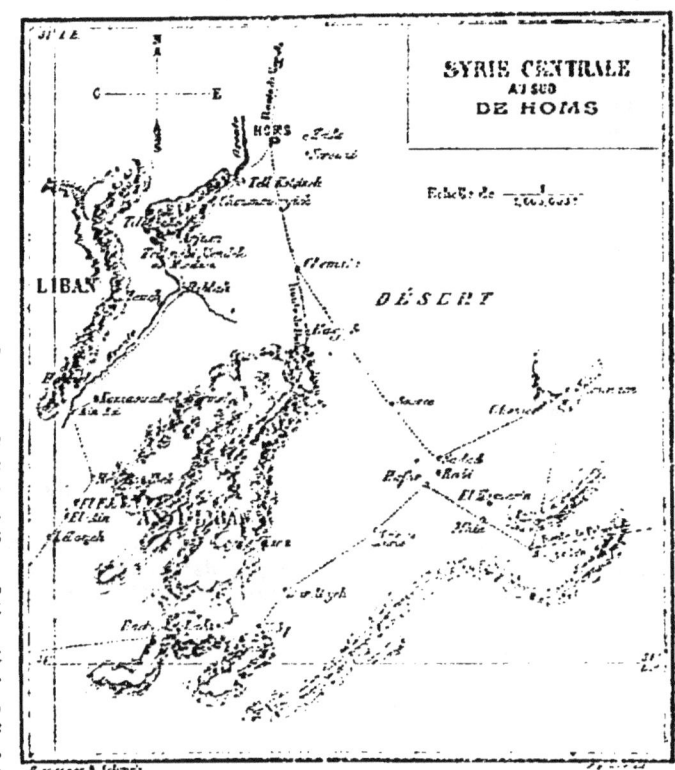

Ému de la magnifique défense de l'Apôtre, il s'écria : « Peu s'en faut que tu me fasses chrétien. — En effet, répondit saint Paul, je désire devant DIEU que vous et tous ceux qui m'écoutent, vous deveniez aujourd'hui comme moi, ces fers exceptés. » (Actes, XXVI, 28, 29.)

On nous signale des ruines dans toutes les directions. Mais il faut continuer notre route sur Ba'albek en suivant la chaîne des collines. Nous passons devant

1. Josephus, *Ant. Jud.*, XIV, 3.
2. Josephus, *De Bello Jud.*, II, 11, 12.

deux petits temples sans intérêt, et nous nous arrêtons dans le hameau de Masy, perché sur une hauteur au bord du profond ravin où coule le ruisseau de Yahfoufeh.

Au sommet du village est une église en ruines, qui remonte certainement à une haute antiquité. Il ne reste debout que les assises inférieures des murailles et les premiers tambours des colonnes qui séparaient les nefs.

Le monument est parfaitement orienté, l'abside au levant, l'entrée principale au couchant et une petite porte latérale au midi. Il a 15 mètres de long sur 9 de large, hors d'œuvre. Les colonnes sont au nombre de six, leur diamètre est de $0^m,66$. Les matériaux rappellent ceux des temples païens de la contrée ; mais la disposition est toute chrétienne. Nous pensons que c'est là une église bâtie avec les débris d'un temple païen, et même sur ses fondements, à l'époque des édits de Théodose le Jeune.

Une inscription gravée sur une pierre, qui fait aujourd'hui partie d'un mur de soutènement tout proche de la porte principale, confirme cette opinion et apprend que le temple était dédié à Saturne :

[P]ROSAMCAIZAR
MLONGINUS
CALCIDIANUS
[S]ATURNO ARDSI (1)

Ce que nous lisons : *Pro salute M. Cæsaris — M. Longinus — Calcidianus — Saturno aram dicavit suis impensis.* « M. Longin de Chalcis a élevé cet autel à Saturne de ses deniers, pour la prospérité de M. César. » Le César est probablement Marc-Aurèle, associé à Antonin le Pieux avant d'être seul empereur.

Une autre inscription se voit vers l'abside, mais elle est illisible.

Après avoir franchi le profond ravin où coule le Nahr Yahfoufeh, et être remontés sur les hauteurs, nous longeons durant quatre kilomètres une ligne non interrompue d'anciennes carrières, largement exploitées, indice certain qu'il y avait dans le voisinage des centres de population importants : on ne transporte pas au loin des pierres dans une vallée partout bordée de roches semblables.

A l'extrémité des carrières est le village de Séraïn supérieur. On nous l'avait signalé comme une ville de troglodytes. Le terme est exagéré : les habitants ne demeurent pas précisément dans des cavernes. La vérité est qu'une vingtaine de maisons ou de chambres sont creusées à ciel ouvert dans le flanc d'une grande roche plate dominant le village de quatre à cinq mètres. Elles sont fermées et séparées les unes des autres par des murs réservés dans la roche, avec portes et fenêtres. Trois ou quatre chambres seulement sont tout à fait souterraines. Des rigoles descendent le long des parois dans de petites citernes creusées sous le sol de la chambre. Ont-elles servi à recueillir les eaux pluviales du rocher supérieur, ou le vin et l'huile des pressoirs qui occupent la plate-forme, on ne saurait le dire.

Nous pensons qu'il ne faut voir dans ce village de troglodytes que les habitations d'ouvriers des anciennes carrières. Rien d'étonnant qu'ils aient eu la pensée économique d'exploiter le rocher de manière à s'y réserver sans frais des demeures assez commodes.

Plusieurs restes de constructions antiques montrent que cet endroit eut jadis de

---

1. E. Robinson n'a pu lire que le nom de Longinus, *Letter biblical researches*, sect. XI.

l'importance. Au nord on rencontre à une demi-heure le village abandonné de Topchar, où de nombreux restes signalent l'existence d'une ancienne ville.

V. — BA'ALBEK et RAS BA'ALBEK.

UN gros village de 3 à 4.000 habitants, caché dans des bouquets d'arbres au pied de la montagne, et n'offrant que des maisons vulgaires, des ruelles tortueuses et malpropres, tel est le Ba'albek moderne. De merveilleuses colonnades s'élevant au-dessus des arbres, des restes d'une enceinte fortifiée et d'autres belles ruines, nous disent la magnificence de l'ancienne Héliopolis, la ville du Soleil, en syriaque Ba'albek.

Les plus célèbres antiquités sont groupées dans une enceinte de hautes murailles, que l'on nomme l'acropole, la ville du sommet, par comparaison avec l'acropole d'Athènes, bien que l'enceinte se trouve dans la plaine au-dessous du village.

Nous ne décrirons pas l'acropole : il n'y a rien à glaner là où sont passés et repassés de laborieux moissonneurs parfaitement outillés. Les archéologues ont tout étudié ; les architectes ont tout mesuré, tout restauré dans leurs dessins ; les images fidèles de ces splendides ruines se trouvent chez tous les photographes de l'Orient. Disons seulement l'émotion qu'éprouve un cœur chrétien en retrouvant, au milieu des plus beaux palais qu'aient jamais eus les démons de la Grèce et de Rome, les fondements d'une grande basilique chrétienne. Le temple du vrai DIEU, en face des propylées, au milieu de la grande cour carrée, était bien à la place du Maître ; il était peut-être dominé par le grand temple du Soleil aux cinquante-quatre colonnes de 23 mètres ; mais il en fermait l'entrée. Une autre église en forme de croix grecque, mieux conservée, se voit près de l'entrée du temple de Jupiter.

Les temples sont probablement l'œuvre d'Antonin le Pieux (133-161). Les églises datent de Constantin et de Théodose le Grand (379-395). De toutes les constructions, la plus ancienne est sans doute l'enceinte méridionale. On la fait remonter communément jusqu'à Salomon ; mais, en fait, les documents les plus anciens que l'on possède sur Ba'albek sont des médailles du premier siècle de notre ère.

Le voyageur ne manque pas d'aller voir du dehors les trois fameuses pierres qui ont fait donner à cette partie de l'enceinte le nom de *Trilithon*, les plus gros blocs qui aient jamais été employés dans les constructions. Ils sont élevés de six mètres au-dessus du sol primitif, et chacun d'eux mesure à peu près trois cent vingt mètres cubes. Il faudrait soixante-quatre wagons à chargement complet de dix mille kilogrammes pour transporter les débris d'une seule de ces pierres. La carrière de ces énormes assises n'est qu'à cinq cents mètres de l'enceinte. Il y est resté un bloc semblable, plus gros encore, car il a cinq cents mètres cubes. Comment a-t-on pu établir un sol assez ferme et trouver des rouleaux assez résistants pour faire glisser de pareilles masses ?

Nous allons présenter nos hommages à l'évêque grec-uni. Il nous apprend que ses fidèles forment le quart de la population et que les autres chrétiens sont en petit nombre. Il nous faut aussi visiter l'école des Petites Sœurs arabes du Sacré-Cœur. Leurs nombreuses petites filles sont tout heureuses de nous dire quelques mots de français, et nous offrent des sachets où elles ont brodé les belles colonnades. Sur le départ, nous saluons une famille amie dont la maison fait exception ;

Ruines de Ba'albek.

elle rappelle les riches habitations orientales de Damas. Au milieu de la cour de marbre, rafraîchie par les plus belles eaux, s'élève un superbe frêne d'une espèce particulière à la Syrie du nord et de l'est, le *Fraxinus oxyphylla* (M. B.), variété *oligophylla*.

**

Notre dessein est de nous rendre à Homs en passant par les sources de l'Oronte et le bord du lac. On dit qu'il y a une grande route de Ba'albek à Homs ; on lui donne même le nom de *sultanyeh* ou route impériale. Est-il possible de décorer de ce beau titre, sans plaisanterie, une trace incertaine de chevaux et de mulets, suivant à l'aventure les sinuosités des collines à travers les rochers, les pierres roulantes et la boue, sans ponts pour franchir les ruisseaux et les ravins ? Certain pacha, dit-on, s'est donné le plaisir de voyager en voiture sur cet affreux chemin ; et il faut bien le croire, car nous voyons les traces des roues sur une pente si raide qu'en un autre pays on ne la descendrait pas à cheval.

Au milieu de la plaine, à quatre ou cinq kilomètres de la route, une haute colonne dessine au soleil un trait lumineux au-dessus d'un sombre marais. Elle s'élève d'une vingtaine de mètres et se compose de nombreuses assises. Ce monument devait sans doute transmettre aux générations de l'avenir la mémoire d'une action d'éclat ou d'un grand prince ; mais l'inscription grecque de son piédestal est devenue illisible avant que quelque voyageur l'eût transcrite dans ses mémoires. Les indigènes l'appellent Amoud Ya'at, colonne de Ya'at, du nom d'un petit village voisin.

Là, les eaux descendues de la montagne hésitent à prendre leur direction et forment un marais, d'où sortent le Litani ou Léontès au sud, et l'Oronte au nord. A ce point culminant, élevé d'environ onze cents mètres au-dessus de la mer, la plaine elle-même change de nom et d'aspect : au sud, c'est la Bqa'a ; au nord, c'est *Sahlet Ba'albek*, la plaine de Ba'albek, moins fertile et moins large.

Le pittoresque village de Nahleh, apparaissant tout à coup sur le chemin après une heure et demie de la route la plus monotone, est une agréable surprise. Les assises d'un vaste temple dominent les habitations groupées tout autour, au bord d'un ravin profond et étroit, où des eaux coulent avec bruit.

La nuit venue, nous campons auprès d'une source, à quelques pas du chemin. Qu'il fut beau ce premier soir dans la campagne silencieuse et déserte ! Le soleil avait disparu derrière le rideau bleu et sombre du Liban ; il empourprait encore de ses dernières lueurs les croupes anguleuses de l'Anti-Liban, et ces grandes murailles de la plaine se fondaient à l'extrémité dans une lumière verdâtre. Ajoutez à ce ravissant spectacle le plaisir indéfinissable que trouve le voyageur dans la liberté de camper où il veut, sans s'inquiéter du reste des hommes. C'est le charme de cette liberté qui retient le Bédouin dans ses déserts, le sauvage dans ses forêts. Le lendemain quelques passants nous dirent que nous étions à la source Tetnah, à une demi-heure du hameau de Resm-el-Hadid, dont les habitants exercent volontiers la profession de voleurs.

En une heure nous arrivons aux magnifiques sources de Léboueh. L'eau sourd de toute part dans un sol de gravier, au bas d'une légère dépression de terrain, et s'échappe en plusieurs ruisseaux à travers des cultures de maïs vert. Les uns se dirigent vers le Liban, et creusent au pied de la montagne un sillon qui sera plus loin le lit de l'Oronte ; les autres se déversent dans un canal parallèle à l'Anti-Liban : nous le rencontrons plusieurs fois sur notre chemin.

Il faut que le sol soit bien dur et bien pauvre de matières fertilisantes, pour que des eaux si belles et si abondantes y produisent si peu d'effet. On ne voit un peu de verdure que sur les bords, qu'elles baignent constamment.

Deux ou trois fermes, habitées par des Métoualis, forment le hameau de Léboueh. Quelques fondations de vieux murs, des tronçons de colonnes et des chapiteaux épars sur le sol prouvent l'existence d'une ancienne ville en ce lieu. Si l'on veut bien admettre que dans l'Itinéraire d'Antonin, tel que nous le possédons, la transposition d'un X a donné dix milles de trop pour la distance d'Héliopolis à Libo, et dix milles de moins pour celle de Libo à Laodicée, Léboueh sera le *Libo* de l'Itinéraire. On sait d'ailleurs qu'au temps des croisades Léboueh était une place forte.

La route traverse plusieurs villages où un certain air d'aisance et de propreté relatives annonce la présence d'un nombre important de chrétiens. Enfin elle atteint le bourg de Ras-Ba'albek au bas de la montagne, à l'entrée d'une gorge profonde.

Les habitants sont presque tous des grecs-unis. Il nous entourent à notre arrivée, nous rendent avec affection les petits services utiles aux voyageurs, et nous rappellent qu'autrefois notre mission entretenait chez eux une école de Sœurs, qu'ils nous supplient de rétablir.

Ras Ba'albek est incontestablement l'ancienne *Conna* de l'Itinéraire d'Antonin, et très probablement la ville épiscopale de *Charra*, dont les évêques figurent aux conciles de Nicée et de Chalcédoine (1). Les restes d'une grande église à triple abside se voient au milieu du village. On trouve à travers les jardins les soubassements d'une seconde église moins vaste, ainsi que des aqueducs et autres constructions anciennes.

 VI. — SOURCE de l'ORONTE. — MAR-MAROUN et les MARONITES. — MONUMENT d'HERMEL.

POUR atteindre la principale source de l'Oronte, 'Aïn'Aci, située au pied du Liban, il faut abandonner la route *sultanyeh* et se diriger à travers la plaine vers le nord-nord-ouest, sans tenir compte des sentiers, s'aidant seulement de la carte et de la boussole. Malheureusement les cartes de ces régions sont encore incomplètes et parfois fautives, ce qui nous laissera bien des difficultés jusqu'aux environs de Homs.

Rien ne dessine au loin le cours de l'Oronte. Arrivé près des racines du Liban, on se trouve tout à coup au bord d'un ravin sauvage, creusé dans le roc à une centaine de mètres au-dessous de la plaine ; le fleuve coule au fond. Un sentier de chèvres descend dans le ravin et aboutit à un site des plus charmants, qui tranche à ravir sur l'aridité de la contrée.

Sous un petit bois de tamarix qui recouvre un éboulement de la montagne, sort silencieuse, entre de grosses pierres et des branches de vieux arbres, une rivière de l'eau la plus limpide ; elle décrit sans rides un demi-cercle dans un tournant de la vallée, et disparait derrière des saules chargés de lianes. Plus haut, l'œil ne rencontre que des rochers abrupts, sans verdure, et des oiseaux de proie qui fréquentent seuls cette solitude. Nous contemplons tout cela

---

1. Le Quien, *Oriens christianus*, tome II, p. 847.

jusqu'à la nuit, d'une petite plate-forme qu'on dirait ménagée par les eaux pour le campement des voyageurs. En amont de la source, l'Oronte n'est qu'un médiocre ruisseau ; celle-ci en fait une rivière. Elle lui apporte, suivant nos mesures, environ deux cents mètres cubes d'eau à la minute ; nous sommes au mois d'août.

Ne serait-ce pas là le lieu appelé 'Aïn, *la Source*, au livre des Nombres? (1) « La limite descend de Sepham à Riblah, qui est à l'est de 'Aïn, » dit le texte hébreu. 'Aïn'Aci est en effet au sud-ouest de Riblah.

***

A une dizaine de minutes, en suivant le cours de la rivière, on rencontre l'ancien monastère de Mar-Maroun, creusé presque en entier dans le roc au milieu d'une haute falaise.

Son entrée est à 60 mètres au-dessus de la rivière ; on y arrive en suivant une corniche du rocher, çà et là interrompue et remplacée par un pont de branchages. Une tour adossée à la montagne garde cet étroit passage ; elle servait sans doute de logement au portier du couvent. L'habitation des moines se compose de quatre pièces principales, mesurant ensemble 25 mètres sur 15, entièrement taillées dans la roche vive et prenant jour sur la vallée par les fenêtres régulièrement percées ; on voit encore le foyer, les entailles pour les fermetures, le point d'attache de la poulie qui servait à monter l'eau d'un puits extérieur. Assurément les bons moines ne pouvaient se choisir une demeure plus solitaire et mieux assurée contre leurs ennemis. Aujourd'hui les chevriers y retirent leur troupeaux durant la nuit.

Une légende locale confond ce couvent avec le monastère de Saint-Maron en Apamène, qui eut une action prépondérante sur les origines de la nation maronite ; et même elle fait vivre quelque temps saint Maron dans ces grottes de 'Aïn'Aci.

On a la vie de saint Maron écrite un demi-siècle après sa mort par Théodoret (2). Il ne vint jamais dans ces lieux. Toute sa vie s'écoula sur une montagne de la Cyrrhestique, au nord d'Antioche. Il y mourut à la fin du quatrième siècle : les populations voisines conservèrent religieusement la dépouille du saint solitaire.

Vers ce temps-là, un autre anachorète du même pays, saint Marcien de Cyr, envoyait l'un de ses disciples, Agapet, fonder des monastères en Apamène (3). De ce nombre fut vraisemblablement le monastère dédié à saint Maron, qui était situé entre Apamée et Homs sur le bord de l'Oronte (4), tout proche de Homs (5), au lieu nommé actuellement Deïr el-Kébir (6).

Le couvent de Saint-Maron devint célèbre ; l'empereur Marcien agrandit les bâtiments la seconde année de son règne (452), dit Aboulféda ; il compta jusqu'à

---

1. XXXIV, 11.
2. *Historia religiosa*, XVI.
3. *Historia religiosa*, III.
4. Naironus bannensis, maronita ; *Dissertatio de origine, nomine et religione Maronitarum*, 1679, p. 6.
5. Aboulféda : *Historia Anteislamica*, p. 112, de l'éd. de Fleischer.
6. Deïr el-Kébir est à deux heures au nord-ouest de Homs, sur la rive gauche de l'Oronte. Le village entier et le pont de l'Oronte sont bâtis avec les anciens matériaux du couvent. Celui-ci était sur la rive droite du fleuve. Il n'en reste sur place que des monceaux de débris.

huit cents moines, et il était si beau qu'on l'appelait le *couvent de cristal*, Deïr el-Bellor (1). Son archimandrite signait avant tous les autres archimandrites de la Syrie seconde (2). Ses moines eurent cependant à souffrir dans les guerrres de religion qui suivirent le concile de Chalcédoine. Trois cents d'entre eux furent massacrés par les hérétiques, en 517, alors qu'ils se rendaient de leur couvent à celui de saint Siméon Stylite. Le couvent de Saint-Maron lui-même fut saccagé par les sectaires. Justinien le Grand (527-565) releva ses murailles (3).

Quand les Musulmans se rendirent maîtres du pays, les religieux cherchèrent un asile plus sûr dans les montagnes du Liban ; ils y apportèrent avec eux la précieuse relique du chef de saint Maron, qui fut vénérée depuis lors au couvent de Kafr Haï, près Batroun, jusqu'au temps des croisades (4). Leur présence fut sans doute une grande consolation, un secours puissant, pour ces pauvres montagnards toujours menacés et presque abandonnés. Ils leur inspirèrent cette foi, cette piété que les siècles n'ont point diminuées.

Les populations reconnaissantes se firent une gloire, en même temps qu'une sauvegarde, du nom de leurs bienfaiteurs : ils s'appelèrent Maronites. Les circonstances politiques, les persécutions religieuses en firent une petite nation. Nul doute que dans le principe ils n'aient eu le rite syrien ; au Xe siècle, ils se servaient encore du pain fermenté pour la sainte Eucharistie (5). Peu à peu ils rapprochèrent leur liturgie du rite latin, adoptèrent les vêtements sacerdotaux de forme latine qu'on leur envoyait d'Europe (6), et se créèrent insensiblement un rite spécial, sanctionné plus tard par les Souverains-Pontifes. Le syriaque est leur langue liturgique : si le prêtre dit les prières de la messe en arabe, pour être entendu des fidèles, il les lit dans son missel imprimées en caractères syriaques. Les paroles de la Consécration seules se disent en langue syriaque.

Des moines du couvent dédié à saint Maron, qui furent leurs pères dans la foi, ils ont hérité une dévotion spéciale au saint solitaire de la Syrie septentrionale ; ils se plaisent même à l'appeler leur Père, bien qu'il soit antérieur de trois siècles à leur nation et ne soit jamais venu dans leurs montagnes. Ils comptent aussi parmi leurs patrons les plus vénérés les trois cent cinquante moines du couvent martyrisés par les hérétiques, et leur font une fête chômée (7).

Le monastère de Mar-Maroun, aux sources de l'Oronte, n'a pas la même importance historique. Il est pourtant un des plus anciens couvents maronites et antérieur aux croisades ; Aboulféda le nomme la *Grotte du Moine*.

*

Un singulier monument, qui n'est ni tour, ni pyramide, élevé sur le sommet d'un monticule arrondi, nous a servi de repère dans la traversée de la plaine ;

---

1. Le patriarche Boulos-Massa'ad, *al-Dorr al-Minzun*, p. 131.
2. Voir *Epist. Mon. II Syriæ, inter Epist. S. Hormisdæ*.
3. Procope de Cæsarée, *De Ædificiis*, l. V, c. 9.
4. En l'année 1150, l'abbé de Sainte-Croix, près Foligno, en Italie, emporta cette relique dans son monastère. (Ed Douëhi, *Orig.*, c. 5.)
5. Joseph David, corévêque de Mossoul : *Antiqua Ecclesiæ Syro-Chaldaicæ Traditio circa Petri Apostoli ejusque Successorum, Romanorum Pontificum, Divinum Primatum*, imprimé à la Propagande en 1870, p. 98, 99, citant le *Nomocanon* des Maronites, traduit en arabe par l'évêque maronite David, au Xe siècle, et conservé dans la Bibliothèque Vaticane .(Syr., num. 133.)
6. Le P. Romano Eliano, S. J., nonce du pape Grégoire XIII auprès des Maronites, leur porta en 1580 plus de quatre-vingts chasubles faites en Italie. *(Archives du Gesù.)*
7. *loc. cit.*

nous l'avons aperçu la veille de fort loin. Au sortir du ravin il se montre de nouveau ; nous le voyons à quatre ou cinq kilomètres dans la direction du nord-nord-est. C'est une bien étrange construction. Sur un socle de trois

Le monument d'Hermel, dans la plaine de Ba'albek.

degrés en basalte, s'élève un cube de maçonnerie large de neuf mètres, puis un autre cube un peu moins large et enfin une pyramide, dont le sommet s'élève à dix-sept mètres au-dessus du sol. Le premier étage est orné de grands bas-reliefs et de pilastres d'angle. Le second cube est entouré d'une rangée de pilastres. On ne voit aucune ouverture. Les bas-reliefs représentent des scènes cynégétiques où ne figurent que des animaux, des piques, des arcs, des carquois et des engins de chasse à nous inconnus, sans aucun personnage. Sur la face du midi une gazelle bondit, poursuivie par un chien. Sur celle du levant, un sanglier cerné entre deux chiens est percé de trois lances. Au nord, ce sont deux cerfs, l'un au repos, l'autre sur pied. Au couchant, un vieil ours regarde d'un œil débonnaire ses petits jouant à ses côtés. Toutes ces bêtes sont dessinées au naturel, mais elles manquent d'élan : on dirait les animaux savants d'un cirque.

Quelles furent l'origine et la destination de ce monument ? rien ne l'indique. Il y avait peut-être une inscription dans le cadre en retrait, taillé au-dessus de la chasse au sanglier, mais il n'en reste aucun vestige. Je ne sais quel antiquaire désespéré a démoli une partie notable de la face sud pour chercher quelque lumière à l'intérieur. Il n'a trouvé qu'une maçonnerie p'eine. Est-ce un trophée élevé à la gloire d'un prince séleucide d'Antioche, ou le tombeau d'un roi mort à la chasse dans les gorges de la montagne ?

Bas-reliefs du monument d'Hermel.

Dans le pays, on appelle ce monument *Qamou'at el Hermel,* « le tertre de Hermel, » du nom d'un gros village métouali, étalé sur la dernière pente du Liban, de l'autre côté de la rivière.

VII. — Les BORDS de l'ORONTE et du LAC, jusqu'à HOMS.

Pour nous rendre à Homs nous suivrons la rive droite de l'Oronte et du lac. Le village chrétien de Riblah, éloigné d'une vingtaine de kilomètres, sera l'étape de la nuit.

Un petit chemin descend à l'ouest de la colline par des pentes rapides au pont de Hermel sur l'Oronte. L'arche est écroulée sur la moitié de sa largeur ; nous traversons cependant, pour serrer la main au soldat libanais qui surveille le passage à l'extrême frontière du gouvernement de la montagne : c'est une figure amie, et il y a vingt-quatre heures que nous n'avons pas rencontré l'un de nos semblables.

Longtemps nous marchons dans la plaine au bord du profond sillon creusé par la rivière, ayant sous les yeux un paysage qui rappelle l'Egypte. L'étroite vallée parsemée de hameaux, où serpente l'Oronte à travers des champs pleins de verdure, c'est la vallée du Nil ; la plaine aride et brûlée d'où nous dominons la rivière, c'est le désert. A voir les circuits capricieux de l'Oronte et ses puissantes érosions dans les hautes berges de la vallée, on comprend pourquoi les indigènes, oubliant l'ancien nom du fleuve, l'ont appelé el-Aci « le Révolté. »

A mi-chemin on rencontre des puits creusés à distances égales sur une ligne qui s'étend à perte de vue dans la direction du sud-est ; ce sont les regards d'un canal taillé à quatre mètres de profondeur dans le roc vif du sous-sol, ouvrage des temps anciens. Le canal était-il alimenté par les eaux de l'Oronte élevées artificiellement, ou par un ruisseau du Liban, franchissant la vallée du fleuve sur un haut aqueduc ? L'heure avancée ne nous a pas permis d'étudier cette question. Les déblais des puits paraissent tout récents ; cependant ils ont plus de quarante ans (1) : comme au désert, les années ne laissent pas de trace, parce que la vie manque dans cette plaine. Pourtant bien d'autres canaux anciens prouvent que ce sol, aujourd'hui délaissé, était jadis exploité par une culture intense.

L'anti-Liban, rétréci et abaissé, y verse peu d'eau ; les sources du Liban, plus abondantes, s'arrêtent au pied de la montagne dans le lit profond de l'Oronte. Pour irriguer la plaine, les anciens ont dû recueillir avec soin, distribuer avec intelligence les eaux insuffisantes de l'Anti-Liban, et dériver celles de l'Oronte dans des biefs pour les amener sur les dernières pentes de la plaine, qui s'abaisse graduellement au nord, presque au niveau de la rivière.

A la tombée de la nuit un village est en vue ; nous pensons que c'est Riblah, le seul village marqué sur la carte. Erreur : les maisons en vue sont situées de l'autre côté de la rivière, et pas de pont pour la franchir. Disons cependant pour excuser notre carte que ce village se nomme *Hauch*, bergerie ou enclos pour les bestiaux, et que les localités de ce nom, — il y en a plusieurs dans la région, — sont généralement des agglomérations récentes et peu stables.

Quelques hommes, occupés à battre le blé sur la berge du fleuve, nous accueillent avec intérêt, et même l'un d'eux traverse la rivière avec de l'eau jusqu'au poitrail de son cheval pour chercher de l'orge à nos montures. Mais, quand nous nous disposons à camper au bord de l'eau, le chef, un beau vieillard, s'approche et nous dit :

---

1. Robinson, *Letter Biblical Researches*, part. XII.

« Ne restez pas ici. On a pu vous apercevoir du village, et dans ce cas, il vous arrivera mal cette nuit.
— Où aller ? la nuit est obscure, il n'y a aucune trace de chemin !
— Allez à droite dans cette direction. En moins d'une heure vus serez à Riblah. »

Nous partons sans beaucoup de confiance. Des ruines, de larges canaux à fleur de terre barrent le chemin et nous obligent à des détours ; rien ne signale des habitations. Par bonheur un ânon se trouve sur le passage. Il a peur et se sauve : nous le suivons chez lui et arrivons à un petit moulin. Le maitre est chrétien. Il nous installe dans l'herbe devant sa demeure, et apporte dans un vase d'écorce un gros plat de grains de mars bouillis dans du lait aigre.

Au lever du jour, nous voyons l'Oronte coulant à quelques pas dans la direction de l'est, et à une demi-heure dans la même direction, les arbres où se cache Riblah. Un peu plus au sud, apparaissent dans la plaine les deux villages Djoussiyeh nouveau, et Djoussiyeh-Khadimeh ou ancien. Ce dernier est bien probablement, à en juger par les distances, l'ancienne ville de Paradisus, citée par Ptolémée, Strabon et Pline. Ses grosses ruines sont toutes antérieures à l'occupation musulmane.

Bientôt des jardins, des touffes de peupliers le long du chemin annoncent Riblah. Les habitations, assez bien bâties, sont accompagnées de huttes de boue, hautes de trois mètres, qui ont la forme d'un demi-œuf ; l'extérieur est couvert de galettes de fumier qui sèchent au soleil pour servir plus tard de combustible ; l'intérieur renferme les ustensiles et les provisions du laboureur. On n'y rencontre aucune ruine ; personne ne peut nous indiquer l'ancien édifice carré dont parle le *Guide Joanne*.

Riblah est pourtant une cité biblique : « Joachas, roi de Juda, ayant fait le mal devant le Seigneur, à l'exemple de ses pères, le Pharaon Néchao le jeta dans les fers à Riblah, dans la terre d'Emath (Hamah), afin qu'il ne régnât plus sur Jérusalem (1). » Quand les Chaldéens eurent battu Sédécias, quatrième successeur de Jonathas, dans les plaines de Jéricho, ils le conduisirent à Riblah, pour y être jugé par le roi de Babylone. Celui-ci fit égorger les fils de Sédécias devant leur père, et l'envoya à Babylone chargé de fers (2). Du reste, ces rives de l'Oronte à l'entrée de la plaine de Cœlésyrie eurent dans l'antiquité une haute importance stratégique ; nous en verrons d'autres preuves.

*

Au sortir du village, notre objectif est une grosse butte ronde, couronnée de maisons blanches, nommée Tell Nébi Mendéh ou Mindaou, située au nord-ouest, vers l'extrémité nord du lac de Homs. Le chemin le plus direct traverse un gué de l'Oronte à Riblah même, coupe le circuit de la rivière et la franchit de nouveau sur un vieux pont. Il faut deux heures pour arriver au pied du Tell. Là nous traversons encore la rivière près d'un moulin sur un pont-barrage construit avec d'anciens matériaux, parmi lesquels se voit une pierre portant un reste d'inscription grecque. Le site est beau, le lieu est célèbre.

La cité gréco-romaine *Laodicea ad Libanum*, ou *Laodicea Cabiosa*, selon Ptolémée, chef-lieu du district Laodicène et plus tard siège épiscopal, était bâtie autour

---

1. IV Rois, XXIII, 32, 33.
2. IV Rois, XXV, 6, 7. — Jér., LII, 8 et suiv.

du Tell ; les anciens itinéraires ne laissent aucun doute à ce sujet. De nombreuses tombes, une statue mutilée de style byzantin, des tronçons de colonnes, des pans de murs où les assises de moellons alternent avec des rangées de briques, marquent l'emplacement de la ville au nord et sur les pentes de la colline.

Ces lieux rappellent encore de plus anciens souvenirs. Sur les murs du grand temple de Thèbes, Ramsès II, le Sésostris des Grecs, l'oppresseur des Juifs, le père du Pharaon de l'Exode, est représenté remportant une victoire sur le roi des Hittites et ses alliés, au territoire de Kadech, autour d'un monticule entouré d'eau ou de rivières. On croit aujourd'hui que ce célèbre champ de bataille est à Tell Nébi Mindaou (1).

Le lac de Homs, qui est tout proche, s'appelait au moyen âge lac de Kédès. Un petit moulin situé au sud du Tell porte encore le nom de Kadès. D'ailleurs la colline est tout entourée d'eau : l'Oronte en baigne la base au nord et à l'est, un petit affluent coule à l'ouest et au nord. Tout cela n'est-il pas en parfait accord avec le monument égyptien ? Il est vrai que les fouilles commencées dans ces dernières années n'ont amené aucune inscription, aucune sculpture hittite, aucune ruine qui accuse clairement une époque aussi reculée. Mais comment s'en étonner pour un lieu qui fut constamment habité? M. Thomson trouva là un Arabe occupé à briser en menus morceaux une superbe colonne de marbre ; et comme il lui reprochait son vandalisme, l'Arabe répondit : « A quoi peuvent nous servir ces pierres, si ce n'est à faire de la chaux? Nous n'avons jamais eu d'autre carrière »

Au sommet de la colline, un petit village musulman, un *nébi*, un cimetière, ont remplacé l'ancienne forteresse hittite. On y découvre un immense panorama : à peu de distance au nord, le lac de Homs étale sa nappe blanche, longue de treize kilomètres, large de trois, sur laquelle une petite île ronde est déposée comme un bouquet de verdure ; dans le lointain, la grosse citadelle de Homs sort des fumées de la ville ; à droite, s'étend une plaine sans fin, d'abord entrecoupée de cultures, puis disparaissant au loin dans l'horizon jaune et blanc du désert ; au couchant, les sombres montagnes du Liban, constellées de villages aux maisons blanches, limitent la vue ; dans une large échancrure où coule le fleuve Éleuthérus, on distingue sur une éminence les ruines d'un célèbre château-fort, le Krak des chevaliers.

La vaste plaine de Cœlésyrie s'ouvre au midi entre les deux chaînes de montagnes : entrée vraiment grandiose. D'après une opinion de plus en plus accréditée, ce serait là ce passage remarquable, ouvert du côté de la Judée et situé à la limite septentrionale de la Terre promise, que les Livres Saints nomment l'*entrée de Hémath*. De fait, à la vue des lieux, il n'est guère possible d'en douter, si l'on admet, avec le plus grand nombre, que Hémath désigne la terre de Hamah, la plaine que commande encore cette ancienne ville. Au reste, cette opinion se rattache à une série d'identifications qui cadrent admirablement avec les textes sacrés :

Le Seigneur dit à Moïse (2) : « Voici quelle sera votre limite du nord : de la grande mer (la Méditerranée), vous tirerez une ligne sur le mont Hor (sommet inconnu du Liban); et du mont Hor, vous tirerez une ligne jusqu'à l'entrée d'Hémath, et cette ligne se terminera à Zédad (Sadad, à l'est, sur la route de Palmyre) »

Dieu fait connaître en ces termes à Josué les terres qu'il lui reste à conquérir : « En allant au nord, tout le pays des Chananéens, Méarah (Mogheiriyeh, à

---

1. Voir C. R. Conder, *Heth and Moab*, 1885.
2. Nombres, XXXIV, 7, 8, texte hébreu.
3. Jos., XIII, 4, 5, texte hébreu.

9 kilom. nord-est de Saïda), qui est aux Sidoniens, jusqu'à Aphek (Atka, à la source du Nahr Ibrahim), et jusqu'aux limites des Amorrhéens (dont une tribu habite la vallée supérieure de l'Oronte), et tout le pays des Gébléens (Djébail : ainsi tout le Liban), et tout le Liban oriental (l'Anti-Liban), depuis Baal-Gad (Banias, au midi), sous le mont Hermon, jusqu'à l'entrée d'Hémath (au nord). »

Si le peuple de Dieu n'a pas étendu son domaine sur la Cœlésyrie, il n'a pu s'en prendre qu'à ses fautes : il y avait droit.

⁂

L'ancienne route d'Émèse à Laodicée nous conduira jusqu'à Homs. Elle se dirige d'abord parallèlement à la rive du lac, traverse le village d'Ardjum, et passe, une heure plus loin, à côté de cette redoute de terre dont nous avons déjà parlé, qu'on décore du singulier nom d'Arche de Noé. La butte forme un carré de 250 mètres de côté avec des tertres aux angles, le tout entouré d'un large fossé. Conder observe que les angles du carré, non pas les côtés, sont orientés sur les points cardinaux, et il voit dans cette disposition l'indice d'une origine assyrienne.

Epuisés de fatigue et de chaleur, nous allons nous asseoir au bord de l'eau, près d'un gros village, Chamousiyeh. Les habitants nous refusent du lait, du pain et même des pastèques, dont leurs champs sont remplis. Rien d'étonnant, ce sont des Métoualis, de fanatiques sectateurs d'Ali, le gendre de Mahomet. Les Musulmans de cette secte croiraient se souiller s'ils mangeaient ou buvaient dans le même vase qu'un chrétien. Ont-ils été contraints de donner à boire à l'un d'eux, ils brisent aussitôt la gargoulette.

Que le lac, vu de la rive, nous a paru triste ! On dirait qu'un souffle de mort a passé sur ses eaux ternes et sans fraîcheur. Pas un pêcheur, pas une barque. Si vous apercevez quelque mouvement du côté de l'île, c'est un homme, nu comme un sauvage, accroupi sur quelque bois entre deux outres noires gonflées d'air, qui, avec une longue perche, pousse son frêle radeau. Les riverains n'ont pas d'autre embarcation pour se rendre dans l'île, où ils cultivent des lopins de terre ; le trajet est pourtant d'un kilomètre et plus.

Le lac se termine au pied d'une colline solitaire semblable à celle de Kadech, proche du village de Koteinch, auquel il emprunte son nom vulgaire, lac de Koteineh. Il est fermé par un long barrage, en maçonnerie manifestement romaine, qui donne passage à l'Oronte et au canal d'arrosage pour les jardins de la ville.

D'après le Talmud de Jérusalem et celui de Babylone, le lac ne serait qu'un réservoir artificiel créé par l'empereur Dioclétien pour alimenter la ville d'Émèse et ses campagnes. Cette assertion n'a rien d'improbable, car le lac est peu profond, et la différence de niveau du lit du fleuve, à l'entrée et à la sortie, donne une pente moyenne de 25 centimètres par kilomètre, suffisante pour l'écoulement d'une rivière (1). L'île ne serait que la zone supérieure d'un Tell de la vallée ; on la nomme en effet Tell el-Baheira. Deux colonnes couchées sur le sol à quelques pas du barrage sont peut-être les restes d'un temple romain, placé selon l'usage à l'origine des eaux.

---

1. Conder, *Heth and Moab*, 1885, p. 41.

VIII. — HOMS.

Homs, autrefois Émèse, est à deux heures du lac, dans une plaine sans arbres, où l'on n'aperçoit de verdure que celle des jardins situés au couchant sur les bords de l'Oronte. Un vaste cimetière sans clôture, traversé par la route, une immense citadelle ruinée, un vieux mur d'enceinte flanqué de grosses tours du moyen âge, telle est l'entrée de la superbe Émèse.

Nous marchons pendant vingt minutes dans des rues étroites, au vieux pavé glissant, entre des maisons de basalte noir, sans boutiques, sans fenêtres. Enfin nous sommes au quartier chrétien, devant la modeste maison de nos missionnaires. Ils s'y occupent des écoles et s'emploient, par tous les moyens en leur pouvoir, à soigner un petit troupeau de catholiques perdu au milieu de populations schismatiques ou musulmanes.

Rien ne dit qu'Émèse remonte à une haute antiquité : son nom apparaît pour la première fois dans la Géographie de Strabon ; encore l'auteur ne parle-t-il pas de la ville, mais du peuple émésien. Elle fut surtout célèbre par son temple du Soleil, dont le prêtre Bassius devint empereur sous le nom d'Héliogabal. Le dessin du magnifique portique de ce temple nous est conservé sur une monnaie de Caracalla.

Aujourd'hui, il ne reste debout de l'ancienne ville romaine que les murailles d'un superbe tombeau, recouvertes d'un appareil réticulé noir et blanc, et ornées de pilastres. D'après une inscription grecque qu'on affirme avoir appartenu au monument, il serait le tombeau de Caius Julius, Phabia, Samsigeranus, Seilas et Alexis, fils de Caius Julius, élevé en l'année 78 ou 79 de notre ère ; et il est probable qu'il appartenait à la famille royale dont la dynastie régna à Emèse pendant les deux siècles qui précédèrent et suivirent l'ère chrétienne, car Samsigeranus est le nom d'un prince et d'un roi de cette dynastie (1).

Emèse a été démolie pierre par pierre pour bâtir les églises, les mosquées, les maisons, sans grâce de la ville moderne, pour paver ses rues. Des fûts de colonnes, des débris d'inscriptions, la plupart chrétiennes, se voient partout dans les murs des maisons. Sur le mur de la mosquée Turkmen on lit en grec ces mots du psaume CXII, 7 : « *Suscitans a terra inopem,* » écrits en caractères saillants. Une autre mosquée offre sur le linteau de sa porte ces mots : Αὕτη πύλη τοῦ Θεοῦ... δίκαιοι; αὕτης οὐκ ἔστιν εἰσόδος, qui font allusion manifeste au psaume XCXVII, 20 : « *Hæc porta Domini, justi intrabunt in eam.* »

L'Église d'Emèse a eu ses évêques, ses martyrs. Les grecs schismatiques ont encore en grande vénération, dans l'une de leurs deux églises, le tombeau de saint Julien, médecin, martyrisé au quatrième siècle. Au jour de sa fête, ils passent la nuit entière dans l'église, causant et fumant le narguillé, dit-on, un peu trop à leur aise. Il est aussi dans leurs traditions que la tête du saint précurseur resta plusieurs années cachée dans la ville, au lieu où fut construite plus tard la grande église de Saint-Jean. Le martyrologe grec, au 24 juin, rappelle en effet deux inventions du chef de saint Jean-Baptiste, l'une à Jérusalem, l'autre à Emèse. L'église de Saint-Jean est aujourd'hui la grande mosquée de *la Lumière.* Doit-elle ce nom au saint précurseur, duquel le Sauveur a dit : *Ille erat lucerna ardens et*

---

1. Le premier est mentionné en 59 et en 43 avant J.-C. (Cic., *ad Attic.*, II, 16. — Strab., XVI, 2, 10.) Le second régnait encore en l'année 44 de notre ère. (Josèphe, *Antiq. Jud.*, XIX, 8, 1.) — Voir H. Waddington, *Inscriptions grecques et latines de la Syrie*, n° 2567.

lucens (1), ou lui vient-il de l'ancien temple du Soleil ? J'ai entendu les deux versions. M. Waddington y a relevé une inscription grecque relative au culte du

Homs, vu du levant.

Soleil, et c'est dans ce quartier de la ville qu'on rencontre les restes de construc-

1. Jean, V. 35.

tions les plus importants. L'église avait sans doute trois nefs ; il n'en reste plus que deux, séparées par une rangée de colonnes.

Dans la ville moderne, il n'y a de grand et d'imposant que l'énorme butte de la vieille citadelle : un tronc de cône en remblais, revêtu d'un glacis en basalte, dont le contour supérieur, dentelé de pans de murs et de vieilles tours, n'a pas moins de 900 mètres de circuit et s'élève d'une trentaine de mètres au-dessus des maisons de la ville. On est étonné de trouver, au sommet, de grosses colonnes de granit, restes d'un temple ou d'une église.

La population est considérable ; mais comment en savoir le chiffre? Les recensements, les statistiques sont ici choses inconnues. Des notables indigènes nous disent que leur ville compte 45 000 habitants. Le chiffre des chrétiens est mieux connu ; chez eux, tout chef de religion compte ses ouailles. Les grecs schismatiques sont 14 000, les Syriens jacobites 1.000, les protestants 100, les grecs-unis 1.000, les Maronites 70. De toutes les villes de l'intérieur, Homs est la seule qui voit sa population augmenter d'année en année.

Elle le doit surtout au développement de l'industrie du tissage des étoffes de coton et de soie, exercée principalement par les chrétiens. Les métiers de tissage, les ateliers de teinture sont d'une simplicité primitive ; aussi la production se borne-t-elle aux étoffes unies ou rayées, de consommation locale. Dans cette industrie si simple chaque centre a pourtant sa spécialité. Homs fait les rayés en long, Beyrouth fait les rayés en travers. Mais voici que les indiennes de fabrique anglaise, aux grands dessins de couleurs tapageuses, sont arrivées jusqu'ici, et gagnent de plus en plus la faveur des jeunes filles et de leurs mères, au détriment des tissus indigènes moins variés et beaucoup plus solides.

D'ailleurs la situation de la ville est très favorable au trafic : elle se trouve sur une des grandes voies de la Méditerranée à l'Euphrate, au point de rencontre avec la route intérieure du nord au sud, d'Alep à Damas. On parle d'un chemin de fer de pénétration qui partirait de Tripoli, où il est aisé de construire un grand port, suivrait la vallée du Nahr el-Kébir (l'Eleutherus), passerait à Homs, se dirigerait d'un côté sur Damas, et remonterait de l'autre vers Alep et Bir Edjik sur l'Euphrate.

La visite au village syrien catholique de Zerda, situé au couchant à trois quarts d'heure de la ville, nous introduit dans une population rurale bien différente de celles du Liban, assez semblable, quant aux dehors, aux habitants des bords de l'Euphrate.

En arrivant au village nous traversons l'aire commune entre des palissades de hautes tiges desséchées d'asphodèles, abritant les tas de paille contre le vent de la plaine. Le cheik, entouré des principaux habitants, nous reçoit dans une salle assez propre aux murs d'argile badigeonnés à la terre de pipe. Une douzaine de caisses blanches en forme de cercueils sont dressées en ligne contre le mur du fond ; on dirait les auges des momies des ancêtres exposées à la vénération des vivants. Ce ne sont pourtant que les grandes cornues d'argile où l'on conserve les grains. Elles s'emplissent par le haut et se vident par une fente à l'extrémité inférieure.

Après avoir baisé les mains aux prêtres, tous s'accroupissent en cercle, et pendant qu'on se fait d'interminables compliments, un beau jeune homme, placé en face des hôtes, se met à piler le café qu'on doit servir à l'assistance. C'est une opération solennelle et qui ne manque pas de charme. Une sorte d'urne, dont le bord se relie au pied par les colonnettes, taillée dans un seul bloc de bois de térébinthe et incrustée de nacre : tel est le mortier à café et à la fois l'instrument sur lequel notre jeune homme exécute des airs aussi gais que ceux du tambourin dans une danse villageoise. Le bruit sourd du pilon tombant sur le fond marque la cadence ; des coups secs et rapides frappés sur les parois en le relevant jouent la mélodie.

Ces bonnes gens ne savent pas comment témoigner leur reconnaissance aux Pères qui font instruire leurs enfants. Ils nous disent beaucoup de bien des écoles. Dans notre rapide passage, nous ne pouvons malheureusement qu'entrevoir l'intéressante population qu'elles renferment.

Figurez-vous de bonnes mines rondes, entre quatre tresses de cheveux pendant de chaque côté, et soigneusement entourées de mouchoirs, y compris le menton : car, l'important pour tous les Orientaux, c'est de tenir la tête bien couverte, en été contre les insolations et par suite en hiver contre le froid. Les lacunes dans l'habillement ne sont jamais de ce côté. La chemise a des manches de forme bizarre. Elles s'évasent au bas et se terminent en de longues bandes nouées derrière la nuque. L'enfant veut-il relever ses manches pour le travail, il noue plus court derrière le cou les bandes terminales.

Deux religieuses indigènes des Petites-Sœurs du Sacré-Cœur tiennent l'école des filles. L'air modeste et intelligent de ces enfants nous dit qu'un jour elles feront fleurir dans les familles les mœurs et la piété chrétiennes. Leur costume n'a de curieux que les nombreuses tresses de cheveux, allongées de laine noire et terminées par des médailles de laiton, qui pendent derrière le dos et s'engagent sous la ceinture. Plus d'une de ces petites pauvresses demanda à la Sœur si nous ne viendrions pas le dimanche, alors qu'elles ont leurs belles robes et leurs bijoux de fête.

IX. — HAMAH.

HAMAH est sur l'Oronte, à 46 kilomètres au nord de Homs. Une route pour les voitures relie les deux villes. C'est un trajet assez monotone, sur un plateau de terre rougeâtre, où la seule verdure dans cette saison est celle des euphorbes délaissées par les troupeaux (*Euphorbia helioscopia*, L.).

À deux heures de Homs la route passe auprès d'un gros village bien étrange, Tell Biss. On dirait une ville de Hottentots. Les habitations sont des coupoles, allongées en forme de pains de sucre, posées chacune sur un dé de maçonnerie, sans autre ouverture que la porte. Tout est blanc comme neige et assez bien construit en pierres plates.

De là, on aperçoit dans la direction du nord-nord-est, à une distance de 4 kilomètres, le village de Zefferany, qu'on a voulu identifier avec le Zephrona de la Bible (1), marquant au nord la limite de la Terre promise. Mais il n'y a là qu'une ressemblance fortuite de noms. Le Zephrona de la Bible doit être cherché plus au sud et à l'est, dans les environs de Sadad, comme l'indique le texte sacré.

Au sortir de Homs, la route a laissé l'Oronte à gauche ; elle le traverse à mi-

---

1. Nombres, XXXIV, 9.

chemin, pour ne pas le suivre dans le grand contour qu'il fait à l'orient avant d'entrer à Hamah. Le passage est remarquable. Là, sur des rochers qui dominent la profonde vallée du fleuve, s'élevait jadis la ville d'Aréthuse, bâtie par Séleucus Nicanor environ trois siècles avant l'ère chrétienne. Un gros village, Restan, est construit à côté de l'emplacement de l'ancienne ville, avec les débris de ses édifices. Il n'existe plus aucune ruine importante.

Nous nous arrêtons un instant au bord du fleuve dans un superbe khan. Au milieu de la grande cour intérieure se dresse une gracieuse mosquée octogone, surmontée d'une coupole ; tout autour règne un portique en arcades donnant sur de vastes écuries voûtées ; au-dessus sont les chambres pour les voyageurs, toutes indépendantes, ouvrant sur la terrasse du portique ; des tours octogonales ornent les angles à l'extérieur. Tout est construit en basalte noir et en calcaire blanc alternant par assises, ou formant des dessins qui complètent l'achitecture. Il est triste de voir un si bel édifice tomber, avant le temps, dans un état de dégradation voisin de la ruine.

La ville de Hamah, cachée au fond de la vallée de l'Oronte, s'annonce, comme beaucoup de villes musulmanes, par d'immenses cimetières. D'ailleurs, rien de plus gracieux que l'aspect de cette ville échelonnée sur les hautes berges du fleuve, entre des jardins remplis d'arbres magnifiques. Aucune ville de Syrie n'offre un si agréable coup d'œil ; aucune n'a tant de fraîcheur.

Hamah est l'une des villes le plus souvent citées dans les Livres Saints. Son nom, Hamath ou Hémath, se trouve en vingt-cinq passages, et de plus il est parlé neuf fois de l'*entrée d'Hémath*. Un roi de Hamah, du nom de Thou, envoya son fils complimenter David de sa victoire sur Adadézer, roi de Damas (1). Des habitants de Hamah furent envoyés pour repeupler la Samarie durant la captivité des Juifs à Babylone (2). Sous les princes séleucides, la ville reçut le nom d'Epiphania, en l'honneur d'Antiochus Epiphane, et conserva ce nom chez les chrétiens jusqu'au moyen âge. Les Musulmans, comme à Ba'albek et en beaucoup d'autres lieux, revinrent à l'ancien nom.

Elle est la patrie du géographe Yakout (1148-1229) et du célèbre historien et géographe Aboulféda (1275-1331). Ce dernier fut même gouverneur de la province.

Un tremblement de terre détruisit la ville en 1178, ensevelissant seize mille habitants sous les décombres. La ville moderne compte environ quarante mille habitants tous musulmans, à l'exception de cinq mille grecs non unis et d'une centaine de catholiques de différents rites, desservis par un pauvre prêtre grec. La France y a son représentant, un agent consulaire non rétribué ; la Russie y entretient un consul fort actif, à 25000 francs d'appointements. Ces deux agents sont, je crois, les seuls résidents européens. Hamah est chef-lieu de province et commande Homs, sa rivale.

L'industrie y est à peu près nulle. A peine si les métiers de tissage font vivre deux mille habitants. Le plus grand nombre vit du trafic avec les Bédouins de l'Est, et de la culture des fertiles jardins qui bordent au loin l'Oronte. D'immenses roues a palettes et à caissons déversent dans des aqueducs en maçonnerie l'eau d'arrosage, puisée dans la rivière, et font entendre en tournant un grincement plaintif et bizarre, dont le bruit remplit toute la ville. Quelques-unes de ces roues ont plus de quinze mètres de haut. L'abondance des eaux et un air mal renouvelé rendent le séjour de Hamah assez malsain.

1. II Rois, VIII, 9.
2. IV Rois, XVII, 24.

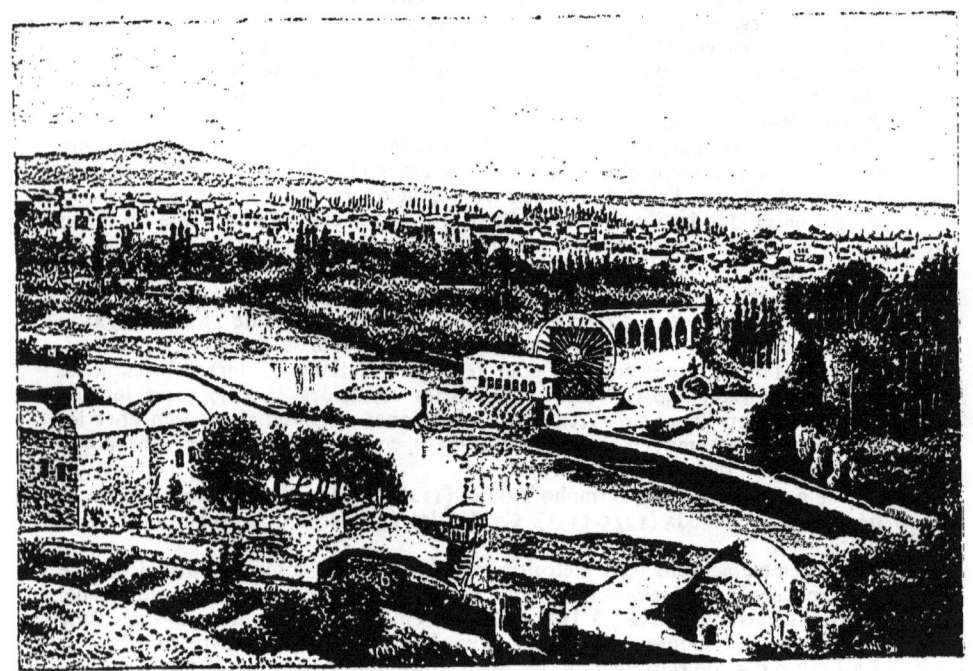
SYRIE. — Hamah et l'Oronte.

Comme à Homs, la citadelle était sur une immense butte de terre rapportée, formant un tronc de cône de 400 mètres de diamètre à la base et de 40 mètres de haut. Le revêtement en basalte des talus, les murailles, les tours, les constructions qui occupaient le sommet de la butte ont disparu ; c'est à peine si on en retrouve quelques débris.

Les buttes des deux citadelles de Homs et de Hamah mesurent chacune environ trois millions de mètres cubes. Cette énorme quantité de terre fut-elle apportée de main d'homme, et, dans ce cas, comment a-t-on pu asseoir des constructions considérables sur une si forte épaisseur de remblais ? Nous avons cherché à nous en rendre compte par un examen attentif.

A Hamah, tous les talus nous ont paru formés de remblais ; pourtant la configuration du sol environnant permet de supposer à l'intérieur un noyau préexistant au travail de l'homme. Dans la citadelle d'Homs, le noyau naturel se montre sur les talus du sud-est ; et c'est précisément de ce côté qu'étaient les principales constructions. L'enceinte, au sommet de l'escarpe, est formée de deux murailles en moellons, entre lesquelles on a coulé du béton sur une grande épaisseur.

Plus étonnante encore par ses dimensions est la citadelle d'Alep, de même genre, et mieux conservée. Sa butte, à base elliptique, n'a pas moins de cinq millions de mètres cubes, et il n'est pas possible d'y supposer un noyau naturel : tout est de remblais. Les auteurs arabes disent que les constructions reposent sur huit mille piliers descendant jusqu'au sol primitif.

Il est remarquable qu'on ne découvre nulle part, dans le voisinage, les excavations qui ont fourni les remblais : les fossés creusés autour des monticules n'ont pu en donner qu'une minime partie.

Ces trois citadelles semblables, non loin l'une de l'autre, et comme sur la même ligne de défense, sont vraisemblablement l'œuvre d'une même époque et d'un même peuple, l'œuvre d'une nation puissante. D'après un manuscrit arabe de la Bibliothèque nationale (1), la citadelle d'Alep, ou du moins sa construction en maçonnerie, serait l'œuvre de Ptolémée Philométor (181-144 av. J.-C.).

Au commencement de ce siècle, Burchkard signala, dans la ville de Hamah, l'existence d'inscriptions singulières, dont la langue lui était inconnue. D'autres inscriptions du même genre ont été découvertes dans ces derniers temps à Alep, à Karkhémich sur l'Euphrate, à une petite journée en dessous de Bir-Edjik, et en plusieurs lieux de l'Asie Mineure. Toutes ont les caractères en relief, même quand la pierre est en basalte dur. On les attribue aux Héthéens ou Hittites, peuple que les Livres Saints et les documents égyptiens placent dans la haute Syrie, spécialement dans la vallée de l'Oronte. Depuis une vingtaine d'années, bien des orientalistes ont tenté, mais en vain, de les déchiffrer. Un jour, peut-être, la découverte d'une inscription hittite bilingue leur en donnera la clef.

X. — SADAD. — Les SOURCES de VAPEUR. — Le DÉSERT.

DE retour à Homs, un projet de fondation d'école à Qaryétein nous offrit l'occasion de visiter une partie du désert de Palmyre et des populations chrétiennes bien délaissées.

Le désert de Syrie commence à deux ou trois heures de chemin à l'est de Homs ; il s'étend jusqu'à Palmyre et à l'Euphrate, sans habitations, sans cultures

---

1 *Selecta ex historia Halebi* edidit Freytag, p. XI.

Alep et sa citadelle.

et presque sans eau. Seule une ligne de petites oasis se dirige vers l'est à la hauteur de l'extrémité septentrionale de l'Anti-Liban, et se termine à Qaryétein, à 50 kilomètres environ de la montagne. C'est le chemin préféré des caravanes de Palmyre : ce sera à peu près le nôtre. Les sources des oasis sortent au bas d'une chaîne de plateaux qui se sépare de l'Anti-Liban non loin de Nebq.

Nous suivons d'abord la route directe de Damas, jusqu'à Chemsin, pauvre hameau sans source. Il nous fallut payer pour abreuver nos chevaux, fait bien rare dans ces pays, où, depuis le temps des patriarches, donner l'eau au voyageur constitue le premier devoir de l'hospitalité traditionnelle.

Au sortir du village, nous nous engageons sur une piste incertaine de chameliers, qui doit nous faire trouver Sadad après six heures de marche, dans la direction du sud-sud-est. Nous sommes comme en plein désert, sur une immense plaine ondulée, couverte d'herbes sèches. Des citernes vides, des ruines de villages, un reste d'aqueduc sur le bord d'un torrent et une petite source, disent que cette plaine fut cultivée dans les temps anciens. Le sol est, du reste, une assez bonne terre, où affleurent çà et là une roche calcaire ferrugineuse et quelques minces couches de basalte.

Une heure après la rencontre de la source, on est en vue de Sadad, un grand village de maisons blanchâtres, en pisé, que dominent les murailles sombres d'une grosse tour sarrasine. Une ligne de jardins, longue d'un ou deux kilomètres, s'étend au sud des habitations et présente l'aspect d'une belle oasis. Sadad est probablement le lieu nommé Sedada dans la Vulgate, Zédad dans le texte hébreu de la Bible, et mentionné parmi les limites septentrionales de la Terre promise (1). C'est aussi, croyons-nous, la ville d'Adada en Palmyrène, citée par Ptolémée.

Nous allons camper au delà des jardins, près d'une belle source, qui jaillit très abondante d'un massif de poudingue et s'enfuit au travers de jardins plantés de peupliers blancs, de vignes, d'arbres fruitiers. A peine étions-nous installés que le cheik, monté sur un cheval fringant, se présente accompagné de quelques notables. Ils viennent souhaiter la bienvenue aux voyageurs et s'informer de leurs besoins.

Le village est tout entier syrien jacobite, c'est-à-dire schismatique du rite syrien. Les habitants avaient récemment traité avec nos Pères de Homs de leur conversion en masse, dans des conditions fort intéressées. L'affaire vint dans la conversation, et nous dûmes constater que ces pauvres gens, très ignorants des choses de DIEU, n'ont pas encore ce commencement d'amour qui fit agréer le retour de l'enfant prodigue.

Il nous faut arriver le lendemain à Qaryétein. Nous aurons le temps, nous dit-on, de visiter auparavant une montagne du désert d'où sort un jet puissant de vapeur chaude ; elle est à quatre heures de Qaryétein, dans la direction du nord. Le cheik nous donne un guide.

Après avoir marché longtemps au nord-nord-est, sur un sol aride, nous trouvons dans un bas-fond de médiocres sources et un pauvre village de bergers, Ghondor. Il est entouré d'une enceinte dont la porte se ferme chaque nuit. Près de l'entrée sont les ruines d'un petit temple, long d'environ huit mètres. Des pilastres grecs, dont les chapiteaux ont disparu, ornent les murs à l'extérieur. De petits escaliers tournants sont pratiqués dans l'épaisseur de la muraille, de chaque côté de la grande porte. Au nord du village, on voit encore les arasements d'un édifice plus vaste, qui aurait été jadis une église.

---

1. Nombres, XXXIV, 8. — Ezéch., XLVII, 15.

CHAPITRE DEUXIÈME.

La montagne d'*Abou-Rabah* ou simplement *Hammâm* (le bain) nous domine. Il faut plus d'une heure pour la gravir. Elle est formée de calcaire feuilleté et de grosses veines de spath aux couches fortement inclinées vers l'est. Sur divers points se montrent des blocs d'une brèche blanche, noire et rouge. En arrivant au sommet, on laisse à gauche les grandes voûtes en ruines d'anciennes citernes, et à droite, au point culminant formant promontoire, une construction carrée, fort solide, qui paraît être une tour de garde : sur le linteau de la fenêtre est une croix grecque nettement sculptée. Le sommet de la colline se prolonge en un plateau couvert de décombres, bordé au levant par une vieille muraille à meurtrières, qui domine la plaine d'une hauteur de 80 mètres environ. Au nord, le sol présente diverses ondulations sur lesquelles on aperçoit les restes d'aqueducs dirigés vers les citernes.

Le trou de vapeur est au milieu des décombres, dans une chambre souterraine, où l'on descend par une ouverture grossièrement pratiquée sous un monceau de pierres. La vapeur sort vivement d'un orifice gros comme le bras, à une température que la main supporte à peine, ne dégage aucune odeur, et mouille les parois sans y laisser aucune sorte de dépôt : c'est une vapeur d'eau pure, non minéralisée. On dit que le jet éprouve des intermittences de force et de température. Deux autres sources de vapeur moins puissantes sortent de la montagne, l'une à quelques pas sur la droite du chemin, un peu avant d'arriver au plateau, l'autre plus au nord. Les gens du pays disent que cette vapeur est souveraine contre les rhumatismes. Ils ont bâti au-dessus de l'orifice une sorte de four où le malade peut s'étendre, et au printemps, quelques infirmes viennent par groupes faire la cure. Mais peut-on conseiller à un ami rhumatisant de se rendre dans ces solitudes ?

Il y a peu d'années, l'évêque syrien de Neby voulut y envoyer à ses frais l'un de nos missionnaires souffrant. Il le fit accompagner de deux soldats chargés de le garder et de pourvoir à tous ses besoins. Le Père venait d'entrer pour la première fois dans le four, quand les soldats lui crient : « Abouna, sortez vite, et partons ! » Aussitôt les coups de fusil commencent. Les Bédouins étaient dans la plaine, et les soldats les maintenaient à distance par le tir de leurs carabines à longue portée. Il fallut faire une retraite militaire jusqu'à Ghondor et se retrancher dans une maison. Les soldats, montés sur la terrasse, menaçaient les Bédouins de représailles sur la tribu entière s'ils ne donnaient pas satisfaction. On convint d'un chameau, mais finalement les Bédouins ne donnèrent qu'un mouton malade.

⁂

Une fumée au milieu de ce désert nous avait donné quelque inquiétude. « Ce sont des gens des villages, dit le guide ; ils font brûler de l'herbe à savon. » Nous avions déjà remarqué une salsolacée fort abondante dans ces parages, la seule plante qui y conserve un peu de verdure à cette saison, l'*Anabasis articulata* (Moq.). Les indigènes en tirent par incinération un carbonate de soude impur, présentant l'apparence du coke, et le vendent aux savonneries d'Homs, d'Alep et de Tripoli.

Il est plus de deux heures. Notre guide nous a quittés en nous disant : « Marchez toujours au midi, vous trouverez Qaryétein derrière le rideau de collines qui est au bout de la plaine. »

Les gazelles nombreuses dans ces solitudes font notre distraction durant deux grandes heures d'une plaine monotone et triste. Elles paissent en troupes de dix à vingt, partent comme un trait en rasant les herbes de la plaine de même qu'un vol de mouettes effleure la crête des vagues, puis s'arrêtent sur une éminence écartée et nous regardent passer. Longtemps quatre gazelles cheminèrent tranquillement à deux cents mètres devant nous. Nos chevaux, les yeux et les oreilles braqués sur elles, faisaient des efforts pour nous gagner la main et s'élancer à leur poursuite. Mais comment songer à les atteindre ?

Les chasseurs du désert prennent les gazelles au piège dans de grandes enceintes nommées *masyada*. Nous rencontrons deux de ces enceintes, l'une un peu avant d'arriver à Qaryétein, l'autre avant Mahin. Qu'on se figure un mur de deux mètres, grossièrement bâti de pierres sèches ramassées sur le sol, et formant une enceinte polygonale d'environ quatre hectares, ouverte d'un seul côté. A chaque angle de l'enceinte on a laissé une brèche, haute d'un mètre au plus, et qui donne à l'extérieur sur une fosse profonde à parois verticales. Les cavaliers poussent habilement le troupeau de gazelles dans l'enceinte, et se précipitent à leur poursuite. Celles-ci sautent à travers les brèches et tombent dans les fosses, d'où elles ne peuvent sortir; souvent même elles se brisent les jambes dans la chute.

Nous gravissons la chaîne de collines par le premier ravin qui se présente. Au delà du col, ce sont d'autres montagnes, et encore d'autres : c'est un massif où rien ne peut guider, dont la fin n'apparaît pas, et le soleil est à son déclin. Cependant une petite maison de pierres avec sa fenêtre se voit à l'est sur la hauteur. Nous y allons: la maison est un rocher isolé dans lequel on a taillé un appartement monolithe, peut-être un sanctuaire ; il n'y a pas trace d'habitants.

Qaryétein ne se montre pas ; mais quel splendide tableau, éclairé des plus riches teintes d'un soleil d'été à son couchant ! D'un promontoire à pic, nous dominons une vallée qui se dirige sur Palmyre comme un superbe fleuve de sable, entre deux chaînes de rochers, et va se perdre au loin dans les vapeurs empourprées du soir. Ce sont, dans le lointain et sur les silhouettes hardies des rochers, des effets de lumière d'une richesse et d'une étrangeté invraisemblables. Il nous faut bien ces jouissances pour payer le surcroit de fatigues que les plus fortes chaleurs de l'année ajoutent au voyage.

Dès que nous avons fait quelques pas au couchant sur la crête, nous apercevons enfin le village de l'autre côté de la vallée. Ses maisons blanches, ses jardins rappellent Sadad. Aussitôt nous descendons les gradins du rocher sur une trace de chevriers où nos chevaux font des prodiges ; quand la nuit vient, il n'y a plus de danger.

XI. — QARYÉTEIN.

APRÈS avoir erré dans un dédale de ruelles obscures, pleines d'eau ou de poussière, nous entrons dans la grande cour du cheik Fayad, un musulman, le plus puissant personnage de la contrée. C'est lui qui a demandé l'école ; il ne comprendrait pas que nous préférions à sa riche hospitalité celle du curé catholique.

La cour est éclairée. Le vicaire général administrateur du diocèse, une vingtaine de notables font la veillée avec le cheik, un bel homme aux traits énergiques, au regard intelligent et plein d'affabilité. Il nous reçoit comme les princes du désert savent le faire, et après le repas il met à notre disposition une vaste salle garnie de tapis et de coussins à profusion.

Qaryétein est l'un de ces lieux où des conditions exceptionnelles ont fixé l'homme depuis une haute antiquité. Sur le chemin de Damas à l'Euphrate et à Ninive, à l'entrée d'un désert sans eau, il offre au voyageur les sources les plus abondantes, les plus pures, avec la fraîcheur et les fruits d'une fertile oasis ; aussi à chaque pas y rencontre-t-on des restes antiques.

La situation de Qaryétein et la beauté de ses eaux donnent à penser que la localité pourrait bien répondre au nom de Hazar-Enan, *le village des sources*, donné dans les Livres Saints à l'une des limites septentrionales de la Terre promise (1). Avouons cependant qu'au livre des *Nombres* les versets suivants laissent quelque obscurité.

Sous la domination romaine, Qaryétein était une station militaire et se nommait Nésala. La carte de Peutinger marque sur la route de Damas à Palmyre la station de Nazala, à 76 milles de cette dernière ville, ce qui est la distance exacte. A l'époque byzantine, elle se nomma Corada (2) ; l'un de ses évêques est cité au concile de Chalcédoine comme suffragant de Damas et appartenant à la Phénicie seconde. Le nom actuel, déjà usité au VIIe siècle (3), signifie : *les deux villages*. On voit en effet les ruines d'un second groupe d'habitations au sud du village actuel, près de la source principale.

On compte à Qaryétein 1000 musulmans, 100 syriens jacobites, 150 syriens catholiques. L'église et le presbytère catholiques sont les meilleurs édifices du lieu. Le village est construit en terre. Rien n'est droit, rien n'est en ordre. Il y a de tout dans les ruelles tortueuses qui servent de chemins. Les maisons sont mal agencées, mal tenues à faire pitié.

Tout autre est l'impression du voyageur quand, au sortir du village, il pénètre dans les jardins. A la vérité ils ne sont pas merveilleux, ces jardins ; ailleurs on les appellerait des vergers fort négligés. Mais que la verdure est belle au milieu du désert ! On ne peut se rassasier de la contempler. Des produits de la culture un seul nous parut bon, les raisins. L'espèce mériterait d'être propagée en Europe : grosses graines rondes et roses, bien espacées, peau fine, pépins en petit nombre, goût frais et sucré. Nulle part nous n'en avons rencontré de meilleurs.

Tous ces jardins sont clos de petits murs en terre sans autre porte qu'un trou où l'on pénètre en rampant. Ces murs, trop frêles et trop bas pour gêner les maraudeurs, servent uniquement à conserver les limites des champs. Le petit propriétaire se fie mieux à son petit mur qu'à ses titres de propriété très imparfaits ou aux tribunaux du pays.

Marchant toujours au midi entre les jardins, on rencontre au bord du chemin une source d'eau sulfureuse assez abondante, non thermale et, à ce qu'il semble, de même nature que les eaux de Palmyre. Elle dépose sur les parois du bassin une matière gélatineuse, incolore, comme les eaux des Pyrénées. Enfin, à deux kilomètres du village, on arrive à l'extrémité des cultures, devant une caserne neuve, où habitent vingt soldats chargés de faire peur aux Bédouins. A droite, s'élève une butte en tronc de cône, couronnée de pans de murs, semblable aux citadelles de Homs, Hamah et Alep, mais moins vaste ; son aspect a pourtant

---

1. Nombres, XXXIV, 9 ; — Ezéch., XLVII, 17, et XLVIII, 1.
2. Le Quien, *Oriens Christianus*, t. II, p. 851.
3. D'après l'écrivain arabe Beladsori.

quelque chose d'imposant au milieu de ces solitudes. D'importantes constructions s'étendaient jadis au pied du tertre. Il ne reste debout qu'un édifice carré d'environ dix mètres sur sept, fait de gros blocs et sans fenêtres. Les fûts et les bases de colonnes qui gisent tout autour nous font supposer que ce pouvait être un monument funéraire péristyle. Du reste aucune inscription n'éclaire le voyageur sur l'histoire de ces ruines. Au pied du tertre sort entre les rochers un beau ruisseau, limpide comme le cristal. Il fait tourner un petit moulin et se perd dans les jardins.

À quelques minutes du village, dans la direction de l'ouest, s'élève le couvent de Mâr-Elyan, lieu vénéré des chrétiens et des musulmans. Un vieux Bédouin et sa femme en ont la garde. A notre arrivée devant la longue enceinte du couvent, ils ouvrent une porte basse, toute bardée de fer, et nous conduisent au fond d'un large corridor à demi souterrain, devant le tombeau du saint inconnu qui illustra ces lieux, et continue, dit-on, à secourir dans leurs besoins les pèlerins musulmans et chrétiens de Mâr-Elyan. Le sarcophage est en marbre gris, de forme commune : une cuve fermée par un couvercle à deux pentes, avec cornes d'angles ; des rosaces ornent les faces antérieures du couvercle et de la cuve. Il est aisé de reconnaître dans les deux rosaces centrales la trace martelée d'une croix grecque. C'est donc un tombeau chrétien. Sa ressemblance parfaite avec ceux que l'on rencontre en si grand nombre entre Apamée et Antioche nous fait juger qu'il appartient au IVe ou au VIe siècle. Trois inscriptions syriaques, gravées sur le côté par des pèlerins inhabiles, ne nous apprennent rien (1). En face du tombeau, sur la droite, est une chapelle carrée, où le prêtre syrien catholique dit la messe à certaines fêtes, et dont l'antique porte, admirablement sculptée à jour, représente des gazelles parmi des pampres et des épis, symboles des âmes pures et de la sainte Eucharistie.

On nous montra dans le village, sur un linteau de porte, une belle inscription grecque déjà relevée par M. de Vogüé : « Zénobe, fils de Moschus, nazaléen, archiprêtre, a élevé ce monument commémoratif de ses propres deniers (2). » Plus loin, sur une colonne brisée, c'est une autre longue inscription et d'autres encore. Le temps nous faisant défaut, il fallut passer outre en se disant, sans en être bien sûr, que tout cela devait être connu.

XII. — MAHIN, YABROUD et l'ANTI-LIBAN.

QARYÉTEIN sera notre extrême Orient. Nous allons revenir au sud-ouest, sur Ba'albek, par la voie la plus courte, celle de Nebq. Il nous faudra le premier jour incliner au nord : toutes les sources sont dans cette direction, et dans ces solitudes elles jalonnent forcément la route aux cavaliers. Le cheik Fayad et trois des principaux habitants veulent par honneur nous accompagner une journée entière.

---

1. Voici leur traduction d'après un savant confrère, le P. J. Brun :

    Ce sont les images d'Abraham et du fils de Turi...
    O toi qui fais le temps et règnes sur Hzouarim !...
    Souviens-toi du Seigneur très haut et miséricordieux.

Mordtmann donne le fac-similé des inscriptions. (*Comptes rendus de l'Académie des Sciences de Munich*, 1875, tome II.)

2. Waddington, *Inscriptions grecques et latines de la Syrie*, n° 2571.

CHAPITRE DEUXIÈME.

Nos nobles guides nous font faire une première station à trois lieues de Qaryétein, au petit village musulman de Mahin, bâti sur un rocher au milieu de la plus aride solitude. Ce fut une bonne fortune : nous eûmes l'occasion d'examiner à notre aise un monument bien singulier et, je crois, bien ignoré ; du moins ne l'avons-nous vu cité nulle part ; les voyageurs qui vont à Palmyre passent rarement à Mahin et ne s'y arrêtent jamais.

C'est un édifice romain élevé sur le plateau supérieur du rocher et aujourd'hui entouré d'habitations. Il présente à l'extérieur la forme d'une église à une seule nef, terminée par un chevet demi-circulaire de même largeur ; quatorze colonnes engagées, d'ordre corinthien, et une frise à riches rinceaux de feuillage ornent les murailles, construites de magnifiques blocs et sans ouvertures. Rien n'indique que l'édifice ait été couvert d'une voûte. Sa largeur hors d'œuvre est de dix mètres, sa longueur actuelle de douze mètres et demi, sans compter un prolongement terminé par des tours carrées, dont la construction bien inférieure accuse une époque plus récente. L'entrée est tournée à l'est, 13 degrés sud. A l'intérieur, on remarque deux dalles carrées de 80 centimètres de côté, sur lesquelles sont sculptées en relief de jolies rosaces se reproduisant en quinconce dans un réseau géométrique de baguettes rondes, à la manière de nos papiers peints. L'une des dalles est encore plaquée sur le mur, l'autre gît dans les décombres. Elles sont sans doute les restes d'un riche revêtement postérieur à l'époque romaine. On voit encore à l'intérieur plusieurs murs de refend, d'une construction relativement récente.

Nous ignorons tout à fait quelle fut la destination première de ce monument. Assurément il ne rentre dans aucun des types bien connus des temples grecs ou romains. Il a quelque analogie avec un petit théâtre ou odéon que M. de Vogüé signale à Qanaouât, dans le Hauran ; mais ce dernier a ses gradins adossés au rocher, comme la plupart des théâtres romains ; tandis qu'à Mahin, en face de l'hémicycle est le bord du plateau et le talus qui descend dans la plaine. D'ailleurs que serait-ce qu'un théâtre ? Mahin, vraisemblablement, ne fut jamais considérable : il n'a qu'une médiocre source au bas du rocher, et dans ces régions, ce sont les eaux qui mesurent la vie, limitent la population comme les cultures.

Le revêtement intérieur, les réparations faites à la construction romaine, donnent à penser que l'édifice fut converti en église après le quatrième siècle ; les tours construites postérieurement de chaque côté de la porte montrent qu'il devint un fortin sous la domination sarrasine.

De l'entrée, on aperçoit, à quatre ou cinq kilomètres au nord, le gros village de el-Haouarin, l'ancienne Auera, citée par Ptolémée, ville à garnison de cavalerie romaine (1) et siège épiscopal (2). Quant à Mahin, nous n'en connaissons aucune trace dans l'histoire.

La nuit se passe à Hafar, village jacobite de trois cents habitants, à sept kilomètres sud-sud-est de Sadad. Toutes ces oasis se ressemblent : même disposition des lieux, mêmes cultures d'étendue proportionnelle à la puissance de la source. Hafar répond au Danova de la carte militaire romaine dite de Peutinger. Danova y est marqué à vingt milles de Nézala, sur la route de Damas, juste la distance de Qaryétein à Hafar. Ptolémée la nomme Danaba. Elle eut un siège épiscopal, puisque nous possédons une lettre des évêques de la Phénicie seconde signée par un *Theodorus episcopus castri danabeni* (3).

---

1. *Notitia dignitatum.*
2. Le Quien, *Oriens christianus*, tome II, p. 847.
3. Le Quien, *ibid.* — Le curé de Hafar vient de se convertir et a ramené à l'unité catholique un grand nombre de ses paroissiens. Nos missionnaires lui ont construit une petite église.

De Hafar, nous apercevons au sud-ouest la montagne qui domine Yabroud et marque la direction de Nebq. Le cheik Fayad nous met sur la voie et nous fait ses adieux.

La route se rapproche peu à peu de l'Anti-Liban ; on aperçoit au pied de la montagne Qâra, peut-être la ville de Goaria dont parle Ptolémée, et aussi le *Cehere* de la carte romaine de Peutinger. Près de là, sont des carrières de marbre noir, exploitées pour l'usage local. Bientôt apparaissent des champs à blé, puis les grands jardins de Deir Atiyeh qui descendent dans la plaine. On n'est plus au désert.

．＊．

Le gros bourg Deir Atiyeh, en partie chrétien jacobite, présente un aspect qui réjouit après tant de solitudes arides et de misérables villages. Quelques maisons sont en pierres, quelques rues sont à peu près droites ; il y a même des fleurs plantées sur le couronnement des portes.

Ici on retrouve la route de Homs à Damas par le bord oriental de l'Anti-Liban. Elle nous conduit à Nebq, petite ville de deux mille âmes, bâtie en amphithéâtre sur le versant nord d'une haute colline. Nous allons loger au couvent syrien, pauvre résidence épiscopale, située au sommet de la ville. Il n'y a là qu'un vieux prêtre aux pieds nus, que vous prendriez pour un mendiant ; mais bientôt son affabilité, la charité généreuse avec laquelle il reçoit les voyageurs, font reconnaître un digne ami des pauvres et de DIEU. Abouna Hanna est vénéré et aimé de tous comme un saint d'un autre âge. Seul et sans ressources dans ces grands bâtiments où cinquante Orientaux logeraient à l'aise, il loue quelques chambres à des familles chrétiennes et donne volontiers l'hospitalité aux chrétiens de passage. Nebq compte deux cents syriens catholiques et autant de grecs unis.

Au sud-ouest de la ville, débouche la vallée de Yabroud, l'ancienne Jebruda de Ptolémée. La vallée, d'abord aride, se couvre successivement de vignes, de champs fertiles en partie plantés de garance et de pommes de terre, cultures peu communes en Syrie. De belles eaux coulent au bord du chemin.

Mgr Atta, l'évêque grec-uni, nous accueille avec bonté. Ce vénérable et savant vieillard a voulu que les écoles des petits garçons fussent installées dans son palais et que les enfants prissent leurs ébats sous ses yeux. Il est aimé de tous ; les Musulmans eux-mêmes le révèrent et le choisissent pour arbitre dans leurs différends avec les chrétiens.

Yabroud est une ville de quatre mille âmes, les trois quarts musulmans, les autres grecs catholiques. Elle avait déjà son évêque au temps du concile de Chalcédoine (457). La conquête musulmane y trouva dix églises ; sept furent converties en mosquées ; la grande église de Saint-Nicolas de Myre devint la mosquée principale. La cathédrale de Mgr Atta est une basilique à piliers massifs, qui peut remonter au temps de sainte Hélène. Bien des matériaux empruntés à des édifices plus anciens se voient dans les murs : sur la paroi du couchant, on aperçoit, à une assez grande hauteur, une inscription renversée, où l'on peut lire : MAXIMUS... CAISAR... On croit que la basilique fut bâtie sur les fondements d'un temple du Soleil. Cela expliquerait ce fait singulier, qu'au lieu d'être orientée à l'est comme toutes les églises de cette époque, elle est orientée sur le solstice d'été, correspondant à la fête du Soleil. A l'intérieur, proche du maitre-autel, on voit un ancien bas-relief en marbre d'un beau travail, représentant la Nativité du Sauveur, avec ce texte d'Isaïe (1, 3) écrit en grec : « Le bœuf a connu son propriétaire et l'âne a connu la crèche de son maître. » Il fut découvert dans les travaux entrepris par Mgr Atta pour l'agrandissement de l'église. Des édifices romains de Jebruda il ne reste debout que deux colonnes et un

Mahin en Palmyrène. (Monument vu du sud-ouest, 1889.)

pilastre, orné d'une sorte de flamme radiée, qui pourrait être une figure du Soleil. Ces ruines occupent le point le plus élevé de la ville, et sont en partie masquées par les habitations modernes.

⁂

Pour traverser le lendemain tout l'Anti-Liban, il faut coucher à Mougharat-Bach-Kurdy, le dernier village au bas de la montagne, à deux heures et demie ouest-nord-ouest de Yabroud. Nous allons camper au sommet du village, dans une gorge resserrée entre deux rochers à pic, en face d'une grotte très remarquable. Son entrée majestueuse domine les maisons ; tout autour sont des ouvertures faites de main d'homme pour éclairer des chambres taillées dans le roc. Elle s'appelle Deïr, « le couvent, » car ce fut jadis un monastère dépendant du couvent de Saint-Jacques de Qâra. Si elle ne fut pas l'origine du village, du moins elle lui donna son nom : Mougharat-Bach-Kurdy signifie en turc : « la grotte du chef kurde. » Sans doute qu'un chef kurde s'établit dans la grotte quand les moines l'abandonnèrent. De nombreux tombeaux se voient dans les rochers d'alentour ; plusieurs sont creusés en forme de soulier, ouverts seulement sur la moitié de leur longueur, du côté de la tête. Le site sauvage, les maisons blanches, l'énorme creux sombre de la grotte, font un tableau saisissant à l'approche de la nuit.

Une bande de muletiers part avant le jour pour traverser la montagne ; nous les suivons. Qu'elles sont sauvages, tristes et imposantes à la manière des grandes solitudes, ces montagnes de l'Anti-Liban ! Pas une habitation, pas un homme, pas une source ne s'y rencontrent, durant huit longues heures de marche. Les croupes pierreuses de la montagne, les grandes déchirures des rochers n'y ont guère d'autre verdure que les sombres pyramides des grands genévriers (*Juniperus excelsa*, M. B.), tout semblables aux cyprès de nos cimetières. Et que de vieux troncs tordus par les orages, que de branches mutilées par la tempête !

Sur les hauts plateaux on rencontre de vastes entonnoirs où les eaux provenant de la fonte des neiges s'engouffrent au travers des quartiers de roche accumulés dans le fond. Des dépressions semblables, plus nombreuses et plus vastes encore, s'observent dans les massifs du Liban, qui donnent naissance aux grands cours d'eau ; elles sont particulièrement remarquables dans le plateau supérieur du Sannin, au-dessus de Zahleh. Les eaux auront entraîné peu à peu les couches inférieures et creusé de vastes cavités, sur lesquelles le sol se sera effondré.

Le sentier descend dans la plaine de Ba'albek par le long et étroit ravin où le ruisseau de Nahleh prend sa source, le ouadi Djamal, la vallée du Chameau. Vers le milieu du jour, nous arrivons aux belles sources de Ba'albek. Plusieurs familles de Beyrouth y sont en villégiature, campées sous des tentes. Tout ce monde est fort préoccupé des brigands qui exploitent la contrée, et on s'étonne que nous ayons traversé la montagne sans incidents de voleurs.

L'habit et le modeste équipage du missionnaire valent une bonne escorte.

Chapitre Troisième

VOYAGE
DANS LA SYRIE SEPTENTRIONALE
aux ruines chrétiennes des IVᵉ, Vᵉ et VIᵉ siècles.

NTRE Alep, Antioche et Hamah, sur des collines rocailleuses, sans eau et presque désertes, s'élèvent des ruines sans nombre, admirablement conservées, remontant aux premiers siècles de notre ère et du plus grand intérêt pour l'archéologue chrétien. Ce ne sont pas des ruines ordinaires, comme on en rencontre dans les vieilles cités de l'Europe; ce sont des villes entières avec leurs maisons, leurs rues, leurs tombeaux, leurs églises; ce sont des villages avec leurs habitations de cultivateurs et les opulentes villas des riches propriétaires, leurs cimetières et leurs chapelles.

A voir l'homogénéité parfaite des constructions, on ne peut douter que ces villes et villages n'appartiennent à une même époque étroitement circonscrite. La plus ancienne des inscriptions qu'on y rencontre est de 331, la dernière de 565. Ces dates disent que le christianisme a vu naître ces villes et que l'invasion musulmane les a dépeuplées (1), faisant le désert où la vie abondait. Le désert n'a duré qu'à nos jours. Dans ces arides montagnes, aucune population n'est venue bouleverser les ruines pour se bâtir de nouvelles habitations avec leurs matériaux. Sous le beau ciel de Syrie, le temps n'a détruit que le bois et la peinture, à peine a-t-il effleuré la pierre, et n'étaient les ravages des tremblements de terre, fréquents dans la contrée, les ruines seraient aujourd'hui dans l'état où les laissèrent, il y a treize siècles, les hordes d'envahisseurs.

« Partout ailleurs, dit le comte Melchior de Vogüé, si ce n'est à Pompéi, la vie des anciens n'a, pour ainsi dire, pas laissé de trace. En Grèce, en Assyrie, en Égypte, la demeure de l'individu a disparu. C'est à la littérature, à la peinture, à la sculpture que nous devons les quelques notions que nous possédons sur l'habitation humaine. Dans la Syrie du nord au contraire, la vie privée apparaît dans tous ses détails matériels; la demeure y subsiste à tous les degrés de l'échelle sociale avec ses accessoires somptueux ou modestes, dans toutes ses relations, soit avec la vie publique, soit avec la vie religieuse, soit enfin avec la mort. »

Le voyageur étonné s'y trouve au milieu d'une civilisation détruite; toute une époque peu connue de l'art chrétien ressuscite devant ses pas, et à la vue des édifices si parfaitement conservés dans tous leurs détails, il se dit qu'il a trouvé un Pompéi chrétien perdu au fond de l'Orient. L'âge des monuments le ramène aux temps de saint Jean Chrysostome; leur situation voisine d'Antioche le reporte au

---

1. Les musulmans furent définitivement maîtres du pays en 637.

milieu de cette société riche et élégante qui se pressait aux sermons de l'illustre orateur, écoutait humblement ses reproches contre les exagérations du luxe et de la parure, et de là se rendait au cirque étaler son faste, goûter des émotions peu chrétiennes.

Ces travers pourtant n'allèrent pas jusqu'à diminuer le caractère profondément religieux des pensées et des œuvres : les habitations et les édifices le disent à chaque pas.

On ignorait encore, il y a vingt ans, le nombre et l'importance des monuments chrétiens conservés dans ces montagnes. Les explorateurs n'avaient fait qu'entrevoir le bord de la région et n'en avaient écrit que peu de mots. M. Henri Waddington et M. le comte Melchior de Vogüé pénétrèrent les premiers dans l'intérieur du pays, en 1867. Les *Inscriptions grecques et latines de la Syrie*, publiées en 1870 par M. Waddington, et le magnifique ouvrage de M. de Vogüé : *Syrie centrale, Architecture civile et religieuse du Ier au VIIe siècle*, achevé seulement en 1877, furent une révélation du plus haut intérêt pour l'archéologue chrétien. Ces travaux nous guideront dans une grande partie du voyage ; ils éclaireront souvent nos recherches.

La fertile plaine d'Edlip divise les ruines en deux groupes d'un caractère un peu différent, quoique appartenant à la même époque. Nous les avons parcourus durant un mois, le groupe méridional en allant de Hamah à Alep, le groupe du nord au retour.

I. — HAMAH et LARISSA.

HAMAH, la pointe méridionale du triangle que nous avons à parcourir, est à cent quarante ou cent cinquante kilomètres sud-sud-est d'Alep. On s'y rend de Beyrouth par bateau à vapeur jusqu'à Tripoli, puis par voiture publique en passant par Homs.

Bâtie tout entière dans le profond sillon où coule l'Oronte, la ville ne s'aperçoit qu'en y entrant. Les jardins et les grands arbres au bord du fleuve ont quelque chose de frais et de riant, bien rare dans les cités arabes de l'intérieur ; mais, dès qu'on pénètre au milieu des habitations, on ne voit plus que de petites rues mal pavées, tristes et sales, entre des maisons sans grâce et sur la plupart mal bâties. D'ailleurs le climat est humide et malsain ; chaque fois que le choléra se promène en Syrie, il s'abat sur Hamah et y fait de grands ravages. La population de trente-cinq à quarante mille âmes est en décroissance faute d'industrie.

Les Musulmans, seuls habitants de la ville, n'y ont élevé aucun édifice remarquable, pas même une belle mosquée. Ils ont tout simplement installé le culte du Prophète dans les églises et les monastères des chrétiens d'autrefois, sans prendre la peine d'effacer complètement les croix sculptées sur les murailles. La grande mosquée elle-même n'est qu'une vaste église à trois nefs, séparées par de gros piliers carrés et des arcades ogivales ; le clocher est devenu le minaret, et il ferme encore par son vieux vantail fait d'une seule dalle de basalte sculptée. Le cloître des religieux ou des chanoines sert de cour aux ablutions ; seule, la fontaine qui se trouvait au milieu de la cour a été refaite ; on l'a entourée de vieilles colonnes grecques dont on a aminci le fût pour y écrire en relief des sentences du Coran.

Le vice-consul de France, M. Prosper Bambino, nous offre la plus aimable hospitalité. Il habite le pays depuis longtemps, y possède de vastes terrains et peut nous donner d'utiles conseils pour le voyage.

Le groupe méridional des ruines chrétiennes commence à deux petites journées au nord de Hamah. Nous désirons, en y allant, passer par Larissa et Apamée. M. le vice-consul nous dit tout d'abord que nous ne pouvons nous engager seuls dans ce pays sans chemin, où nous rencontrerons des tribus pillardes, des populations hostiles aux chrétiens *frangis* : « Un guide ne suffit pas, il vous faut au moins deux cavaliers bien armés. »

Cela ne va pas à nos habitudes. Nous faisons valoir toutes les mesures de prudence déjà concertées. Notre modeste équipage n'excitera guère la cupidité. Nous voyagerons vite et ne passerons pas deux nuits dans les endroits suspects.

Un Frère indigène nous accompagne; il parle le patois arabe de la contrée, connait les ruses des habitants, et saura surprendre ou deviner un complot. Le P. Soulerin, mon précieux compagnon, compte employer tous ses loisirs à soigner les malades qu'on ne manquera pas de nous présenter ; cette charité du prêtre chrétien nous vaudra peut-être quelques égards.

Enfin notre moukre, que les indigènes ne manqueront pas d'interroger à notre arrivée pour se former l'opinion sur les voyageurs et se fixer sur la manière de les accueillir, nous est tout dévoué. Chrétien par le baptême et le cœur, il passe aisément pour un musulman, dont il a le langage et les allures ; ce n'est pas chose indifférente dans ces pays.

Mais tout cela ne suffit pas à notre prudent consul. Il insiste : « Jamais un Européen ne s'est aventuré dans ces pays sans une bonne escorte. »

Il nous faut donc accepter deux beaux cavaliers qui ouvrent la marche et nous gardent nuit et jour. Ils ont le fusil au dos, la poitrine couverte de cartouches métalliques, et la ceinture tellement encombrée de pistolets, de poignards et d'un grand sabre, que je ne sais comment ils pourront se mouvoir s'il faut se battre à pied.

Nous partons dans l'après-midi du 1er septembre 1888. Au sortir de la ville, le sentier monte sur le plateau de la rive gauche et se dirige au nord-ouest. Tout est brûlé par le soleil d'été ; quelques restes d'anciennes habitations, des citernes abandonnées, des silos creusés dans le roc pour conserver les grains, sont les seules traces du travail de l'homme. Cependant, de temps à autre, la vue plonge dans la verte et étroite vallée de l'Oronte, toute pleine de champs de coton en fleur, de bouquets d'arbres et de villages. Les petites maisons égales, terminées par des coupoles blanches allongées en pain de sucre, semblent une volée de colombes posées dans la verdure.

Nous quittons le chemin à la nuit tombante pour aller camper à Mahardi, l'unique village de la contrée. Il est vrai que les habitants sont tous schismatiques grecs ; mais, dans ces pays musulmans, tous les chrétiens, s'ils ne sont pas précisément frères dans la foi, sont au moins des cousins. Aussi ces bonnes gens se montrent-ils tout heureux de nous recevoir ; ils nous offrent leurs services avec empressement, sans importunité. Leur curé est l'un des premiers à venir nous saluer et le dernier à se retirer quand nous demandons à dormir. Ici tout est différent des environs ; le sol a la teinte vert cendré du petit acacia nain, au feuillage délicat comme celui de la sensitive, le *Prosopis Stephaniana* (Kunth-Spr.), qui est la mauvaise herbe des plus riches terres de Palestine. Dans le village, ce sont de grosses maisons en pierres, sans coupoles blanches. Les habitants ressemblent plus à des Russes qu'à des Syriens par leurs traits et par leur costume : grande blouse bleue, ceinture de cuir, amples pantalons et grosses bottines largement évasées. Le curé lui-même a remplacé par un énorme turban noir le bonnet à haute forme, le *qallousé* des prêtres grecs.

**

Le lendemain, nous faisons nos adieux à ces braves gens, avec la triste pensée que nous ne verrons plus de chrétiens jusqu'à Alep. Descendus au couchant dans une plaine basse, nous suivons la falaise qui, de ce côté, termine le plateau, et bientôt apparaissent sur les rochers les murailles et les tours d'une forteresse sarrasine, Qala'at Seïdjar, élevée sur la pointe septentrionale du plateau, entre la plaine et la gorge profonde où coule l'Oronte.

La porte de la forteresse est au nord. On y monte par un rapide sentier et un viaduc en pente, jeté sur un ravin ; sa baie ogivale, au travers d'un donjon carré, rappelle l'entrée de nos chateaux-forts du moyen-âge.

A l'intérieur des remparts, ce ne sont que de misérables masures habitées par une centaine de pauvres paysans. Quelques fûts de colonnes, des chapiteaux corinthiens et doriques, d'autres restes d'architecture grecque ou romaine épars çà et là dans la poussière, signalent seuls une antique cité.

De l'avis unanime des savants, ce fut l'ancienne Larissa, construite ou restaurée par Séleucus Nicanor (1), devenue ville épiscopale au moins depuis le concile de Nicée jusqu'au règne de Justinien (2).

Longtemps après la chute du royaume latin, au quinzième siècle, deux Franciscains portèrent le titre d'évêque latin de Larissa, suffragant de l'archevêque d'Apamée (3) ; mais ce ne fut qu'un titre *in partibus*. S'il y avait encore à cette époque quelques Latins à Qala'at Seïdjar et à Qala'at el-Moudiq ou Apamée, ce ne pouvait être que de rares épaves d'églises dispersées.

Nous n'avons rencontré à Larissa aucun vestige manifeste du christianisme.

II. — APAMÉE.

AU pied de Qala'at Seïdjar, on traverse l'Oronte sur un pont de dix arches assez bien construit, de date peu ancienne, et on remonte au nord sur un plateau inculte où errent dans les grandes herbes des troupeaux de bœufs, de moutons, de chèvres et quelques blanches cigognes. A peine si l'on aperçoit, dans des fourrés d'énormes chardons, deux petits villages de bergers, Djélameh et Heyalin, aux huttes de pierres sèches couvertes de roseaux. Du plateau on descend par un chemin pierreux dans la vallée de l'Oronte, vaste marais de dix kilomètres de large, entièrement couvert de roseaux, derrière lequel se dressent et s'allongent, comme une grande muraille, de hauteur égale, les montagnes vertes et sombres des Ansariés, tachetées de villages. Enfin, à trois heures et demie de Larissa, on est au pied de la haute colline que couronnent les remparts de Qala'at el-Moudiq, l'ancienne citadelle d'Apamée.

De puissantes sources, sortant d'un sol graveleux, y forment de petits étangs et un cours d'eau ; tout proche s'élève un vaste édifice en belles pierres blanches, sans fenêtres au dehors, construit récemment pour servir de khan aux voyageurs et déjà abandonné. Nous plantons la tente au bord des eaux. Elles sont légèrement sulfureuses et un peu plus chaudes que la température moyenne du pays.

La ville d'Apamée, dit Strabon, est protégée par une forte citadelle. Cette forteresse est située sur une montagne qui s'avance en presqu'île dans la plaine de l'Oronte. Tout autour le fleuve forme un lac de vastes marais, et arrose d'immenses pâturages excellents pour les bœufs et les chevaux.

Dans ces fertiles campagnes, le roi d'Apamée, Séleucus Nicanor, nourrissait cinq cents éléphants qu'il avait reçus d'un roi des Indes, son parent par alliance ; il y avait les haras royaux avec trois mille juments et plus de trois cents étalons. Là étaient aussi l'école de dressage des jeunes chevaux et les champs de manœuvre pour les exercices de guerre.

Apamée resta longtemps la principale place d'armes des rois Séleucides ; ils y tenaient une grande partie de leur armée et y conservaient le trésor de guerre. La citadelle demeura l'une des plus fortes de la contrée. Dans la révolte de Syrie sous Cœcilius Bassus, deux cohortes y soutinrent pendant trois ans les efforts des armées romaines ; la place ne se rendit qu'en dictant les conditions.

Notre première visite sera à la citadelle. Demain nous verrons la ville.

---

1. Les villes de Berœa (Alep), d'Édesse, d'Aréthuse, de Larissa, ont reçu leur nom grec de Seleucus Nicanor. Appien, *De Bell. Syr.*
2. Lequien, *Oriens christianus*, t. II, p. 918.
3. Ibid, t. III, p. 1191.

Qala'at el-Moudiq. (Vu du sud-ouest.)

En gravissant la colline on rencontre à mi-côte une mosquée et quelques maisons qui semblent marquer la place d'un fort avancé; proche du sommet on rejoint une route pavée, reliant la citadelle à la ville ; elle conduit à la vaste porte située au midi des remparts.

Qala'at el-Moudiq est aujourd'hui un assez gros village. Ses habitants nous furent hospitaliers, bien qu'ils vivent dans la crainte continuelle des déprédations de leurs voisins les Ansariés, peuple à peu près indépendant et isolé dans une région peu connue. Ils nous montrèrent les restes d'une ancienne église, quantité de vieux murs sans caractère spécial, les remparts construits au moyen-âge sur les fondements de l'ancienne citadelle et, du côté du nord, quelques gros blocs qu'ils disent appartenir à l'antique enceinte.

Devant chaque habitation sont de nombreuses ruches cylindriques en terre glaise, couchées horizontalement et empilées comme des bûches de bois. Partout où il y a de l'eau, la Terre promise et ses environs coulent encore le lait et le miel (1). A l'approche de la nuit le cheick ferme exactement l'unique porte du village par crainte des Ansariés.

De retour au campement, nous fûmes environnés de troupeaux sans nombre qui venaient, le soir, s'abreuver à la source. Ce n'étaient pas les trois mille juments de Séleucus, mais il y avait bien mille bœufs ou vaches, quinze cents moutons et quatre cents chevaux ou mulets.

**

La ville d'Apamée s'appelait primitivement Pharnake. Des Macédoniens, qui avaient suivi les armées d'Alexandre le Grand, vinrent s'y établir et l'appelèrent Pella, du nom de la patrie d'Alexandre. Séleucus Nicanor changea ce nom en celui de son épouse persane, Apame ; les Musulmans et les croisés en ont fait Afamie ou Famie.

Elle dut en grande partie son importance historique, sa splendeur, au roi Séleucus et à ses successeurs, et s'embellit encore sous la domination romaine. Les hordes de Chosroès vinrent, en 611, brûler et saccager la ville ; de terribles tremblements de terre achevèrent de renverser ce que les barbares avaient laissé debout ; l'histoire conserve en particulier le souvenir du violent tremblement de terre de 1152.

La série des évêques d'Apamée commence aux premiers siècles du christianisme et ne s'interrompt qu'en l'année 711. L'évêque Marcel ayant détruit, conformément à l'édit de Théodose le Grand, le principal temple des idoles, situé au quartier de la ville nommé Aulon, la population païenne se souleva et brûla l'évêque sur un bûcher (2).

Tancrède s'empara de Famie en l'année 1111 et y établit un archevêché latin qui dura jusqu'en 1238 (3).

Les ruines de la ville sont sur le plateau, au levant de la citadelle. On y monte

---

1. Ex., III, 8.
2. Lequien, *Oriens Christianus*, t. II, p. 910 et suiv. — Le martyrologe romain fait mémoire du saint évêque Marcel au 14 août.
3. Ibid., t. III, p. 1187.

par un petit ravin situé au sud de la forteresse. Elles s'annoncent grandioses par un beau portique à pilastres grecs, debout sur la pente du vallon ; mais rien ne saurait donner d'avance une idée du lugubre et imposant tableau des ruines accumulées sur la hauteur. Nulle part le voyageur n'a vu tant et de si riches débris couvrant une si vaste étendue. C'est une grande ville, toute de palais, entièrement écroulée. Les colonnes, les frises superbes, les splendides corniches, de grandes et innombrables assises, renversées pêle-mêle, couvrent plus de deux kilomètres carrés ; on ne sait où mettre le pied au travers de ces blocs en désordre, dont les intervalles disparaissent sous de grandes herbes. Cependant un long morceau de l'enceinte est resté debout au nord. Nous nous dirigeons de ce côté et nous atteignons la porte septentrionale, également conservée, mais cachée en grande partie sous les assises d'une tour écroulée.

Du sommet du monticule que forment ces matériaux le regard embrasse l'ensemble des ruines. Comme à Palmyre et à Antioche, une large rue, ornée de portiques, traverse la ville dans toute sa longueur, du nord au midi ; des rues secondaires, régulièrement espacées, la coupent à angle droit ; l'avenue principale s'élargit dans quelques-uns de ses carrefours et y forme de petites places entourées de portiques et de palais.

La largeur totale de l'avenue, portiques compris, est de quarante mètres, sa longueur, de mille six cents mètres, et le nombre de ses colonnes, de dix-huit cents. Leurs bases sont encore en place, à deux mètres les unes des autres, à huit mètres des maisons. Chapiteaux et fûts gisent sur le sol. Rien de plus varié que leur ornementation ; les chapiteaux sont en général dérivés du corinthien ; des colonnes, les unes sont lisses, les autres ont des cannelures concaves, convexes ou séparées par des listeaux, ou même en spirale. Leur hauteur totale était de dix mètres ; elles portaient probablement une terrasse en charpente, sous laquelle on circulait à l'ombre le long des maisons et des palais. Quelques colonnes hors rang, plus ornées et plus hautes, se rencontrent çà et là, sans qu'on puisse reconnaître leur destination spéciale. À la profusion des sculptures qui décorent les frises et les corniches, à l'ensemble et à la richesse du style, on reconnaît l'époque romaine des Antonins. Assurément cette colonnade d'Apamée était l'une des plus belles du monde.

Au sortir des ruines, par la porte du nord, on traverse une vaste nécropole. Les hauts chardons qui couvrent le sol laissent voir peu de monuments ; aucune inscription n'apparaît.

III. — EL-BARAH.

D'APAMÉE à el-Barah, le principal centre du groupe méridional des ruines chrétiennes, il y a huit heures de route dans la direction du nord.

Il serait difficile de tracer le chemin que nous avons parcouru durant plus de trois heures, au travers de collines et de vallons sans fin. Généralement nous avons suivi les dernières pentes orientales d'une chaîne de montagnes dirigée du sud au nord, appelée djébel Chachsabou, du nom de la tribu de Bédouins qui l'habite. Nous retrouverons la même chaîne au delà d'el-Barah sous d'autres noms, djébel ez-Zaoui, djébel Arbain, djébel er-Riha ; elle se termine à la petite ville de Riha.

Personne ne se rencontre pour nous donner les noms des ruines échelonnées sur la montagne et des villages qu'on aperçoit à l'orient dans la plaine. Enfin voici quelques bergers auprès d'une vaste citerne. Ils nous disent que le lieu se nomme Kersahat et nous donnent d'autres noms plus ou moins conformes à ceux de la carte.

Une heure plus loin, dans un ravin descendant du nord-ouest, nous trouvons plusieurs grottes sépulcrales et au-dessus, sur le versant exposé au midi, une belle source coulant dans la cuve en basalte d'un sarcophage de cette forme égyptienne qu'on nomme anthropoïde; le couvercle mutilé gît tout proche. Un essaim d'abeilles sauvages, l'abdomen marqué de deux raies du plus beau jaune, obscurcit l'air et couvre les parois de l'auge. Nos chevaux altérés hésitent à s'approcher; cependant ces petites bêtes étaient trop pressées de boire pour songer à nous faire du mal.

A l'arrivée sur le plateau, on rencontre le petit village de Darin, entouré de champs assez bien cultivés et d'arbres. Voici que nos cavaliers, marchant à une cinquantaine de pas devant nous, s'arrêtent à l'entrée d'un bois d'oliviers; ils mettent en joue, reculent, reviennent en avant, et enfin rebroussent chemin à toute vitesse.

« Ils ont vu des brigands, disent-ils, il faut retourner au village, requérir la protection du cheik et le rendre responsable de tout ce qui nous arrivera sur ses terres. »

Tout cela a bien l'air d'une fantasia organisée par nos gardes pour nous prouver qu'ils servent à quelque chose. Cependant nous avons aperçu deux hommes dans le bois; il est sage d'obéir à nos gardes semi-officiels.

Le cheik refuse de nous garantir passage libre au travers du bois et nous indique un autre chemin à droite. « Dans une heure vous verrez le village de Kefr Ambil; vous y prendrez un guide pour le reste de la route. »

Ainsi fut fait.

Kefr Ambil est, pour la contrée, un beau village. Les ruines qu'il renferme appartiennent au groupe chrétien. M. Waddington y a copié sur un linteau de porte, richement orné, une inscription grecque reproduisant le dernier verset du psaume CXX. Mais nous ne nous arrêtons pas.

Le sentier traverse quelques champs d'oliviers mêlés de vignes et s'enfonce, une heure et demie durant, dans un désert de rochers et de broussailles. Enfin, au sortir d'un ravin sauvage, il débouche au milieu de ruines sans nombre pressées comme les maisons d'une ville; on les nomme Bechoulla. Un quart d'heure plus loin, c'est un autre centre de ruines plus considérable, Moudjéleia. Encore une demi-heure et l'on se trouve au milieu de pauvres habitations, formant le village moderne d'el-Barah. Nous campons au nord du village, auprès d'un grand puits, bâti en belles pierres de taille et certainement antique, nommé Bir Alloun.

※

L'histoire dit peu de chose d'el-Barah. Le comte Raymond de Provence s'en empara en 1098, et à cette occasion Guillaume de Tyr l'appelle une ville très forte *(urbem munitissimam)*. Peut-être faudrait-il lire: une ville très petite *(urbem minutissimam)*, car la position dominée par la montagne ne favorise guère la défense, et de fortifications, il n'en paraît pas d'autre qu'une médiocre forteresse sarrasine dont les décombres s'élèvent au-dessus des oliviers, à quelques pas de notre campement. Cependant, dès la première année de leur occupation, les croisés en firent un évêché latin, dont le premier titulaire fut un prêtre de Narbonne (1). Les Musulmans reprirent la ville en 1123 (2) et la détruisirent de fond en comble. Aujourd'hui ce n'est plus qu'un village, où habitent une centaine de familles de cultivateurs fixés dans ces solitudes par la fertilité des coteaux voisins.

Au nord et au couchant, tout est couvert de vergers d'une belle végétation, la vigne abonde et grimpe sur les arbres. Les raisins d'el-Barah, réputés les meilleurs de la contrée, ne seraient-ils pas les célèbres raisins de l'Apamène *(uvæ Apamenæ)* que l'empereur Héliogabale, originaire de cette partie de la Syrie, faisait venir à Rome avec de grands frais et donnait ensuite à ses chevaux (3) ? Si les arbres étaient mieux soignés, ces cultures seraient splendides ; mais il en est ainsi comme dans toute la Syrie, on maltraite les arbres pour en tirer un peu de bois ; le figuier seul est de bonne venue, parce que son bois a peu d'usage et que d'ailleurs il ne demande aucune taille.

A demain la visite des ruines dispersées sur une immense étendue au sud et au couchant.

Durant toute la nuit nos cavaliers tirent des coups de fusil dans les haies et dans les broussailles contre des brigands. Bien entendu qu'ils n'atteignent personne, car personne il n'y avait. Patience ! La juridiction de notre excellent vice-consul, limitée au vilayet de Damas, cesse à deux heures d'el-Barah. Aussitôt la limite franchie, nous renverrons nos gardes ; avec moins de serviteurs et d'honneurs, nous vivrons plus à l'aise.

IV. — Le GROUPE MÉRIDIONAL des RUINES CHRÉTIENNES.

LE groupe méridional des ruines chrétiennes de la Syrie du nord a pour limites extrêmes : au midi, la plaine d'Apamée ; à l'ouest, l'Oronte ; au nord, la plaine d'Edlip ; à l'est, la route des caravanes entre Hamah et Alep. El-Barah, par l'étendue de ses ruines, l'importance des édifices qu'on y rencontre et aussi par la fertilité de sa campagne, en est le principal centre et comme la capitale. C'est du reste la seule localité nommée dans l'histoire. Les autres centres que nous visiterons n'en sont pas éloignés de plus d'une petite journée de marche.

Ce sont d'abord Moudjéleia et Bechoulla, sortes de faubourgs à deux ou trois kilomètres au sud ; puis Khirbet Hâss, à une heure de marche au sud-est ; Hâss, à une demi-heure plus loin dans la même direction ; Serdjilla, à une heure au levant d'el-Barah ; Deïr Sanbil, Erbeyeh, Dellouza, Mechoun, dont on peut voir la position sur la carte. Il faut ajouter Dana, Jéradi et Rouciha, échelonnées sur une même ligne, au nord de Ma'arrat en-No'amân, petite ville située trois heures à l'est d'el-Barah. Pour distinguer ce Dana d'un village de même nom appartenant au groupe septentrional, nous l'appellerons Dana (sud). Tous ces lieux sont incultes et inhabités, sauf Hâss et Dana (sud), où l'on rencontre quelques maisons de pauvres cultivateurs.

« Bien que la plupart de ces centres de population aient laissé des ruines fort

---
1. Lequien, *Oriens Christianus*, t. III, p. 1191.
2. Robertus monachus, *De Bello Christianorum contra Turcos*, l. VI, p. 67.
3. Lampril., *Elagab.*, 21.

étendues, observe M. Waddington, il n'y avait pas là de villes proprement dites ; on ne voit pas d'édifice public, sauf les églises ; pas de portiques, de théâtres, de stades ; rien que des maisons spacieuses, avec de nombreuses dépendances et un enclos qui était planté de vignes et d'arbres fruitiers. Ce furent des lieux de villégiature, de tranquille retraite, de recueillement religieux ; il n'y a aucune trace de la vie publique de l'antiquité, pas un décret du sénat ou du peuple, pas une inscription honorifique, seulement quelques sentences pieuses et quelques courtes inscriptions funéraires ; encore la grande majorité des tombeaux ne porte-t-elle qu'une croix et rien de plus. D'un autre côté, les monuments annoncent une société riche, car tout est construit en bel appareil, en pierres de grandes dimensions, et quelquefois l'ornementation n'a pas été épargnée, principalement sur les tombeaux. »

Ces réflexions et d'autres encore nous venaient à l'esprit lorsque, parcourant ces villages autrefois si somptueux, pressés sur des collines de rochers, éloignés de toutes les voies de communication entre les grands centres et ignorés de l'histoire, nous nous demandions : quelle fut leur origine ? d'où leur vinrent l'art et la richesse déployés dans les édifices ? Assurément ce ne sont point les oliviers et les vignes croissant dans les intervalles des rochers qui ont nourri et enrichi une aussi nombreuse population ; elle a dû apporter d'ailleurs sa richesse et son luxe. Ces grands villages, bâtis sur les montagnes entre l'humide plaine d'Antioche et l'immense désert de Syrie, furent les lieux de villégiature des riches Antiochiens durant les chaleurs de l'été.

Les usages actuels de l'immobile Orient nous le disent : le riche habitant de Beyrouth émigre en été dans la grande et belle maison qu'il s'est construite sur la montagne, et le petit bourgeois, durant les chaleurs, loue pour sa famille une maisonnette de village au Liban ; chaque rite, chaque religion a ses villages préférés.

Aux quatrième et cinquième siècles, Antioche formait une agglomération d'un million d'âmes, puisque, au dire de saint Jean Chrysostome, on y comptait 200.000 hommes, outre les femmes, les enfants, les esclaves et les habitants des faubourgs. Les chrétiens faisaient la grande moitié de la population, et parmi eux il était un grand nombre de riches familles. Celles-ci ne pouvaient trouver, à une journée de la ville, des montagnes plus aérées, plus saines, plus pittoresques que les coteaux du djébel er-Riha ou du djébel el-'Alâ, qui sont séparés par la plaine d'Edlip. Ces contrées avaient encore l'avantage de leur offrir, par l'abondance de la pierre de taille et du bois, des facilités très particulières pour la construction de leurs belles villas.

Toutes les ruines de ces localités sont exclusivement d'un calcaire blanc, durcissant à l'air, qu'on trouve répandu sur toute la contrée en bancs épais. Les pierres des édifices, généralement de grandes dimensions, sont assemblées à joints vifs, sans mortier ou ciment d'aucune sorte, sans liaisons métalliques. Les édifices d'une même destination sont généralement conçus d'après un même type et exécutés dans le même style. Aussi les ruines se complètent, s'expliquent l'une l'autre. Ce n'est qu'après avoir parcouru attentivement les différents centres qu'il est aisé de rétablir à coup sûr, par l'imagination, les parties écroulées, de reconnaitre l'usage des membres détériorés.

Dans cette première partie de notre récit, nous grouperons ensemble les ruines similaires, à quelque localité qu'elles appartiennent. Les coutumes qu'elles révèlent seront mieux reconnaissables ; l'art ne sera point émietté avant d'en avoir saisi le caractère.

V. — HABITATIONS VULGAIRES.

LA tradition orientale, commune aux grands et aux petits, de concentrer la vie domestique à l'intérieur, de la laisser paraître le moins possible au dehors, se retrouve tout entière dans les habitations privées de ces villes antiques. Point de fenêtre sur la rue, pas d'autres jours que l'entrée ; encore, le plus souvent, se trouve-t-elle en dehors de l'habitation, dans un couloir à deux compartiments. C'est d'abord un petit vestibule ouvert sur la rue, garni d'un banc de pierre à l'usage du gardien, puis une solide porte au vantail de pierre dure, donnant accès par un second vestibule à la cour intérieure.

Dans cette cour, l'aspect est tout autre ; la maison présente sa façade, ordinairement tournée au midi et largement ouverte, une vraie façade de petit palais. Deux portiques de colonnes superposées, réunies au bas par des parapets en pierre richement sculptés, y règnent sur toute la longueur au rez-de-chaussée et à l'unique étage supérieur, et mettent en communication les pièces de la maison, leur assurant l'ombre et la fraîcheur. L'escalier est à l'extérieur vers l'extrémité des portiques, et souvent plusieurs marches y sont taillées dans la même pierre (1). Les murs extrêmes, terminés en pignons, portaient le faîte d'une toiture à deux pentes construites en bois et recouvertes de tuiles. Naturellement il n'en reste pas d'autre trace que les prises des pièces de charpente dans les murs. Un petit toit de même nature à une seule pente protégeait le portique supérieur.

Comme dans le Hauran et dans quelques anciens villages des environs de Homs (2), les planchers sont de pierre. Deux rangées de grandes dalles, d'une part engagées dans le mur, de l'autre posées au milieu de l'édifice sur une ligne d'arcades qui traverse le rez-de-chaussée dans toute sa longueur, forment le plancher de l'étage. Celui du portique supérieur est également formé de dalles soutenues par les colonnes et dont la tête moulurée fait corniche. Ces habitations, on le voit, appartiennent au règne de la pierre ; l'usage du bois y est réduit au minimum, le métal en est banni.

Deux pièces égales, séparées par un mur de refend, se partagent le rez-de-chaussée et l'étage. Enfin une muraille en belles assises clôt la cour partout où elle ne joint pas les maisons voisines. Telles sont les dispositions principales des habitations vulgaires.

La parfaite appropriation de ces demeures aux besoins de la vie n'est pas moins remarquable que leur élégante simplicité et solidité, qui leur a permis de braver treize ou quatorze siècles sans que rien ne relie leurs matériaux.

Des enfoncements avec étagères, creusés dans les murs des appartements intérieurs, servaient d'armoires ; une petite fenêtre que l'on voit sous le portique inférieur à côté de la porte principale, permettait de reconnaître le visiteur avant de l'introduire, et la petite niche creusée de l'autre côté de la porte protégeait la lampe qui éclairait le portique durant la nuit. Une citerne creusée dans le roc, sous la cour, gardait les eaux de l'hiver et suppléait à l'absence des sources ; à côté se voit un bassin de pierre pour abreuver les animaux ; parfois il est creusé dans la même pierre que la margelle de la citerne (Khirbet Hâss).

---

1. Dans la maison aux Paons, à Jéradi, dont nous parlerons plus loin, l'escalier a régulièrement deux marches dans une même pierre. Si, dans quelques maisons de médiocre importance, à Serdjilla et ailleurs, on ne retrouve pas l'escalier, c'est sans doute qu'il était en bois.

2. Un intéressant village de construction hauranique, dans les environs de Homs, est Litfaya, situé à une heure du lac, sur la rive occidentale. Murs, planchers, vantaux de portes, tout est en basalte.

SERDJILLA. — Habitations vulgaires. (Vue de la cour intérieure.)

Parmi les villes antiques dont on connaît les ruines, en est-il où la famille commune était aussi bien logée ?

La plupart de ces habitations portent le monogramme du CHRIST gravé sur la façade, au-dessus de l'entrée principale. On voit que le propriétaire chrétien l'a pris pour son noble blason ; il s'est ingénié à l'orner, l'encadrant d'une belle rosace avec les lettres A, Ω, l'accompagnant de vignettes entaillées avec art dans la pierre du linteau. Quelques-unes de ces sculptures rappellent les dessins symboliques des catacombes romaines : sur le linteau d'une porte de Jéradi, ce sont des paons s'approchant d'une coupe à travers des rinceaux de feuillage.

Au-dessous du monogramme sacré se lit souvent une pieuse devise, quelquefois tirée des Livres Saints et toujours en grec.

Le propriétaire d'une maison à el-Barah écrit sur sa porte :

Le Christ triomphe toujours (1).

Un autre, à Roueiha, grave au linteau de sa porte une profession de foi à l'adresse des païens et des hérétiques du temps :

Il n'est qu'un seul Dieu et le Christ est Dieu (2).

Celui-ci, à Dellouza, met une prière sur la porte extérieure :

Seigneur, secourez cette maison et ceux qui l'habitent. Amen (3).

Et sur la porte intérieure, une louange :

Si Dieu est pour nous, qui sera contre nous ? Gloire à lui toujours (4).

Sur la tablette et la corniche qui décorent un dessus de fenêtre d'une vaste maison d'el-Barah, c'est la reconnaissance d'un riche père de famille :

Vous m'avez mis la joie au cœur. Avec le fruit du froment, de la vigne et de l'olivier, nous nous sommes multipliés en paix (5).

A Khirbet Hâss, une porte n'a que ces deux mots de triomphe : « ΙΧΘΥΣ alleluia. »

On sait que le premier mot reproduit les initiales grecques de JÉSUS-CHRIST, Fils de DIEU, Sauveur.

Citons encore une porte de Dana (sud) où l'on voit, entre deux croix, les mystérieuses lettres XMΓ, fréquentes sur les tombeaux de cette contrée. On les prend généralement pour une sorte d'invocation formée avec les initiales du CHRIST et des deux archanges Michel et Gabriel (6).

C'était une population de fiers chrétiens celle qui habitait ces lieux. Le CHRIST dominait ostensiblement toute leur vie civile, et ils s'en faisaient gloire.

---

1. Χριστὸς ἀεὶ νικᾷ.
2. Εἷς Θεὸς καὶ Χριστὸς Θεός.
3. Κύριε, βοήθει τῷ οἴκῳ τούτῳ καὶ τὸ [ο]ἷς ἱκοῦσιν ἐν αὐτῷ. Ἀμήν.
4. + Εἰ ὁ Θεὸς ὑπὲρ ἡμῶν, τίς ὁ καθ' ἡμῶν; δόξα αὐτῷ πάντοτε. + (Voir Rom. VIII, 31.)
5. "Ἔδωκάς μοι εὐφροσύνην εἰς τὴν καρδίαν μου. + Ἀπὸ καρποῦ σίτου καὶ ἔλαιου καὶ ἐλάου ἐπληθύνθημεν ἐν εἰρήνῃ. (Voir Ps. IV, 7, 8.)
6. Voir de Rossi, *Bulletin d'Archéologie*, 1870, n° 3. — De Vogüé : *Syrie centrale*, p. 91. — M. Waddington trouve cependant plus naturel de considérer ces lettres comme l'abréviation des mots grecs signifiant : CHRIST né de Marie, qu'il a vu employés dans une inscription de la même époque, au village de Réfadi dans le groupe du nord. (*Inscriptions grecques et latines de la Syrie*, p. 504.)

VI. — HABITATIONS RICHES.

AU milieu de ces modestes et charmantes demeures s'élèvent des habitations plus vastes et plus somptueuses, accompagnées de dépendances diverses, cuisine, écurie, pressoir, cour de service, logements des serviteurs, jardins et tombeaux de famille. La pierre, de grandes dimensions, assemblée sans mortier, est toujours l'unique élément de construction, sauf pour les toits. Les portiques, les plafonds de dalles soutenues par des arcades, et les autres dispositions que nous avons signalées, s'y retrouvent presque sans modification.

A Moudjéleia une vaste cuisine creusée dans le roc est conservée dans tous ses détails. On s'y rend par un escalier souterrain. Le foyer, en forme de table d'évier, est placé dans une niche et laisse échapper la fumée par une large ouverture pratiquée au centre du plafond. Des auges, des niches, des anneaux, taillés dans la pierre vive des parois de la salle, servaient à laver, à ranger, à suspendre les ustensiles de cuisine.

Une autre maison du même village nous montre une belle écurie creusée à mi-hauteur dans le rocher. Des mangeoires sont taillées tout autour dans les parois de pierre; des trous percés au travers des angles saillants des piliers servaient à attacher les longes des chevaux.

Dans une rue d'el-Barah on remarque au bas d'une maison, sous un auvent de pierre, les deux vers latins:

Nectareos succos, Baccheia munera cernis,
Quæ bitis (vitis) genuit aprico sole refecta.

« Tu vois couler les présents de Bacchus, le nectar que la vigne engendra, fécondée par un ardent soleil. »

Au-dessous, dans un gros banc de pierre faisant saillie, est l'orifice rond du conduit par lequel les vendangeurs jetaient le raisin dans le pressoir situé à l'intérieur de l'édifice.

Le pressoir offre exactement, avec beaucoup de perfection dans les détails, le type encore usité de nos jours en Syrie.

Le raisin empilé dans une cuve plate, ou plutôt sur une aire à rebords, de forme carrée, taillée dans le roc, est pressé sous un plateau de bois à l'aide d'un long levier dont l'extrémité s'engage dans le mur auquel la cuve est adossée. Le jus coule dans des bassins inférieurs, où il dépose ses impuretés avant qu'on le verse dans de grandes urnes de pierre destinées à la fermentation.

Dans la même salle est un moulin à huile tel que les moulins encore en usage dans le pays. Les olives sont écrasées dans une cuve ronde à rebords peu saillants, sous deux meules verticales qui roulent autour d'un axe planté debout au milieu de la cuve. Un âne donne le mouvement aux meules, en tournant l'essieu horizontal sur lequel elles sont montées, l'une en avant, l'autre en arrière de l'axe.

Un peu différent dans son agencement est le pressoir qu'on voit à Roueiha. Son entonnoir extérieur présente la forme d'une poche de portefeuille, en saillie sur la rue. Tout à côté est percée dans la muraille une longue meurtrière que traversait probablement un levier, car on aperçoit au milieu la place des tourillons creusée dans l'épaisseur du mur.

Ces demeures des principaux propriétaires et des riches familles ne se distinguent sur la rue, des habitations plus modestes, que par des murailles un peu plus hautes, une entrée plus large, mieux ornée, et quelques rares balcons, qui portaient vraisemblablement des kiosques en bois, selon l'usage commun dans toutes les villes de l'Orient. A Jéradi seulement nous avons remarqué une belle maison dont le corps de logis central est surélevé et renferme une vaste salle.

Qu'elles devaient être tristes, les rues de ces beaux villages, resserrées entre de hautes murailles, sans autre vie que celle des passants ! Pour se représenter leur aspect, il suffit en bien des endroits d'enlever par la pensée les matériaux qui les encombrent et de rétablir les toits des maisons. Toutes sont étroites, beaucoup ne sont que des impasses. Leur sol, taillé dans le roc ou pavé de blocs polygonaux, conserve çà et là les raies transversales faites pour empêcher les chevaux de glisser, et les ornières que les chars ont creusées ; l'écartement des ornières, de milieu à milieu, est d'un mètre treize centimètres.

Au sortir des maisons, les rues se prolongent entre de longues lignes de piliers grossièrement équarris, plantés debout dans le sol à deux pas les uns des autres et s'élevant à une hauteur égale, deux mètres. La première fois que nous vîmes de loin cette forêt de piliers, ils nous firent l'effet de ces pierres que les Musulmans plantent sur leurs tombes, et Moudjéleia nous apparut comme l'une de ces villes musulmanes que précède

JÉRADI. — Rue et portes de maisons.

toujours un immense cimetière. Cependant, de près, il est aisé de reconnaître dans ces lignes de piliers les clôtures antiques des jardins. Des murs de moellons irréguliers remplissaient les intervalles ; ils se sont écroulés, leurs pierres sont dispersées sur le sol ; il n'est resté en place que les solides piliers destinés à les soutenir.

※*※

Un vaste bâtiment situé sur une hauteur, entre la nécropole d'el-Barah et le quartier méridional de la ville, excite particulièrement la curiosité du voyageur. Il croit y trouver un couvent, car les indigènes le nomment Deïr Sobat, le couvent d'Élisabeth. Peut-être, au temps des Croisades, eut-il cette destination, mais au Ve siècle ce fut la splendide villa de quelque riche famille. Les dépendances, écurie, cellier, logements du portier et des serviteurs parfaitement reconnaissables, le beau mur d'enceinte du jardin, les vastes berceaux de vignes portés par de hauts piliers en pierre, et surtout les nobles proportions de l'habitation de maitre, indiquent un grand état de maison.

Par sa disposition intérieure, l'habitation s'éloigne de celles que nous avons décrites, et se rapproche singulièrement des modernes maisons bourgeoises de Beyrouth et autres villes de Syrie. Toutes les chambres et la salle à manger ouvrent sur une vaste salle centrale, plus élevée, mieux ornée que les autres pièces (1) ; deux de ses portes sont ornées du monogramme du CHRIST ; ses murs gardent des restes de stuc. Le cellier, placé dans le sous-sol, est encore pourvu des grandes jarres en pierre qui servaient de tonneaux.

Au milieu de ces monuments d'une opulente existence, il est touchant de rencontrer des tombeaux, sans doute les tombeaux des ancêtres, des parents de la pieuse famille qui vivait en ces lieux. C'est d'abord, tout proche de l'entrée, au coin du jardin, un groupe de larges tombes creusées en forme d'auges dans le rocher. Plus loin, au couchant, devant les fenêtres de l'habitation, ce sont deux cercueils sous un petit temple à jour porté par douze colonnes. L'édicule s'est écroulé récemment, mais ses débris disent encore qu'il faisait le plus bel ornement du jardin.

VII. — Les THERMES.

DES établissements de bains publics dans des villages où l'eau de rivière et de source manque absolument, sont chose étrange : on n'y songerait pas aujourd'hui. Mais, pour la société gréco-romaine venue d'Antioche dans ces montagnes, le bain était une habitude de la vie, une condition essentielle au bien-être.

On trouve des thermes à Moudjéleia et à Serdjilla. Ces derniers sont les plus vastes, les mieux conservés ; il ne leur manque que la charpente et les tuiles. Je doute qu'il existe ailleurs des ruines où l'on puisse étudier aussi facilement la disposition et l'organisation assez compliquée des thermes antiques.

Le baigneur entrait à l'extrémité occidentale de la façade, qui est tournée au midi. Au fond du vestibule ordinaire, s'ouvrait devant lui une salle d'attente suivie du logement du gardien. Il payait et passait à droite dans une vaste salle com-

---

1. A Beyrouth, la salle centrale qui donne accès à toutes les autres pièces est appelée *la cour*.

mune *(apodytherium)*, occupant au nord près de la moitié du bâtiment. C'est là qu'il déposait ses vêtements et venait, après le bain, se reposer en écoutant les musiciens établis à l'entrée de la salle sur une tribune que soutiennent quatre colonnes. A l'extrémité opposée est la porte ornée de colonnettes par laquelle il se rendait aux bains de vapeur, situés sur la façade ; mais avant d'entrer dans les étuves *(sudatoria)*, il pouvait s'arrêter quelque temps dans la chambre modérément chauffée qui les précède *(tepidarium)*. Les étuves sont au nombre de trois ; chacune est couverte par une voûte monolithe. De l'étuve, le baigneur allait dans la salle ou piscine des bains d'eau chaude *(alveum)*, occupant le milieu de la façade. La chambre des fourneaux est située à la suite, isolée par un mur fort épais.

Une vaste citerne, qui occupe la majeure partie de la plate-forme située devant l'édifice, emmagasinait, pour le service des bains, les eaux pluviales des toits et du sol environnant. Sa couverture est faite de grandes dalles portées sur des arcades intérieures ; de chaque côté de la margelle, se voient les supports de l'appareil avec lequel on élevait l'eau dans le réservoir adossé à la façade contre la chambre des fourneaux. Le réservoir a disparu ; il n'en reste que le socle. Une rigole de pierre, suivant tous les contours de la façade, à la manière d'un cordon d'architecture, mettait le réservoir en communication avec les étuves. L'eau tombant sur des cailloux rougis au feu produisait la vapeur ; une partie servait au lavage final.

A quelques pas de cet admirable édifice s'élève une maison à deux portiques, également conservée. Les indigènes l'appellent le Café des Bains ; de fait, elle en a l'air.

VIII. — ÉGLISES.

Dans tous ces villages de population foncièrement chrétienne, l'église dépasse tous les autres édifices par ses dimensions, la noblesse de son architecture et ses ornements ; elle tient le rang qui convient au palais du Maître et Seigneur de tous.

A l'église on a donné un emplacement élevé, central et assez vaste pour renfermer de nombreuses dépendances ecclésiastiques.

Eusèbe de Césarée, dans la première moitié du IVe siècle, décrivait ainsi la basilique, reconstruite récemment par les soins de l'évêque Paulin :

« Dans la réédification de son église, non content d'accroître l'emplacement, Paulin en a fortifié l'enceinte comme d'un rempart, au moyen d'un mur de clôture. Il a élevé son vaste et sublime portique vers les rayons du soleil levant, voulant par là donner à ceux mêmes qui n'aperçoivent l'édifice que de loin, une idée des beautés qu'il renferme, et inviter par cet imposant spectacle ceux qui ne partagent pas notre foi à visiter l'enceinte sacrée. Toutefois, lorsque vous avez franchi le seuil du portique, il ne vous est pas licite encore d'avancer avec des pieds impurs et souillés ; entre le temple lui-même et le vestibule qui vous reçoit, un grand espace en carré s'étend, orné d'un péristyle, que forment quatre galeries soutenues par des colonnes. Les entre-colonnements sont garnis d'un treillis en bois qui s'élève à une hauteur modérée et convenable. Le milieu de cette cour d'entrée est resté à découvert, et c'est là que Paulin a placé les symboles de l'expiation, savoir les fontaines qui, situées tout en face de l'église, fournissent une eau pure et abondante pour l'ablution, aux fidèles qui se préparent à entrer dans le sanctuaire. Telle est la première enceinte, propre à donner tout d'abord une idée de la beauté et de la régularité de l'édifice, et offrant en même temps une place convenable à ceux qui ont besoin de la première instruction.

» Au delà, plusieurs vestibules intérieurs préparent l'accès au temple lui-même, sur la façade duquel s'ouvrent trois portes...

» L'église présente deux nefs latérales, au-dessus desquelles ouvrent diverses fenêtres, ornées de sculptures en bois du travail le plus délicat, et par lesquelles une abondante lumière tombe de haut dans tout l'édifice... Je ne m'arrêterai pas à décrire sa toiture arrivant jusqu'au ciel, et formée d'une précieuse charpente de ces cèdres du Liban dont les divins oracles ont célébré la louange...

» Après avoir établi l'ensemble de l'édifice, Paulin a construit le saint des saints, l'autel au milieu ; et pour rendre inaccessible ce lieu sacré, il en a défendu l'approche en plaçant à distance un nouveau treillis en bois d'un art merveilleux... Le pavé même de l'église n'a pas été négligé ; le marbre y décrit de riches compartiments (1). »

Telle description convient également aux grandes églises construites, un peu plus tard, dans la contrée de Syrie que nous visitons.

A el-Barah, à Khirbet Hâss, à Roueiha, la grande église n'ouvre pas sur la rue, mais dans une vaste enceinte, où l'on voit tout un ensemble assez compliqué de portiques et de bâtiments, présentant plutôt l'aspect d'un monastère que celui d'habitations privées. Là se trouvaient des logements pour les prêtres, les clercs, les employés de l'église, et aussi l'école, car le concile de Constantinople prescrivait aux prêtres d'entretenir des écoles gratuites dans tous les bourgs et villages (2), et toujours, en Orient du moins, l'école a été une dépendance de l'église.

La cuve de pierre aux ablutions se voit encore à el-Barah sous le portique qui longe l'église. Elle rappelle une ancienne coutume de l'Église d'Antioche pour la communion des fidèles, et une apostrophe de saint Jean Chrysostome qui y fait allusion : « Auriez-vous la hardiesse de vous approcher du sacrifice, pour y recevoir la sainte Hostie dans vos mains, sans avoir eu auparavant le soin de les laver ? Je ne puis le croire (3). »

*
* *

Toutes les églises de la Syrie septentrionale antérieures au septième siècle appartiennent au genre basilique, ainsi nommé parce qu'il dérive de la basilique civile romaine où l'on rendait la justice, sans autre différence essentielle que l'addition d'une abside au fond de la nef centrale. Une grande nef et de chaque côté des nefs latérales séparées par deux rangées de colonnes et des arcades, caractérisent le genre.

Les dispositions intérieures des églises sont d'une si grande uniformité, qu'il suffira d'en représenter une seule pour donner une assez juste idée de toutes les autres.

L'église de Mouchabbak appartient au groupe du nord ; elle est mieux conservée que les grandes églises du groupe méridional et peu connue. Nous la prenons ici pour exemple. Les colonnes qui séparent les nefs sont monolithes ; leurs bases et leurs chapiteaux, imités de l'antique, présentent une certaine variété. Sur les

---

1. *Hist. Eccles.*, par. I, l. X, num. 380 et suiv.
2. Can., VI.
3. *Hom. in Ep. al. Ephes.*

chapiteaux s'appuient directement des arcs en plein cintre, modérément surhaussés au-dessus des arcs vient une zone lisse, puis la claire-voie, composée d'une série de fenêtres en plein cintre, et plus haut encore, au sommet des trumeaux séparant les fenêtres, des corbeaux de pierre en saillie sur les murs, et destinés à soutenir la charpente du toit.

Au fond de la nef est une abside demi-circulaire, élevée de quelques marches et couverte d'une voûte en quart de sphère; un vaste et riche arceau, porté par des piliers carrés faisant suite aux colonnes, sépare l'abside de la nef; quelques ouvertures pratiquées dans le fond du sanctuaire y distribuent la lumière.

Les nefs latérales ne montent guère plus haut que les arcades, afin de laisser le jour à la claire-voie. Elles se terminent par deux appartements carrés, communiquant soit avec le bas-côté, soit avec l'abside ; à droite la sacristie réservée au clergé, le *diaconique* ; à gauche la salle où les fidèles venaient présenter leurs offrandes avant le sacrifice, la *prothèse* ou *gazophylacium*. Le diacre y prenait note de ceux qui avaient offert, et leurs noms étaient récités à l'autel.

MOUCHABBAK. — Intérieur d'église du Ve siècle.

« Est-ce peu, dit saint Jean Chrysostome dans l'une de ses homélies (1), que, dans le temps du sacrifice, on vous nomme à l'autel ? » Ailleurs il exhorte les fidèles à porter chaque dimanche leur offrande pour les pauvres. La prothèse se distingue par une large ouverture sur la nef latérale.

1. *Hom.* XVIII *in Act. Apost.*

Pour se représenter cet intérieur de l'église tel qu'il était au sixième siècle, il faut, par l'imagination, ajouter l'autel de forme cubique, bâti au milieu de l'abside, la balustrade de bois sculpté qui fermait le chœur sous le grand arceau de l'abside ; les traces qu'elle a laissées sur les piliers montrent qu'elle avait environ un mètre de hauteur ; un rideau tendu au-dessus de la balustrade fermait le sanctuaire avant le sacrifice.

« Avant même que cette heure étonnante d'offrir le sacrifice soit arrivée, disait saint J. Chrysostome aux fidèles (1), montez en esprit jusque dans le ciel, et voyez les anges qui s'apprêtent à descendre pour environner avec une sainte magnificence les sacrés autels, dès qu'on aura tiré ces rideaux et ces voiles qui couvrent le sanctuaire. »

Il faut encore rétablir dans les nefs une cloison ou treillis de bois à hauteur d'homme (2) qui séparait les femmes.

« Il est nécessaire, dit l'illustre orateur d'Antioche (3), que dans l'intérieur de l'église un mur sépare les hommes des femmes ; mais, puisque vous ne vouliez pas un mur, nos pères ont jugé qu'il fallait au moins une cloison de bois. »

Enfin nous devons garnir les fenêtres de treillis ou de bois découpés, destinés à tamiser la lumière.

Comme à Tyr, l'église était couverte d'une belle charpente et de tuiles ; mais il n'est pas possible de savoir si la charpente était visible à l'intérieur ou cachée par un plafond de lambris. Nous savons seulement que les riches plafonds de peinture et d'or n'étaient point inconnus dans ces contrées. Saint Jean Chrysostome, prêchant dans la grande église d'Antioche, fait un reproche à ses auditeurs de trouver trop longs ses discours, assis à l'aise sous un magnifique plafond ; tandis qu'au cirque, ils restent des heures sous le soleil ou la pluie, sans jamais se plaindre de la durée du spectacle. D'ailleurs, au cours de ce voyage, nous trouverons les marques indubitables d'un plafond à caissons dans la superbe église de Saint-Siméon-Stylite.

**

L'architecture extérieure des églises offre plus de variété. Les architectes se sont particulièrement exercés à décorer la façade, le chevet et les portes. Les façades les plus communes reproduisent dans leur contour la forme d'une coupe transversale de l'édifice ; celle de Mouchabbak est de ce nombre. Le pignon terminal répond au toit à deux pentes de la grande nef ; les pans de mur dont il est flanqué marquent par la pente de leur corniche l'inclinaison des toits à une seule pente jetés sur les nefs latérales.

Souvent le chevet de l'église est un mur droit, clôturant à la fois l'abside et ses deux annexes ; la courbure de l'abside est alors prise en partie dans l'épaisseur du mur.

Les portes sont généralement protégées par un porche à deux colonnes, voûté en maçonnerie ou couvert en charpente. On voit à Mouchabbak, au-dessus de chaque porte, les prises dans le mur des bois du porche ; sur le linteau de la porte principale sont sculptées trois rosaces séparées par des gerbes de blé et terminées par des palmes ; celle du milieu porte le monogramme sacré, une autre renferme

---

1. *Hom.* XXXVI, *in I ad Cor.*
2. Saint Jérôme, *Lib. de Vita contempl.*
3. *Hom.* LXXIV *in Mat.*

HASS. — Église du IVe siècle.

ROUEIHA. — Église du Ve siècle.

une croix à branches égales, la troisième nous a paru figurer un pain de la forme du pain eucharistique des Grecs.

Les inscriptions sont rares dans les églises et aucune ne porte de date, comme si le temps n'avait rien de commun avec le temple et le séjour de l'Eternel. M. de Vogüé a déterminé l'âge des églises par comparaison avec les édifices datés qui les entourent. Nous ferons de même pour celles qu'il n'a pas visitées.

Il nous reste maintenant peu de chose à dire des églises du groupe méridional, car les démolisseurs se sont particulièrement attachés à les mettre hors d'usage. Celle de Khirbet Hâss paraît avoir pris la place d'un temple antique ; on trouve des stèles à figures païennes dans les matériaux de son enceinte. Elle peut remonter à la deuxième moitié du quatrième siècle ; c'est la plus ancienne de la contrée.

La plus belle église du groupe fut vraisemblablement celle de Hâss.

De cette église il ne subsiste en entier que l'un des murs extérieurs ; mais il suffit à donner une idée du noble style de l'édifice, des dimensions superbes de ses matériaux ; contentons-nous de remarquer que les cintres des fenêtres, dont l'ouverture dépasse le mètre, sont évidés dans un seul bloc. L'extrémité de la nef de droite porte les traces d'une estrade, probablement réservée à quelque famille distinguée entre toutes.

Superbe et assez différente des autres est la grande église de Roueiha. Ses bas-côtés sont séparés de la nef par trois immenses arcades, larges d'environ dix mètres ; leurs piliers carrés sont flanqués de pilastres donnant naissance à des arcs doubleaux qui traversaient la nef centrale et soutenaient la toiture. La prothèse, contrairement à l'usage de cette région, se trouve à droite.

A quelque distance de l'église se voit une vaste chapelle à une seule nef, du type commun, celle-ci, admirablement conservée ; tout à côté de la chapelle s'élève, sur un haut soubassement, un petit édifice à deux étages de portiques superposés, dont la destination nous est restée inconnue.

Tous les centres de ruines un peu considérables ont plusieurs églises ou chapelles ; el-Barah en a trois ; Moudjéleia, deux ; Roueiha, deux ou trois. Il fallait, en effet, plusieurs sanctuaires par village pour que tous les habitants pussent entendre la messe aux jours de fête ; car l'antique usage du rite grec ne permet qu'un autel dans l'église, et une seule messe par jour sur l'autel :

« L'autel, disent encore aujourd'hui les grecs non unis, doit être à jeun pour la messe, aussi bien que le prêtre. »

On dit que le nombre des églises du quatrième au sixième siècle dont les ruines se voient entre Alep, Antioche et Apamée, s'élève à trois cents ; à la fin du voyage ce nombre ne paraîtra pas improbable.

IX. — Les TOMBEAUX.

LES chrétiens de ces lieux ne craignent pas de voir des tombeaux. Ils les ont mis partout en vue, auprès de leurs habitations, dans leurs jardins, et même sous leurs appartements. Ils les ont ornés avec amour et les ont faits solides, comme pour toute la durée de ce monde. Nos tombes modernes les mieux décorées ne sont, pour la plupart, que des colifichets en comparaison des leurs. C'est sans doute qu'ils aimaient à envisager la mort comme l'aurore d'une vie pleine d'espérances, et les mortelles dépouilles de leurs défunts comme des corps d'élus, marqués du sceau du CHRIST, attendant la résurrection.

Toutes ces tombes portent la croix et beaucoup le monogramme du CHRIST, artistement enjolivé. Sur plusieurs on lit une parole d'espérance, ordinairement tirée des Livres Saints :

Tu as placé très haut ton refuge. Le mal ne l'atteindra pas, et le fléau n'approchera pas de ta demeure (1) (Moudjéleia).

Béni soit celui qui vient au nom du Seigneur. Le Seigneur notre Dieu nous est apparu (2) (Hâss).

Un peintre vulgaire, après avoir décoré grossièrement à l'ocre rouge une chambre funéraire, écrit au-dessus du monogramme du CHRIST :

« *Touto nika*, ceci triomphe » (Deïr Sanbil).

La couche dernière du mort est une vaste cuve en forme d'auge, taillée dans le roc vif ou dans un bloc isolé. Elle a près d'un mètre de profondeur, et le fond se relève vers une extrémité comme pour faire oreiller au mort. Une pierre, taillée en toit à deux pentes avec relèvements ou acrotères aux angles, parfois aussi au milieu de la longueur, lui sert de couvercle. Quand la tombe est en plein air, le couvercle s'emboîte dans une feuillure combinée de manière que l'eau des pluies ne puisse jamais pénétrer à l'intérieur.

Autant les habitations des vivants ont d'uniformité, autant les monuments des morts présentent de variété; il faudrait un livre pour décrire en détail leurs diverses dispositions, depuis l'auge simple creusée dans le roc, avec son couvercle traditionnel à fleur de terre, jusqu'au monument à deux étages de chambres funéraires, avec ceintures de colonnes et pyramide, qui fut élevé à la mémoire du chrétien Diogène dans la nécropole de Hâss.

Ils se rangent naturellement en trois classes : le sarcophage isolé en forme d'auge, la chambre sépulcrale souterraine, et l'édifice funéraire élevé au-dessus du sol.

Les grands sarcophages classiques sont d'un bel effet quand ils apparaissent en un point culminant de la campagne, élevés sur des gradins de pierre (Roueiha, Moudjéleia). Toujours la croix orne le couvercle, souvent elle se répète avec d'autres figures chrétiennes sur les faces verticales.

Aux environs de Dana (sud), le sol est jonché de leurs gros couvercles à acrotères, avec des tenons saillants sur les côtés pour en faciliter la manœuvre. Ces pierres semblent ne former que de simples auges taillées dans le sol ; mais en réalité un grand nombre d'entr'elles recouvrent de petits escaliers par lesquels on descend dans un caveau funéraire. Ce sont les sépultures souterraines du type le plus simple.

En parcourant les collines autour de el-Barah, Moudjéleia, Erbeyeh, Khirbet Hâss, on rencontre une nombreuse série d'hypogées plus vastes et plus beaux, qui présentent leur façade à l'extrémité d'une large tranchée donnant accès de plain-pied. L'un d'eux dans la nécropole de Khirbet Hâss est tout entier taillé dans la masse du rocher, sans excepter les colonnes du portique. Une tranchée en pente

---

1. Τὸν Ὕψιστον ἔθου καταφυγήν σου. οὐ προσελεύσεται πρὸς σε κακὰ, καὶ μάστιξ οὐκ ἐγγιεῖ ἐν σκηνώματί σου. (voir Ps. XC, 9, 10.)
2. Εὐλογημένος ὁ ἐρχόμενος ἐν ὀνόματι Κυρίου. Θεὸς Κύριος καὶ ἐπέφανεν ἡμῖν (voir Ps. CXVII, 26, 27).

conduit au portique, sous lequel ouvre la porte moulurée de la chambre sépulcrale. Le battant de la porte, fait de basalte noir avec des sculptures imitant des panneaux de boiserie, se voit brisé et rejeté sur le côté de la tranchée. De profondes rainures dans l'embrasure de la porte marquent la place des montants de basalte qui portaient le battant, le tendre calcaire de la muraille n'étant pas capable de résister aux mouvements d'une si lourde masse. A l'intérieur du caveau se voient les auges, taillées le long des parois, sous des niches voûtées en berceau qu'on nomme *arcosolia*.

D'autres tombeaux du même genre et plus ornés, ont une façade construite en partie de pierres rapportées.

Singulièrement variés sont les édifices funéraires qui s'élèvent au-dessus du sol. A Serdjilla, c'est un petit édicule carré, simple et gracieux, terminé par un toit à deux pentes fait de dalles avec recouvrements. Il rappelle certaines chapelles mortuaires de nos cimetières.

A Dana (sud), sur un caveau sépulcral s'élèvent quatre colonnes portant un baldaquin. Ici les proportions manquent de grâce.

ROUEIHA. — Tombeau antique où loge une famille.

Au milieu des ruines de Roueiha on s'étonne de rencontrer deux temples grecs, prostyles, aux charmantes proportions et du plus gracieux effet. Ce sont des tombeaux chrétiens. Une chambre à sarcophages occupe le soubassement, une autre la *cella*. Des arcades intérieures portent les dalles de la toiture. Une famille indigène est installée dans l'un de ces tombeaux ; elle s'y trouve fort bien logée.

A Roueiha encore, dans l'enceinte même des dépendances de la grande église, un tombeau bien différent attire les regards. Une coupole en hémisphère surhaussé repose sur un cube de maçonnerie, comme dans tous les *ouéli* musulmans ; mais la corniche concave sur laquelle pose la coupole donne à l'ensemble quelque chose d'original. A gauche de la porte, que protégeait une arcade en pierre, portée par deux colonnes, on lit en grec cette naïve inscription :

Bizzos, fils de Pardos. J'ai bien vécu, je suis bien venu et je repose bien. Priez pour moi (1).

Tout particuliers à cette région sont de vastes tombeaux à grandes pyramides ; ils ne ressemblent en rien à ce qu'on a pu voir ailleurs. A Dana (sud) il en est un d'une belle conservation, bien que l'une de ses colonnes soit tombée depuis peu. La chambre sépulcrale, de forme carrée, ouvre sous un portique de quatre colonnes, à chapiteaux corinthiens. Ses murs portent une haute pyramide, dont les faces sont hérissées de petits culs-de-lampe, disposés en quinconce ; peut-être ces culs-de-lampe servaient-ils à certains jours pour illuminer le tombeau avec des lampions. L'intérieur n'a ni voûte, ni arcosolia ; le revers des dalles de la pyramide s'y montre à nu. Trois sarcophages sont rangés contre les parois ; un large trou carré, bâti de grosses pierres, occupe le centre. Serait-il l'orifice d'un puits conduisant à un hypogée inférieur ? On ne l'apprendra que par de nouvelles fouilles.

La nécropole d'el-Barah offre deux tombeaux du même genre, sans portiques. Le plus vaste, le mieux soigné, a dix mètres de côté. Des pilastres d'angle, de superbes boudins, à feuillages profondément fouillés, rappelant les sculptures de la Porte Dorée au temple de Jérusalem, décorent le dehors de la chambre sépulcrale. L'intérieur est encombré des débris de la pyramide écroulée en grande partie.

Plusieurs ruines de tombeaux à pyramides encore plus riches se voient autour de Hâss ; mais ils sont tombés dans un état de dégradation qui leur laisse peu d'attrait.

X. — La ROUTE d'ALEP.

Notre visite aux ruines du groupe méridional est terminée. Nous partons pour Alep et nous allons prendre la route à Ma'arrat en-No'amân, le Arra de l'Itinéraire romain d'Antonin (2), le La Marre des croisés, qui s'en emparèrent sous Bohémond.

Ma'arrat en-No'amân, petite ville de deux mille cinq cents habitants, tous musulmans, de loin se présente gracieuse avec son haut minaret, son vaste khan nouvellement bâti, ses plantations de figuiers, d'oliviers et de pistachiers. Mais à l'intérieur, quelle tristesse, quelle poussière ! La ville n'a pas même une fontaine.

Nous campons en dehors des lieux habités, auprès d'un puits très fréquenté. Un baudet, attelé à la corde qui passe sur la poulie, tire l'eau en s'éloignant du puits sur une piste dont il connait bien le terme, et revient au trot recommencer la manœuvre.

1. Βίσσος Πάρδου ἐπεδήμησα καλῶς, ἦλθα καλῶς, καὶ κεῖμε καλῶς. Εὔχηται ὑπέρ ἡμοῦ.
2. De Beroea (Alep) à Chalcis (Kinnesrin) XVIII milles ; à Arra XX ; à Capareas (Khan Cheikoun) XXIII ; à Epiphania (Hamah) XVI.

Sur le soir nous faisons visite au mufti, le jurisconsulte musulman de l'endroit, homme bienveillant pour tous, même pour les missionnaires. Nous avons une question à lui faire. « — Existe-t-il, dans les environs, des ruines nommées Frikay ? »

Le célèbre voyageur et évêque anglican Pococke (1738) a copié deux inscriptions dans un village de ce nom, qu'il visita en une même journée avec el-Barah, étant parti le matin de Riha et y rentrant le soir. Jusqu'ici Frikay et ses inscriptions n'ont pas été retrouvés. M. Waddington signale cette lacune à l'attention du premier voyageur qui ira visiter les ruines d'el-Barah.

Ni le mufti, ni aucun des effendis qui font soirée dans son divan, ne peut nous répondre. On fera des recherches et on nous enverra le résultat à Beyrouth.

Il nous vint, en effet, trois mois plus tard, un Mémoire sur la topographie des ruines.

Nous y lisons :

« Au nord-est d'el-Barah, à une heure et demie au nord de Deïr Sanbil, se trouve un village habité, du nom de Ferkia, où l'on voit des bâtiments en ruines, des tombeaux, des sculptures. »

Nous nous rappelons que ce village nous fut signalé, au retour, comme situé sur la hauteur du djébel er-Riha, au midi de Kefr Lata. Nul doute que Ferkia ne soit le Frikay de Pococke ; mais malheureusement nous n'avons pas visité la localité (1).

**

Au sortir de la ville nous laissons à gauche, sur une hauteur voisine, un gros château-fort du moyen-âge. Salut à ces énormes remparts qui ont bu le sang ou du moins la sueur des braves croisés !

La route d'Alep se présente d'abord avec assez bonne façon. Au bout d'une heure elle se divise ; un chemin se dirige à l'ouest sur Sermin, l'autre va droit en passant par Séraïkin. On dit ce dernier un peu moins sûr ; mais il est plus court : il sera le nôtre.

Bientôt le chemin n'est plus qu'un paquet de sentiers ondulant les uns à côté des autres sur une largeur considérable. Rien de plus commun que de se fourvoyer dans de telles conditions. Le voyageur suit sans défiance son sentier et ne s'aperçoit pas que sa piste et les voisines se séparent insensiblement de la masse pour se diriger ailleurs ; il ne le saura que plus tard en consultant la boussole. Tel de nos confrères d'Alep dit n'avoir jamais fait cette route de nuit sans s'égarer, bien qu'il eût pour guide un moukre du pays. Durant une nuit obscure, le moukre tâtait sans cesse les pierres du chemin pour reconnaître à leur usure si elles appartenaient à la grande voie ou à quelque embranchement moins fréquenté.

Les ruines abondent à gauche sur les hauteurs. Elles sont encore plus nombreuses et couvrent de plus vastes étendues à droite, sur le bord de l'immense plaine qui va jusqu'à l'Euphrate et au delà ; mais de celles-ci, nous disait le mufti, il ne reste rien debout ; la charrue a passé sur les débris ; il faudrait fouiller le sol pour trouver des pierres intéressantes. Ce serait pourtant le moment d'entreprendre l'étude archéologique du pays, car la plaine commence à se peupler de nouveau à l'est de la route ; bien des matériaux antiques vont disparaître dans

---

1. Dans le *Mémoire* Khirbet Hâss est nommée Rabiaha.

les constructions des nouveaux villages, et, d'autre part, la nouvelle population stable promet une certaine sécurité au voyageur.

A trois heures de Ma'arrat, on rencontre un gros village, Khan Istibal. Comme partout en Orient, la route ne traverse pas le village ; elle passe à côté. Nous nous contentons de regarder de loin l'entrée, une sorte de donjon avec un large portail bâti de pierres jaunes et noires, alternant par assises, et décoré de croix de Malte ; au-dessus apparaissent de hautes ruines présentant l'aspect d'une église en style ogival des croisés.

La nuit se passera deux heures plus loin, à Séraïkin. Le cheik du village vient nous inviter à dormir dans sa maison ; il insiste même un peu, nous disant que des Bédouins rôdent alentour. Nous préférons notre tente pour raison vulgaire et sensible.

« Que vous êtes heureux, nous disaient, durant une veillée sous la tente, des habitants d'un pauvre village ; que vous êtes heureux de pouvoir changer de place toutes les nuits ! Vous évitez les insectes, tandis que nous, nous en sommes dévorés dans nos maisons. »

Cette fois mal nous prit de soupçonner la probité de la demeure du cheik. Au milieu de la nuit, un arabe s'introduisit dans notre tente, en arrachant un piquet mal planté, et, à la lueur de la lumière que nous avions conservée, choisit dans le mobilier des bottines, un chapelet et une statuette de la Vierge, toutes choses pour lui de la plus haute nouveauté. On nous dit plus tard que Séraïkin est mal famé chez les voyageurs indigènes ; les moukres eux-mêmes évitent d'y coucher.

Alep n'est plus qu'à sept heures de cheval. On traverse durant trois ou quatre heures de beaux champs de blé, de sésame, de dourah ou sorgho, de ricin toujours planté au bord de la route, parce que les bêtes ne le mangent pas ; puis le sol s'amaigrit. Voici le chemin qui vient de Sermin, une petite rivière, un moulin, un pauvre village ; on est à Khan Touman, au bas du plateau d'Alep.

La rivière est le Kouaïk ; elle vient d'Alep et va se perdre au sud-est dans les marais du Matk, en face de Séraïkin. Pauvre rivière qui réjouit pourtant le voyageur ; il y a si longtemps qu'il n'a pas vu de ruisseau ! Au delà, le chemin gravit d'affreux rochers blanchâtres. Enfin la grande ville apparaît avec ses minarets sans nombre, enserrée dans une mince ceinture de verdure, au pied d'une énorme citadelle, au milieu d'un désert blanc. C'est bien ainsi qu'on peut se figurer une capitale du désert.

XI. — ALEP.

LE quartier chrétien est à l'ouest. C'est de ce côté que nous allons demander la résidence de nos missionnaires. On nous conduit par des rues convenablement propres, pavées de pierres dures, glissantes, sur lesquelles nos chevaux ont peine à se tenir, à travers des maisons généralement bâties de bonnes pierres blanches, mais tristes au dehors par la rareté des ouvertures. Enfin nous arrivons devant la mission, qui, elle aussi, n'a de grâce qu'à l'intérieur.

L'histoire d'Alep commence à Seleucus Nicanor, dont elle reçut le nom de

Berœa. On croit cependant la ville beaucoup plus ancienne, et l'on conjecture que les Arabes, en l'appelant Haleb, ont fait revivre son premier nom. Elle ne prit de l'importance qu'à l'époque où les Arabes détruisirent Chalcis (629), ville située une journée au sud d'Alep.

Chalcis, en arabe Kinnesrin, tenait le premier rang dans la contrée comme colonie militaire et centre de commerce. Les caravanes de la Mésopotamie, de la Perse et de l'Inde, après sa destruction, vinrent à Alep échanger leurs marchandises ; les négociants de toutes les nations de l'Europe, les Français surtout y affluèrent. Alep devint l'une des principales places de commerce entre l'Orient et l'Occident.

Maintes fois, de violents tremblements de terre ravagèrent la ville ; celui de 1822 fit périr le tiers des habitants et renversa les deux tiers des maisons. La peste, le choléra la visitèrent souvent. Mais, plus que tous les fléaux, la découverte de la route maritime des Indes autour du continent africain et, dans notre siècle, l'ouverture du canal de Suez, portèrent atteinte à sa prospérité en diminuant son commerce. Les productions de l'Inde, depuis longtemps, ne passent plus par le continent ; celles de la Mésopotamie trouvent une voie de plus en plus facile par le golfe Persique et le canal de Suez ; la ville est en décroissance.

Ville infortunée ! en même temps que la richesse l'abandonne, le choléra vient deux années de suite de la décimer, et menace d'y devenir endémique. Arrangera-t-on les égouts de ses bazars qui, à travers des dalles mal jointes, exhalent une odeur insupportable ? Couvrira-t-on le canal qui lui amène les eaux potables d'Haïlan ? Cessera-t-on de jeter dans les conduites alimentaires les eaux souillées du Kouaïk, quand les sources d'Haïlan deviennent insuffisantes ? C'est peu probable. Le fatalisme musulman : — « Si je dois mourir, c'est écrit, » — est au premier chef antihygiénique.

Aujourd'hui on y compte à peine cent mille habitants et peu de familles riches. La colonie européenne, autrefois si florissante, a presque disparu. On reconnaît cependant encore son antique influence sur le pays. Par ses édifices privés, ses bazars, sa propreté relative, Alep est moins oriental que Damas. Les habitants ont une réputation d'intelligence et de finesse assez bien méritée ; les femmes chrétiennes, dit-on, contribuent pour une bonne part à ce renom.

De toutes les grandes villes de la Turquie d'Asie, Alep est celle où la population chrétienne compte le moins de schismatiques. Les catholiques y sont environ quinze mille ; presque tous les rites unis, Maronites, Grecs, Syriens, Arméniens, y ont un évêque. Le vicaire apostolique des Latins de Syrie, lui-même, a son siège à Alep, bien qu'il réside le plus souvent à Beyrouth.

Les Pères Franciscains de Terre-Sainte desservent la paroisse latine, belle église neuve déjà fendue par les tremblements de terre, et dirigent un collège bien installé dans de vastes bâtiments qu'ils viennent de construire à côté de l'église. Nos Pères ont bâti depuis peu d'années une jolie chapelle au milieu du quartier chrétien, et y font un bien considérable auprès des pauvres catholiques, occupés pour la plupart à l'industrie du tissage. Nous avons vu avec bonheur ces braves gens fréquenter la chapelle pendant la semaine, et les jeunes ouvriers se presser au catéchisme du soir.

Faut-il parler des jardins d'Alep ? Quelques cultures maraîchères, abritées sous des peupliers au bord du Kouaïk ; plus loin, sur la hauteur, des plantations de pistachiers ou d'oliviers que les Alepins nomment des vignes *(carm)*, comme toute plantation d'arbres ou d'arbrisseaux qui ne s'arrosent pas : tels sont les jardins. Ils seraient insuffisants en Europe pour l'approvisionnement d'une grande ville.

XII. — Le GROUPE SEPTENTRIONAL des RUINES CHRÉTIENNES.

LE groupe septentrional s'étend sur une contrée plus vaste que celui du midi. Il renferme le plus grand, le plus beau, et à certains égards le mieux conservé des édifices religieux des cinq premiers siècles en Syrie, l'église et le couvent qui furent construits pour honorer la mémoire de saint Siméon Stylite et consacrer le lieu où il mena sa vie extraordinaire. La visite aux ruines de ce groupe sera la plus intéressante moitié de notre voyage.

« Les ruines de la région du nord, dit M. de Voguë, ne sont ni moins nombreuses, ni moins bien conservées que celles des montagnes que nous venons de quitter; elles appartiennent à la même famille architecturale; néanmoins les monuments de cette région se distinguent des précédents par certains caractères spéciaux; les plans sont moins uniformes, les profils sont meilleurs, mais la sculpture est plus plate; les matériaux employés sont de plus grande dimension, et les appareils encore plus irréguliers; une certaine rusticité d'aspect se rencontre à côté de la plus grande fidélité aux formes classiques; la charpente est moins uniformément employée pour les toits, et des terrasses en dalles de pierres se rencontrent fréquemment. Outre ces différences d'école, nous signalerons encore d'autres traits particuliers au groupe de l'extrême nord. Il renferme des monuments plus anciens que ceux du groupe méridional; l'antiquité païenne, qui, dans la contrée du sud, n'est représentée que par des débris informes, est représentée ici par des tombeaux d'une grande valeur, dont les dates remontent jusqu'à l'époque des Antonins. Leurs dates, ainsi que toutes celles des édifices chrétiens du même groupe, sont rapportées, non pas à l'ère des Séleucides, comme celles du groupe d'el-Barah et des environs, mais à l'ère d'Antioche, qui commence le 1ᵉʳ octobre de l'année 49 avant JÉSUS-CHRIST.

» Les tombeaux taillés dans le roc ne diffèrent pas sensiblement de ceux du groupe méridional; mais les tombeaux en maçonnerie sont beaucoup plus rares. On ne trouve plus ici les grandes pyramides qui caractérisent les nécropoles des environs d'el-Barah. La disposition générale des maisons est celle des habitations que nous avons décrites, mais les portiques font plus corps avec la façade du logis proprement dit; très souvent le sol de l'étage supérieur, au lieu d'être porté par des arcs, repose sur un quillage de piliers carrés. »

Des piliers de même forme remplacent ordinairement les colonnes au portique inférieur et même aux portiques des étages de quelques grands édifices. Dans les églises, le diaconique est toujours à gauche de l'abside et la prothèse à droite, etc.

***

Notre objectif, au sortir d'Alep, est d'abord l'église de Saint-Siméon-Stylite, nommée dans le pays Qala'at Sem'an; le château de Simon. On peut l'atteindre dans une journée en suivant la route d'Alexandrette pour la plus grande partie du chemin. Les chercheurs de souvenirs antiques ont cependant mieux à faire.

L'un des principaux négociants d'Alep, qui a visité en touriste les environs de Qala'at Sem'an, nous signale toute une série de ruines chrétiennes du plus haut intérêt, dont aucun livre ne parle et qu'on peut visiter sans d'énormes détours en se rendant à la basilique de Saint-Siméon. Il nous donne les noms des localités et leurs distances approximatives. Quant à nous indiquer le chemin sur la carte, c'est impossible. La carte de la Haute-Syrie n'a pas assez de détails ; elle marque seulement quelques points principaux sur les chemins les plus fréquentés ; à nous de la compléter s'il nous plait, en prenant les directions à la boussole et estimant les distances au pas des chevaux. Nous n'y manquerons pas dans la suite du voyage. Ce ne sera pas parfait ; les noms eux-mêmes pourront laisser quelque incertitude, car, dans ce pays, chaque village a un nom turc et un nom arabe susceptible de bien des variantes ; mais enfin, en attendant mieux, ce sera pour le voyageur un secours dont nous avons senti la privation.

L'aimable commerçant nous donne sur les difficultés du voyage d'autres renseignements précieux, qui tous se sont trouvés parfaitement exacts :

« Vous rencontrerez bien des nationalités et des religions différentes, des Musulmans orthodoxes, des Druses, des Ansariés, des Kurdes, des Yésidés, des Circassiens. Les Kurdes sont assez hospitaliers ; mais prenez garde à leurs énormes chiens, ils sont terribles et n'écoutent pas toujours leurs maitres. Les Yésidés, originaires des bords du Tigre, ont des mœurs sauvages et pratiquent une religion mystérieuse ; on sait seulement qu'ils adorent le diable comme principe du mal à la manière des anciens Manichéens ; bien se garder de prononcer le mot de diable en leur présence. Les Circassiens sont les plus mauvais rôdeurs ; ils viennent de dévaliser complètement le Supérieur des Pères Capucins sur le chemin d'Antioche.

» Toutes ces nations sont ennemies les unes des autres ; aucun indigène ne consentira à vous accompagner dans une tribu qui n'est pas la sienne.

» L'eau et l'orge pour les chevaux manquent dans plusieurs localités où vous serez tentés de passer la nuit. Dans les lieux déserts l'eau ne se trouve qu'au fond de citernes abandonnées ; il faut vous munir d'un sac de cuir et d'une corde pour la puiser, etc. »

XIII. — ZOUG EL-KÉBIR, HARAB ECH-CHAMS, CLOTEH.

Partis d'Alep dans l'après-midi, nous suivons durant une heure la piste des caravanes d'Alexandrette, puis nous inclinons au nord. A la nuit tombante, nous entrons dans le village musulman d'Anadan, demander au cheik un guide pour Zoug el-Kébir, où nous voulons passer la nuit. Mais c'est fête musulmane, et personne ne veut quitter les réjouissances de la veillée. Finalement un guide est trouvé. Il nous dirige pendant deux heures de complète obscurité au travers de collines pierreuses, nous montre ensuite la direction et nous abandonne. Inutile de parlementer ; il a dit, chemin faisant, que les Yésidés habitent Zoug el-Kébir.

Enfin un feu apparait sur la hauteur, on entend des hourras et une musique ; des ruines se dessinent au bord du chemin ; nous sommes au bas du coteau de Zoug el-Kébir.

Il fallut voir l'étonnement des habitants quand, distraits de leur danse par les pas de nos chevaux, ils nous aperçurent, à la lueur du feu de joie, marcher résolument à eux. La danse s'arrête, la musique cesse, il y a un moment d'hésitation ; les enfants d'abord, les plus braves ensuite du groupe, viennent à nous.

Ce sont des hommes trapus, d'aspect sauvage.

« — Que venez-vous faire ? me demandent-ils. Comment arrivez-vous ici sans soldats ? Vous n'avez pas même de fusils ! On n'a jamais vu cela.

» — Nous venons voir les ruines ; nous n'avons pas peur, car vous êtes de braves gens et nous ne vous voulons aucun mal. Apportez seulement de l'eau, du pain et du laban (lait caillé), si vous en avez. »

Tel fut le dialogue ; il se répétera souvent à notre arrivée dans les villages et campements isolés des mor'agnes.

Grands et petits aident à dresser la tente. Nous congédions les enfants avec quelques morceaux de biscuit de mer et nous restons à causer avec les plus graves, qui, sans façon, se sont assis dans la tente. Impossible de se soustraire à cette veillée, quelle que soit la fatigue du jour.

Ils ne sont pas musulmans, mais ils tiennent à le paraître pour éviter des vexations ; dans ce but ils prennent de l'Islam les pratiques extérieures qui ne gênent pas.

« Nous dansons ce soir, disent-ils, parce que c'est une fête de Mahomet. Au jour du Baïram, nous tuerons le mouton, nous frapperons sur le tambour et ce sera tout. »

Zoug el-Kébir, Zoug le Grand, a pu être grand, l'étendue de ses ruines le dit ; mais aujourd'hui il n'est qu'un hameau de quatre ou cinq masures faites en vieux matériaux et d'autant de tentes semblables à celles des Bédouins. Ses ruines ne nous apprennent rien de particulier, si ce n'est que, dans les édifices antiques de ces régions, ce qui croule le dernier c'est la porte. Les deux gros piliers plantés en terre et l'énorme linteau dont elle est toujours formée ont, par leur masse, découragé les démolisseurs et défié les tremblements de terre. Il en reste une cinquantaine debout au milieu de murs informes, de fondements, de citernes innombrables.

⁎

Au sommet du coteau ce fut une surprise de voir à nos pieds, dans la vallée du couchant, une belle église presque complète, toute de pierre grise et blanche, parfaitement propre, sans taches de lichens, sans herbes dans les joints. L'œil cherche instinctivement des ouvriers pour savoir si c'est une église en construction ou une ruine.

Du reste, par sa forme basilicaine et la simplicité de son style, le monument ressemble à plusieurs églises bâties par nos architectes éclectiques du dix-neuvième siècle. Cinq chapiteaux sont ioniques, un corinthien, et deux simplement coniques avec feuilles aux angles ; de simples moulures couronnent les piliers qui terminent les rangées de colonnes.

A quelque distance sur la hauteur s'élève une chapelle si parfaitement conservée, qu'il suffirait de rétablir la charpente du toit et les boiseries des ouvertures pour la mettre en état de service. Son abside saillante, voûtée en cul de four, lui donne un aspect commun à bien des anciennes chapelles en plusieurs pays d'Europe. Elle apparait dans le lointain sur la gravure.

Au milieu des ruines, une porte isolée, de grandes dimensions, ornée de sculptures païennes, nous apprend que ces lieux furent habités avant les siècles chrétiens.

Depuis bien longtemps sans doute, Harab ech-Chams, c'est le nom de la localité, est tout à fait désert ; s'il avait conservé des habitants, les édifices y seraient moins intacts.

HARAB ECH-CHAMS. — Église du Ve siècle; à gauche dans le lointain une chapelle.

CHAPITRE TROISIÈME. 237

※

Cloteh, autre centre de ruines plus vastes et plus riches, se cache à une demi-heure de là dans les hautes broussailles et les grands oliviers d'un plateau désert. Sa grande église est de même style que celle d'Harab ech-Chams, mais les sculptures d'ornementation y sont plus nombreuses et l'exécution en est mieux soignée. De petites fenêtres ouvrent directement sur les basses nefs ; chaque porte latérale est flanquée de consoles pour soutenir le toit du porche, et à l'intérieur gisent dans les décombres de superbes chapiteaux qui couronnaient les colonnes et les piliers.

Le plus bel édifice était vraisemblablement la vaste église dont on voit les ruines sur un monticule isolé, au sud-ouest de la ville ; des fûts de colonnes cannelés de diverses manières témoignent du luxe de son architecture. A une cinquantaine de pas au sud, s'élevait sur un soubassement carré un petit édifice octogonal, entouré de colonnes ; quelques pans de murs et les bases des colonnes sont tout ce qu'il en reste debout. Ne serait-ce pas un baptistère ? L'église voisine ne serait-elle pas une cathédrale ? car on sait que jusqu'au sixième siècle l'administration solennelle du baptême fut réservée à l'évêque.

Sur la droite, de l'autre côté d'un vallon, s'élèvent d'autres ruines importantes, qui nous furent signalées à Alep sous le nom de Bordj el-Hâss. Mais on ne peut pas tout considérer ; c'est comme à l'exposition universelle, il faut circuler.

HARAB ECH-CHAMS. — Porte d'édifice païen.

XIV. — BARAD.

UNE suite de montées et de descentes sur un sol aride et rocailleux durant une grande heure conduit au bord d'un plateau, devant une chapelle en matériaux superbes, mais singulièrement bouleversés par les tremblements de terre : c'est bien, je pense, aux oscillations du sol, non pas aux démolisseurs, qu'il faut attribuer les déplacements horizontaux dans les assises des murailles.

La façade latérale, dont on voit ici le dessin, nous offre le premier exemple

BARAD. — Chapelle du VIe siècle.

d'une ornementation originale, tout à fait particulière à ces contrées : un large bandeau de moulures qui circule autour des fenêtres en décrivant de l'une à l'autre une ondulation régulière et qui embrasse toute la composition. Semblable décoration, modifiée suivant le caprice ou le talent de l'architecte, se retrouvera dans d'autres édifices de la contrée.

A quelques minutes de là on est au centre des ruines de Barad, les plus considérables de la série.

Une tente kurde, dressée dans une clairière de cette forêt d'édifices ruineux, nous indique le lieu propice au campement. La femme fait du beurre en balançant, sous un faisceau de trois pieux, une outre demi-pleine de lait. L'homme la regarde, assis sur un divan de cotonnade rouge et de mousseline brodée, dont le luxe jure avec la misère du ménage : le sofa de couleur éclatante est la caractéristique de la tente kurde ; ces pauvres gens sacrifient tout plutôt que de s'en priver.

Le chef de famille nous invite à nous asseoir sur son divan pendant qu'on dresse notre tente. Il est seul sur le plateau. Quand les pluies d'automne auront fait pousser l'herbe, d'autres familles viendront avec leurs troupeaux et, durant l'hiver, tous s'abriteront dans les chambres et les caveaux des ruines.

Barad couvre plus d'un kilomètre carré. Peu d'habitations y sont conservées. Cependant leurs portes sans nombre, plus amples qu'ailleurs, les vastes citernes qu'on rencontre à chaque pas, de riches tombeaux, deux superbes églises dont les majestueuses arcades dominent l'ensemble des ruines, tout indique une ville qui, par sa richesse, sa splendeur, sa population, ne le cédait à aucune des bourgades chrétiennes visitées jusqu'ici, et peut-être les surpassait toutes.

Le règne de la pierre est là plus absolu encore et plus magnifique que dans les autres centres. La pierre taillée y affecte de plus grandes dimensions ; bien des murs principaux des habitations sont bâtis à joints de hasard avec de si gros blocs, qu'ils imitent les constructions cyclopéennes. La pierre fait tout, des vases, des foyers, des tubes pour conduite d'eau, des vantaux de portes, des fermetures de fenêtres ; celles-ci sont des dalles découpées à jour assez finement pour arrêter dans leur épaisseur les rayons directs du soleil. L'étude complète de ces restes antiques serait à coup sûr des plus curieuses et des plus intéressantes.

Les églises ont souffert ! pourtant elles sont encore d'une incomparable majesté. La plus vaste (50 mètres sur 25), bâtie dans le style ordinaire du pays, a conservé sa belle façade percée d'une large fenêtre trinée. De superbes chapiteaux gisent épars dans l'intérieur ; les restes d'une chapelle latérale, avec abside orientée comme celle de l'église elle-même, se voient à côté de la prothèse. Nous n'avons rencontré nulle part, si ce n'est à el-Barah, pareil exemple de chapelle en communication avec l'église.

D'un autre type est la seconde église représentée dans la gravure. Ses vastes arcades reposent sur de gros piliers carrés. Nous rencontrerons plus loin, à Qalb-Louzeh, une église du même genre, mieux conservée.

De la nécropole il ne reste que de nombreux caveaux funéraires, creusés dans les rochers, au nord de la ville, et un superbe édicule carré, à jour, surmonté d'une pyramide surbaissée. Des bustes ornent les clefs de voûte des arcades, des têtes de lion décorent la corniche. Une porte dans la paroi du soubassement donne accès à la chambre sépulcrale. Nous n'y avons vu aucune inscription.

BARAD. — Eglise du VIᵉ siècle.

CHAPITRE TROISIÈME.

.*.

Une tour de garde des Sarrasins ou des croisés, entourée de quelques ruines, se dresse sur un mamelon au sud-ouest de la ville. Près de la tour est une plate-forme carrée au centre de laquelle s'élève un tambour en maçonnerie, haut de un mètre vingt-cinq ; un fût de colonne d'un demi-mètre en épaisseur gît sur le sol. Sans doute le gros tambour a servi de base à la colonne. Mais que pouvait bien faire une colonne isolée sur cette éminence ? N'aurait-elle pas porté quelqu'un des pieux solitaires, imitateurs de saint Siméon Stylite ? L'histoire dit qu'ils furent nombreux dans la contrée. La conjecture est du moins en harmonie avec les constructions situées à quelques pas, une chapelle et un vaste édifice bien semblable à un couvent. Nous en donnons la vue, prise de la tour de garde.

Aux alentours, le sol est d'une grande fertilité. Les bas-fonds où s'arrêtent les eaux, sont plantés de tabac ou envahis par la réglisse ; de nombreux pressoirs pour le vin ou pour l'huile se remarquent sur les affleurements du rocher.

BARAD. — Tombeau.

Il en est un, proche de la chapelle rencontrée en avant de la ville, où l'on voit encore les montants de pierre entre lesquels s'engageait l'extrémité du levier, et le foyer qui servait à cuire le vin, suivant l'usage général en Syrie, ou à chauffer l'eau dont on arrose les olives avant de les presser.

BARAD. — Couvent.

XV. — KEFR NABO, BORDJ HAIDAR, BASSOUFANE.

La visite de Barad a été un détour au nord. Il faut revenir à peu près sur nos pas, en inclinant tant soit peu à l'ouest, pour reprendre le chemin de Qala'at-Sem'an.

Les villages de Kefr Nabo et de Bordj Haïdar s'aperçoivent sur des hauteurs, entre des vallées qui descendent au levant.

Ce sont toujours les mêmes ruines, nous reportant quatorze siècles en arrière, au milieu d'une population intelligente, aisée, faisant bien toutes choses, ses maisons, ses églises, et marquant sur tous ses édifices la foi chrétienne dont elle se fait gloire.

Sur le linteau de la porte d'une jolie maison de Kefr Nabo, on lit en grec la doxologie sacrée :

Gloria Patri et Filio et Spiritu Sancto,

suivie de ce verset du psaume CXX :

Dominus custodiat introitum tuum, et exitum tuum: ex hoc nunc, et usque in seculum. (Que le Seigneur garde ton entrée et ta sortie, maintenant et toujours) *Amen.* En l'année 525 ? (476 ou 477 de notre ère) (1).

Le monogramme du CHRIST domine l'inscription dans une belle rosace flanquée de deux autres.

On remarquera, sur la gravure, la corniche qui descend de chaque côté du portique supérieur et l'encadre tout entier.

Au sortir du village le chemin est bordé d'auges funéraires creusées dans le roc ; l'une d'elles, vraie miniature de cercueil, a dû renfermer la dépouille d'un nouveau-né.

Bordj Haïdar, la tour d'Haïdar, se signale au loin par une grosse tour de garde, construite au moyen âge avec d'anciens matériaux repiqués. Deux vastes églises et une gracieuse chapelle, situées à quelques pas dans les champs, marquent l'emplacement de l'antique village chrétien. L'une des églises, semblable à celles de Mouchabbak et de Cloteh, aujourd'hui dépouillée de ses murs latéraux, projette sur le ciel ses dix colonnes, ses arcades, sa claire-voie de fenêtres, tout un magnifique squelette de basilique, singulier tableau introuvable ailleurs.

Admirable de conservation est la chapelle. Qu'il en faudrait peu pour en faire une jolie église de village, si des chrétiens venaient se fixer en ces lieux ! Le pavé de l'abside, élevé de quatre marches, les tenons de pierre qui maintenaient la balustrade, le toit de l'abside en grandes dalles, la sacristie avec porte indépendante, tout cela est presque intact depuis quatorze siècles. Le bandeau des fenêtres isolées se termine au bas par une volute ou enroulement, terminaison origi-

---

1. Δόξα Πατρὶ καὶ Υἱῷ καὶ ἁγίῳ Πνεύματι. Κύριος φυλάξῃ τὴν εἴσοδόν σου καὶ τὴν ἔξοδον ἀπὸ τοῦ νῦν καὶ ἕως τῶν αἰώνων, Ἀμήν. Ἔτους εκφ.

KERF NABO. — Maison du Ve siècle.

BORDJ HAIDAR. — Chapelle du Ve siècle.

nale, inconnue dans l'architecture antique, qui a passé dans l'art arabe. On la retrouvera à Qala'at Sem'an et ailleurs.

⁎

Un vallon descendant de l'ouest conduit en une heure à Bassoufane, village relativement moderne, groupé autour d'une église des croisés, où dix à quinze familles habitent des maisons faites pour leur usage. De petits jardins, des figuiers, des vignes, lui donnent l'air d'une oasis au milieu des interminables rocailles des montagnes. Une vieille inscription syriaque, placée sens dessus dessous, à mi-hauteur du mur extérieur de l'église, est peut-être intéressante ; nous avons le regret de ne pas l'avoir photographiée.

« Dans une heure, vous serez à Qala'at Sem'an, » nous promet-on ; et nous voici à presser le pas à travers les rochers. L'horizon se dilate ; au couchant se déploie sous nos pieds la grande et fertile plaine de l'Afrin, terminée dans le lointain par le lac d'Antioche. Au midi, devant nous, se dresse peu à peu le vaste cône du djébel Cheik-Béreket (839 mètres), que couronnent les ruines d'un temple antique ; un ravin se creuse au levant, et la montagne s'abaisse, resserrée entre le ravin et la plaine.

XVI. — SAINT SIMÉON STYLITE.

TOUT A COUP apparaît proche, sur la pointe méridionale du dernier gradin des hauteurs, l'immense basilique à quatre branches élevée autour de la colonne de saint Siméon Stylite, son vaste couvent, son splendide baptistère.

Pareil ensemble d'édifices religieux dépasse de haut par son ampleur, sa beauté, sa conservation, tout ce qu'on a pu se figurer d'une ruine chrétienne du cinquième siècle abandonnée au milieu de pays infidèles. Il est digne du saint extraordinaire dont il garde la mémoire ; il est le plus beau monument de l'art chrétien d'Antioche et de la piété de ses riches habitants.

⁎

Saint Siméon Stylite fut donné au monde, non pas tant pour lui servir de modèle dans les vertus auxquelles DIEU le convie, mais pour lui apprendre à quel taux les saints, éclairés de la lumière divine, estiment les peines dues aux péchés des hommes, à quelle hauteur, sous l'inspiration et l'assistance de DIEU, ils peuvent élever leur pénitence au-dessus des communes nécessités de la nature humaine.

Le saint, en effet, offrit au monde le spectacle d'une pénitence jusqu'alors inouïe, et tellement au-dessus des forces humaines, que le grave historien Théodoret, évêque de Cyr, son ami particulier, écrivant sa vie (1), craint que la postérité ne prenne pour des fables les merveilleuses actions dont il a été témoin et que des foules innombrables ont vues comme lui, tant elles dépassent les pensées

---

1. *Historia Religiosa*, XXVI.

QALA'AT SEM'AN. — Vue de la basilique de Saint-Siméon-Stylite (V° siècle), prise du nord-est.

des hommes. Mais d'autres écrivains contemporains (1) racontent les mêmes faits vus de leurs yeux ou entendus d'une infinité de témoins ; l'histoire dit la singulière vénération dont les peuples et les grands entouraient le Saint pour sa vie si extraordinaire ; un splendide monument élevé autour de la colonne sur laquelle il vécut, reste à travers les siècles comme un magnifique témoin de cette vie surprenante. Aussi ne peut-on révoquer en doute les principaux traits qui ont illustré la mémoire de saint Siméon sans fouler aux pieds toutes les règles de la certitude historique.

Siméon naquit au IVe siècle (390) dans le bourg de Sisan, entre la Syrie et la Cilicie. Ses parents étaient de pauvres cultivateurs et l'enfant gardait les troupeaux. Touché de ces paroles de l'Écriture : « Bienheureux ceux qui pleurent, bienheureux ceux qui ont le cœur pur, » il se mit à prier Dieu de lui manifester clairement ce qu'il pourrait faire pour lui être agréable en toutes choses. Alors il lui sembla qu'il creusait en terre comme pour faire un fondement, et il entendit une voix : « Tu n'es pas assez bas, creuse hardiment et fais la fosse plus profonde. » Et tandis qu'il creusait de toutes ses forces, il entendit quatre fois le même commandement. Enfin la voix lui dit : « C'est assez, travaille maintenant à élever l'édifice ; pour cela il faut d'abord t'appliquer avec une sorte d'opiniâtreté à te vaincre toi-même, puis tu t'élèveras aisément à la perfection. »

Il se rendit alors dans un monastère voisin, puis dans un autre couvent plus austère, près du village de Tell Nichim (la colline des femmes), en latin *Telanissus*, dont les vastes ruines, appelées aujourd'hui Deïr Sem'an, le couvent de Siméon, s'étendent sous nos yeux au pied de la montagne. Il y vécut neuf ans sous la conduite d'un certain Maris, fils de Baraton, édifiant ses frères autant par sa charité que par les pratiques de la plus rude pénitence.

L'esprit de Dieu, qui le destinait à éclairer le monde, le conduisit sur la montagne voisine, où, s'étant construit de pierres sèches une cabane fort étroite, il mena pendant dix années une vie plus angélique qu'humaine. A l'exemple de Moïse, d'Élie et du Sauveur, il passa quarante jours sans prendre de nourriture, gardant toutefois dans sa cellule du pain et de l'eau, d'après le conseil de son directeur, pour cacher aux hommes sa pénitence et ne pas paraître tenter Dieu. De peur de dépasser les limites de son étroite clôture, il s'y enchaîna à une grosse pierre. Mais le chorévêque Mélèce, de l'église d'Antioche, lui ayant dit que de pareils liens, nécessaires pour retenir les bêtes farouches, ne convenaient pas à l'homme spirituel suffisamment retenu par la grâce de Dieu, aussitôt il fit couper l'anneau de fer de son pied.

La réputation de sa sainteté et le bruit des miracles qu'il opérait ne tardèrent pas à se répandre au loin. Les pèlerins de l'Italie, des Gaules, de l'Espagne, de la Grande-Bretagne et de tous les pays de l'Orient affluèrent sur la montagne en si grand nombre, dit Théodoret, que les environs de son ermitage étaient comme une grande mer d'hommes et de femmes de toutes les conditions, et les chemins qui y conduisent comme de grands fleuves se déchargeant dans cette mer.

Le saint homme, fatigué de cette affluence et de l'empressement de tous à le toucher, à couper des morceaux de son vêtement, s'avisa d'une manière de vivre qui, depuis lors, fit l'étonnement de tous les siècles. Il s'établit, avec l'agrément de son directeur, au sommet d'une colonne haute de trois ou quatre mètres, dont il augmenta successivement la hauteur jusqu'à quinze mètres.

Cette dernière colonne se composait de trois tambours en l'honneur de la

---

1. Antoine, disciple du Saint ; Siméon Métaphraste ; Evagrius ; Cedrenus ; Suidas ; Nicéphore Calliste. — Voir les Bollandistes et les *Acta S. Simeonis Stylitæ* d'Assemani.

QALA'AT SEM'AN. — Octogone central de la basilique (V⁰ siècle), vu du sud-ouest.

Sainte Trinité ; elle avait été taillée sur place, dans le roc de la montagne, et dressée par les disciples du Saint. Là, enfermé d'un étroit parapet qui lui laissait à peine l'espace pour s'étendre, il restait jour et nuit exposé aux ardeurs du soleil, aux rigueurs du froid, à la pluie, à la neige, à toutes les injures de l'air, le plus souvent debout, les bras élevés pour la prière, et adorant la divine Majesté par de fréquentes inclinations.

Chaque semaine un prêtre montait sur la colonne à l'aide d'une échelle et lui apportait la sainte Eucharistie. D'autre nourriture, il n'en prenait que tous les quarante jours.

Un genre de vie si extraordinaire fit penser aux solitaires voisins que Siméon pourrait bien l'avoir embrassé sous l'inspiration de l'esprit du mal ; car il arrive que le démon pousse certains hommes dans la voie d'une singulière austérité pour les précipiter ensuite dans l'orgueil. Ils lui envoyèrent donc deux solitaires avec ordre de le reprendre de ce qu'il abandonnait la voie des anciens Pères pour suivre, selon les inventions étranges de son esprit, un chemin que nul autre n'avait tenu avant lui. Ils devaient ensuite lui ordonner de descendre de sa colonne. S'il recevait humblement leurs reproches et se montrait disposé à obéir, ils reconnaîtraient à son humilité le caractère de l'esprit de Dieu et lui diraient de rester où le Seigneur l'a conduit. Mais s'il témoignait de l'aigreur et de l'opiniâtreté, ils le feraient aussitôt descendre, dussent-ils pour cela employer la force, puis ils renverseraient la colonne.

A peine les députés eurent-ils rempli leur sévère message, malgré le respect dont ils se sentirent saisis à la vue du saint homme, que ce vrai disciple de Jésus-Christ, témoignant sa reconnaissance de leur sollicitude pour sa pauvre personne, demanda une échelle et s'inclina sur le bord de la colonne pour en descendre. Les messagers lui dirent donc de continuer en paix sa vie toute sainte et lui souhaitèrent la persévérance jusqu'à la mort dans sa merveilleuse entreprise.

Le Saint prêchait deux fois le jour, du haut de sa colonne, à une infinité de personnes assemblées pour l'entendre. A toute heure du jour, il recevait avec une grâce et une affabilité parfaites tous ceux qui avaient à lui parler de leurs intérêts spirituels, riches ou pauvres, seigneurs ou artisans ; il éclairait leurs doutes, accommodait leurs différends, indiquait le remède aux maux de leurs âmes. Tous se retiraient charmés de sa charité et de son aimable modestie. Il ramena par ses discours d'innombrables pécheurs dans le chemin de la vertu et convertit des milliers de Sarrasins à la vraie foi. L'empereur Léon, l'impératrice Eudoxie, le patriarche d'Antioche, Basile, lui écrivirent et en reçurent des réponses pleines d'humilité, où il s'appelait un vermisseau, un avorton de moine, en même temps qu'il soutenait les droits de l'orthodoxie avec une liberté apostolique. Il vécut trente-sept ans sur des colonnes successives et trente sur la dernière.

Quand l'heure de sa mort fut arrivée, il s'inclina, selon sa coutume, pour adorer Dieu, et, dans cette posture, rendit son âme bienheureuse, le 27 septembre 459. A cette nouvelle, le patriarche d'Antioche, accompagné de trois autres évêques, escorté de soldats, vint prendre le saint corps sur la colonne où il était resté, et le transporta solennellement dans la grande ville. Il fut déposé d'abord dans l'église de Saint-Cassien, puis transféré dans la nouvelle église de la Concorde ou la Pénitence, construite en son honneur.

L'empereur Léon demanda que le corps fût porté à Constantinople, mais le peuple d'Antioche s'y opposa ; l'empereur obtint seulement quelques reliques et la cuculle que le serviteur de Dieu portait sur la tête.

Cependant la mort du Saint n'interrompit pas le mouvement de pèlerinage que sa vie extraordinaire et les grâces obtenues par son intercession avaient déterminé autour de sa colonne. La foule continua de venir sur la célèbre montagne lui offrir ses hommages, lui exposer ses besoins dans la prière. Nous pouvons croire que beaucoup s'en retournaient, disant à d'autres : « *Defunctus adhuc loquitur*, défunt il nous parle encore » (1), car longtemps les foules succédèrent aux foules. De vastes hôtelleries pour les pèlerins s'établirent au bas de la montagne ; une immense église s'éleva autour de la colonne sur le lieu même qu'il avait consacré par sa présence ; une nombreuse communauté vint se grouper auprès du sanctuaire, et ainsi se créa le merveilleux ensemble de monuments dont nous voyons les splendides restes.

XVII. — QALA'AT SEM'AN. — ÉGLISE de SAINT-SIMÉON-STYLITE.

EN venant du nord par la montagne, on rencontre d'abord une tour et une muraille sarrasines fermant de ce côté le plateau triangulaire où s'élève la basilique de Saint-Siméon-Stylite. Le nom de Qala'at Sem'an (le château ou la forteresse de Siméon) dit en effet que les Musulmans ont fait une forteresse de ces illustres ruines ; deux ou trois autres tours apparaissent sur l'extrémité du plateau au delà de la basilique.

Dès qu'on a franchi la porte de l'enceinte, on se trouve sur une large esplanade terminée au levant et au couchant par des pentes inaccessibles, complètement fermée au midi par les grandes murailles de l'église.

Le jour était à son déclin. Nous campons sur l'esplanade, non loin d'un vaste tombeau adossé à la muraille sarrasine, et que nous prenions d'abord pour une chapelle. A l'intérieur, de nombreuses tombes et un caveau funéraire nous firent reconnaître la sépulture commune du couvent.

Bientôt la pleine lune vint jeter sa lumière tranquille et froide au travers des grandes arcades de la basilique, de ses portiques, de ses baies sans nombre, projeter partout les ombres fantastiques des murailles déchirées ; ce fut comme un spectacle d'un autre monde, silencieux, immuable ; nous ne pouvions nous lasser de le contempler, l'âme pleine de religieuses impressions.

Le lendemain, nous dîmes nos messes au milieu de la basilique, notre autel portatif posé sur la base de la colonne de saint Siméon Stylite. Deux Musulmans, seuls habitants des ruines, nous regardaient de loin, immobiles et silencieux jusqu'au bout, dans un religieux étonnement. Que l'illustre pénitent agrée du haut du ciel l'honneur de l'auguste Sacrifice renouvelé dans son temple après douze siècles d'abandon !

La base de la colonne est taillée dans le rocher de la montagne, un calcaire blanc, plus fin, plus dur que celui d'el-Barah, susceptible d'un certain poli. Elle se compose d'un gradin inférieur dont la hauteur, à demi cachée sous les décombres, paraît atteindre un mètre, et d'un dé haut d'un mètre, large de deux. Le tailloir du chapiteau ou l'abaque qui le surmontait, devait, suivant l'usage, présenter une plate-forme égale à celle de la base. Telles étaient donc, autant qu'on peut en juger, les dimensions de la demeure aérienne du Saint, deux mètres en long et en large, moins l'épaisseur des parapets.

1. Hebr. XI, 4.

De la colonne elle-même il reste un fragment rejeté de côté et s'appuyant encore sur la base par une face plane. Bien que les pieuses mutilations des pèlerins l'aient profondément déformé, on peut y reconnaître la partie inférieure du premier tambour posée directement sur la base ; du moins sa position est celle qu'a dû prendre naturellement le bloc inférieur quand on a renversé la colonne.

D'après les biographes de saint Siméon, la colonne avait trente coudées, quarante-cinq pieds de haut (1). Pareille hauteur, selon les proportions usitées dans les autres édifices de la contrée, suppose un diamètre de cinq pieds, et un chapiteau de six pieds de large au tailloir, comme la base l'indique elle-même.

**

L'église est tout entière pour la sainte colonne. Au centre, un vaste et splendide sanctuaire octogonal, à ciel ouvert, forme comme la châsse de l'immense relique qui, debout en son milieu et inondée de lumière directe, dressait vers le ciel libre le haut sommet où vécut un ange de pénitence et de charité. De ce sanctuaire rayonnent vers les quatre points cardinaux quatre superbes basiliques formant les bras d'une immense croix, où les foules des pèlerins pouvaient se ranger et prier à l'aise sans perdre de vue la sainte colonne ; car l'octogone central est tout à jour, ses côtés ne sont que de vastes arcades soutenues par des colonnes détachées des piliers d'angle. Au nord, au midi, au levant, au couchant, ces ouvertures donnent sur les grandes nefs des basiliques ; dans les quatre directions intermédiaires elles correspondent à de petits sanctuaires triangulaires, dont les côtés ouvrent en arcade sur les basses nefs des basiliques adjacentes, et dont la pointe est une absidiole en saillie dans l'angle rentrant de la croix. Au travers de ces sanctuaires et des basiliques les fidèles pouvaient circuler à couvert tout autour de l'octogone sans y pénétrer, toujours en vue de la colonne.

Dès qu'on a saisi cet ensemble, on reste en admiration devant le génie de l'architecte qui l'a conçu et l'a exécuté tout d'un jet ; rien de semblable ne revient à la mémoire, rien de mieux pour le but proposé ne se présente à l'imagination. Aucune retouche, aucune addition postérieure ne s'aperçoit dans cet immense édifice ; il est une œuvre faite tout d'une pièce.

Les quatre branches de la croix présentent la disposition commune aux basiliques de la contrée, mais dépassent en richesse de style ce que nous avons admiré ailleurs. Tout autour de la nef centrale, régnait sur les trumeaux de la claire-voie un second ordre de colonnes moindres destinées à soutenir la charpente. Ces colonnettes sont tombées, mais on voit encore les consoles en saillie qui les portaient. L'existence de ces consoles sur les murs de fond de chaque basilique fait supposer un plafond à caissons formé de membrures saillantes et sans doute richement décoré de couleurs et d'or.

Seule la branche orientale se termine en abside, car seule elle offre l'orientation de rigueur pour l'autel. L'abside est triple, chaque nef a la sienne. Le chevet extérieur, avec ses deux ordres de colonnes superposées, est un magnifique morceau d'architecture, d'une ressemblance frappante avec les chevets de nos belles églises françaises du douzième siècle. Cette branche est un peu plus longue que les trois autres.

La grande nef du bras occidental se termine par quatre larges baies ouvrant sur une terrasse, véritable *loggia*, d'où l'on a une vue splendide sur la plaine. Pour

---

1. D'autres disent 40 coudées.

QALA'AT SEM'AN. — Chevet oriental de la basilique de Saint-Siméon-Stylite (Ve siècle.)

donner à ce bras la même longueur qu'aux autres et asseoir la terrasse, on a dû racheter la grande déclivité de la montagne par des substructions en arcades portant un sol factice.

L'entrée principale de l'édifice est au fond du bras méridional, sous un splendide porche, admirablement conservé, qui rappelle les plus beaux portails de nos églises romanes.

Il ne manque guère à cette partie de l'édifice que sa triple toiture et les colonnettes placées en encorbellement sous les rencontres des trois frontons et entre les fenêtres de la nef centrale ; il n'en reste que les consoles. A travers les trois arcades inégales du vestibule, on aperçoit, outre les portes correspondantes aux basses nefs, deux grandes portes égales ouvrant à côté l'une de l'autre au milieu de la nef principale, singulière disposition, peut-être sans exemple, qui a dû être motivée par la nécessité de faciliter la circulation de foules extrêmement nombreuses. Dans le même but, l'architecte a multiplié les portes latérales ; chacun des bras de la croix en a quatre, abritées sous des porches à deux colonnes.

De petits dés de marbre épars sur le sol, quelques restes de peinture rouge et grise sur les chapiteaux ou sur les corniches, ne suffisent pas à nous représenter la splendeur que le pavé de mosaïque et la peinture murale ajoutaient à l'intérieur de cette immense église. L'édifice entier, sans compter les portiques extérieurs qui règnent au nord et au couchant, couvre quatre mille mètres carrés (1).

*.

Un historien grec, Evagre le Scolastique, c'est-à-dire l'Avocat, pèlerin de Saint-Siméon vers l'an 560, nous transporte dans la basilique au milieu des foules venues pour vénérer le Saint aux jours de fête qui lui seront consacrés.

« L'église, dit-il, est bâtie dans la forme d'une croix, dont les quatre branches sont ornées de portiques (les colonnes qui séparent les nefs). A ces portiques s'ajoutent des rangées de colonnes de pierres polies avec soin, qui supportent le toit à une grande hauteur (les colonnettes supérieures). Le milieu est une cour à ciel ouvert ou hypèthre, travaillée avec le plus grand art. C'est là que se dresse la colonne de quarante coudées sur laquelle l'ange incarné mena en ce monde une vie toute céleste. Vers le toit desdits portiques sont disposées des ouvertures grillées, d'aucuns disent des fenêtres, donnant d'un côté dans l'hypèthre, de l'autre dans les portiques.

» J'ai vu, et toute la foule a vu comme moi, une étoile d'une prodigieuse grandeur qui se promenait dans une fenêtre du bras situé à gauche de la colonne, disparaissait de temps en temps, puis revenait avec tout son éclat. Je l'aie vue non pas une fois, mais deux, trois fois et plus encore, pendant que des gens de la campagne dansaient autour de la colonne. Le prodige n'a lieu d'ordinaire qu'à la fête annuelle du Saint.

» D'autres racontent avoir vu le Saint en personne voltiger çà et là dans les airs, avec sa grande barbe et la tiare qu'il avait coutume de porter. Nous croyons volontiers à ce miracle, pour l'autorité des personnes qui l'affirment et pour ce que nous avons vu nous-même.

» L'église est ouverte à tous les hommes ; on leur permet même de faire tourner plusieurs fois leurs bêtes de somme autour de la colonne sainte. Mais je ne sais pourquoi on ne laisse aucune femme entrer dans le temple ; il se fait une garde

---

1. Voici quelques-unes de ses dimensions : longueur du nord au sud, 86 m. 50 ; longueur de l'est à l'ouest, 97 m. 50 ; largeur des bras de la croix, 25 m. ; grand diamètre de l'octogone central, 31 m.

QALA'AT SEM'AN. — Porche de la basilique de Saint-Siméon-Stylite (V° siècle).

rigoureuse à cet égard. Elles restent toutes au dehors et regardent la merveilleuse étoile par une porte située en face de la fenêtre (1). »

L'exclusion absolue des femmes, j'aime à le croire, n'avait lieu qu'aux jours de la fête, en raison du grand concours du peuple. Elle nous rappelle que saint Siméon Stylite s'était bâti une enceinte de pierres autour de la colonne, et qu'il ne permit jamais à aucune femme d'y pénétrer, pas même à sa mère.

Le bruit de la foule et des bêtes de charge circulant dans l'octogone devait nuire au recueillement des cérémonies sacrées qui se célébraient dans la branche orientale. Pour porter remède à cet inconvénient, on ferma dans la suite avec une muraille l'arcade de communication entre ces deux parties de l'édifice.

L'époque du pèlerinage d'Evagre et celle de la mort de saint Siméon Stylite circonscrivent la date de l'édifice entre les années 560 et 460. Dans ces limites, M. de Voguë, pour des raisons de style, choisit la seconde moitié du cinquième siècle.

 XVIII. — QALA'AT SEM'AN. — Les DÉPENDANCES de l'ÉGLISE de SAINT-SIMÉON-STYLITE.

LES bâtiments affectés à la communauté de clercs ou de moines qui desservait le pèlerinage, se dressent au levant et au midi de l'église et forment avec elle une vaste cour. On entre à droite du grand porche. Ce sont d'abord, au midi, trois ordres de portique superposés qui s'élèvent dans les airs comme une immense grille à jour; le reste du bâtiment tout entier s'est écroulé. On dit que c'était là le palais de l'abbé. Le couvent, situé sur le bord du ravin oriental, est mieux conservé. A peine cependant si l'on peut se glisser à travers les débris et les ronces dans le long couloir des cellules monastiques, reconnaître une grande salle conventuelle occupant deux étages, et rétablir par la pensée la vaste chapelle de la communauté, véritable basilique à trois nefs, dont les restes fort détériorés se voient auprès de l'abside de la grande église.

La petite construction qu'on remarque dans la cour, adossée au mur de la branche méridionale de la grande église, est un tombeau ; quelque insigne bienfaiteur du sanctuaire aura tenu à reposer après sa mort auprès de la sainte colonne, et, comme les lois des premiers siècles interdisaient la sépulture à l'intérieur des églises, on a dû, pour répondre à ses intentions, ajouter ce petit appendice en dehors de l'enceinte sacrée. Un autre tombeau de même genre, à quatre tombes, est bâti contre le mur de la branche du nord.

Tout proche, dans la même cour, se voit un gros bloc carré, taillé dans le rocher de la montagne, avec un escalier pour monter sur la plate-forme. A-t-il servi d'estrade aux prédicateurs pour haranguer en plein air la foule des pèlerins ? Fut-il plutôt la base de l'une des colonnes qui servirent de demeure à saint Siméon ou à quelqu'un des Stylites ses imitateurs? On ne sait le dire ; la tradition ne conserve au rocher qu'une vague vénération.

***

Reste à visiter un singulier et riche édifice situé sur la pointe du plateau, à deux cents pas en avant de l'église. L'étage inférieur, en forme de carré long, entouré

---

1. *Hist. Eccles.*, l. I, c. 14. — Dans la *Patrologie grecque* de Migne, t. LXXXVI, p. 2460.

QALA'AT SEM'AN. — La basilique de Saint-Siméon-Stylite, vue de la cour du couvent (V⁰ siècle).

d'un portique dont il ne subsiste que les fondements, présente au dehors une parfaite unité ; mais à l'intérieur on trouve deux édifices tout à fait différents : au midi une église à trois nefs, du type ordinaire, au nord un splendide baptistère. Chacun des deux monuments sert aujourd'hui de demeure à une famille musulmane.

Le baptistère occupe un carré parfait ; au centre est la salle du baptême, octogonale au dedans, carrée au dehors ; tout autour règne un couloir ou basse nef. Les baptistères conservés des premiers siècles à Saint-Jean-de-Latran, à Ravenne, à Aix en Provence, affectent tous, on le sait, une forme ronde ou polygonale.

L'octogone central s'élève au-dessus des nefs et prend jour par une claire-voie de fenêtres. Il était orné de colonnettes saillantes sur les angles intérieurs et extérieurs, et se terminait apparemment par un toit pyramidal en charpente. La cuve baptismale était dans le sol, au centre de l'édifice. Mais tout cela a disparu ; il ne reste plus que les belles murailles.

Sous les portiques extérieurs les prêtres accomplissaient les rites préparatoires au baptême, dont l'ensemble se nommait la *catéchisation* ; ils oignaient les catéchumènes d'huile sainte, recevaient leur renonciation à Satan, à ses pompes et à ses œuvres. Ceux-ci entraient ensuite dans le couloir intérieur, y dépouillaient leurs vêtements en la partie supérieure, les hommes d'un côté, les femmes de l'autre, et entraient successivement dans l'octogone, les hommes conduits par leur parrain, les femmes par leur marraine. Là, le pontife donnait le baptême à quelques élus, descendus dans l'eau sainte de la piscine ; puis, laissant aux prêtres le soin de le remplacer pour le baptême des autres catéchumènes, allait s'asseoir dans la grande niche élevée de trois marches, qui se voit taillée dans l'épaisseur du mur oriental de l'octogone, nommée le *chrismarium*, revêtait les néophytes de la robe blanche et leur conférait le sacrement de confirmation.

A la fin de la cérémonie, on se rendait dans la basilique attenante ; l'évêque célébrait les saints mystères, donnait la communion pour la première fois à tous les nouveaux chrétiens, sans excepter les enfants, et leur faisait goûter un peu de lait et de miel, symboles de leur enfance spirituelle, souvenir de la terre promise par le Seigneur à son peuple.

**

De la hauteur de Qala'at Sem'an, regardant au sud-ouest, l'œil embrasse plusieurs grands villages de ruines, tous inhabités. Fédri ou Fédreh, le plus éloigné, paraît à deux heures de distance, sur une ondulation rocheuse au bord de la plaine ; Réfadi se voit à mi-chemin dans la même direction ; Deïr Sem'an est tout proche au bas des rochers. Ce dernier centre, le plus important de tous, présente un aspect particulier. Ce ne sont pas seulement des églises et des maisons ; plusieurs grands bâtiments carrés, sans analogues dans les autres villages, élèvent au-dessus des ruines communes leur masse imposante. Il faut les voir de plus près.

Nous descendons de l'illustre montagne, pleins de pieux souvenirs, d'admiration, d'étonnement, avec le regret de n'y avoir trouvé que des ruines abandonnées au milieu d'un désert.

Voici, sur le rapide sentier de Deïr Sem'an, un bout de ruine. Ce n'est presque rien ; pourtant on s'arrête à le contempler, tant il est svelte, élégant : le pilier d'un arc de triomphe élevé au milieu de la route des pèlerins. L'arc, formé d'une seule rangée de voussoirs, repose sur une belle colonne ; deux contreforts, terminés dans le haut par des colonnettes du plus heureux effet décoratif, flanquent le pilier l'un en avant, l'autre en arrière, et en assurent la stabilité.

XIX. — DEÏR SEM'AN ou TELANISSUS.

DEÏR Sem'an est bien certainement le village de Telanissus près duquel, au rapport de Théodoret, saint Siméon se retira sur une montagne et habita une colonne. Dans la suite la foule des pèlerins de saint Siméon dut s'y arrêter, y prendre logement ; et, grâce au concours des étrangers, le village devint une ville.

La première ruine qu'on y rencontre, en descendant de Qala'at Sem'an, est celle d'un établissement considérable. Il comprend deux vastes habitations, complètement entourées aux deux étages de portiques formant des promenoirs couverts. Une sorte de pont avec tablier de pierres conduit de l'étage supérieur sur une large esplanade, taillée dans le rocher de la montagne devant un vaste tombeau qui ressemble à une maison.

Tous les planchers des habitations et des portiques étaient en bois. L'ensemble des constructions, et tout particulièrement les ceintures inaccoutumées de portiques, paraissent indiquer un hôpital, un de ces hospices semi-ecclésiastiques qu'on nommait *Xenodochium*. A quelques pas au sud se dresse une troisième et grande maison à trois étages de portiques et d'une construction analogue, qui a pu servir de logement à la communauté chargée de l'hospice.

Nul doute que le nom actuel du Deïr Sem'an, le couvent de Simon, donné par les indigènes à cette localité, ne vise ces grands établissements.

En outre des établissements religieux les pèlerins trouvaient à Telanissus des hôtelleries privées ou *Pandocheion*.

Sur la porte d'une maison sans grande apparence on lit en grec :

« X M Γ (Christ, Michel, Gabriel). Cette hôtellerie (pandocheion) a été achevée le 12 Panemus de l'an 527. Christ, sois secourable.

» Siméon, fils de Toumias, a fait (1). »

La date correspondant au 22 juillet 479 de notre ère, la vingtième année après la mort de saint Siméon Stylite.

Une autre maison ordinaire montre sur le linteau de sa porte une rosace, les lettres sacrées A Ω et au-dessous l'inscription suivante :

« Ce pandocheion a été fondé le 15 du mois Uperberetaius, indiction 3, année 528. Santé et profit aux seigneurs Augustes (2). »

La date est de la même année que celle de l'inscription précédente, 479, 1ᵉʳ septembre.

Les deux grandes églises de Telanissus ne nous dirent pas grand'chose après celle de Qala'at Sem'an ; mais dans une belle chapelle admirablement conservée, nous fîmes une découverte. En grattant la terre et le fumier d'animaux qui couvrent le sol, nous trouvâmes une belle mosaïque en marbres de couleurs sur le fond blanc, avec des dessins géométriques, des torsades, des fleurs et une inscription grecque en face de l'autel.

Une pauvre femme, qui errait dans les ruines avec quelques moutons, nous

---

1. + ΧΜΓ. Ἐγέν (ετο) τοῦτο τὸ πανδ(οχεῖον) ἐν (μηνὶ) πανέμ(ῳ) ιβ́ τοῦ ζκφ' ἔτους. Χ(ριστ)ὲ βοήθι Σιμεῶνης Τουμιᾶτος ἐποίησεν. +

2. Ἐκτ(ίσθη) τοῦτο τὸ πανδ(οχεῖον) ἐν μ(ηνὶ) Ὑπερβ(ερεταίῳ) ιέ, ἰνδ(ικτιῶνος) γ', τοῦ ηκφ' ἔτους. Ὑγία τοῖς κυρίοις Αὐγ(ούστοις)· κέρδος.

DEÏR SEM'AN. — Chapelle du Ve ou VIe siècle.

apporta de l'eau, et, après avoir tout lavé, nous pûmes photographier la mosaïque et l'inscription écrite avec de petits dés de marbre noir.

« Souvenez-vous du très pieux Althakon, périodeute, Jean Althakon, et tous les siens (1). »

M. de Vogüé, parlant de cette découverte à l'Académie des Inscriptions et Belles-Lettres, y voit la preuve que dans la Syrie centrale, comme sur tous les points de l'Orient et de l'Afrique où des basiliques des IVe, V^e, VIe siècles ont été trouvées, les églises étaient pavées en mosaïques de marbre, avec inscriptions dédicatoires. M. l'abbé Duchesne, prenant la parole sur le même sujet, insiste sur l'intérêt que présente la mention du périodeute de Telanissus. Le périodeute, dit-il, fut substitué au chorévêque vers le Ve siècle. Il était le chef du clergé local dans les établissements religieux situés en dehors de la ville épiscopale.

C'est l'analogue oriental de l'archiprêtre mérovingien (2).

Réfadi nous offre des maisons parfaitement conservées et gracieuses à ravir, toujours du même type connu. L'une d'elles est encore couverte de grandes dalles, si bien disposées pour l'écculement des eaux, avec saillies sur les joints, chéneaux et gargouilles dans leur épaisseur, qu'on ne saurait mieux faire aujourd'hui. Plusieurs portent le nom du propriétaire, de l'architecte ; et parmi ces noms celui de Siméon revient plusieurs fois, preuve de la dévotion des familles pour l'illustre pénitent de la montagne voisine.

XX. — KHATOURA et TOMBEAUX PAIENS.

KHATOURA se cache dans une gorge descendant du djébel Cheik-Béreket, en face de Qala'at Sem'an. En chemin, nous rencontrons pour la première fois un type de tombeaux païens vraiment singulier, tout particulier à ce pays : deux hautes colonnes élevées sur le même socle auprès du caveau funéraire et reliées au sommet par une même architrave.

Ici les colonnes sont carrées ; elles montrent dans le haut un encadrement en retrait, qui a pu renfermer quelque figure, et sur l'architrave une longue inscription grecque, difficile à lire en raison de sa hauteur. On reconnait cependant qu'elle attribue la construction du monument à Isidore, fils de Ptolémée, et à sa femme Markia, fille de Kodratus.

A l'entrée du village, vers le levant, se voit un tombeau du même genre, plus majestueux et mieux soigné. Les deux hautes et belles colonnes rondes s'élèvent de part et d'autre de l'entrée du caveau sur un même soubassement en maçonnerie. Un escalier descend à l hypogée ; une belle inscription, placée sur la porte intérieure, apprend que le tombeau est celui d'un officier romain, Emilius Reginus, mort à vingt-et-un ans, après cinq années de service, en l'année 195 de notre ère (3).

---

1. Μν(ήσθητι) τοῦ ἐ(ὐλαβεσ)τάτου περοδευτοῦ Ἰωάννου Ἀλθάκων καὶ παντων των διαφέροντων αὐτοῦ.
2. Comptes-rendus de l'Académie des Inscriptions et Belles-Lettres, 4e série, t. XVIII, 1890, p. 178, 179.
3. Ἀφιέρωσε Αἰμίλλιος Ῥηγίνος, τῷ ἐξ Οὐλπίας Ῥηγίλλης καὶ Αἰμιλλίου Πτολεμαίου, στρατεύ σαμενος ἔτη εἰ, βιωσας κορυκυλλαρίων στατικοῦ, βίωσαντι ἔτη κα μῆνες δ' μέχρι τεθηκεν ἔτους κ' τοῦ ρμε' ἔτους.

KHATOURA. — Tombeau d'Æmilius Reginus (IIe siècle)

L'ouverture souterraine se fermait par une pierre en forme de meule, qu'on roulait au-devant. La pierre a disparu ; mais on voit dans la paroi de gauche la large et profonde rainure dans laquelle on la repoussait pour ouvrir, et au bas du mur de droite une petite saillie de rocher, destinée à amortir le choc quand on fermait. Ce genre de fermeture n'est point rare en Palestine. Le superbe hypogée connu à Jérusalem sous le nom de *tombeau des rois* en fournit un bel exemple, et une tradition locale, en harmonie avec la parole des Saintes Femmes : « *Quis revolvet nobis lapidem?* » rapporte que le sépulcre du Sauveur lui-même était fermé d'une meule roulante.

Le vaste caveau sépulcral, disposé pour trois tombes, n'en contient qu'une seule. Ses murailles sont percées d'une foule de petites niches faites après coup pour les lampions dont on illuminait le tombeau. Pareilles niches se voient en Judée dans le tombeau de Josué.

Plus grandiose et plus beau encore est un tombeau du même genre, situé plus loin, à Serméda. Ses deux splendides colonnes corinthiennes sont réunies non seulement par l'architrave, mais aussi par un élément de corniche placé aux deux tiers de la hauteur, probablement destiné à porter une statue. L'inscription mutilée de la base donne la date du monument, 6 avril 132 de notre ère, le nom de l'architecte, Socrate, fils d'Antiochus,

SERMÉDA. — Tombeau (IIe siècle.)

celui de l'un des propriétaires du monument, Alexandre. Deux caveaux funéraires s'ouvrent auprès du socle.

Enfin deux autres mausolées de grandes colonnes accouplées se voient à Bakerka et à Bnébeh, au nord de Qalb-Louzeh (1).

Le voyageur, à cette vue, se demande quelle idée a bien pu présider à l'invention d'un type de mausolées aussi original : assurément une seule colonne aurait

---

1. L'une des deux colonnes de ce dernier monument est tombée.

suffi pour signaler au loin le sépulcre caché sous le sol, et l'aurait tout aussi bien orné. Les deux colonnes égales et accouplées représenteraient-elles deux existences unies et parallèles qui se sont terminées à une même tombe ? Le mausolée d'Emilius Reginus, préparé pour trois corps et recouvrant seulement celui d'un jeune soldat, contredit cette supposition. Le motif qui a déterminé les architectes à doubler les colonnes et à les unir aux deux extrémités, est peut-être tout entier dans la nécessité d'assurer au monument une stabilité suffisante dans les tremblements de terre qui, à l'époque de la construction, agitaient la contrée.

⁎

La principale nécropole de Khatoura se trouve au-dessus du village, dans les rochers à pic du bord oriental du ravin. On y rencontre d'abord deux vastes tombeaux creusés dans le roc et précédés d'un portique à triple arcade, orné de couronnes et de bucrânes. L'un d'eux porte une bizarre inscription dans un cartouche au-dessus de l'entrée :

« Année 288, mois de Panemus (juillet 240). Interroge les dieux infernaux (1). »

Le passant est donc invité à interroger les dieux infernaux s'il veut savoir le nom du défunt.

Viennent ensuite une dizaine de stèles à personnages, sculptées dans le roc au-dessus de tombes vulgaires, dont les inscriptions mutilées ne laissent lire que des mots incohérents.

La série se termine par un tombeau précédé d'un vestibule carré, au-dessus duquel on voit dans une niche un homme couché, deux femmes assises et un aigle dominant le tableau. Sur le fond du vestibule une belle inscription, conservant encore de la couleur rouge dans le creux des lettres, dit en latin et en grec que Flavius Julianus, vétéran de la VIIIe légion Augusta, a dédié ce monument aux dieux mânes, à sa femme Titia, à tous ses héritiers et à leurs descendants, sans qu'ils puissent l'aliéner (2). La porte du caveau, située sous l'inscription, se fermait par une meule roulante.

Les ruines du village ont leur intérêt, bien que les quelques habitants de ces lieux les aient fort maltraitées. On y trouve sur un linteau de porte l'une des plus anciennes inscriptions chrétiennes et datées qu'on ait découvertes en Syrie. Elle est du règne de Constantin, de l'année 331 :

« JÉSUS-CHRIST, soyez secourable. Un seul DIEU qui créa la mer. Puisses-tu (passant) avoir le double des biens que tu me souhaites. Année 380. CHRIST, entrez (3). »

Honneur au brave chrétien qui se hâta de graver sa foi et sa confiance en JÉSUS-CHRIST sur la porte de sa demeure, quand l'empereur eut permis l'exercice du christianisme (313), ajoutant un souhait à l'adresse de tout passant.

Le souhait au passant n'est, à la vérité, qu'une formule commune dans la contrée ; elle se trouve sur une maison païenne du village au-dessus du nom de Jupiter, et le texte grec de l'inscription du vétéran Flavius Julianus se termine par une exclamation qu'on interprète dans un sens analogue : « Kai su » (et toi !)

---

1. Ε τοις πрσ Πανήμου. Ἐρώτα καταχθονίοις.

2. T. Flavius Julianus veteranus leg(ionis) VIII Aug(ustæ) dedicavit monumentum suum in sempiternum Diis Manibus suis et Fl. Titiæ uxoris suæ, inferisque et heredibus suis posterisque eorum, ut ne liceret ulli eorum abalienare ullo modo id monumentum.

3. Ἰησοῦ Χριστέ, βοήθει. Εἷς Θεὸς μόνος, Ἔκτισεν Θάλασσαν. Ὅσα λέγεις, φίλε, τόσα διπλᾶ. Ἔτους σπ΄. Εἰσελθέ, Χριστέ.

KHATOURA. — Stèles et tombeaux, vus de l'ouest.

En contournant à l'est le djébel Cheik-Béreket, nous atteignons au bout d'une heure le gros village de Dérétazzé. La ressemblance des noms l'a fait identifier avec la ville d'Artesia, citée par Guillaume de Tyr parmi les villes chrétiennes que les Musulmans prirent au prince d'Antioche dans les années 1104 et 1123. Comme on ne sait rien de plus sur Artesia et rien du tout sur les origines de Dérétazzé, l'identification reste douteuse. De là nous allons au sud-est chercher, sur un plateau désert, l'église de Mouchabbak, au risque de manquer d'eau durant la nuit. Nous avons parlé de la belle église ; les restes informes du village ne méritent pas un mot.

Ce n'est pas sans regret que nous négligeons plusieurs belles ruines debout dans le lointain au bord du plateau, pour gagner Tourmanin, gros village sur la route des caravanes entre Alep et Alexandrette, où M. de Voguë a trouvé un vaste hospice et une délicieuse église. Déception! La belle église, située à une demi-heure au nord du village, est devenue une carrière de pierres en pleine activité ; on en fait de la chaux, il ne reste que les fondements et un tas de débris. De l'hospice on voit encore des murailles et quelques piliers ; mais bientôt tout aura disparu, la mémoire seule de ces édifices subsistera dans l'admirable description et les charmants dessins de M. de Voguë.

XXI. — De TOURMANIN à QALB-LOUZEH.

IL reste à explorer le massif du djébel el-'Alà qui s'étend au sud-ouest de Tourmanin, tout parsemé de ruines chrétiennes, et le voyage touchera à sa fin.

Une large et fertile vallée, plantée de coton et de sésame, conduit au bourg de Dana (nord). Nous n'avons à y voir qu'un joli monument de quatre colonnes ioniques, élevé à l'entrée du bourg au-dessus d'une série de tombeaux souterrains. L'un porte une inscription païenne ; les autres n'ont aucun signe chrétien.

Serméda, le Sarmit des croisés, est à une heure plus loin dans la même vallée. Comme à Dana (nord), les habitants ont fait disparaître la plupart des anciens édifices. Une famille de Musulmans s'est fait une maison sur l'emplacement de l'église avec les matériaux qu'elle y a trouvés.

Des tours, des castels, des forteresses pour garder les passages, se dressent sur les hauteurs. Ces forteresses font songer que la voie romaine de Chalcis à Antioche devait passer proche de Serméda. Du reste, on en voit les traces de l'autre côté de la vallée.

Durant toute la soirée on nous amena des malades ; notre tente fut un dispensaire. Comment se fait-il que, pour une population nombreuse, aisée et facilement accessible, il n'y ait pas de médecin en meilleure estime que nous ?

Un père de famille vient le lendemain nous remercier d'avoir coupé la fièvre de son fils et nous donne une énorme pastèque en guise d'honoraire. Il nous parle de belles ruines d'églises situées à deux heures au fond d'une vallée, dans la direction du sud-ouest, et s'offre à nous y conduire. Le nom qu'il leur donne, Mehhes, nous est inconnu.

Au moment du départ, il s'esquive, et impossible d'engager un autre guide ; tous ont peur de rencontrer des ennemis. Il n'y a qu'à prendre en pitié ces pauvres gens, que des inimitiés de races empêchent de se promener à l'aise dans leur propre pays, et chercher Mehhes à la boussole sur indications. Nous le trouvâmes dans une petite vallée dirigée du nord au sud ; il n'y avait dans les champs qu'une dizaine de cultivateurs, nullement terribles, occupés à leurs plantations de tabac et de sorgho.

DANA (nord). — Tombeaux.

Les ruines, adossées aux rochers du couchant, sont celles d'un riche village avec de vastes constructions, deux églises et une chapelle. L'église, dont nous reproduisons l'abside, a 18 m. de large et 36 de long ; sa construction soignée rappelle la branche orientale du monument de Kala'at Sem'an. Un feston de demi-cercles, d'un gracieux effet, règne au-dessus du bandeau qui contourne toutes les ouvertures.

D'autres pourront peut-être trouver à Mehhes des inscriptions et plusieurs choses intéressantes; l'heure nous presse de revenir sur nos pas pour reprendre le chemin de Qalb-Louzeh, que nous avons quitté au fond d'un ravin, et gravir les hauts plateaux du djébel el-'Alâ.

Les hauteurs, généralement rocailleuses, se couvrent en bien des endroits de vignes et d'oliviers ; les villages de ruines chrétiennes apparaissent dans toutes les directions : Bordj ed-Daroumeh groupé autour d'une grande et haute église, Bakerka avec ses anciennes habitations presque entières, et d'autres dont les noms sont sur la carte. Nous ne faisons que passer ; car il importe d'arriver avant la nuit à Bachmichleh, dont les habitants nous

MEHHES. — Abside d'église du VIe siècle.

sont signalés comme de farouches contrebandiers de tabac, peu hospitaliers.

A notre arrivée, l'étonnement des habitants fut grand ; il devint de la stupéfaction quand ils nous virent dresser la tente sur la place du village.

« — Mais ne savez-vous pas, nous disait tout simplement un jeune homme, que, pour peu que l'envie nous en prenne, nous pouvons vous dépouiller, vous tuer même durant la nuit ? » Ce nous fut un bon signe : l'assassin ne dit pas ce qu'il veut faire. Aussi furent-ils bientôt gagnés, la médecine aidant.

Bachmichleh n'est qu'un hameau d'une douzaine de familles et ne paraît pas avoir jamais eu d'importance. On n'y voit qu'une médiocre chapelle, où un simple placard avec rayon en pierre, creusé de côté dans le mur de l'abside, tenait lieu de diaconique pour la garde des ornements sacrés.

Les jolies ruines de Dehhes ne sont pas loin, cachées dans un bois d'oliviers. Une porte latérale de la principale église nous offre tout autour le feston de demi-cercles déjà remarqué à Mehhes. A côté du riche auvent byzantin qui la domine, on voit sculptés sur le mur, à gauche un panier, à droite un arbre, symbole des fruits de l'olivier que les cultivateurs demandaient à DIEU. A droite, au bas de la porte, se trouve une inscription syriaque, faite après coup. Elle nous paraît reproduire le verset 7 du psaume CXXXI. *Introibimus in tabernaculum ejus. Adorabimus in loco ubi steterunt pedes ejus.*

Les nombreux pressoirs à huile ou à vin, taillés sur les rochers autour des villages, ont cela de particulier que les meules tournantes, usitées dans le groupe du sud pour écraser les olives, y sont remplacées par de gros fuseaux de pierre semblables à des colonnes renflées au milieu ; on les roulait à bras sur les olives, réunies au centre de l'aire dans une légère cavité en forme de calotte. La manœuvre devait être pénible, car il est de ces fuseaux qui ont deux mètres de long et cinquante centimètres de large au renflement.

C'est toujours par de petites rigoles ouvertes sur les rebords de l'aire que s'échappait le liquide, huile ou vin, pour se rendre dans le réservoir où il déposait ses impuretés. Mais il y a des pressoirs perfectionnés qui, sur la route même des rigoles, ont de petites cavités où le liquide se décante naturellement avant de se rendre dans la fosse dernière. Celle-ci est ordinairement creusée en forme de poire ou de bouteille ; le goulot a la largeur d'un homme ; la profondeur est d'environ deux mètres. Ce nous fut plus d'une fois un réduit bien commode pour renouveler les plaques photographiques des châssis, à toute heure du jour, en parfaite obscurité.

Bientôt se dresse devant nous le haut talus de rochers qui termine au levant le plateau supérieur du djébel el-'Alâ ; l'église de Qalb-Louzeh apparaît au sommet.

Sur un contrefort nous rencontrons quelques ruines, du nom de Banaqfour, avec un très gracieux tombeau souterrain à façade ionique, et, à côté, un autre monu-

DEHHES. — Façade de maison et chevet d'église (VI° siècle).

DEHHES. — Porte latérale de l'église (VIe siècle).

ment de même genre, moins soigné. Ce dernier était encore plein des eaux de pluie de l'hiver, parfaitement clarifiées. Excellente rencontre ! l'eau du tombeau fut la meilleure de tout le voyage dans les montagnes.

 XXII. — QALB-LOUZEH et AUTRES RUINES du DJÉBEL EL-'ALA.

La superbe église de Qalb-Louzeh s'élève isolée au bord du plateau ; au couchant est un petit village de Musulmans et de Druses, pauvres infidèles qui habitent de misérables huttes au pied du splendide monument de la vraie foi. Tous nous font bon accueil ; les Druses, quand nous leur parlons de leur pays, du Liban, du Hauran, nous prennent quasi pour des compatriotes.

Mais toute l'attraction du lieu est à l'église, assurément l'un des plus beaux monuments du VIe siècle en Syrie et ailleurs.

L'édifice a 36 mètres de long et 17 de large ; sa façade se compose de deux tours carrées, réunies par une large arcade, sous laquelle est le vestibule, ou narthex extérieur. La gravure représentant cette façade dans l'état actuel, montre le commencement de l'arcade et laisse voir le linteau de la porte principale de l'église, son arc de décharge entouré d'un riche bandeau et, plus haut, les prises dans le mur des poutres de la terrasse en charpente qui couvrait le narthex. La grande arcade et toutes les baies sont ornées de moulures et de gracieux dessins, en partie effacés par le temps. L'ensemble, d'un bel effet, offre en germe la disposition des façades de nos églises romanes du moyen âge.

Trois portes latérales ouvrent au midi sur la basse nef. Celle du milieu, plus grande que les deux autres, avait un porche voûté dont on voit la trace dans le mur. Sur le linteau on aperçoit, de chaque côté du monogramme du CHRIST, les restes mutilés de deux bustes humains et, au-dessus des têtes, les noms Michaël, Gabriel. N'est-ce pas l'explication manifeste des lettres mystérieuses XMΓ, initiales de CHRIST, de Michaël, de Gabriel, si souvent gravées sur les monuments religieux de la contrée ? (1) Les deux archanges sont là comme les gardes d'honneur du CHRIST.

De grandes dalles, dont les joints sont à recouvrement, dont la tête moulurée forme corniche, couvrent les bas-côtés. Toutes les fenêtres, bien que dessinées en plein cintre, n'ont cependant qu'un jour carré.

Le chevet de l'église est particulièrement remarquable, tant par sa grâce que par sa ressemblance avec les absides romanes de France et des bords du Rhin. Deux ordres de colonnes, immédiatement superposées, la base de l'une sur le chapiteau de l'autre, décoraient les trumeaux et soutenaient la corniche ; aujourd'hui les colonnes supérieures gisent au pied de la muraille.

Comme à Roueiha et à Barad, les murs de la nef centrale reposent non pas sur des colonnes, mais sur de gros piliers que relient de larges arcades. Dans le premier pilier de gauche on remarque un petit enfoncement encadré dans de riches moulures. Si ce n'était sa situation en dehors du chœur, nous n'hésiterions pas à y reconnaître l'armoire où, suivant l'antique usage, on conservait la sainte Eucharistie hors de l'autel, dans l'église ou dans la sacristie. « Cette armoire, dit saint

---

1. De Vogüé, *Syrie centrale*, p. 136.

QALB-LOUZEH. — Église du VIe siècle.

QALB-LOUZEH. — Façade de l'église (VIe siècle).

Jean Chrysostome (1), est bien plus estimable et plus nécessaire que les vôtres ; car elle renferme non pas de riches habits, mais la grâce et la miséricorde du Seigneur. »

Plus haut que les arcades, des colonnettes placées sur des consoles dans les trumeaux de la claire-voie soutenaient les maîtresses poutres de la toiture.

Le chœur, élevé de plusieurs marches au-dessus de la nef, s'étend deux mètres en avant de l'abside. Il était fermé par une balustrade en pierre, haute seulement d'un mètre : on en voit la trace sur les murs latéraux. Dans la suite cette barrière fut remplacée par un iconostase dont on aperçoit également les prises dans le mur, taillées après coup jusqu'à la hauteur des colonnettes supérieures.

Les deux sacristies, faisant suite aux nefs latérales, s'avancent encore plus bas que le chœur. Comme d'ordinaire, celle de droite, la prothèse, où les fidèles présentaient leurs offrandes, communique avec la petite nef par une large arcade, et celle de gauche, le diaconique, réservé au clergé, n'a de communication que par une simple porte. Ce qui achève de distinguer les usages des deux sacristies, ce sont leurs portes de communication avec la grande nef ; la prothèse ouvre en avant de la balustrade dans la partie de la grande nef où se tenaient les fidèles, tandis que le diaconique ouvre à l'intérieur du chœur. Deux appartements situés au-dessus des sacristies ont vue dans l'intérieur de l'église par des fenêtres ouvertes sur le chœur.

Telles sont les dispositions de l'édifice. Les gros blocs dont il est bâti, ses puissantes arcades, l'ampleur et la richesse de l'ornementation lui donnent, à l'intérieur surtout, une majesté et une splendeur qu'on ne se lasse pas d'admirer. Superbe entre toutes est l'archivolte du grand arceau de l'abside. Son dernier rang de moulures se compose de larges alvéoles et retombe aux extrémités sur des colonnettes d'angle, portées par des consoles où l'on voit sculptée une tête de bœuf. Si rares sont les représentations d'êtres vivants dans les anciennes sculptures de l'Orient chrétien, qu'on est porté, quand on les rencontre, à leur chercher une raison spéciale. Ici les têtes de l'animal symbolique de l'évangéliste saint Luc n'indiqueraient-elles pas le Saint titulaire de l'église ? Au-dessous des alvéoles court une longue inscription devenue illisible, puis un bandeau de croix et feuillage, un rinceau de vigne planté dans deux vases et autres moulures à dessins gravés.

Le mur extérieur de la nef septentrionale manque ; les colonnettes supérieures sont tombées ; la façade est à demi écroulée. Si le voyageur le regrette, il s'étonne en même temps de tout ce qui reste debout, et admire le talent de l'architecte, qui a su construire sans mortier, sans fer, sans liaison aucune, un édifice aussi achevé, où tout se tient par la seule loi de la pesanteur, depuis plus de treize siècles, sur un sol fréquemment agité.

**

Au sortir de Qalb-Louzeh, nous nous dirigeons au midi sur le bord du plateau, et en une demi-heure nous arrivons au village désert de Behioh. Sa grande église, assez semblable aux autres basiliques de la contrée, a cependant cela de singulier que le chœur est carré, et éclairé dans toute la hauteur par trois rangées de trois, de quatre et de deux fenêtres. Dans la cour des dépendances de l'église, on remarque une citerne creusée en forme de bouteille, qui n'a pas moins de six mètres de large. De superbes fougères croissent dans le fond.

---

1. Hom. 33 in Mat.

QALB-LOUZEH. — Intérieur de l'église (VIe siècle).

A Kefr Kileh nous visitons une église d'une contruction fort soignée et riche en ornements ; puis nous nous enfonçons dans le plateau pour trouver Bechindélayah. Cette fois, ce n est pas une église qui nous attire, mais un superbe tombeau païen, de l'époque des Antonins.

.*.

Un obélisque monolithe, en pierre du pays, haut de sept mètres, signale le monument, creusé tout entier dans un sol plat. Le portique de gros piliers occupe tout un côté d'une cour creusée dans le rocher, à laquelle on accède par une rampe en tranchée. Au-dessus des piliers règne une frise, ornée de bucrânes et de guirlandes, avec une inscription en beaux caractères grecs :

Tib. Claud. Philoclès à Tib. Cl. Sosandros, son père, et à Claudia Kliparous, sa mère, témoignage de piété et de souvenir. En l'année 182, le 27 Dystros. — Sosandros, mon père, adieu (1).

La date répond au 27 avril 134 de notre ère. Sous le portique ouvre la chambre sépulcrale, renfermant dans des niches rectangulaires trois tombes, sans doute celles du père, de la mère et du fils. Tout est taillé dans la masse du rocher, même les piliers du portique.

L'obélisque porte l'inscription répétée et les portraits de Sosandros et de Kliparous en bas-relief, dans des niches à fond plat.

Les défunts de ce superbe mausolée habitaient peut-être la grande maison de campagne dont les ruines, composées d'énormes blocs, s'élèvent à quelques pas dans une belle position, en vue de la plaine d'Antioche, au milieu d'oliviers, de térébinthes, de gracieux styrax dont la fraîche verdure dénote un sol humide et fertile.

Revenus au bord du plateau à travers champs et broussailles, nous y rencontrons un chemin avec ornières dans le rocher. C'est sans doute une antique voie, car depuis bien des siècles aucun char ne roule dans le pays.

Elle nous conduit d'abord au petit village de Falmarès ou Kefr Marès. Au bas du hameau, sur une éminence qui s'avance en promontoire au-dessus du gradin inférieur de la montagne, s'élèvent un haut piédestal et un sarcophage de forme classique. La cuve est couchée de côté sur le piédestal, le gros couvercle à acrotères jeté sur le sol ; pourtant le monument fait encore bel effet par sa position, sa grandeur et sa noble simplicité.

De là on aperçoit au travers des oliviers les blanches ruines de Kokanaya, où nous allons nous rendre en descendant le gradin.

XXIII. — KOKANAYA, BAQOUZA, DEIR SÉTA.

SUR les ruines de Kokanaya nous pourrions écrire bien des choses que nous ne nous sommes pas lassés de voir ; mais, après ce qui précède, on pourrait bien se lasser de les lire. Nulle part les rues ne sont mieux dessinées par les habitations et moins encombrées de débris. Il est cependant triste de se promener dans ce

---

1. Τι. Κλ. Φιλοκλῆς Τι. Κλ. Σωσάνδρῳ τῷ πατέρα αὐτοῦ καὶ Κλ. Κιπαροῦν τὴν μητέρα εὐσεβείας καὶ μνήμης χάριν, ἔτους βπρ, μηνὸς Δύστρου κζ. Σώσανδρε πάτηρ, χαῖρε.

BEHIOH. — Chevet d'église du VIᵉ siècle.

réseau de rues et d'impasses sans fenêtres où, seulement de temps à autre, de larges portes laissent apercevoir de beaux intérieurs.

Sur l'une de ces portes, donnant dans la cour d'une vaste maison à portiques de simples piliers carrés, on lit en grec une candide inscription, où l'architecte, content de son œuvre, laisse son nom à la postérité, en même temps qu'il renvoie au Seigneur la gloire de son talent :

La puissance de Dieu et du Christ l'a élevé, le premier Loüs de l'année 479. DOMNOS, *architecte* (1).

La date répond au 1ᵉʳ août 431.

De chaque côté de l'inscription sont des rosaces perlées et dans l'une le monogramme du CHRIST.

Charmante dans sa simplicité est une toute petite maison de cultivateur, isolée au bord des oliviers. Elle n'a qu'une chambre, où l'on monte par un escalier extérieur, taillé en échelle de meunier dans une seule dalle inclinée. Au rez-de-chaussée est l'écurie, percée au nord de deux baies que sépare une colonne. Un arc intérieur, jeté d'un mur à l'autre, soutient les dalles du plafond. Ailleurs, c'est une élégante habitation à colonnes inégales, une délicieuse chapelle du VIᵉ siècle, dont le chevet reproduit la forme intérieure.

Comme partout les tombeaux touchent les habitations. Mais, je ne sais comment, à côté de si jolies maisons, les architectes ont bâti des tombeaux disgracieux, des pyramides massives, portées par de gros piliers, abritant des sarcophages tout couverts de dessins géométriques de mauvais goût. Cependant le monogramme sacré a toujours la place d'honneur.

Une tombe sans apparence présente un intérêt particulier. Au dehors on ne voit qu'un couvercle et une fosse verticale. Celle-ci se termine par une chambre funéraire à deux tombes où, sur l'un des arcosolia, on lit en grec :

A Eusèbe, chrétien. Gloire au Père, au Fils, au Saint-Esprit.

L'an 417, le 27 Loüs (2).

C'est-à-dire l'an 368 ou 369 de J.-C.

Le nom de *chrétien* à côté d'une doxologie manifestement chrétienne, n'apparaît-il pas ici comme un titre glorieux que le défunt n'a garde d'omettre lors même qu'il n'apprend rien de plus ? Du moins, il nous rappelle que les disciples du CHRIST, convertis par les prédications de Paul et de Barnabé dans la ville d'Antioche, reçurent les premiers le nom de chrétiens (3). Le pieux Eusèbe était peut-être, lui aussi, un citoyen d'Antioche.

※

Baqouza n'est pas loin ; on s'y rend en trois quarts d'heure par un chemin généralement plat, qui paraît être l'antique voie trouvée plus haut. La maison qu'on rencontre à mi-chemin est assez singulière dans ce pays. Sa façade sur la route sans portiques, régulièrement percée de deux rangs de fenêtres à jours

---

1. + Θεοῦ καὶ χριστοῦ δύναμις ἀνήγειρεν, μηνὸς Λώου δ΄, τοῦ θοῦ ἔτους. Δόμνος τεχνίτης.
2. + Εὐσέβιος + Χριστιανῷ + Δόξα Πατρὶ καὶ Υἱῷ καὶ ἁγίῳ Πνεύ(μα)τι. Ἔτους ριζ΄, μηνὶ Λώου κζ΄.
3. Actes des Ap., XI, 26.

BAQOUZA. — Chevet d'église du VIe siècle.

carrés, entourées chacune d'un bandeau de moulures en U renversé, lui donne l'aspect d'une maison de France au XIIIe siècle. Elle est cependant de l'âge des autres ruines de la contrée ; les portiques habituels règnent à l'intérieur. Notre guide nomme le lieu Adouar, maisons. Est-ce un nom propre ou un nom commun ? je ne sais.

Le village de Baqouza est entièrement détruit ; il ne reste debout qu'une partie de la grande église, basilique de type connu, avec des beautés particulières. Le chevet de l'abside, flanqué de deux sacristies, s'avance sur la déclivité d'un gradin du plateau, porté par un solide soubassement. Il est majestueux, superbe par son bel appareil, la pureté antique de ses lignes et la vigueur de son dessin, qui accuse nettement la disposition intérieure. Des colonnes en encorbellement, dont il ne reste que les consoles, ajoutaient de la grâce à l'ensemble.

*

Deïr Séta, à peu de distance au levant, offre un beau baptistère, isolé sur une hauteur, à l'entrée du village. On y arrive par une avenue pavée de dalles et autrefois bordée du portique où l'on accomplissait sur les catéchumènes les rites préparatoires au baptême. Le baptistère est un hexagone de dix mètres de large. Au centre se voit une margelle de même forme qui entourait la cuve baptismale ; sur les angles de la margelle s'élevaient probablement les colonnes d'un portique intérieur

A l'autre extrémité du village se trouve l'église, bel édifice de 32 mètres sur 20, bâti en superbes blocs. Un chevet rectiligne dissimulait complètement la forme intérieure, et devait cependant présenter un bel aspect sur son soubassement de trois mètres de haut, avec sa rangée de colonnes en saillies dont on voit encore les bases. On trouve dans l'intérieur de l'édifice quelques restes de dalles découpées qui fermaient les fenêtres.

Quatre ou cinq familles habitent les ruines. C'est dire que les antiques habitations y sont en grande partie bouleversées. Il en reste cependant d'intéressants morceaux. Sur la porte de l'une d'elles, une inscription de l'an 411 de J.-C. affirme à l'adresse des païens l'unité et l'universelle providence de DIEU :

« Un seul DIEU, à tous secourable. » (1)

*

Le village de Deïr Séta marque l'extrémité du groupe méridional des ruines chrétiennes ; il n'y a plus qu'à descendre le dernier gradin des plateaux pour entrer dans la plaine d'Edlip. Notre voyage d'archéologie chrétienne est à peu près terminé.

Nous avons visité quarante-cinq centres de ruines chrétiennes des IVe, Ve, VIe siècles : nous en avons aperçu de loin une trentaine. Le total peut bien ne pas embrasser plus de la moitié des villages de ruines qui subsistent entre Alep, Antioche et Apamée, car nous n'avons fait que parcourir une ligne circulaire dans l'intérieur du triangle. Le nombre des habitations et des tombeaux y est incal-

---

1. Εἷς Θεὸς ὁ βοηθῶν πᾶσιν. Ἔτους ξι´, μη(νὸς) Ἀρτεμισ(ίου).

DEIR SÊTA. — Baptistère du VIe siècle.

culable ; celui des églises ou chapelles peut, ce semble, être estimé, sans exagération, à près de trois cents.

Après tout ce que nous avons rapporté de notre visite à ces antiques villages, rendez-vous de la riche société chrétienne d'Antioche durant plus de deux siècles, le lecteur jugera cette société meilleure qu'elle ne se montre à la lecture des sermons de saint Jean Chrysostome.

Dans ces ruines, en effet, DIEU et tout ce qui tient à son culte ont la place prééminente ; l'église est splendide ; la demeure de l'homme est simplement belle, utile dans tous ses détails, commode sans recherche. La foi courageuse, la franche piété du propriétaire s'y trouvent affichées au dehors ; la sensualité, la vanité, l'orgueil ne se montrent nulle part. Pas une figure, pas une inscription ne s'y rencontrent qui puissent offenser la plus délicate pudeur ; la pierre n'y garde que des textes sacrés, des sentences, des prières dignes de solides chrétiens.

Faut-il s'étonner que saint Jean Chrysostome, jeune prêtre à Antioche, orateur puissant, encouragé par la confiance de l'évêque Flavien, cœur débordant de zèle et d'ardeur pour la vertu, ait exagéré ses peintures de mœurs, afin d'en mieux faire ressortir le côté répréhensible ? L'orateur et le maître savent bien qu'on s'appliquera une petite partie seulement de leurs reproches. Ainsi, serait-ce mal juger les moines de saint Bernard, que de prendre au pied de la lettre les reproches qu'il leur adresse dans ses brûlantes exhortations.

XXIV. — RETOUR à HAMAH.

UN village, Harbanouch, se voit au bord de la plaine, au sommet d'une haute colline isolée, percée d'une multitude de grottes. Peut-être renferment-elles quelque inscription. Nous trouvons les habitants dans la plus grande agitation. Les fermiers de la dîme, les particuliers qui, suivant la pratique universelle en Turquie, ont acheté aux enchères du gouvernement la dîme du village, sont arrivés avec une escorte de soldats et mesurent les tas de blé sur l'aire commune. Bien des gens se plaignent de fraudes à leur préjudice ; ce n'est pas le moment de leur parler de vieilles pierres.

Le chemin d'Edlip passe au gros village de Ma'arrat Moucerin, situé au milieu de champs de sésame et d'oliviers. Une partie de ces riches campagnes, dit-on, est la propriété personnelle du sultan. Sa Majesté Abdul-Hamid aime à placer sa fortune sur les meilleures terres de son empire.

Edlip est vraiment une ville. On y trouve de longs bazars, des fabriques de savon, des métiers de tissage ; l'industrie y a fixé quelques familles de schismatiques grecs. Il peut bien y avoir dix mille habitants.

Encore une grande heure à l'ombre des oliviers, puis le sol devient aride et nu. Riha se montre au bas de la pointe septentrionale des montagnes du sud. Riha a des rues pavées, des maisons bien bâties et, sur une petite place, une fontaine d'eau limpide et abondante. Tout cela fait songer aux gros villages des montagnes de France.

Le sentier qui doit nous conduire à Ma'arrat en-No'amân monte en écharpe sur le dernier contrefort de la montagne, laisse à droite sur la hauteur les ruines chrétiennes de Ktellata ou Kefr Lata, cachées sous de grands arbres, et se dirige au midi en suivant le pied oriental des rochers. Nous rencontrons plusieurs ruines qui ne paraissent pas remonter au delà du moyen âge, et, après une heure et

DEIR SÉTA. — Église, vue du midi (commencement du VIe siècle).

demie de marche, nous nous reposons au village de Montif, auprès d'un ruisseau qui sort du rocher. On se croirait dans l'un des frais vallons de l'Ardèche. Il paraît que toutes les eaux du massif des montagnes se sont donné rendez-vous au nord ; il n'est pas une source ailleurs, et ici elles abondent ; les habitants du village nous disent que celle de Kefr Lata est encore plus considérable que la leur.

Une tour ruinée, d'apparence fort antique, s'élève sur la montagne au-dessus du village. On nous parle de belles ruines chrétiennes situées plus loin sur la hauteur à Ferkia, à Maghârah et ailleurs. L'entraînement du retour nous empêche de les visiter ; nous le regrettons, car assurément ces ruines sont bien peu connues ; aucun voyageur ne les nomme.

Sur la route de Roueiha, en un lieu nommé Kieh, on nous fait visiter de vastes grottes taillées de main d'homme dans un rocher à pic, qui furent probablement un couvent ou une laure d'ermites.

La route de Ma'arrat en-No'amân à Hamah est celle que suivent toutes les caravanes depuis le XIVᵉ siècle. Pendant quatre heures on ne rencontre aucun village ; seules quelques tours ruinées des Sarrasins paraissent sur les hauteurs comme des sentinelles perdues d'un autre âge.

Enfin, voici un village groupé autour d'un monticule arrondi et comme fait de main d'homme. L'indigène auquel nous demandons le nom de la localité hausse les épaules et se détourne. Qui ne connaît pas Khan Cheikoun, la station obligée de tous les voyageurs, moukres et chameliers ?

Khan Cheikoun est, en effet, l'antique station de Capareas, marquée dans l'itinéraire d'Antonin (1). Mais quelle misérable étape ! Le vaste khan construit en pierres n'est plus qu'une ruine ; son réservoir des eaux de l'hiver est à sec ; les maisons sont en boue ; les rues ne sont que des fondrières de poussière où, tous les soirs, se vautrent les caravanes de chameaux, de mulets, d'ânes, venues pour passer la nuit.

Deux heures plus loin on voit à gauche deux tertres, Tell Latmin et Tell Mourreh, qui durent autrefois avoir leur importance ; on y voit les restes d'une enceinte de murailles, des colonnes et de nombreuses citernes (2). La route court ensuite sur le pied occidental de coteaux nus. Elle passe devant le village de Taïybeh, dont les arbres, la mosquée et le haut minaret blanc animent un peu le sombre paysage de ces campagnes sans verdure. Encore un village au bas des coteaux, Khoumaneh, et la vue plonge dans la profonde vallée de l'Oronte, large ruban de verdure et d'eau ; bientôt Hamah se découvre derrière une sinuosité de la rive.

Quels contrastes entre cette vulgaire ville musulmane et les superbes bourgades chrétiennes que nous venons de visiter ! Les ruines disent toutes, comme la pierre d'el-Barah : « Le CHRIST triomphe toujours ! » — *Christos aei nika* — lors même qu'on le traite en vaincu.

XXV. — ARCHITECTURE.

Les monuments que nous venons de parcourir constituent un ensemble remarquable de documents pour l'histoire de l'architecture, le plus complet qu'ait laissé la société chrétienne des premiers siècles. Ils nous montrent, dans tous ses

---

1. Wessel, page 194.
2. Seetzen, *Reise* I, pages 9 et 12.

détails et durant trois siècles non interrompus, le développement d'un art chrétien enté sur l'art antique de la Grèce et de Rome, qui, transporté sur le sol d'Occident et mis au service de constructeurs habiles, pleins de génie et de foi, contribua puissamment aux merveilleuses créations du moyen âge en France et dans les contrées voisines.

Le mouvement architectural religieux commence après la victoire du christianisme sous Constantin (313) et s'arrête pour la Syrie au VIIe siècle. La religion nouvelle, quand elle fut maîtresse, chercha d'abord à se servir pour son culte des temples païens devenus déserts et inutiles. C'est ainsi que, vers la fin du IVe siècle, dans un village du Hauran au sud de Damas, à Chaqqa, un petit édicule païen, construit pour le salut et la victoire de l'empereur Probus, fut converti par l'évêque Tiberinus en une chapelle dédiée à saint Georges et aux martyrs ses compagnons (1).

Mais la *cella* des temples païens, unique salle fermée dans leur enceinte, était généralement trop étroite pour les cérémonies et les prédications du culte chrétien ; les fidèles d'ailleurs devaient, au moins dans les premières années, éprouver quelque répugnance pour des lieux si longtemps souillés par le culte des idoles ; l'inscription de l'église d'Ezra (2), dans le Hauran, élevée sur l'emplacement d'un temple païen, en fait foi. Aussi, quand ils occupèrent des temples, ils voulurent le plus souvent les démolir et construire avec leurs débris des monuments nouveaux. C'est ainsi que la grande église de Khirbet Hâss fut bâtie dans la deuxième moitié du IVe siècle sur l'emplacement et avec les matériaux d'un temple païen.

Plutôt que de s'établir dans les temples, l'Église chrétienne, on le sait, choisit pour célébrer son culte ces monuments que les anciens appelaient des basiliques parce qu'on y rendait la justice au nom du souverain. Ils convenaient parfaitement à ses cérémonies, et elle n'eut presque pas de changement à y faire pour se les approprier. Tel fut le commencement de l'art chrétien en Syrie.

Ces débuts assez timides furent suivis, dans la Syrie du nord, de la vive et superbe expansion architecturale dont nous avons admiré de si nombreux monuments. Le centre du mouvement, le foyer duquel émana la vie qui l'animait, fut la ville d'Antioche, la capitale de l'hellénisme syrien, la cité de Seleucus et de Chrysostome, Antioche « la belle, » comme l'appellent les auteurs enthousiastes qui, dans l'antiquité, ont célébré ses attraits ; Antioche, la troisième ville du monde, ne cédant qu'à Rome et à Alexandrie en étendue, en population et en richesse. Capitale tour à tour de l'empire séleucide et de la province romaine, siège du second patriarcat de l'Église d'Orient après celui d'Alexandrie, elle régnait au nom de la politique, de la religion et des arts.

L'art grec, l'art par excellence, avait suffi pendant de longs siècles aux besoins artistiques du monde connu, quand le christianisme se présenta avec des exigences nouvelles et son inspiration supérieure. Les architectes d'Antioche, grecs par leur éducation artistique comme par tous les modèles qu'ils avaient sous les yeux, surent s'inspirer de la foi nouvelle en conservant beaucoup de l'art grec, si bien accommodé aux habitudes de luxe et d'élégance de la société pour laquelle ils bâtissaient.

L'évolution chrétienne porta plus sur les formes, sur les ordres, que sur les principes et les méthodes de la construction.

---

1. Waddington, *Inscriptions grecques et latines de la Syrie*, n° 2158.
2. *Ibid.*, n° 2479.

Les architectes qui élevèrent les monuments innombrables de cette contrée, dit M. de Vogüé, appartiennent à la bonne tradition grecque, moins par les formes qu'ils ont adoptées que par les principes qu'ils ont appliqués. On ne retrouve plus dans leurs œuvres la délicatesse de goût, ni l'exquise perfection de l'époque classique; mais on y constate l'esprit logique, pratique et sincère qui a inspiré les premières productions de la Grèce. Ennemis, eux aussi, de tout artifice de construction, rejetant l'emploi du mortier et des goujons de métal, ils demandaient aux lois de la statique les conditions de stabilité de leurs œuvres et les principes de leurs tracés. S'ils empruntaient aux ordres grecs les motifs de leurs décorations, s'ils prenaient en même temps aux Romains l'arc et la voûte, ils employaient ces éléments avec un grand discernement, retranchant les membres inutiles et subordonnant leurs dimensions, non à une règle uniforme de proportion, mais à la dimension et à la nature des matériaux mis à leur disposition, et au programme qu'ils avaient à remplir.

En cela ils se séparent franchement des architectes romains, qui, par une simple formule de proportion, adaptaient par voie de grossissement ou de réduction les mêmes formes aux monuments les plus dissemblables, grandissaient ou diminuaient à la fois colonnes, moulures, jusqu'aux portes et fenêtres, et appliquaient rigoureusement tous les éléments de l'ordre, lors même qu'ils étaient inutiles, comme les fragments d'architrave interposés entre l'arc et le chapiteau, et les corniches saillantes à l'intérieur de l'édifice.

Les architectes gréco-syriens de l'évolution chrétienne, ne voulant se servir que de monolithes pour les colonnes et piliers, n'excédaient jamais une certaine hauteur et donnaient aux ouvertures des dimensions presque invariables, quelle que fût d'ailleurs la grandeur de l'édifice. Quand la colonne n'était pas assez haute pour le but proposé, ils la plaçaient sur un piédestal, ou surhaussaient l'arc qu'elle était destinée à porter; quant aux arcs eux-mêmes, ils les appuyaient directement et sans intermédiaire sur le chapiteau. Si la portée de l'espace à couvrir excédait la longueur de leurs dalles ou de leurs poutres, ils la diminuaient par l'emploi de corbeaux, ou par des combinaisons de corbeaux et de colonnettes hardiment posées en encorbellement. Ils déterminaient la saillie et le profil des corniches extérieures, non pas d'après des modèles consacrés, mais d'après l'inclinaison des toits ou l'écoulement des eaux. Enfin ils faisaient de la bonne et solide architecture, dans laquelle la logique la plus rigoureuse présidait à l'emploi des matériaux; les formes extérieures n'étaient que l'expression de fonctions véritables, l'ornementation elle-même, que la décoration de lignes nécessaires.

L'arc étant rarement employé dans les maisons, le caractère de leur architecture est rude; il satisfait l'œil, mais ne le charme pas. Si le voyageur éprouve une sorte d'enchantement à la vue des habitations les mieux conservées, les plus soignées, l'impression naît en partie du contraste avec l'aspect sauvage de ces solitudes et les misérables habitations des villages modernes de la contrée.

Ces constructeurs utilitaires ménageaient souvent une destination dans l'édifice à la carrière elle-même d'où ils tiraient leurs blocs. Une maison était-elle à bâtir, on creusait le sous-sol dans la roche vive, on y plaçait l'écurie, la cuisine ou le pressoir, et les étages étaient construits avec les matériaux de cette carrière improvisée. Ailleurs la carrière devenait une piscine ou la cour d'entrée du tombeau de famille. Le plus souvent chaque bloc était employé avec les dimensions que lui donnaient les hasards de l'extraction, d'où il résulte que l'appareil des murailles est très irrégulier, qu'il offre des assises inégales et des joints polygonaux rappelant à s'y tromper les constructions cyclopéennes.

CHAPITRE TROISIÈME.

On sait que les rapports simples entre les dimensions d'un édifice, ou seulement d'un membre d'architecture, satisfont la vue, comme les rapports simples entre les nombres de vibrations des notes simultanées charment l'ouïe et constituent l'accord. L'art grec a écrit ses lois sur ses admirables monuments. Vitruve les a formulées dans son traité d'architecture un siècle avant JÉSUS-CHRIST. Nos architectes gréco-syriens des premiers siècles chrétiens leur sont restés fidèles. Les églises qu'ils ont bâties ont généralement une longueur double de la largeur totale, et cette largeur se décompose en deux parties égales, dont l'une est attribuée à la grande nef et l'autre, par moitié, à chacune des nefs latérales.

Les hauteurs sont assujetties aux mêmes lois. C'est ainsi que, dans une singulière église demi-octogonale, qui se voit à Moudjéleia, et n'était peut-être qu'un baptistère, la hauteur des colonnes, base et chapiteau compris, est double de l'entrecolonnement mesuré d'axe en axe, et la hauteur totale de l'édifice, double de celle des colonnes. Dans les autres églises, ce sont des rapports également simples. La même harmonie entre les dimensions se retrouve dans les portiques des maisons (1).

Dans les monuments religieux l'architecte ne s'est pas contenté d'établir des proportions harmoniques entre les dimensions, il a manifestement voulu que les dimensions elles-mêmes, exprimées avec l'unité de mesure en usage, reproduisissent des nombres mystiques ou leurs multiples, le nombre trois qui rappelle la Sainte-Trinité, le nombre sept des jours de la création, des dons du Saint-Esprit, des sacrements, le nombre douze des apôtres, etc...

L'unité de mesure en usage était le pied grec de 0^m,308, divisé en quatre palmes et seize dactyles. Si l'on mesure avec cette unité la grande église de Saint-Siméon-Stylite, on trouve que les dimensions en élévation reproduisent le nombre sept et ses multiples, tandis que les dimensions en plan donnent le nombre douze et ses dérivés. Ajoutons que chacune des trois moindres branches de la croix a douze colonnes, et que tel est le nombre le plus ordinaire des colonnes dans les églises basilicaines de la contrée (2).

Dans l'église octogonale de Moudjéleia, c'est le nombre sept qui domine, tandis que, dans la basilique de Bétoursa, au groupe du sud, le nombre trois prévaut.

---

1. Soit, comme exemple, la maison de Serdjilla à double portique de colonnes dont nous avons donné le dessin. La hauteur totale du portique inférieur, socle et architrave compris, est le double de l'entrecolonnement, et la hauteur du portique supérieur est avec elle dans le rapport de 3 à 5. Au rez-de-chaussée le fût des colonnes est deux fois plus long qu'à l'étage ; le module, c'est-à-dire le rapport de la longueur du fût à son diamètre moyen, est 6, tandis qu'à l'étage il est 3 1/2.

A l'harmonie des proportions se rattache le fréquent emploi dans le tracé des façades du triangle rectangle dont les côtés sont entre eux dans le rapport des trois nombres consécutifs 3, 4, 5. On sait que les Égyptiens l'appelaient le *triangle parfait* et que Vitruve le recommande spécialement aux architectes. Plusieurs frontons sont formés de deux triangles parfaits juxtaposés suivant le plus petit côté ; la hauteur du fronton est alors les trois huitièmes de sa base.

2. Hauteur des fenêtres de la claire-voie supérieure . . . . 7 pieds
Ordre supérieur entier, du bandeau au toit . . . . 2 fois »
Colonnes des nefs, socle et chapiteau compr. . . . . 3 fois »
Du chapiteau de ces colonnes au toit . . . . 4 fois »
Entrecolonnement, d'axe en axe . . . . 12 pieds
Largeur des nefs centrales . . . . 3 fois »
Du centre au fond des absidioles . . . . 6 fois »
Du centre à l'extrémité des trois moindres branches . . . . 11 fois »
Longueur totale du nord au sud . . . . 25 fois »
Longueur de l'est à l'ouest . . . . 28 fois »

.*.

Après qu'on a constaté le mérite de cette école d'architecture chrétienne et la beauté des œuvres qu'elle a produites, il est naturel de se demander si son influence s'est fait sentir en dehors de l'Orient. Faut-il lui attribuer quelque part dans la renaissance occidentale du XIIe siècle, dans la formation de notre art français du moyen âge ?

D'après M. Viollet-le-Duc, c'est pendant le premier quart du XIIe siècle et à la suite de la première Croisade que le courant d'imitation s'établit de l'Orient à l'Occident. Antioche fut prise par les croisés en 1098, et devint la capitale d'une principauté franque qui se maintint pendant plus d'un siècle dans la famille de Bohémond. Les clercs attachés à l'armée se fixèrent dans la principauté au milieu des ruines innombrables que son territoire renferme ; ils retournèrent ensuite en Provence, dans le Languedoc, et s'efforcèrent d'y appliquer les notes et les dessins qu'ils avaient recueillis outre-mer. En un mot, c'est à la première Croisade et aux relations qu'elle créa entre Antioche et le Midi de la France qu'on doit rapporter l'influence de la Syrie et l'impulsion féconde que reçut l'art occidental au commencement du XIIe siècle.

Tous les monuments de l'ancienne Antioche ont disparu dans les tremblements de terre et les guerres ; leurs matériaux ont servi à bâtir la petite ville moderne d'Antaqiyeh.

Les édifices de la contrée que nous venons de parcourir, et que nous pouvons bien appeler la haute banlieue d'Antioche, sont à peu près tout ce qui reste en Syrie de l'art chrétien dont la grande ville fut la source principale. Leur nombre, leur merveilleux état de conservation permettent encore d'admirer, d'étudier, bien près de sa source, le splendide courant qui communiqua de la richesse et de la grâce à l'art arabe et transforma l'art de l'Europe occidentale, le faisant passer successivement de l'imitation gallo-romaine et byzantine au style roman et aux splendeurs des formes gothiques, la plus haute expression française de l'art chrétien.

TABLE DES MATIÈRES.

INTRODUCTION. — COUP D'ŒIL SUR LA SYRIE.

Importance géographique, historique et religieuse de la contrée . . 5
GÉOGRAPHIE. — Montagnes et rivières, altitudes et dépressions. — Climat. — Histoire naturelle : géologie, flore et fertilité 6
HISTOIRE. — Périodes chananéenne, juive, romaine, musulmane, des Croisades, ottomane. — Occupation égyptienne. — Massacres du Liban 10

SYRIE ACTUELLE.

POPULATION ET RELIGIONS. — Musulmans Sunnites et Musulmans Chiytes, Métoualis, Persans, Kurdes, Circassiens ou Tcherkesses. — Sectes dérivées de l'Islam et assimilées : Druses, Ansariés, Ismaéliens, Yésidés. — Chrétiens. Origine des patriarcats et des rites orientaux : Grecs catholiques et Grecs schismatiques, dits orthodoxes, Syriens catholiques et Syriens jacobites, Chaldéens catholiques et Chaldéens nestoriens, Arméniens catholiques et Arméniens grégoriens, Maronites. — Protestants. — Israélites. 15
GOUVERNEMENT. — Loi de succession. — Le Coran. — Les rayas. — Les capitulations et le protectorat de la France sur les chrétiens. — Les réformes du Tanzimat et du Hatti-Humayoun. — Le congrès de Berlin. — Le règlement du Liban. 23
ADMINISTRATION. — Divisions administratives. — Justice et tribunaux. — Armée. — Impôts et finances. 27

Chapitre Premier. — VOYAGE AU SINAÏ.

Le pèlerinage de sainte Silvie d'Aquitaine. — L'expédition scientifique anglaise de 1868 et 1869. 31
§ I. — PORT-SAID et l'ISTHME. — L'arrivée à Port-Said. — Opposition au développement de la ville. — Le courant méditerranéen de la côte. — Le nouvel établissement des Frères des Ecoles chrétiennes. — Péluse et la branche pélusiaque du Nil. — Elargissement du canal. — Son éclairage de nuit, etc. 32
§ II. — Les PREMIÈRES STATIONS de L'EXODE. — La terre de Gessen et l'ouadi Toumilat. — Ramesses et ech-Chouqafiyeh. — Pithom et Tell el-Maskhoûta. — Soccoth. — Héro ou Héroopolis. — Etham et le lac Timsah. — Arabia 38
§ III. — Le PASSAGE de la MER ROUGE. — Suez et Klysma. — Le mont Attaka et Béelséphon. — Phahiroth. — Magdal. — Le chemin dans la mer. 40
§ IV. — Le PASSAGE de la MER ROUGE et les DÉCOUVERTES MODERNES. — Comment il faut entendre les stations marquées au Ch. XXXIII du livre des Nombres. — A quel jour eut lieu le passage de la mer Rouge. — Autre localisation du passage de la mer Rouge à travers le lit actuel des lacs Amers. — Caractère miraculeux du fait 43

§ V. — DÉPART de SUEZ. — Suez moderne. — Le nouveau quartier de Terre-Plein. — Projet de navigation jusqu'à Thor. — Le contrat avec les chameliers du Sinaï. — La lagune et souvenir de Napoléon Ier. — Les deux continents en présence. — Chameaux et chameliers 45

§ VI. — 'AYOUN MOUÇA ou les FONTAINES de MOISE. — Sources saumâtres au sommet de monticules. — Les tamarix et le sel. — Les Israélites pensionnaires de Dieu au désert ; leur nombre, leur marche et leurs étapes . . . 49

§ VII. — La PÉNINSULE. — Limites et division naturelle. — Figure schématique. — Imperfection des cartes. — Histoire : Égyptiens, Amalécites, Madianites, rois de Juda, saint Paul et le Sinaï. — Domination monastique. — Invasion musulmane 54

§ VIII. — Le DÉSERT de SUR et MARAH. — Le campement de nuit. — La mort de l'orientaliste E. H. Palmer. — Comment les enfants d'Israël ont pu voyager trois jours dans ce désert sans eau. — Marah et 'Aïn Haouârah. — Le miracle des eaux amères devenues douces 57

§ IX. — ÉLIM. — Élim et le ouadi Gharandel. — La vermine des chameaux. — Les palmiers et les sources 62

§ X. — La MER. — Le cheval d'Abou-Zenne et les pierres d'indignation. — La montagne des Bains de Pharaon. — Eaux amères. — Singulières colorations des grès de Nubie. — Le campement d'Israël sur la plage 63

§ XI. — Les CAILLES et la MANNE au DÉSERT de SIN. — Poisson bleu. — Les noms de Yam Souf et de mer Rouge. — Le désert de Sin et la plaine d'el-Marcha. — Le miracle des cailles. — Le miracle de la manne et les futiles explications des incrédules 65

§ XII. — Les OUADIS des GRANDES MONTAGNES. — La route des Hébreux du désert de Sin à Raphidim. — Constitution géologique de la Péninsule. — Importance des ouadis. — Découragement et prudence d'un chameau . . . 69

§ XIII. — Les MINES de TURQUOISES de MAGHARAH. — Le Mafka. — La station de Dapheq et Magharah. — Sculptures vieilles de cinq mille ans. — Histoire des mines. — La maison du major Macdonald 75

§ XIV. — Le OUADI MOKATTEB et les INSCRIPTIONS SINAÏTIQUES. — La mystification de Charles Forster. — Origine et nature des inscriptions . . 77

§ XV. — TOMBEAUX et FLEURS. — Tombes d'Amalécites. — La station d'Alus. — Les grands capriers, l'herbe de Borith, le genêt d'Élie, coloquinte, concombre des Prophètes, plantes aromatiques, acacias Seyal ou bois de Sétim, etc. 81

§ XVI. — L'OASIS de FEIRAN. — Le petit oasis d'el-Hesweh 85

§ XVII. — RAPHIDIM. — Le rocher de Moïse qui donna de l'eau aux enfants d'Israël. — Le sommet où priait Moïse pendant la bataille contre les Amalécites. — Maharrad 86

§ XVIII. — SOUVENIRS CHRÉTIENS de PHARAN. — Les évêques de Pharan. — Ville monastique et ville arabe. — Tombeaux bâtis comme des maisons et habitations creusées comme des tombeaux 90

§ XIX. — Le SERBAL. — Erreur des voyageurs qui l'ont pris pour le Sinaï. — Restes monastiques 93

§ XX. — Le OUADI en AMONT de FEIRAN. — Jorfs et seils. — La petite porte. — Entrevue de Moïse et de Jéthro 95

§ XXI. — De RAPHIDIM au SINAÏ. — Le chemin des Hébreux. — Nawamis. — Abou-Talib. — Le bois de tamarix. — Enceinte de rochers fermant le désert du Sinaï. — Le siège de Moïse. — Nébi Saleh 97

TABLE DES MATIÈRES.

§ XXII. — Le COUVENT SAINTE-CATHERINE, son HISTOIRE. — L'entrée au couvent. — Distribution aux Djébeliyeh. — La construction de Justinien. — Edit de Mahomet. — Bulles des papes. — Les moines tombent dans le schisme. — Les différents noms du couvent 102

§ XXIII. — La VISITE du COUVENT. — Enceinte fortifiée. — L'office de saint Michel. — L'ossuaire des anciens solitaires. — La mort du moine Etienne 107

§ XXIV. — La BIBLIOTHÈQUE. — La découverte du Codex Sinaiticus par Tischendorf. 109

§ XXV. — L'ÉGLISE de la TRANSFIGURATION. — Le puits de la rencontre de Moïse avec les filles de Jéthro. — Mosaïques. — La découverte du corps de sainte Catherine. — Vénération des reliques de la Sainte. 112

§ XXVI. — La CHAPELLE du BUISSON ARDENT. — Histoire de l'apparition. — Singulière défiance des moines. — La plante du Buisson ardent . . 115

§ XXVII. — Les MOINES. — La sonnerie pour l'office de nuit. — Le moine Photius dans son exil. — L'archevêque du Sinaï. — L'ancien calendrier. — Grecs arabes et Grecs hélènes. 118

§ XXVIII. — La GROTTE d'ÉLIE sur le MONT SINAI. — La montagne. — La route d'Abbas Pacha. — L'escalier des moines. — La source de Jéthro. — Chapelle de la Vierge et faveur obtenue par les moines. — Les portes des pèlerins. — La station des soixante-dix vieillards. — L'apparition du Seigneur à Élie 121

§ XXIX. — Le SOMMET du SINAI, DJÉBEL MOUÇA, où DIEU DONNA les TABLES. — Le rocher. — La chapelle. — La grotte du jeûne et de l'apparition. — Les Tables de la loi. 125

§ XXX. — RAS SAFSAFEH, POINTE SEPTENTRIONALE du SINAI où DIEU PROCLAMA le DÉCALOGUE. — L'empreinte du pied du chameau de Mahomet. — Ermitages, chapelles et jardins des solitaires. — La verge de Moïse. — Les trois pics de la proclamation. — Le chemin de Moïse portant les tables. 130

§ XXXI. — Le CAMP d'ISRAEL dans la PLAINE d'ER-RAHAH. — Les lieux du brisement des tables, de l'adoration du veau d'or, du sacrifice offert en témoignage de l'alliance, de la barrière isolant la montagne, du premier tabernacle. — La plaine d'er-Rahah. — Particularité des vues sinaïtiques 134

§ XXXII. — Le ROCHER de MOISE au OUADI LEDJA. — L'ancien monastère de Bethrambé. — Légende juive sur le rocher de Moïse. — Comment DIEU pourvut à la boisson de son peuple 137

§ XXXIII. — DEIR EL-ARBAIN et DJÉBEL KATHERIN. — Les quarante solitaires martyrs. — Le nombre parfait chez les Orientaux. — L'ermitage de saint Onufre. — Le sommet où les anges déposèrent le corps de sainte Catherine 140

§ XXXIV. — SAINT JEAN CLIMAQUE. — La prison ou petit couvent des saints anargyres, Côme et Damien. — Ermitage de saint Jean Climaque. . . 142

§ XXXV. — SAINT NIL. — Histoire dramatique de saint Nil et de son fils Théodule 144

§ XXXVI. — La NATURE. — Salubrité du climat. — Les rochers et la chaussure. — Le bouquetin, le daman et le lièvre. — Flore : le Bên, l'hysope, etc. 148

§ XXXVII. — Les HABITANTS. — Les Bédouins Djébeliyeh. — Administration des tribus, leur moyens d'existence. — Costume et modestie des femmes. — Les vertus du Bédouin, leur religion 151

§ XXXVIII. — Du SINAI à SARBOUT el KHADIM. — Le livre des étrangers au couvent. — Aspect des montagnes. — Un cimetière bédouin. — Barrage d'une vallée. 154

§ XXXIX. — SARBOUT el-KHADIM. — Temple et stèles des Égyptiens. — L'ouadi Nasb, principal centre de l'exploitation minière. — Inscriptions sinaïtiques. — Plaine de sables mouvants 157

§ XL. — STATIONS des HEBREUX du SINAI à CADESBARNÉ. — Le beau frère de Moïse, Hobab. — Les Sépulcres de concupiscence et Eroueis el-Ebeirig. — La station d'Haséroth et 'Aïn Houdhéra. — Stations d'Aradah, d'Asiongaber. — Cadesbarné et 'Aïn Kadis. — Conclusion. 159

Chapitre Deuxième.
UNE EXCURSION EN CŒLÉSYRIE.

Situation et Limites 163

§ I. — LA ROUTE de DAMAS. — La Compagnie de la route. — Au travers du Liban. 163

§ II. — La BQA'A et la PLAINE de NOÉ. — La végétation dans la plaine. — La culture de la vigne sur les coteaux. — Légendes, monuments et noms des lieux qui rappellent Noé. 165

§ III. — La LAURE de FERZOL et le TEMPLE de QALA'AT EL-HOSN. — La ville de Zahleh. — Cône d'Astarté. — Monument de Kab Elyas. — Stèle de Bacchus. — Les temples du versant de la montagne 166

§ IV. — Au BORD de l'ANTI-LIBAN. — Fertilité et insalubrité de la plaine. — Stèle et édicule de Kefr Zabad. — Chalcis-sous-le-Liban et souvenir de saint Paul. — Inscription de Masy. — Les troglodytes de Séraïn 171

§ V. — BA'ALBEK et RAS BA'ALBEK. — La basilique chrétienne de l'acropole. — La route impériale. — La colonne de Ya'at. — Sources de Léboueh . . . 174

§ VI. — SOURCE de l'ORONTE. — MAR-MAROUN et les MARONITES. — MONUMENT d'HERMEL. — Saint Maron et le couvent d'Apamène qui lui fut dédié. — Origine de la nation et du rite maronites. 177

§ VII. — Les BORDS de l'ORONTE et du LAC, jusqu'à HOMS. — Anciens travaux d'irrigation. — Riblah, cité biblique. — Le théâtre de la bataille de Kadech entre le roi des Hittites et Ramsès II. — L'entrée d'Hémath et les limites de la Terre promise. — La redoute de l'Arche de Noé. — Métoualis. — Le lac de Homs 182

§ VIII. — HOMS. — Antiquités romaines et chrétiennes. — La citadelle. — Population et industrie. — Une visite au village syrien-catholique de Zeïda. — Le café des visiteurs. — Costumes 186

§ IX. — HAMAH. — Aréthuse. — Souvenirs bibliques de Hamah. — La citadelle de Hamah et les citadelles d'Alep et de Homs. — Inscriptions hittites . 189

§ X. — SADAD. — Les SOURCES de VAPEUR. — Le DÉSERT. — Aventure d'un baigneur. — L'herbe à savon. — La chasse aux gazelles 192

§ XI. QARYÉTEIN. — Cheik Fayad. — Antiquités. — Sources et jardins. — Le couvent et le tombeau de Mar-Elyan 196

§ XII. — MAHIN. — YABROUD et l'ANTI-LIBAN. — Monument inconnu de Mahin. — Hafar, village converti. — Nebq. — L'évêque grec-uni de Yabroud. — La grotte de Mougharat-Bach-Kurdy. — Entonnoirs des montagnes . . . 198

Chapitre Troisième.

VOYAGE DANS LA SYRIE SEPTENTRIONALE aux ruines chrétiennes des IVe V^e, et VIe siècles.

La région des ruines chrétiennes. — Leur conservation, leur division en deux groupes 201

§ I. — HAMAH et LARISSA. — La grande mosquée. — Mesures de sûreté pour le voyage. — Le dernier village chrétien 204

§ II. — APAMÉE. — Le marais et les prairies de l'Oronte d'après Strabon. — Source sulfureuse. — Abeilles. — Histoire et magnificence de l'ancienne ville . 207

§ III. — EL-BARAH. — La chaîne de montagnes. — Sarcophage égyptien. — Alerte. — Souvenir des Croisades. — Les raisins d'el-Barah. — Les arbres . . 210

§ IV. — Le GROUPE MÉRIDIONAL des RUINES CHRÉTIENNES. — Les divers centres de ruines, anciennes villégiatures des habitants d'Antioche. . . 212

§ V. — HABITATIONS VULGAIRES. — Construction hauranique. — Inscriptions pieuses 214

§ VI. — HABITATIONS RICHES. — Cuisine, écurie, pressoir, moulin à huile. — Les rues. — Belle villa avec tombeaux 217

§ VII. — Les THERMES 219

§ VIII. — ÉGLISES. — La description d'une église du IVe siècle à Tyr par Eusèbe de Césarée. — Ecole cléricale. — Cuve aux ablutions. — Diaconique et prothèse. — Rideau du chœur. — Cloison séparant les femmes. — Eglises de Mouchabbak, de Hâss, de Roueiha, etc. — Raison de la multiplicité des églises dans un même village 220

§ IX. — Les TOMBEAUX. — Sarcophages isolés, grottes sépulcrales, édifices funéraires. — Tombeaux à pyramides. — Inscriptions 226

§ X. — La ROUTE D'ALEP. — Ma'arrat en-No'aman — A la recherche de Frikay. — Danger d'égarement. — Un voleur de nuit 229

§ XI. — ALEP. — Histoire. — Le choléra. — Les chrétiens 231

§ XII. — Le GROUPE SEPTENTRIONAL des RUINES CHRÉTIENNES. — Caractère spécial de l'architecture. — Centres de ruines inexplorés à visiter. — Difficultés du voyage 233

§ XIII. — ZOUG EL-KÉBIR, HARAB ECH-CHAMS, CLOTEH. — La première rencontre des Yésidés. — Belle église. — Porte païenne. — Un baptistère. 234

§ XIV. — BARAD. — Chapelle. — Une tente kurde. — Le règne de la pierre. — Eglises et tombeau. — Colonne de stylite. — Pressoir 237

§ XV. — KEFR NABO, BORDJ HAIDAR, BASSOUFANE. — Pieuse inscription d'une porte. — Squelette de basilique. — Chapelle, etc. 243

§ XVI. — SAINT SIMÉON STYLITE. — Son histoire 246

§ XVII. — QALA'AT SEM'AN, ÉGLISE de SAINT-SIMÉON-STYLITE. — Sa description par Évagre le Scolastique. — La colonne 251

§ XVIII. — QALA'AT SEM'AN. Les DÉPENDANCES de l'ÉGLISE de SAINT-SIMÉON-STYLITE. — Le couvent. — Le baptistère. — L'arc de triomphe, etc. 256

§ XIX. — DEIR SEM'AN ou TELANISSUS. — Un xenodochion. — Les pandocheion. — Inscription du périodeute. — Réfadi 259

§ XX. — KHATOURA et TOMBEAUX PAIENS. — Monuments de deux colonnes accouplées. — Inscription chrétienne du temps de Constantin. — Tombeau du vétéran Flavius Julianus. — Tourmanin. 261

§ XXI. — De TOURMANIN à QALB-LOUZEH. — Les tombeaux de Dana (nord). — Le dispensaire. — Ruines inconnues de Mehhes. — Bachmichleh. — Eglise et inscription syriaque de Dehhes. — Pressoirs. — L'eau du tombeau. . . . 267

§ XXII. — QALB-LOUZEH et AUTRES RUINES du DJÉBEL EL-'ALA. — Belle église. — Armoire pour la sainte Eucharistie. — Iconostase. — Les lettres XIII. — Église de Behioh. — Tombeau et obélisque à Bechindelayah. — Sarcophage de Kefr Marès. 273

§ XXIII. — KOKANAYA, BAQOUZA, DEIR SETA. — Le nom de l'architecte. — Petite maison de cultivateur à escalier monolithe. — Le nom de chrétien. — Église de Baqouza. — Église et baptistère de Deïr Seta. — La piété des habitants de ces lieux au temps de saint Jean Chrysostome. 278

§ XXIV. — RETOUR à HAMAH. — Les fermiers de la dîme. — Propriétés du sultan. — Edlip. — Riha. — Les eaux de la montagne. — Une laure. — Khan Cheikoun. 284

§ XXV. — ARCHITECTURE. — Art chrétien enté sur l'art antique de la Grèce et de Rome. — Les édifices païens adaptés au culte chrétien. — Caractère utilitaire et sérieux de l'architecture gréco-syrienne. — Simplicité des rapports entre les dimensions. — Nombres mystiques dans les mesures. — Influence de cette architecture sur la renaissance occidentale du XIIe siècle 286

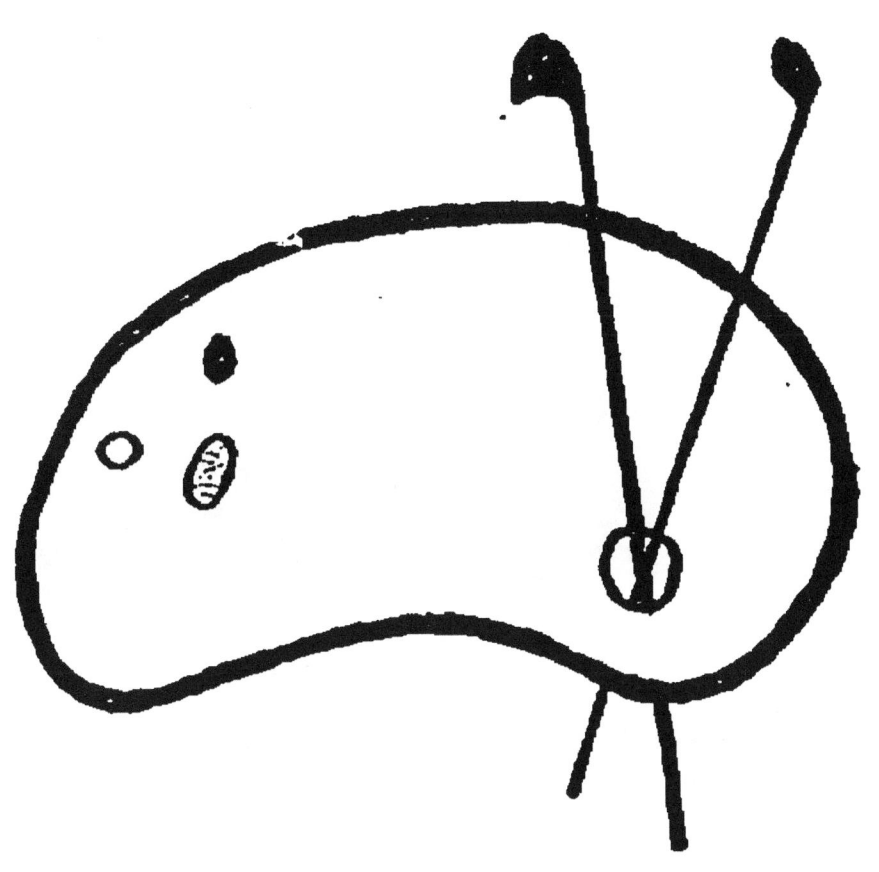

www.ingramcontent.com/pod-product-compliance
Lightning Source LLC
Chambersburg PA
CBHW071136160426
43196CB00011B/1910